厚德博學
經濟匡時

人文社科文库

论市场经济与公共善

华梦莲 著

On Market Economy

and

Common Good

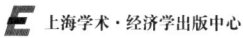

上海财经大学出版社
上海学术·经济学出版中心

图书在版编目(CIP)数据

论市场经济与公共善/华梦莲著. —上海:上海财经大学出版社,2024.7
(匡时·人文社科文库)
ISBN 978-7-5642-4398-2/F·4398

Ⅰ.①论… Ⅱ.①华… Ⅲ.①市场经济-研究 Ⅳ.①F014.3

中国国家版本馆 CIP 数据核字(2024)第 099042 号

本书由上海财经大学中央高校双一流引导专项资金和中央高校基本科研业务费资助出版。

□ 责任编辑　黄　荟
□ 封面设计　张克瑶

论市场经济与公共善

华梦莲　著

上海财经大学出版社出版发行
(上海市中山北一路 369 号　邮编 200083)
网　　址:http://www.sufep.com
电子邮箱:webmaster@sufep.com
全国新华书店经销
上海华业装潢印刷厂有限公司印刷装订
2024 年 7 月第 1 版　2024 年 7 月第 1 次印刷

710mm×1000mm　1/16　22.75 印张(插页:2)　326 千字
定价:98.00 元

前　言

市场经济与公共善是否二律背反,是需要认真研究的问题。从市场经济的历史演进及追求的目标来看,市场经济并非排斥公共善,以公共利益、共同价值为目标的公共善并不违背市场经济的等价交换、经济主体性价值、个人利益等原则。相反,公共善对市场经济的发展起着重要的推动作用和平衡效应,也是市场经济发展的重要目标。市场经济的健康离不开共同价值的塑造,如果缺乏善的目的,不仅没法生产出好的商品,相互信任的市场环境也难以维持。一旦偏离公共善,与公共利益背离,市场将会导致私欲的膨胀、公共利益的损坏,导致市场效率的损失和经济秩序的破坏,市场也会在人的道德迷失和价值扭曲中走向衰败。

市场既可以有效促进繁荣,也能传播贪婪。市场是一种工具,如果让市场肆意发展,不用公共善加以引导,那么就会出现为个体利益而破坏公共利益。并且,市场本身具有侵略性、渗透性,任其发展,将会渗透到社会的诸多领域。从市场经济发展的历史过程来看,市场的任意发展使经济逐渐脱嵌社会,使原有的"社会市场"形态逐步转变为"市场社会"形态,导致整个社会成为大市场,追求个人利益不再是"温和"的,"异化"了的经济关系占据主导地位,它使得社会共同体和人与人之间的关系遭到破坏。波兰尼认为,在市场从"嵌入"社会到"脱嵌"社会的转变过程中,人们经济活动起主导作用的动机也从更加侧重"社会地位、社会权利和资产"向单纯"获利"转变,市场的原则被应用到社会的各个领域,而不仅仅是经济领域。桑德尔对这种转变所产生的负面影响作了评价,认为人即使通过市场在物质方面得到了很多的满足,但是市场也使得人们"道德迷失"、"价值失衡"、"情感冷漠",市场对人们生活空间和道德领域不断侵占而引发道德危机问题也成为当下伦理最关注的问题之一。尤其是在以自由主义为主导的社会文化中,周期性发生的经济危机、集体非理性、社会贫富差距日益拉大、合法性套利、极端个人主义泛滥、道德缺失、人们越来越孤立、精神空虚,以及生态保护等公共物品严重供给不足等社会问题层出不穷,同时,政府为维护个人自由的目的而形成的弱政府使得人们参与公共生活的热情也大幅度降低,公民对于社会的责任感和义务缺失,人们的奉献精神、牺牲精神等美德也在慢慢消失。真正完美的市场经济,是既精致又脆弱的。市场经济的发展与社会公共善越来越背道而驰。面对这些问题的出现,我们应该如何辩证地看待？市场经济将会把我们以及这个社会推向哪里？这些都是我们当前不得不思考的问题。

其实对公共善的认同在经济学中一直都是存在的。经济学领域一直有个结论被人们广泛接受,即斯密在《国富论》中所提出的,自由市场就像一只"看不见的手",在这只看不见手的作用下,人们在追求自己最大利益的同时也会实现最大的公共利益。此后的经济学家便遵循斯密这一思路,力图发现斯密理论的必要条件并予以形式化。比如,古典政治经济学家提出,通过实施政治学意义上的公平竞争来消除市场主体的机会主义行为,以此使得每个人所付出的和得到的呈正相关。在古典政治经济学家以后,西方主流经济学家受科学实证主义的影响,更多的是选择将一些会导致价值判断有冲突的理论排除在经济理论之外,追求简洁和数学化。同时,为了能够论证每个人在追求自己利益最大化的时候也能自然而然地实现社会最大善的经济规律,自马歇尔之后的新古典经济学也在古典经济学理论的基础上,运用完全理性和完全竞争等技术上的人为约束条件,简化公平竞争原则。再到后来以科斯、诺思为代表的新制度经济学家,引入有限理性和交易费用等概念,直接运用经济学的成本—收益法来阐明公平竞争的原则。以庇古为代表的旧福利经济学认为,整个社会的福利是所有个人效用的简单加总;新福利经济学利用无差异曲线和契约曲线等边际分析工具,提出了帕累托最优状态所必须具备的条件。还有以布坎南等为代表创立的公共选择理论,旨在克服政府对市场干预过程的局限性和缺陷以及应当如何选择一种能够改善公共决策效率的宪章。

虽然他们提出各种不同的办法,但办法的本质都是一样的,就是坚持公平竞争的原则,也就是说,用经济效率来解决这个矛盾。就此而言,无论是古典经济学、新古典经济学还是其他西方主流经济学派,在基于生产资料私有制的市场经济体制的前提下,实现公共善的办法本质都是一样的,就是都认为只要实现了无欺诈、无垄断的公平竞争,即规则公平,将经济增长视为经济活动的目的,那么,理性的经济人的经济行为就能导致社会福利最大化。也就是说,用经济效率来解决个人权利与公共善之间的冲突,但是,实际上以生产资料私有制为基础的公平竞争只会不断地加深贫富分化,公共利益具有虚幻性,是无法实现公共善的。总之,他们各自为公共利益的实现提出了有益的探索,在解决个人效用最大化与社会公共善最大化之间的基本矛盾上,并没有否定公共善的存在和作用,只不过他们对公共善的手段价值和目的价值的认识出现了偏差。

公共善理论,在当代英语世界的哲学中,一般是指人们希望得到的任何好的东西,既可以指物质对象,也可以指精神对象。公共善的概念深深根植于哲学和宗教思想史。公共善的概念从古希腊时期苏格拉底开始,就受到柏拉图、亚里士多德等哲学家们的重点关注,单就近代而论,从18世纪的康德、19世纪的穆勒,到20世纪的罗尔斯、哈耶克等自由主义和以桑德尔为代表的社群主义,对善的概念也从未忽视。以柏拉图和亚里士多德为代表,古希腊罗马哲学家对于公共善的理解更多的是从政治理念或者城邦正义角度出发,公共善的实现即城邦利益的实现不仅仅是个人利益的简单加总,更是人们一种美好的、有道德的、有成就感的和谐生活的实现。到了近代,伦理学家对公共善有着不同的理解。以功利主义为代表的目的论所认为的公共善即在于实现最大多数人的最大幸福,功利主义的观点在本质上是一种以经济效率作为道德标准的伦理学说,实质上是用经济效率代替公共善。以康德为代表的义务论认为,只有善良意志是无条件的善,其他一切的命令都是有条件的,只有善良意志本身是善的,公共善即在于按照绝对命令这一道德规则行事。对于以罗尔斯为代表的政治哲学家来说,罗尔斯更多的是从政治哲学的视角看待公共善问题,公共善更多的是指"良序社会"这一概念,他通过强调公平正义的起点、规则和结果各个方面以此实现公共善,但是,这种强调结果的公平往往会导致经济效率的下降。罗尔斯对于善的理解主要是指个体的善,强调权利优先于善,善就是理性欲望的满足,对善的定义则要在权利的框架下进行。而对于公共善,罗尔斯言之甚少。对以诺齐克为代表的自由至上主义来说,诺齐克赋予个人权利成为自由主义的核心概念,建立了一种以权利理论为基础的自由主义。罗尔斯和诺齐克都主张权利优先于善,并以此来反对功利主义。总的来说,在新自由主义者眼中,所谓公共的善,是那种能够保证个人自由选择能力的善。也正是在这种公共善的概念下,人们对共有价值的追求受到限制。

社群主义在对上述公共善观念批评的基础上,提出了他们对公共善的理解。在以桑德尔为代表的社群主义者眼中,公共善正是对那些共有价值的追求,它要求限制个人选择和追逐自己的生活方式的自由。社群主义的价值论基础是善优先于权利,公共善优先于个人善。社群主义强调高级的善,它在不同的社群主义者那里有不同的含义,但通常是指公共的善或整体的善。公共的善或整体的善,又称为最高的善,或"至善"。社群主义所倡导的公共的善有两种基本形式:一种形式是物化的利益,另一种形式是非物化的行为。前者就是我们通常认为的公共利益,后者通常指各种美德。因此,社群主义被称为公益政治学或者美德政治。而社群主义与马克思唯物史观相比,它们的自我仍然没有认识到隐藏在这些表象之后的物质生产实践关系。并且,社群主义根植于资本主义私有制,实质还是为资产阶级服务的,社群主义的最终目标也是改良资本主义制度。因此,社群主义的自我仍然是抽象的,社群主义的自由观、权利观和正义观也是抽象的、不能实现的。而马克思秉持着共在本体论的立场,既可以超越自由主义的抽象个人观,也可以超越社群主义对社群的虚幻执迷,马克思对自由市场的伦理审视更加具有鲜明的阶级性、理论的系统性、批判的彻底性。马克思立足于社会现实,站在历史唯物主义的高度,以私有财产为切入点、以异化劳动为核心内容、以共产主义为目标来论述私有制的历史虚伪性。马克思认为在私有制下,以资本私有制为前提的雇佣劳动会出现两种结果:工人仅仅得到维持其基本生活资料的工资,而资本家却获得了全部剩余财产。这也就产生了私人利益与集体利益、社会利益等的矛盾,而这种矛盾也产生了虚幻的共同体。在虚幻的共同体中,每个人所追求的特殊利益与所追求的共同利益之间有着不可调和的矛盾。马克思认为,人只有在真正的社会共同体中,才能获得全面而自由的发展,社会也才能真正实现公共善。而人的发展要想是全面且自由的,就必须消灭资本主义国家这种虚幻的共同体,这样才能真正走向马克思所探索和实践并设想的"自由人的联合体"。

　　本书的"公共善"也是基于公共价值之上的公共利益。也就是说,公共善不是简简单单地对个人进行加总,公共善更多地体现为人们在一种公共价值观的基础上对集体成就和集体目标的信奉,是对公共利益的一种重视。另一方面,公共善不仅仅是一个利益和效用系统,公共善包括更多、更深刻、更具体、更人性化的东西,比如公民良知、政治美德、权利和自由意识、精神财富、道德正直、正义、友谊、幸福、美德等。公共善也是道德上的善,作为一个基本要素,尽最大可能促进人的发展和人们美好社会生活的实现。只有在符合正义和道德善的条件下,才是真正的公共善。并且,公共善和个人善并不是一种对立和冲突的关系,公共善是一种均衡妥当、各方都认可和接受的合理选择。公共善和个人善是相互兼备的,公共善和个人善的兼备不仅在于满足共同体生活的全部价值,而且它成为一个逐步完善的和谐社会的伦理秩序的基本准则。

　　在此基础上,就能更加深入地认识市场经济与公共善的关系。公共善是市场经济的内在动力和深层逻辑,市场经济想要持续发展,就不能没有公共善。公共善对市场经济的发展起着重要的推动作用和平衡效应,市场经济的发展离不开公共善。第一,市场经济不仅需要利己还需要利他,不仅需要私人物品还需要公共物品,不仅需要自我约束还需要社会约束。第二,市场并不是万能的,市场失灵的现象和市场偏离公共善的现象时有发生,比如囚徒困境、集体行动困境、"搭便车"行为等。因此,市场经济的健康离不开共同价值的塑造,一旦偏离公共善,与公共利益背离,市场将会导致私欲的膨胀、损坏公共利益,导致市场效率的损失和经济秩序的破坏。但公共善也不是自动形成的。公共善是一种互利共赢的模式,需要通过利他主义、多方合作才能实现；同时，公共善的实现还要靠市场参与者的道德、市场机制的约束以及制度的建构等。

自由市场经济公共善观念本身有其局限性。自由市场经济的主要特点是自由竞争、政府最小化、契约原则，而这些特点在新自由主义盛行的西方，也使得自由市场经济的善观念主要表现为个人权利的优先性、"金钱律令"取代"道德律令"、按自由竞争原则分配善。在这种善观念的指导下，公共善不断偏离市场经济。同时在资本主义自由市场经济下，"经济人"不仅仅是一种假说，已经成为"事实上的人"，并把"自利"当作人的本性。西方主流经济学家的善观念也是建立在"经济人"假设的基础上，并把这种假设推广到政治伦理等领域，陷入荒诞的境地。在这种善观念的指导下，不仅无法实现社会公共善，还使得自由市场经济充满道德危机。

相比于自由市场经济模式，我国在社会主义市场经济下，把社会主义的本质与公共善相结合，把社会主义基本经济制度与市场经济相结合，将共同富裕作为社会主义市场经济价值目标，形成全民共享、全面共享理念等，使得我国社会主义市场经济公共善可能实现。我党在深刻总结国内外正、反两方面发展经验的基础上，从我国社会主义初级阶段的国情出发，冲破传统思想和体制的桎梏，实现了从高度集中的计划经济体制向社会主义市场经济体制的转变。实践也证明，在社会主义条件下搞市场经济，符合中国国情，不仅有利于社会生产力的提高，还有利于人民生活水平的提高。但是不得不承认，我国在市场经济建设中，也存在着很多问题，比如公民的公共善意识有待加强、个人善社会保障体系不健全、市场经济体制有待完善等，而这些问题的存在都是需要我们解决的。面对上述问题，社会主义市场经济要想更好地实现公共善，就需要克服市场经济固有缺陷，为市场设限，正确对待个人善与公共善的关系，推进合作共赢的开放体系建设。

致　谢

在本书付梓之际,我衷心感谢所有支持我、关心我、帮助我的人。

首先,最要感谢的是我的家人们长期以来无条件的支持,家人们作为我坚强的后盾,给予我最无私的温暖和关怀,正是他们在生活上和精神上的支持,使我充满勇气去迎接生活中的一个又一个挑战。

其次,我也非常感谢从小学到现在博士毕业为止所有在我学习成长道路上给予我帮助的老师们,尤其是我的博导——郝云教授。正是老师们不辞辛苦地教学,使我不断地成长与进步,他们的建议和意见也让本书更加完善。

此外,我也非常感谢那些在我研究过程中提供资料和帮助的人,他们的无私奉献使得本书更加丰富和更具有深度。

最后,我要向出版社和编辑表达我的谢意。他们为本书的出版付出了辛勤的努力,并为提升本书的质量提供了宝贵的建议。

再次感谢所有人的支持和帮助,没有你们的支持,本书不会完成。

总之,在未来路上,我也会继续不忘初心,砥砺前行!

目　录

绪论/001
　　第一节　研究背景及研究意义/001
　　第二节　研究思路及方法/032
　　第三节　创新及不足/033

第一章　市场经济善观念的演变/035
　　第一节　嵌入与脱嵌：市场经济的演变与转型/035
　　第二节　市场善观念的嬗变/051
　　第三节　市场善观念的嬗变对市场经济发展的影响/073

第二章　公共善：真与伪/085
　　第一节　经济学视域中的公共善/085
　　第二节　伦理学视域中的公共善/091
　　第三节　社群主义视域中的公共善/108
　　第四节　马克思的批判/136

第三章　公共善：市场经济的内在动力与深层逻辑/158
　　第一节　市场经济的发展离不开公共善/158
　　第二节　公共善的偏离与道德规制/178

第四章　自由市场经济善观念的局限性与反思/192
　　第一节　自由市场经济的特点/192

第二节　自由市场经济善观念/219
　　第三节　自由市场善观念的局限性/238

第五章　我国社会主义市场经济与公共善的内在契合/264
　　第一节　社会主义的本质与公共善/264
　　第二节　社会主义基本经济制度的确立与公共善/276
　　第三节　共享发展理念诠释的公共善原则/288

第六章　社会主义市场经济公共善实现的问题及解决方案/304
　　第一节　我国市场经济建设中公共善实现的问题/304
　　第二节　我国社会主义市场经济公共善实现的解决方案/316

参考文献/328

绪　论

第一节　研究背景及研究意义

一、选题背景

从亚里士多德首次对经济活动进行比较全面系统的论述开始,经济就有两个目的:一是对财富的关注;二是对公共目标的追求。一般来说,古代由于生产力低下,统治者更多关注的是维持社会稳定和谐与公平正义,并不重视财富积累,认为基于自利的商业发展必然会导致城邦分裂、阶级冲突加剧、道德情操堕落。因此,在古代,自利心被人们看作恶的根源,经济学也只是政治学的附庸,并没有独立性。近代随着欧洲资本主义的产生和发展,欧洲市民阶级通过个性解放的文艺复兴启蒙运动、反对教会权威的宗教改革运动和提倡怀疑精神的启蒙运动,主流伦理思想从整体主义的身份伦理转变成为个体主义的契约伦理。人们经济活动的目的也从不追逐金钱、只为满足人们日常生活的需要,转变为以资本增值或获取利润为目的。早先经济学力求平衡个人财富的欲望与社会公共目标的关系,到了近代逐渐脱离了伦理及社会目标。特别是自重商主义开始,人的自利行为得到肯定,封建社会的风俗条例和教会的权威对人们经济活动的影响也没有之前那么大,人们把更多的精力投入市场进行产品生产,土地、劳动力、资本等开始在市场上进行买卖。在重商主义理论下，个人利益虽然被"抽象化"了，但是，人们对个人利益的追求仍然被纳入共同体结构之中。

重商主义之后，经济生活领域内的个人利益和社会整体利益在斯密理论下得以分离。在个人利益的基础上，个人与社会公共善的稳定联系得以建立。正如斯密所说："我们每天所需的食料和饮料，不是出自屠户、酿酒家或烙面师的恩惠，而是出于他们自利的打算。我们不说唤起他们利他心的话，而说唤起他们利己心的话。我们不说自己有需要，而说对他们有利。"[1]在面对个人利益和社会公共利益的问题上，斯密提出"自动公益合成说"来解决这一矛盾。"他受着一只看不见的手的指导，去尽力达到一个并非他本意想达到的目的，他追求自己的利益，往往使他能比在真正出于本意的情况下更有效地促进社会利益。"[2]斯密认为，市场主体受"看不见的手"指导，在追求自身利益的同时，也能自动实现社会公益。但是，这种私人利益与公共利益的自然调和的逻辑前提在于"经济人"假说，即每一个在经济过程中活跃的个体，都是以追求自己的经济利益为动力，并且在做出选择的时候保持自利和理性，总是更倾向于选择能给自己带来最大利益的机会。每个参与者根据自己的喜好，以最有益的方式行事。虽然这个假设有一定的合理性，但也有很多疑点。比如，个体理性行为的累积效应可能是集体行为的非理性。1968年美国学者哈定发表的著名论文《公地的悲剧》和奥尔森等都深刻揭示了个体理性与集体理性之间的矛盾，连经济自由主义者哈耶克也对个体理性必然导致集体理性表示出深深的怀疑。

"公共善"一词在政治哲学中很早就出现，早在古希腊时期就开始对这一思想进行探讨。柏拉图在他的《国家篇》中就有很多对共同体的论述，在他看来，共同体维护了个人的自由和平等，而人们为了自己的权利就应该竭力保护共同体利益或公共善，公共善的地位高于个人善。亚里

---

[1] 亚当·斯密：《国富论》，郭大力译，商务印书馆2015年版，第12页。
[2] 亚当·斯密：《国富论》，郭大力译，商务印书馆2015年版，第428页。

士多德的《尼各马可伦理学》几乎都是围绕着"善"这一概念来写的。亚里士多德认为,共同体追求的善就是公共善,此后这种思想就没有中断过,内涵也不断得到丰富和完善。洛克所强调的"公共善"是以对自由、生命、财产等私人性东西的保护为前提的。卢梭也认为,共同体的共同利益或公共善是非常重要的,公共善优先于个人善。与洛克以个人权利为基础不同,卢梭秉持的是以共同体概念为基础的社群主义公平正义理念。德谟克利特把公共善等同于国家利益。19世纪后期至20世纪上半叶,以哲学家边沁和穆勒为代表的功利主义提出,公共善也就是"最大多数人的最大幸福"理论。20世纪70年代,以罗尔斯、诺齐克、德沃金等为代表的新自由主义者主张"公共善"是指那种能够实现个人自由选择能力的善,在这种"公共善"的概念下,人们对公共价值的追求是受到限制的。到20世纪80年代,社群学说对公共善进行相对系统的论述,以桑德尔、麦金泰尔、沃尔泽、埃齐欧尼等为代表。社群主义者认为,市场关系在现代社会中的泛化,尤其是这种关系以竞争和私人利益为纽带,必然会破坏公共利益。社群主义者主张的公共善不是简简单单地对个人的各种善进行计算和加总,而是基于共同价值理念和长远利益,集体中的每一个成员就公共善展开商议,把共同体的最大幸福作为目标,共同塑造共同体的未来。社群主义者眼中,社群里的每个成员都是这个整体的成员,都拥有成员资格。社会公共善是通过集体活动和共享的理解而得到的。同时,社群主义者强调人类对公共善的感知具有绝对的优先性,强调善优先于权利,这里的"善"是指公共善,不同于以罗尔斯为代表的自由主义的"个体善"。一般而言,社群主义者认为,自由主义宣称个人权利优先于善是对个体给予太多自由领域,而这种过多的自由如果没有以共同体的价值观念为前提来制约,个人利益与集体利益之间的矛盾和冲突即"看不见的墙"是无法通过"看不见的手"推倒的。并且社群主义者认为,以权利优先论者罗尔斯、诺齐克为代表的自由主义,在现实中每个人必然受到制约因素的影响,每个人都是社会中的人,社会的归属是不以人的意志为转移的,新自由主义者所认为的那种普遍的、先验的和与生俱来的权利在现实生活中是根本不存在的,反对善的私有化,认为增进公共善是政治共同体存在的前提。

总之,社群主义的出发点是共同体,而自由主义的出发点是个人主义。自由主义者认为,公共善应该是人们为了共同目标结合在一起后产生的,但结成的这个共同体可以不受普遍公共善的约束,即体现为个人利益高于公共利益。即认为个人权利是优先于社会存在的,但正是这种个人主义理念的牢固性使得社会稳定和秩序赖以建立的基础被削弱,也正是这种个人主义理念使得市场经济主体在市场经济发展的过程中离公共善越来越远。如米歇尔·鲍曼认为,自由主义主张的个体权利的优先性是不可能真正促进公共善的形成的。而在本书中所指的公共善,它既不是由个体善简单集合加总而形成,也不是从个体中简单抽象出来,而是在共同利益下成员之间通过认同而产生。简言之,公共善是指以公共精神为特征,在这基础上,人们基于公共交往,表现出对公共利益的关注并参与公共生活。这种善是指所有人都能够从中受益的善,这种善具有非排他性的特征,这种善作为一种本质性的善,只有在与他人交往的过程中才能被理解和享有。

回首 40 多年的中国社会变革历程,市场经济一方面使我国经济得到迅速发展,人民生活越来越好,国际地位也在迅速提高;另一方面,在经济发展的同时,潜在问题也日益凸显。在这一历史性的变化中发生和出现并不都是美好。道德滑坡、收入差距过大、资源过度消耗等问题相继出现。面对这些问题,我们应该如何辩证地看待?市场经济将会把我们以及这个社会推向哪里?这些都是我们当前不得不思考的问题。自由主义市场经济由于以理性经济人为前提,遵从个人权利优先原则等因素,导致了自由市场经济与公共善的悖论。比如,市场经济所提倡的权利优先性的自由阻碍了市场分配公正的实现;市场经济对效率的追求暗含着一种必然性,即资本垄断所带来的贫富差别过分悬殊;更为重要的是,由于市场的侵略性和市场至上的观念的盛行,导致整个社会成为大市场,腐蚀了人与人的关系等。而对于我国来说,在全球化的浪潮中,也面临着各种道路的选择:是遵守自由放任的思想,更多地强调经济效率提升,让"市场经济"向"市场社会"转变呢? 还是以"福利国家"为借鉴呢? 抑或是结合我国国情,在借鉴社会主义市场经济模式的基础上,完善我国社会主义市场经济呢? 综合来说,第三条道路更加适合我国国情。我国的社会主义市场经济不同于自由主义市场经济,习近平总书记在十九届四中全会上明确指出:"坚持以人民为中心的发展思想,不断保障和改善民生、增进人民福祉,走共同富裕道路的显著优势。"[①]十九届五中全会提出了到2035年基本实现社会主义现代化远景目标,其中之一即人民生活更加美好,人的全面发展、全体人民共同富裕取得更为明显的实质性进展。[②] 这与我国社会主义的本质是契合的。我国社会主义市场经济是以公有制为主体的,在促进经济效率发展的同时,必然会保证社会公平,先富带后富,实现共同富裕,促进公共善的实现。总之,一个和谐的社会,就应该是最大范围地满足其所有成员的最大利益,使得社会共同利益在最大限度上得到发展,并且把贫富差距控制在最低限度,从而进一步提升全体成员的福利和生活水平。

二、选题意义

(一)理论意义

第一,这有助于我们认识和了解市场经济的价值观和哲学基础;第二,本书研究丰富和发展了市场经济与公共善关系的理论思想,提升了对公共善问题的解释力。同时,在批判和吸收西方对于市场经济与公共善关系的研究基础上,作出马克思主义的回答,这必将更加完善我国对市场经济与公共善的研究,促进社会公平正义。

---

① 《中国共产党第十九届中央委员会第四次全体会议公报》,求是网,http://www.qstheory.cn/yaowen/2019-10/31/c_1125178191.htm。

② 《中国共产党第十九届中央委员会第五次全体会议公报》,共产党员网,https://www.12371.cn/2020/10/29/VIDE1603974120804388.shtml。

（二）实用价值

第一，我国正处于市场经济建设和社会转型的关键节点，对公共善的研究有助于清楚地认识到公共善在市场经济中的重要性，并努力寻求解决在市场经济中公共利益与个人利益的冲突问题；第二，有助于对道德经济的呼唤，对当前我国经济生活中出现的很多伦理失范的现象具有重要指导作用；第三，有助于重建非市场价值观，更好地推动市场经济可持续发展。

三、国外文献综述

通过在 Philpaper、Springer、Google、Libgen 上查找 market economy 和 common good 等关键词，发现国外学者对于市场经济与公共善之间的关系问题研究主要有下面几种观点：

（一）公共善含义

第一，从集体、社区的共同利益的角度来理解公共善。Alejo Jose G. Sison 等[①]认为，"公共善"（common good）指的是通过集体参与为社区所有成员的福祉所共享和受益的东西。作者认为，近年来商业伦理和经济学家越来越关注公共组织的发展，在文献中，作者通过探索伦理（公共善）与经济（公共资源/集体行动）关注点之间的趋同性来研究"公共资源组织"。在这篇论文中，作者基于两个主要的文献流：(1)基于美德伦理学中的公共利益理论的伦理方法，提出了企业是一个"共同工作的人的共同体"的概念，其基础是合作活动，以高效、竞争和可预见的方式提供有利于共同利益的商品和服务。(2)基于奥斯特罗姆关于公共资源的研究发展的集体行动制度理论的经济方法，以避免公共资源的悲剧。后者扩展到新公共资源、"公共化"和多中心治理的新概念。在分析这些组织形式的

[①] Laura Albareda, Alejo Jose G. Sison, Commons Organizing: Embedding Common Good and Institutions for Collective Action. Insights from Ethics and Economics, *Journal of Business Ethics*（November 2020）.

新特点的基础上,作者提出了一个综合模型,强调了两组组织原则的整合——共同利益和集体行动。Thomas G. Pittz、Susan D. Steiner、Julia R. Pennington[①]认为,商业伦理的共同利益方法假设一个社会中个人利益与社会利益不可分割地交织在一起,社会成员被共同的价值观和目标所束缚。因此,公共善包括通过集体参与形成共同意愿而实现的结果。作者认为,公共善的理论可追溯到 2 000 多年前,柏拉图、亚里士多德和西塞罗在与社会政策、社会制度、制度和对所有人都有利的环境相关的著作中,提出了伦理学中实现共同善的方法。它假定一个社会中,个人的利益与社区的利益不可分割地交织在一起,社会成员因追求共同的价值观和目标而联系在一起。对公共利益的呼吁促使人们将自己视为同一个社区的成员,反思他们所渴望的社会类型的广泛问题。因此,公共善的理论重视个人追求自身利益的自由,同时挑战他们去认识和追求他们共有的目标。作者还将宏观营销与公共善相结合,以便为构建社会变革提供基础,这些变革可以包括非市场价值、利益相关者权利、集体社会优先事项、组织责任和政治行动。Michelson 等[②]认为,长期以来,企业一直被告诫不要过度关注利润。然而,有些组织的目的并不完全是经济上的,它们寻求的是共同利益。以基督教伦理为出发点,展示了对企业共同利益的追求是如何作为人本管理的指南的。它提供了人本管理可以尝试实施的两个原则:(1)社区利益是实现个人利益的条件;(2)社区利益只有面向个人利益才能得到促进。为了更好地理解什么样的社区利益有利于个人利益,以及如何实现个人利益,作者在文中考察了最近的两次人文主义运动——有意识的资本主义和共有经济,它们努力参与共同利益。通过对这两个运动的分析,发现管理层都愿意采用这两个原则。此外,还揭示了

[①] Thomas G. Pittz,Susan D. Steiner,Julia R. Pennington,An Ethical Marketing Approach to Wicked Problems:Macromarketing for the Common Good,*Journal of Business Ethics*(September 2019).

[②] Sandrine Frémeaux,Grant Michelson,The Common Good of the Firm and Humanistic Management:Conscious Capitalism and Economy of Communion,*Journal of Business Ethics*(November 2017).

有意识的资本主义和共有经济呈现出不同的方式将社区利益与个人利益联系起来,因此,企业参与公共利益的方式也不同。John Finnis[1]对公共善的概念进行阐释,他将公共善定义为使社区成员能够为自己实现合理的目标,或为自己实现他们有理由在社区中相互合作(积极和/或消极)的价值,这个定义既不主张也不要求一个社区的成员必须都有相同的信仰、价值观或目标。因此,当每个人根据自己的能力和对他人正当需求的认识为整体做出贡献时,公共善就实现了。它源于这样一个事实,即我们都被要求形成一个社会共同体,在这个共同体中,人们认识到对自己以及对他人的责任。任何社区的发展,无论是商业还是社会,都是通过其成员的贡献来实现的,如果我们不为他人的利益做出贡献,我们就永远无法实现自己的个人目标。每个人在共同利益上的个人合作就具有了不可避免的道德义务的特征。

第二,从情感、正义、道德、美德的层次来理解公共善。Kendall Atterbury、Michael Rowe[2]认为,在美国,公共善的概念通常被认为是一种情感,而不是一个有确切含义的概念,在一个多元化的社会中,一些人回避这一概念并不罕见。无论使用什么积极的结构,公共善通常意味着一些人必须放弃对他们个人有利的东西,以便全体人民都能受益。然而,关于什么是整体利益的一致,远非不言而喻,很大程度上是一个谈判的问题,受制于有说服力的论点、权力的行使和权衡的制定,这些往往排除了那些缺乏政治权力和/或被社会边缘化的人的投入和影响。而政治决策中不可避免的权力整合可能会导致资源导向和态度转变,从而进一步强化或许并不常见的公共善理念。在一个依赖资本的政治经济中,这变得更成问题。在这种经济中,公民权利的契约模式面临着从基于正义的伦理到基于市场的伦理的事实上变形的风险,这种伦理排除了经济上不平等的伙伴之间同等的公民参与。纠正这种变形,特别是在日益增长的市

---

[1] John Finnis, *Natural Law and Natural Rights*, Clarendon Press, 1999, p155.
[2] Kendall Atterbury, Michael Rowe, Citizenship, Community Mental Health, and the Common Good, *Behavioral Sciences and the Law* (June 2017).

场原教旨主义下,不仅需要重新评估自由价值观,还需要纳入更强有力的规范伦理,更好地促进和保护所有人的利益,而不是让权利成为少数人特权的东西。Laura Abareda、Alejo Jose C. Offe[①]认为,在政治哲学的话语中"公共善"一词不断被提及,这一发展在一定程度上反映了自由主义政治模式的真正局限性。然而,对公共利益的诉求面临四大难题:社会参照物、时间范围、实质性内容以及权威的鉴定。Domènec Melé[②]提出了三个主要的公共善的维度。首先,有一个目的论的维度:所有社会努力实现的终极目标,所有成员的共同利益。其次,人类通过在社会生活中属于不同的组织而受益于共同利益。最后,共同利益是由这些社区的所有成员创造的,寻求人类的繁荣和人类的尊严。作者在文中指出,现实的个人主义可以融入以美德为基础的商业伦理,使其有一个更完整的基础。更具体地说,提出了两个原则:个人主义原则(PP)和共同利益原则(CGP)。个人主义原则包含了黄金法则,明确规定了尊重、仁慈和关爱他人的义务,强调人的尊严和每个人与生俱来的权利。共同利益原则需要进行合作,以创造条件,增加社区内所有人的人类繁荣的机会。这两个原则对商业道德都有实际意义。在文中,作者还提出了实现社会公共善的四个条件:(1)有利于人类福祉的经济条件;(2)有利于自然环境长期福祉的环境条件;(3)组织条件,有利于获取和满足基本社会需求以及价值观、健康、教育、自由、正义和团结;(4)人的状况,以尊重人的尊严和人权为企业共有的核心价值。Surendra Arjoon[③]在美德理论的基础上发展了一种商业元理论,将美德、公共利益和动态经济的概念联系成一种统一而全面的商业理论。传统的商业理论和模式已经不再有用,因为它们无法充分解释社会现实。美德理论表明,追求道德驱动战略的企业比目前使用利润驱

---

① Laura Abareda,Alejo Jose C. Offe,Whose Good Is the Common Good?,*Philosophy and Social Criticism*(September 2012).

② Domènec Melé,Integrating Personalism into Virtue-Based Business Ethics:The Personalist and the Common Good Principle,*Journal of Business Ethics*(October 2009).

③ Surendra Arjoon,Virtue Theory as a Dynamic Theory of Business,*Journal of Business Ethics*(November 2000).

动战略的企业能够实现更大的利润潜力。该理论阐述了企业的业务是道德业务，企业和社会今天面临的危机是领导和道德危机。Laura J. Spence、René Schmidpeter[1]认为，公共善应该被试探性地视为一个自由的社会，在这样的社会下，有一个发展良好的秩序，产生合作的收益，并允许公民的自由和责任。因此，公共善不能从每个人的生活中抽象出来，公民需要认同他们生活的社会，需要参与社会发展的自由。Jacques Maritain、John J. Fitzgerald[2]认为，人本质上是一种政治动物，也是理性动物，人们不仅仅需要满足物质需要，更重要的是，在道德生活上人们也需要一定程度的完善。人和动物不一样，人需要一个社会的成员资格，社会对实现人的尊严是不可或缺的。而这种把人作为社会单位的观念与把公共善作为社会整体的目的的观念之间是有关系的，它们紧密联系。公共善之所以是公共的，是因为它存在于人们之中，每个人都是整体的一面镜子。公共善不仅包括公共商品和服务的集合，还包括更多、更深刻、更具体、更人性化的东西，比如公民美德等。这些公共善归属于每一个成员，帮助成员完善自己的生活和人身自由，这些都构成了大众的美好生活。公共善不仅仅是一个利益和效用系统，还是一种生活的正直、一个目的，或者像古人所说的，它本身就是好的。一方面，因为公共善保证大众的存在本身就是道德上的善；另一方面，如此确定的存在，必须是社会的公正和道德上的良好存在。只有在符合正义和道德善的条件下，才是真正的公共善。公共善是道德上的善，作为一个基本要素，尽最大可能促进人的发展和人们美好社会生活的实现。

---

[1] Laura J. Spence, René Schmidpeter, SMEs, Social Capital and the Common Good, *Journal of Business Ethics* (June 2003).

[2] Jacques Maritain, John J. Fitzgerald, The Person and the Common Good, *The Review of Politics* (October 1946).

(二)围绕着市场经济中个人权利与公共善的关系问题所引发的争论

第一,从现实层面来探讨个人权利与公共善的关系。Morabia Alfredo[1] 认为,作为一个社会,我们是一个集体,只有作为一个集体照顾好自己,我们才能与不可避免的流行病和其他潜在的自然灾害共存。"促进负担、利益和机会的公平分配"是一项基本的公共卫生原则。一旦我们开始将保护健康作为一项公共善,而不是个人的事情,那么我们就可以一起参与其中,解决好这个问题。Surendra Arjoon、Alvaro Turriago-Hoyos、Ulf Thoene[2] 认为,尽管国家监管在扩张,我们还是可以看到社会上普遍的不道德行为。文中通过建立一个概念框架来解决这些道德失败、错位和不和谐的挑战,该框架为理解美德和共同利益提供了明确的基础,旨在实现幸福或人类繁荣的目标。共同利益为指导所有利益相关者的行为提供了方向,为潜在的美德提供了背景,而正是通过美德,共同利益才得以有效实现。因此,美德和共同利益实际上是"同一枚硬币的两面"。作者通过发展了一个美德—共同利益的概念框架,探讨了协调个人、组织和经济目标的基础。Jean Tirole[3] 认为,我们每个人做出的判断会反映出个人偏好、可获得的信息以及在社会中的地位,即使我们在某些目标的基本可取性上达成一致,仍然可能会在公平、购买力、环境或工作相对于私生活的重要性上产生分歧,更不用说在更多的个人层面,比如道德价值观、宗教或精神,人们的观点存在着巨大的差异。并且,尽管人类并不总是追求自己的物质利益,但他们往往将自身利益置于公共利益之上,而并不会考虑这种行为会容易导致公共善的破坏。因此,要想消除这些任意性以

---

[1] Morabia Alfredo, COVID-19: Health as a Common Good, *American Journal of Public Health* (August 2020).

[2] Surendra Arjoon, Alvaro Turriago-Hoyos, Ulf Thoene, Virtuousness and the Common Good as a Conceptual Framework for Harmonizing the Goals of the Individual, Organizations, and the Economy, *Journal of Business Ethics* (January 2018).

[3] Jean Tirole, *Economics for the Common Good*, translated by Steven Rendall, Princeton University Press, 2017, p12.

实现公共善,从某种程度上来说,社会需要公共善的价值判断,需要建立相应的制度,尽可能协调个人利益和整体利益。Patricia H. Werhane[①]认为,全球经济伦理建立了美丽的原则,比如扬善避恶、避免不利的工作条件损害人们的健康、自然环境的可持续处理和避免浪费等。作为一个未被改造的西方权利理论家,作者为这些原则喝彩。但他敦促人们需要考虑如何在不同的环境和不同的条件下实施这些原则,认识到即使是最好的公司有时也必须承担道德风险,并像赫伯特·西蒙曾经建议的那样,满足于成为令人满意的人。我们必须努力找出如何在世界上社区权利胜过个人权利的地方,将这些全球经济伦理原则转化为现实。Albert O. Hirschman[②]认为,人们一旦生活在这样一个社会,即这个社会制度让所有人相信人们可以摒弃道德和公共精神,而实现对自我利益的普遍追求是令人满意的表现所需要的一切,那么,该社会制度就会破坏其自身的生存能力,而这种生存能力实际上是以公民行为和对某些道德规范的尊重为前提的。Snyder Belousek,Darrin W.[③]认为,2008—2009年的金融危机使我们不仅有机会了解市场情况,还可以反思市场的目的。我们从专家的经济分析中得出的结论是,首先,我们评估了危机的主要教训——理性的自我利益导致的自我调节未能缓解金融市场的外部风险。其次,我们提出经济危机所引起的关于经济活动的道德意义的哲学问题:市场交换是否仅仅是出于个人利益?通过一系列反思,我们要将更多的注意力从政治经济学转向道德经济学:市场交换,自我利益与共同利益之间的关系,尤其是市场交换的先决条件及其对当前危机的道德意义。Nicholas Townsend等[④]认为,在公共善概念下,人们超越了将离散个体的福祉

[①] Patricia H. Werhane,Global Economic Ethic—Consequences for Global Business:A Response,*Business & Professional Ethics Journal*(July 2015).

[②] Albert O. Hirschman,Rival Views of Market Society,*Journal of Economic Literature*(October 2013).

[③] Snyder Belousek,Darrin W.,Market Exchange,Self-Interest,and the Common Good:Financial Crisis and Moral Economy,*Journal of Markets and Morality*(Spring 2010).

[④] Séverine Deneulin,Nicholas Townsend,Public Goods,Global Public Goods and the Common Good,*International Journal of Social Economics* (January 2007).

视为人类行为的唯一适当目标或目的。它使人们能够认识到，对每个人的好处只能通过参考对他有好处的其他人的好处来设想。只关注个人偏好或选择的分析是无法实现持续性的。Praveen Kulshreshtha[1]认为，当代经济思维假设社会中的个人和企业追求他们的利己或理性行为，即出于他们的私人经济动机，特别是假设个人寻求从各种商品的消费中最大化他们的效用或满意度，而企业及其经理寻求最大化经济利润。在当前的经济思想中，很少关注行动的伦理动机，如对他人（利他主义）和公共利益的关注。虽然商业组织中的道德违规和道德不正当行为经常是政策辩论的焦点，但它们实际上被经济学家忽视了，他们不太关注个人、企业及其经理在当今全球化世界中面临的道德困境。

第二，从社群主义和自由主义的理论层面来论证个人权利与公共善的关系。Amitai Etzioni[2]指出，社群主义强调共同利益，强调在个人权利与社会责任之间找到一个能让人们接受的平衡点，强调社会秩序的基础以及进行实质性道德对话的必要性。Daniel Sage[3]认为，社群主义理论的出发点是：强大的社群生活的存在，表现为个人属于并参与更广泛的具有共同利益和共同目标的群体的一种状态，这种状态在人类社会中具有内在价值。在文中，Daniel Sage指出，自由主义世界观认为，社会由或应该努力由自由个体组成，脱离强加的责任和义务，自由形成自己对美好生活的渴望和解释。对自由主义者来说，国家的作用不是强加一个共同利益的愿景，而是承认和保护个人权利不受他人干涉。至少在英国，自20世纪80年代以来，自由传统似乎以"新自由主义"的名义，通过旨在扩大市场作用和缩小国家轮廓的政策，回到了最激进的形式。而社群主义

---

[1] Praveen Kulshreshtha, Business Ethics versus Economic Incentives: Contemporary Issues and Dilemmas, *Journal of Business Ethics* (September 2005).

[2] Amitai Etzioni, Communitarianism Revisited, *Journal of Political Ideologies* (November 2014).

[3] Daniel Sage, A Challenge to Liberalism? The Communitarianism of the Big Society and Blue Labour, *Critical Social Policy* (August 2012).

对这种自由世界观的霸权进行了有力的批判。Daniel Callahan[①]指出,自由个人主义在 20 世纪 80 年代和 90 年代成为主导意识形态。社群主义,作为一种关注公共利益而非自治的替代意识形态,是一种被忽视的方法。但是,许多生物伦理问题不能合理地归结为个人主义和选择的问题。遗传学和生殖问题必然会触及整个社会、价值观和社会制度。严肃的伦理分析必须严肃地对待社会影响,而不是简单地假设它们应该由个人自主选择。Laura J. Spence、René Schmidpeter[②]认为,就个人权利与公共善之间的关系而言,大多数思想流派更多的是将个人自由或者个人权利作为压倒一切的原则,并且在个人自由与公共福利之间建立了一种对立的二元论的概念框架。Gideon Calder[③]指出,社群主义者认为,强大的社群有助于促进社会稳定和凝聚力,防止社会弊病,如异化和失范。Linda C. Raeder[④]指出,哈耶克认为,一切尝试将某种具体的共同利益概念强加给社会秩序的行为,都只能是一种强迫,这种强迫试图迫使现实生活中的人们服务于他们最不感兴趣的和他们不可能赞成的目的,其结果也必然是永久的社会不和谐以及难以忍受的社会生活的政治化。同时,哈耶克认为,无论我们对团结或社区有多么强烈的渴望,在我们复杂的"扩大合作秩序"中的社会凝聚力都不能通过共同追求已知的可见目标来实现,除非我们戏剧性地改变社会秩序的特征,并否定大多数对其负责的价值观——人的不可侵犯性、个人自由和正义。Stephen Driver、Luke Martell[⑤]认为,社群主义者倡导一种社会政策方法,这种方法"承认人类生活

[①] Daniel Callahan, Individual Good and Common Good: A Communitarian Approach to Bioethics, *Perspectives in Biology and Medicine* (Autumn 2003).

[②] Laura J. Spence, René Schmidpeter, SMEs, Social Capital and the Common Good, *Journal of Business Ethics* (June 2003).

[③] Gideon Calder, Communitarianism and New Labour, http://www.whb.co.uk/socialissues/vol2gc.htm.

[④] Linda C. Raeder, Liberalism and the Common Good: A Hayekian Perspective on Communitarianism, *The Independent Review* (March 1998).

[⑤] Stephen Driver, Luke Martell, New Labour's Communitarianisms, *Critical Social Policy* (August 1997).

的嵌入性和相互依赖性,并将社会和公民价值提升到个人价值之上"。Amitai Etzioni[1]认为,社群主义很难定义。尽管使用不准确,这个术语也已经使用了几十年。它通常与提升社区作为一个理想的社会实体和庆祝社区活动相关联。它唤起了人们对社区生活的亲密感和安全感,有着本能的吸引力,尤其是在美国社会,在那里,完整、和谐的社区概念已经成为一个反复出现的历史主题。Simon Caney[2]指出,社群主义者认为,自由主义对于个人权利的提升不仅仅依赖于对自我的不可改变的观念,还助长了反社会的利己主义行为。Michael Walzer[3]指出,自由主义者主张有自由选择的权利,但是,自由主义者除了对自己人性的利益和欲望的任性理解,没有任何的标准来支配他们的选择,所以自由主义者的选择缺乏凝聚力和连贯性。自由社会实际上是分裂的,分离主义的自由意识剥夺了我们的人格和联系,但是实际上,我们是联系在一起的,我们是社会人,在一个完全社会化的自我中,自我是永远无法对抗社会的。自我本身就是社会价值的体现。Allen E. Buchanan[4]认为,社群主义者对社群生活的重视和价值有两个来源:一是有一种本体论观点认为,个人作为天生属于群体身份的社会存在,也就是个人强烈渴望社区,或者至少在他们实现社区身份的时候个人会得到深深的满足;二是如果人类本质上是社会性的,那么理想的商品将来自强大的社区。Will Kymlicka[5]认为,自由主义忽视了我们"嵌入"或"处于"各种社会角色和社群关系中的明显方式,自由主义因为过度重视"个人主义"或"原子论"而被人们重新审视,这种

---

[1] Amitai Etzioni, Rights and the Common Good: The Communitarian Perspective, *The Journal of Sociology & Social Welfare* (June 1996).
[2] Simon Caney, Liberalism and Communitarianism: A Misconceived Debate, *Political Studies* (June 1992).
[3] Michael Walzer, The Communitarian Critique of Liberalism, *Political Theory* (February 1990).
[4] Allen E. Buchanan, Assessing the Communitarian Critique of Liberalism, *Ethics* (July 1989).
[5] Will Kymlicka, Liberalism and Communitarianism, *Canadian Journal of Philosophy* (June 1988).

过分重视个体的自主性已经破坏了培育人类繁荣的社团和社区。Brian Lee Crowley[1]指出,因为个体不是"统一的原子",所以对个体的判断不能依据抽象的、普遍的标准,而是要视个人的具体情况、标准和具体环境而定。Amy Gutmann[2]认为,自由主义的公共哲学正在破坏"美好社会"的社会基础,并且使得当代自由社会的居民也变得更加孤立、反社会、自私、算计和精神贫瘠。在这种自由主义所推崇的理论的影响下,现代人更加全身心地投入对琐碎的、随意选择的"私人物品"的盲目追求,他们不再认识到超越个人利益的全面共同利益的存在,更不用说追求这种共同利益的义务了。Charles Taylor[3]认为,新社群主义者因为他们的共同理解而团结在一起,也就是我们的社群意识承认我们本是一个被共同的价值观和义务所束缚的民族,却被一种"原子论"的自由主义所摧毁,社会凝聚力、友谊和对共同利益的追求也被摧毁。Michael J. Sandel[4]认为,也许自由主义者会为自由主义信条所造成的破坏提供不同的补救措施,但桑德尔认为目前更关键的是,需要寻求将目前主导公共话语和实践的尖锐的个人主义的"权利政治"转变成一种更加友爱和道德的"公共利益政治"。Noam Chomsky[5]认为,人类是社会存在的人,我们成为什么样的生物至关重要地取决于我们生活中的社会、文化和制度环境。因此,我们被引导调查有利于人民的权利和福祉的社会安排,以实现其正义的愿望——简言之,是公共善。

---

[1] Brian Lee Crowley, *The Self, the Individual, and the Community: Liberalism in the Political Thought of F. A. Hayek and Sidney and Beatrice Webb*, Clarendon Press, 1987, p244, 253.

[2] Amy Gutmann, Communitarian Critics of Liberalism, *Philosophy and Public Affairs* (July 1985).

[3] Charles Taylor, Atomism, in *Philosophy and the Human Sciences: Philosophical Papers 2*, Cambridge University Press, 1985, p187—210.

[4] Michael J. Sandel, The Procedural Republic and the Unencumbered Self, *Political Theory* (February 1984).

[5] Noam Chomsky, *What Kind of Creatures Are We?*, Columbia University Press, 1893, p144—145.

(三) 市场经济与公共善的关系

第一,市场经济能够促进公共善。Kai Gehring[①] 指出,1990—2005 年间,来自 86 个国家的调查结果表明,总体经济自由对主观幸福感有显著的积极影响。从发展中国家和发达国家的角度来看,在发展中国家,经济自由水平的提高和政府减少不必要的监管对其主观幸福感的总体影响更大;另一方面,那些对自由市场经济持积极态度的社会从更高的经济自由中获益更多,特别是那些强烈倾向于公司私有制而非国有制的人受益更大。因此,一个好的政策也许意味着将提高效率的改革与解释竞争和自由市场会给公民带来好处的方法结合起来,即自由市场经济有助于公共善。Robert D. Auerbach[②] 赞同弗里德曼的看法,即资本主义只是一种经济组织体系,允许买卖双方在政府有限干预下进行交易,这也允许收入和财富的私人所有权。弗里德曼相信并提供证据表明,自由市场和私有财产体系带来了更高的生活水平。过度的政府监管,即使是出于好意,也可能扼杀除最大公司之外的所有公司。

第二,市场经济并没有促进公共善,反而给人类社会带来了破坏。比如,市场经济的发展是以社会人力、物力的巨大消耗和浪费,以及人与人之间关系的异化和冷漠、贫富差距扩大化等为代价的。George Monbiot[③] 提出"死亡螺旋"的概念,认为人类进入 21 世纪不到 20 年,世界已经陷入了人类历史上最极端的不平等旋涡,并且伴随着大规模失业和就业不足、生活不稳定、贫困和饥饿等现象,在这一点上,我们只能称之为全球生态"死亡螺旋"。Erik Olin Wright[④] 认为,我们现在生活在这样的一个时

---

① Kai Gehring, Who Benefits from Economic Freedom? Unraveling the Effect of Economic Freedom on Subjective Well-Being, *World Development* (November 2003).

② Robert D. Auerbach, The Benefits of Capitalism and Freedom Will Survive the Financial Crisis and This Seminar, *Forum for Social Economics* (November 2013).

③ George Monbiot, The Earth Is in a Death Spiral. It Will Take Radical Action to Save Us, https://braveneweurope.com/george-monbiot-the-earth-is-in-a-death-spiral-it-will-take-radical-action-to-save-us.

④ Erik Olin Wright, Transforming Capitalism through Real Utopias, *American Sociological Review* (February 2013).

代：经济不稳定和危机损害着广大人民的生活，不平等、两极分化现象严重，许多经济发达国家的工作不安全感日益加深，资本变得越来越自由，市场看起来像是无法被人类控制的自然法则，金钱主宰的东西越来越多，普通人的忧虑越来越被忽视。因此，Erik Olin Wright 从社会学的角度思考主流制度和社会结构，探索了一个框架，该框架基于两个基本命题。一是批判社会的基本命题：许多形式的人类苦难和人类繁荣的许多缺陷是现有制度和社会结构的结果。二是解放的基本命题：以正确的方式改造现有制度和社会结构，有可能大大减少人类的痛苦，扩大人类繁荣的可能性。而要想实现这一目的，需要解决以下四点：规定判断社会制度的道德原则；使用这些道德原则作为对现有制度进行诊断和批判的标准；针对批评意见，对可行的替代方案进行说明；提出实现这些选择的转换理论，即通过真正的乌托邦的实现让社会更美好。Timothy Besley[1] 通过对迈克尔·桑德尔的《金钱买不到什么》一书的主要论点进行回顾，指出市场交易会导致有价值的态度和规范被削弱或解散，并认为重新思考市场的作用和影响面临两个障碍：一个是人们固有的市场思维；另一个是公众话语的敌意和冷漠。Joseph E. Stiglitz[2] 指出，世界上大多数国家内部日益加剧的不平等是当今世界面临的关键问题之一，而这是不合理的和不公正的。这种不平等正在分裂我们所处的社会，对经济、民主等都造成了破坏。作者以美国为例，多重维度地对美国出现的不平等问题进行分析，这种不平等不仅体现在收入方面的不平等，还有其他方面的不平等，比如健康不平等、机会不平等，并且鉴于低水平的机会平等以及高水平的收入和财富不平等，未来可能会更糟，结果不平等进一步加剧，机会平等进一步减少。而这些最终会导致经济和社会都变得更弱、更不稳定。Kishor

---

[1] Timothy Besley, What's the Good of the Market? An Essay on Michael Sandel's What Money Can't Buy, *Journal of Economic Literature* (June 2013).

[2] Joseph E. Stiglitz, *The Price of Inequality: How Today's Divided Society Endangers Our Future*, W. W. Norton & Company, 2012, p379—399.

Thanawala[①]认为,市场在资源配置方面确实是比较有效率的,但这种效率的实现只适合那些有购买能力的人以及那些目前能在市场上卖得一个比较满意价格的资源,实际上很多人类的需要是市场不能满足的,这是不符合正义的。因此,很有必要帮助那些有需要的人类获得专业的技能,以此进入市场交换领域,发展他们的技能,运用他们的能力,实现资源和能力的更好配置。

第三,国外有些学者重点对自由市场经济对人类社会的破坏进行了批判。Peter Eric Hilsenrath[②]认为,医疗界的医生是聪明的、勤奋的,也是敬业的,但是他们也有一个盲点。由于医生们都在精神上接受过希波克拉底的训练,并发誓尽可能帮助病人,所以在他们的文化或者培训中,很少会关注卫生支出何时过度。但是,与健康相关的决策往往会存在机会成本,而在今天来说,机会成本是不可估量的。与医疗保健提供者不同,在自由市场经济中,经济界和商界更多关注的是经济成本和收益,因此,如何平衡好经济与健康之间的关系是我们需要去关注的,我们必须找到一种道德平衡来最好地减轻健康和经济损害。John Bellamy Foster[③]认为,人们现在已经处于21世纪,在这个点上,自由市场经济为人类整个社会带来的经济效益已经抵消不了这个非理性系统所带来的负外部性,比如战争带来的高额成本、自然资源的过度消耗、人类生命的浪费和地球环境不可逆转的破坏,财富积累更多的是以支配地球上人类生活的社会和环境条件不可逆转的裂痕为代价。Jean Tirole[④]认为,自由市场经济已经成为我们社会的主导模式,随着自由市场经济的不断发展,私有化、

[①] Kishor Thanawala, Can Market Economy Promote the Common Good?, *Journal for Peace and Justice Studies* (January 2003).
[②] Peter Eric Hilsenrath, Ethics and Economic Growth in the Age of COVID 19: What Is a Just Society to Do?, *The Journal of Rural Health* (April 2020).
[③] John Bellamy Foster, Capitalism Has Failed—What Next?, *Monthly Review* (February 2019).
[④] Jean Tirole, *Economics for the Common Good*, translated by Steven Rendall, Princeton University Press, 2017, p11.

全球化更加强调竞争。但是即便如此,市场经济也只是取得了部分胜利,因为它既没有赢得人心,也没有赢得思想。很多人认为,在这种竞争模式下,人们对于公共善的追求已经在新经济秩序下被牺牲了。这个世界既没有怜悯也没有同情,而且人们受制于私人利益,社会契约被瓦解,人类尊严丧失,最关键的是公共服务的衰弱以及当前经济模式下环境的不可持续性。Hodgson, Geoffrey M.[1]通过探讨卡尔·波兰尼对"社会"与"经济"之间关系的描述、对从"嵌入性"到"脱嵌"的论述,以及对市场主体动机从"生存"到"获利"的转变再到以货币交易为主导地位的市场社会的论述,对波兰尼的思想进行了文本和概念的分析,并指出波兰尼的一些核心概念和论点虽然是有矛盾和问题的,但是波兰尼对于商品化、私有化和市场化限制的论述是非常有借鉴意义的。Joseph C. Bertolini[2]用达尔文进化论的观点作为佐证来反对自由主义者的论点,即经济问题应该几乎完全由亚当·斯密的"看不见的手"来管理,并认为个人明显的、理性的自我利益不一定符合群体的最佳利益,因此,自由意志论认为政府在经济管理中没有真正发挥作用是有严重缺陷的。John Lauritz Larson[3]认为,人们对资本主义市场关系的兴起所经历的许多事情,比如公共善的缺失等,源于交易的去人格化即无情的市场和无情的人的兴起。在现代资本主义关系中,个人之间的交易被实行了异化、制度化和非人格化,这样人们就可以像在家里一样轻松地与陌生人进行业务往来。Ronen Shamir[4]通过引入"责任化"这一概念,论证市场的道德化不会破坏新自由主义政府和新自由主义对公民社会、公民身份和负责任的社会行动的愿景,反而会起到进一步的支持作用,"社会"与"市场"的关系越密切,人们所关心的

---

[1] Hodgson, Geoffrey M., Karl Polanyi on Economy and Society: A Critical Analysis of Core Concepts, *Review of Social Economy* (January 2017).

[2] Joseph C. Bertolini, The Darwin Economy: Liberty, Competition, and the Common Good, *The European Legacy* (September 2014).

[3] John Lauritz Larson, *The Market Revolution in America Liberty, Ambition, and the Eclipse of the Common Good*, Cambridge University Press, 2009, p92.

[4] Ronen Shamir, The Age of Responsibilization: On Market-embedded Morality, *Economy and Society* (January 2008).

社会道德问题就越能成为"市场参与者的事情"。Luís Francisco Carvalho、João Rodrigues[1]指出,新自由主义思想作为基于市场的社会关系普遍化的基础,相应地渗透到几乎我们生活的方方面面。随着市场不断扩张和相应的社会生活领域的商品化,这些现象的存在对我们社会和道德产生了非常大的负面影响。Joseph E. Stiglitz[2]对资本市场自由化的论点进行回顾,并指出市场自由化理论和经验上的弱点,市场自由化失业率居高不下,穷人承受着不成比例的失业负担,危机频发,最关键的是使得经济发展不稳定。在文中,作者认为,中国作为一个成功吸引大量外国直接投资的国家,同时还保持了对市场自由化短期资本的控制,这说明有资本市场限制的国家也可以与没有资本市场限制的国家做得一样好,这也表明实施这种限制不会产生重大不利影响,为干预短期资本流动的论点提供了基础。Fred Hirsch[3]认为,资本主义培养了一套非常独特的价值观,而这些价值观使得人们形成追求私人利益和本质上的个人主义价值观。他认为资本主义制度影响了个人的行为和动机,对于一个基于以自我为中心的动机的社会秩序来说,要想确保其存在所需要的社会联系,即公共善的实现是困难的。Fred Hirsch[4]认为,资本主义中央机构和互动模式持续扩张的不可行性在于其对个人在公共领域的资源合作和相关社会道德的腐蚀作用,而这是资本主义制度自身生产所必需的。这也就是为什么资本主义"可能会破坏其自身的基础"的原因。George J. Stigler[5]认为,自由市场经济容易导致垄断,而垄断的存在会导致资本配置低效。

---

[1] Luís Francisco Carvalho, João Rodrigues, On Markets and Morality: Revisiting Fred Hirsch, *Review of Social Economy* (September 2006).
[2] Joseph E. Stiglitz, Capital Market Liberalization, Economic Growth, and Instability, *World Development* (June 2000).
[3] Fred Hirsch, *Social Limits to Growth*, Harvard University Press, 1976, p117.
[4] Fred Hirsch, *Social Limits to Growth*, Harvard University Press, 1976, p143.
[5] George J. Stigler, Imperfections in the Capital Market, *Journal of Political Economy* (July 1967).

Karl Polanyi[①]认为,这种自由市场的自我调节机制不是一种嵌入性机制,在社会发展的长期过程中必然会导致社会人力、物力的巨大消耗和浪费,并且人与自然以及人与人之间的社会关系也会出现加速恶化。自我调节的市场必然是彻头彻尾的乌托邦,除非消灭社会中人和自然的实存,否则这样一种制度将无法长期存续。

四、国内文献综述

在中国知网主页输入"市场经济与公共善",结合关键词、篇名、主题一起查找,聚焦文献发现,"市场经济与公共善"的文献主要围绕以下几个方面来研究:一是公共善的概念界定问题、公共善与个人权利优先问题、公共善的实现途径;二是市场经济所带来的弊端、政府与市场关系问题、公平和效率问题等。

(一)公共善的概念界定问题

曾楠、杨煌辉[②]认为,公共善是指以公共精神为特征,在此基础上,人们基于公共交往,表现出对公共利益的关心并参与公共生活。曹刚[③]认为,共同善包括目的性的共同善(公共善)、条件性的共同善和成果性的共同善。葛红梅[④]认为,桑德尔强调以公共善为旨归的公共生活伦理,这对于我国建立一个具有中国特色的公共哲学体系具有非常重要的作用。王葎、吴玉军、刘丹[⑤]指出,阿伦特、斯金纳、佩蒂特等新共和主义者认为,公民的美德是一种本质性必不可少的善,是个人作为公民应该有的利益。新共和主义者认为,共同的善是指所有人都能够从中受益的善,这种善具

---

① Karl Polanyi, *Great Transformation: The Political and Economic Origins of Our Time*, Beacon Press, 1957, p3—4.
② 曾楠、杨煌辉:《涵养以公共利益为导向的公共精神》,《理论周刊》2019 年第 5 期。
③ 曹刚:《论共同善》,《伦理学研究》2016 年第 5 期。
④ 葛红梅:《桑德尔公共哲学思想及启示》,《中国矿业大学学报(社会科学版)》2012 年第 3 期。
⑤ 王葎、吴玉军、刘丹:《权利与德性之争:现代西方公民观反思》,《北京师范大学学报(社会科学版)》2012 年第 5 期。

有非排他性的特征,这种善作为一种本质性的善,只有在与他人交往的过程中才能被理解和享有。而自由主义主张的善在承认个体权利的同时,就很容易忽视公共善。周国文[1]认为,公共善和个人善相兼备的共同体主义原则是和谐社会的伦理基础之一。秦彪生、伍胜蓝[2]认为,公共善是人类共同体赖以生存和发展的环境,因此,公共善是经济公益、政治公益和文化公益以及这三者形成过程中的和谐社会关系。王国银[3]认为,公共善包括人与自然的和谐、人与人及人与社会的和谐、国家内部系统诸要素的和谐,个体善是人自身的和谐。黄显中[4]认为,在共同生活中,公共善是公正的最终尺度。"与善同在的人们"还有对共同体的善良。如果说没有对共同体的善良作为基础,那么前者对他人的善良就是虚情假意,反之,前者对他人的善良就是自然而然。

(二)个人权利与公共善的关系问题

在市场经济的个人权利与公共善方面,钱继磊[5]认为,对于公共善和个人权利优先性的问题,西方学界进行了诸多讨论。新自由主义是以罗尔斯为代表,罗尔斯提出的"正义两原则"遭到了以诺齐克为代表的自由主义至上所主张的"持有正义"和"最弱意义上的国家"的强烈抨击,此学派认为罗尔斯在向平等妥协,违背西方自由主义传统,其正义优先于善的主张不具有正义性。另一方面也被社群主义所不容,认为罗尔斯的观点对社群公共善的关注度不够,仍然是立足于个人本位的思维,因此,罗尔斯的"作为公平的正义优先于作为公共善的正义"的主张是不可接受的。通过上述相关讨论,最后指出公共善与个人权利之间的边界性,并提出公

---

[1] 周国文:《公共善、宽容与平等:和谐社会的伦理基础》,《社会科学辑刊》2010年第5期。
[2] 秦彪生、伍胜蓝:《政治权力运行的公共善原则》,《商业文化·学术探讨》2007年第9期。
[3] 王国银:《现代德性治理视域中的和谐社会》,《马克思主义与现实》2006年第4期。
[4] 黄显中:《亚里士多德论公正》,《玉溪师范学院学报》2003年第3期。
[5] 钱继磊:《论公共善与个人权利的正当性边界——由郑州"电梯劝阻吸烟案"切入》,《人权研究》2019年第21期。

共善对个人权利的最低干预和最大不伤害原则。张洪新[①]认为,权利与善的关系不是权利重不重要的问题,而在于权利能不能不依赖于任何善观念得到人们的认同和正当性证明。无论是认为权利优先于善还是善优先于权利,都离不开善观念。王千陌[②]认为,自由主义的善是一种纯粹主体的偏好,每个人都可以根据自己的意愿选择善,一切善都成为不可公度的善。陈宏霞[③]认为,权利本身是一种公共善,政府有义务像对待其他公共善一样提供保护。姚大志[④]通过对社群主义进行分类,对社群主义的基本论题加以探讨,即"自由主义批判"、"正义与善"和"共同体",由此指出善优先于权利。马梦菲[⑤]认为,古希腊的公民是以促进公共善为目的参与公共事务,但是后来随着疆域的扩大,公民更多的是通过选举代表和政府来对国家进行管理,这就在一定程度上使得人们对公共事务的态度变得冷漠,原来与公民自身利益一体化的公共善碎片化为分裂的、对立的个体和群体的要求。而这种对立也折射出当代西方政治哲学的两种理论的对立,也就是自由主义的个体性、多元性与社群主义的集体性、共同性的对立。而协商民主之所以能够具有创新性和综合性,价值就在于综合了这两种理论的哲学资源。

郭威、应星[⑥]指出,哈奇森认为,霍布斯所主张的把个人权利置于公共善基础上的观点是失之偏颇的,人性中的道德感使得人自然地具有社会性,因此,人类能自然地将普遍利益作为公共善置于个人权利之上。马坤[⑦]认为,西方社会的正义理念是以原子式个人概念和个人权利至上为

---

① 张洪新:《权利、公共善与实践理性》,《法律与伦理》2019 年第 1 期。
② 王千陌:《自由主义自我观念的虚无主义悖论——以桑德尔对罗尔斯的批评为例》,《海南大学学报(人文社会科学版)》2019 年第 4 期。
③ 陈宏霞:《对权利个人主义图景的一种祛魅——以个人权利与政府权力之间的关系为分析视角》,《学术评论》2019 年第 2 期。
④ 姚大志:《什么是社群主义》,《江海学刊》2017 年第 5 期。
⑤ 马梦菲:《超越个体性与共同性对立的理论构想——西方协商民主的政治哲学分析》,《理论与现代化》2016 年第 5 期。
⑥ 郭威、应星:《道德感与自然权利》,《求是》2016 年第 1 期。
⑦ 马坤:《和谐社会正义建构的价值超越》,《政治文明》2013 年第 3 期。

核心,容易导致个人利益与社会利益关系失衡。但是,和谐社会正义建构中的价值观有助于克服西方抽象的权利观。谢超林[1]指出,自由主义认为个人善优先于社会善,人们结成共同体是迫不得已的选择,实质还是为个人权利服务的,自由主义的公民认同是公民作为法律身份的认同,而社群主义立足于社会共同体,更加强调社会善。姚大志[2]认为,政治哲学是实践哲学的一部分,不同的政治哲学派别会把不同的政治价值放置于不同的优先地位,比如社群主义把共同体的善放在第一位。政治哲学的价值理论主要分为义务论和后果主义。对于后果主义来说,善是终极价值,正义是达到善的工具,因此善优先于正义。周枫[3]认为,当代政治哲学的问题最终的聚焦点都是个人主义。范萍[4]认为,社群主义的"社群优先于个人和共同善优先于正义"的理念作为对当代社会现实生活进行深刻反思和批判的结晶,对我国建设社会和谐具有重要的作用。敖素[5]认为,"权利是否优先于善"构成了桑德尔与罗尔斯之争的焦点,但他们理论共享的前提都是个人权利的重要性。李艳[6]认为,桑德尔主要从以下四方面对罗尔斯新自由主义进行批评,即个人主义、平等主义、普遍主义和社会向善论,个人利益与公共利益的关系问题是他们争论的焦点。史军、肖巍[7]从流行病伦理与医学伦理的差异引申出个人权利和公共善的问题,深层次归结于哲学层面的自由主义和社群主义的争论问题。作者在文中指出,以罗尔斯为代表的自由主义理论中,权利是优先于善的,并且权利

---

[1] 谢超林:《当代自由主义与社群主义公民身份认同观比较》,《重庆科技学院学报(社会科学版)》2013年第8期。
[2] 姚大志:《什么是政治哲学》,《光明日报》2013年第11期。
[3] 周枫:《个人主义:当代政治哲学争论的焦点之一》,《中国人民大学学报》2012年第5期。
[4] 范萍:《社群之和谐》,《湘潮》2012年第11期。
[5] 敖素:《权利是否优先于善:桑德尔与罗尔斯之争的焦点及其意义》,《哲学研究》2011年第3期。
[6] 李艳:《驳斥权利对善的优先性——桑德尔对罗尔斯批评的关键》,《社会科学辑刊》2008年第6期。
[7] 史军、肖巍:《权利优先还是公共善优先——流行病伦理的社群主义视角》,《中州学刊》2006年第2期。

能够用一种不以任何特殊善生活观念为前提条件的方式得到确认和证明,国家和政府的作用是维护个人自由,无权干涉个人自由。但是,社群主义强调社群、自我的社会本质,认为无论是哪个社群,假设社群的成员不将精力和资源奉献给共同的事业,那么就不能长久生存下去。总之,社群主义强调公共善优先于个人权利,个人权利只是实现幸福的手段。社群给予个人共同的价值和目标,所以在社群主义看来,个人权利与公共利益是一致的。陈晏清、王新生[1]认为,个人权利与公共善之间的矛盾是很深刻的,早期的古典主义把对这一矛盾的解决寄托于"无形的手",黑格尔寄托于国家权利,但是,陈晏清、王新生认为这两者都忽视了公共伦理的作用。

(三)公共善的实现途径

晏辉[2]认为,在一个以公共善为目的的社会中,政治权力是被置于政治框架之内的。只有国家和公民在充分的良性互动中,一种公开运用理性以追求公共善、表达公共意志的政治社会才有可能实现。作为一种最具有支配性的政治权力,不是当权者的使用工具,而是为了创造最大的"公共善"。彭琪瑞[3]认为,社群主义的理论是以德性、公共善和多元复合平等为基础的经济公正观,代表了当代西方经济正义的发展现状,但这种对社群范围与成员资格的设置又使其在共享公共善时具有排他性,表现出理想主义的色彩。彭斌[4]认为,在和平、真相、责任和宽恕四个因素实现的基础上,人们才能真正地实现公共善。刘富胜[5]认为,公共理性既把理性视为边界,但是又以个体理性为前提的悖谬之举必然会造成它对公

---

[1] 陈晏清、王新生:《市场经济社会中的个人权利与公共伦理》,《伦理学研究》2002年第2期。
[2] 晏辉:《从权力社会到政治社会:可能性及其限度》,《东北师大学报(哲学社会科学版)》2019年第4期。
[3] 彭琪瑞:《社群主义经济公正观的内在正义导向》,《经济师》2019年第4期。
[4] 彭斌:《社会和解何以可能》,《政治学研究》2019年第9期。
[5] 刘富胜:《公共理性的理论抱负及其现实局限》,《重庆理工大学学报(社会科学)》2018年第2期。

共善的背离。邵晓光、刘岩[1]认为,共同体的核心就是"共同善",共同善的消失是因为个人主义的膨胀、利己主义的泛滥和古典德性的消失。要想使这种困境得以摆脱,就需要恢复古典德性的地位和重构善在共同体中的优先地位。郝园园[2]认为,善治视域下的公共精神主要体现为公民的公共理性、德性和参与公共事务的能力,只有让公民充分了解公共利益与私人利益之间的关系,才能更好地促进公共目标和公共利益。王结发[3]认为,在一个理性多元化的时代,现代政治哲学的一个关键问题就是如何让国家的制度建构体现社会公共善。从卢梭、黑格尔、马克思的理论中可以看出,实现公共善制度化的几个根本要素包括生产资料所有制形式、政治民主化、智识性条件。郦平[4]认为,柏拉图政治理想的出发点是实现个体善,政治理想的目标是实现公共善,柏拉图试图用"正义"来连接公共善与个体善政治管理思想的合理性有待商榷。陈玉玲[5]认为,社群主义反对新自由主义的个人主义和权利本位的政治伦理观,倡导社群和公共善的价值,以及公共善优先的价值观等。李伟[6]指出,桑德尔和罗尔斯在政治哲学的规范性问题上的根本分歧在于,罗尔斯认为一个社会到底公不公正是看这个社会是否与正义原则相符合,而桑德尔认为评价一个社会公不公正是看这个社会有没有对公共善起促进作用,因此,桑德尔断定正义是内在于善的。

(四)市场经济忽视公共善所带来的弊端

在市场化的今天,随着市场领域的扩大,市场经济中的很多行为排斥了经济学行为的伦理问题和规范问题,人们在拥抱市场经济所带来的繁

---

[1] 邵晓光、刘岩:《共同体的衰变及其重构路径》,《党政干部学刊》2017年第11期。
[2] 郝园园:《"善治"视域下我国公共精神的问题与调适》,《深圳大学学报(人文社会科学版)》2015年第3期。
[3] 王结发:《论公共善的制度化》,《甘肃理论学刊》2014年第2期。
[4] 郦平:《柏拉图政治管理思想合理性的哲学追问》,《河南大学学报(社会科学版)》2013年第4期。
[5] 陈玉玲:《社群主义公民教育思想探析》,《现代教育论丛》2011年第9期。
[6] 李伟:《正义与公共善孰为优先——论桑德尔与罗尔斯政治观的分歧》,《苏州大学学报(哲学社会科学版)》2008年第3期。

荣的同时,市场经济给人类社会也带来了弊端。申雨芊[1]认为,随着我国社会主义市场经济理论的不断完善,市场的消极一面也不断显现,比如市场价值观渗透到人类社会中,金钱被设计成无所不能,人与人之间公共善被破坏。杨秀婷[2]认为,市场一方面发挥着积极作用,另一方面由市场带来的"市场失灵"现象也是存在的。王维佳[3]在专访哈佛大学教授桑德尔后指出,我们需要重建非市场价值观,不能让市场入侵我们的非市场领域,呼吁重建温暖的公共伦理社会。庄虔友、德力格尔玛[4]通过对《大转型》中的理论进行分析,认为今天的社会更多地受制于市场的支配,在这种支配下,也带来各种诸如贫富差距、环境污染等全球性问题。赵君[5]提出从波兰尼的《大转型》角度来进行切入,认为自由市场是神话,提倡社会保护性措施的展开,政府要充分发挥其作用,通过各种分配机制对市场力量进行制衡,我们需要的不是神话市场而是社会性的市场。晔枫[6]指出,市场经济在带来效率的同时,也产生了很多的负外部效应,而这些负外部效应的存在使得社会可持续性目标没有办法实现。许尔兵[7]认为,人类进步是由经济增长过程中自然环境和社会环境成本增加换来的。人们对自然资源的需求已经超过地球所能承受的能力,同时人们在追求利益的过程中,也陷入了功利主义的泥潭。自由市场这只"看不见的手"存在着很多弊端,这个时候就需要有理性的政府进行适当干预,在环境、公共事

---

[1] 申雨芊:《对社会主义市场的文化思考——读〈金钱不能买什么〉有感》,《汉字文化》2019年第12期。

[2] 杨秀婷:《浅论对市场弊端的解决措施及启示》,《市场论坛》2015年第8期。

[3] 王维佳:《重建非市场价值观——专访哈佛大学政治哲学教授迈克尔·桑德尔》,《南风窗》2013年第1期。

[4] 庄虔友、德力格尔玛:《波兰尼〈大转型〉的当下价值——再谈国家、市场与社会的关系》,《鲁东大学学报(哲学社会科学版)》2011年第3期。

[5] 赵君:《"神话"的自由市场:从波兰尼的〈大转型〉说起》,《郑州大学学报(哲学社会科学版)》2009年第5期。

[6] 晔枫:《外部不经济——市场经济控制系统的最大弊端》,《技术经济与管理研究》2001年第6期。

[7] 许尔兵:《人类进步的代价:读〈质疑自由市场经济〉》,《学海》2000年第3期。

业、福利等方面紧抓不放,才能实现公共善。廖申白[①]认为,市场生活既适合人也束缚人,市场经济对于人们的道德生活是有双重影响的,市场生活本身就是矛盾的统一体。同时,在健康的市场环境下,市场主体的身份必须是伦理经济人,经济与伦理是融合且不可分的。市场经济生活不是我们的全部,我们不会希望整个社会成为一个大市场。唐昌黎[②]认为,要想解决市场经济所带来的各种弊端,离不开向公平倾斜、向基础产业倾斜、抓基础科学研究、加强法治建设、加强精神文明建设。

面对市场经济在发展过程中所带来的问题,国内学者对市场的自发调节产生了疑问,提出要正确看待政府与市场、公平与效率的关系。丁春福[③]认为,公平和效率这两者是辩证统一的关系,而中国进入特色社会主义时代后,全方位地审视社会主义市场经济尤其必要。张友国[④]认为,为更好地解决社会矛盾,公平和效率应该在新时代得到更好的体现,同时公平与效率的问题也是绿色发展所需要遵循的原则。冯根福[⑤]指出,公平和效率的矛盾是人类一直面临的难题,改革开放以后中国用事实证明,中国创建的中国特色社会主义制度能合理调节公平与效率关系的内在功能。周建明[⑥]通过对20世纪西欧资本主义的考察和对市场经济不同类型的比较,指出从社会到市场社会到社会主义市场经济,这是一个否定之否定的过程。张萃婷[⑦]从经济法的角度来论证为何在坚持"效率优先"的同时,还应"增进公平"。王海峰、张忆寒[⑧]认为,传统意义上的公平是经

---

① 廖申白:《市场经济与伦理道德讨论中的几个问题》,《哲学研究》1995年第6期。
② 唐昌黎:《论市场经济的弊端及克服途径》,《社会科学辑刊》1993年第5期。
③ 丁春福:《社会主义市场经济:公平与效率有机结合的中国方案》,《广西社会科学》2019年第4期。
④ 张友国:《公平、效率与绿色发展》,《求索》2018年第1期。
⑤ 冯根福:《中国特色基本经济制度:攻克人类"公平与效率"难题的中国贡献》,《当代经济科学》2017年第6期。
⑥ 周建明:《认识和解决好市场经济在社会主义社会中的两重性问题》,《毛泽东邓小平理论研究》2016年第4期。
⑦ 张萃婷:《经济法视野中的公平与效率》,《学术论坛》2015年第9期。
⑧ 王海峰、张忆寒:《公平与效率关系新论》,《求索》2010年第7期。

济公平,谈到公平和效率的问题时,也是讲经济公平与效率的关系,笔者认为单从这样一个角度是失之偏颇的,要真正地理解公平与效率的关系,必须从公平的三个层面去讲,即政治、经济和伦理,并且这三个层面不能混淆。徐大建[1]指出,当公平和效率发生冲突的时候,坚持功利主义的原则可能是一种比坚持道义论更优的选择。肖仲华[2]强调效率的重要性。靳卫东[3]认为,要处理好公平与效率的关系,必须提高低收入群体的收入水平,缩小收入差距,让人们共享改革开放成果,促进我国经济可持续发展。程恩富、王中保[4]认为,现代政治经济学的争鸣和创新主要表现在四个最重要的理论上:经济人假设在争鸣中发展、劳动价值论在争鸣中拓展、公平与效率关系在争鸣中创新、公有制经济定位在争鸣中确立。而关于公平与效率的关系主要有三种观点:公平与效率的替代关系、公平与效率的并重关系、公平与效率具有辩证统一的关系。最后指出,我国可以实现共同富裕和经济和谐。章海山和颜卫青[5]认为,经济的效率和公平问题不仅仅是经济学的问题,也是经济伦理的一对重要范畴。处理好效率与公平的关系需要确立一个道德参数,在确保效率优先的前提下实现公平。如果公平优先,则很有可能陷入小生产的平均主义泥潭。

辛彩霞[6]指出,随着全球化的发展,我们在经济得到迅速发展的同时,也面临着很多问题,为我国企业带来了很大的挑战。在面对市场在资源配置中起决定性作用的背景下,需要加强政府管理,使市场经济能够在政府的监督下不断得到发展和进步,使公共善得以实现。王勇[7]认为,市场和政府这两只手的职能和边界应该因时因地而变化,灵活调整,以避免

---

[1] 徐大建:《功利主义道德标准的实质及其缺陷》,《上海财经大学学报》2009年第2期。
[2] 肖仲华:《效率与公平关系再认识》,《江汉论坛》2009年第2期。
[3] 靳卫东:《"公平与效率之争"的根源、分歧和总结》,《当代财经》2008年第12期。
[4] 程恩富、王中保:《现代政治经济学研究进展述评》,《山东社会科学》2007年第6期。
[5] 章海山、颜卫青:《经济效率与公平的道德参数》,《道德与文明》2003年第4期。
[6] 辛彩霞:《市场经济条件下政府管理对经济发展的促进作用思考》,《中外企业家》2020年第12期。
[7] 王勇:《新中国成立70周年政府与市场关系研究》,《财政与金融》2020年第4期。

双重失灵。朱姣[①]认为,在市场经济条件下,政府要对自身经济管理职能进行定位探索,作为政府要随时调整自己的角色和定位,在经济全球化的背景下,对市场进行科学调控,以实现我国经济更加平稳发展。颜鹏飞[②]认为,要处理好政府与市场的关系,必须倡导两点论、摒弃一点论,"看不见的手"和"看得见的手"都要用好。杨灿明[③]认为,建立现代经济体系的核心问题是要处理好政府与市场的关系,构建一个有效政府和有效市场,让市场在资源配置中起决定性作用和更好地发挥政府作用。杜磊[④]认为,要把政府作用与市场"第三方"作用有机结合,将提升政府治理能力与避免市场逻辑的不当干扰相结合,保证社会主义市场经济规范运行。

总之,大致而言,我国学术界对公共善的研究是从20世纪90年代才开始的,而后进入新世纪又迅速以政治哲学的形式投入这一研究领域,翻译出当代有代表性的思想家主要作品,比如罗尔斯的《政治论》《政治自由主义》《作为公平的正义》和《万民法》,罗伯特·诺齐克的《无政府、国家和乌托邦》,罗纳德·德沃金的《认真对待权利》,阿拉斯戴尔·麦金泰尔的《追寻美德》,查尔斯·泰勒的《自我的根源》,迈克尔·桑德尔的《自由主义与正义的局限》,迈克尔·华尔采的《正义的范围:对多元主义和平等的辩护》,罗伯托·昂格的《知识与政治》,威尔·凯姆里卡的《自由主义、社群与文化》,戴维·米勒的《市场、国家与社群》,哈贝马斯的《公共领域的结构转型》《包容他者》,穆勒的《功利主义》,哈耶克的《通往奴役之路》等著作。与此同时,哲学界也出版了一些对它们的解读性作品,比如何怀宏的《公平的正义——解读罗尔斯正义论》、《契约伦理与社会正义——罗尔斯正义论中的历史与理性》,王明毅等译的《通往奴役之路》等,这些著作在一定程度上对公共善的研究有一定的支持。从总体上看,

---

① 朱姣:《关于市场经济条件下政府经济管理职能定位探析》,《现代营销(信息版)》2020年第3期。
② 颜鹏飞:《以政府主导改革来弥补市场失灵》,《社会科学报》2020年第2期。
③ 杨灿明:《关于政府与市场关系的再思考》,《中南财经政法大学学报》2019年第6期。
④ 杜磊:《市场"第三方"与更好发挥政府作用》,《现代交际》2019年第24期。

虽然关于公共善问题的研究在我国已有了较大的发展,但是,对社会主义市场经济活动中市场经济与公共善的研究仍然是不够成熟的,理论和实践还没有同步进行。对社会主义市场经济活动中出现的各种伦理难题,还不能给予令人折服的回答。

五、趋势与总结

迄今为止,国内外学者对于市场经济与公共善的经济哲学思想虽有一定的研究,但还不够全面,缺乏系统全面的研究和探讨,并且综观公共善的各种观念,虽然它极其重要,但公共善的复杂性、意义的易变性、结果测量的困难性等多种因素的存在,也注定了这一术语是一个复杂的概念。也正因为如此,我以论市场经济与公共善作为课题名称,进行深入分析和全面系统的研究。

第二节　研究思路及方法

一、研究思路

随着自由市场经济的资源配置最优的辩护得以形成和对追逐个人利益的合理性的肯定,人们认为在市场经济这只"看不见的手"的指引下,个人利益必然会促进公共善。然而,不受约束的自由市场经济的发展,随着市场的侵略性和市场至上的观念盛行,经济逐渐脱嵌社会,从"社会市场"转变为"市场社会",导致整个社会成为大市场,追求个人利益不再是"温和"的,"异化"了的经济关系占据主导地位,这与市场经济最初追求公共善的目标是相背离的。它使得社会共同体和人与人之间的关系遭到破坏。而这些深刻的矛盾,并没有在人们的经济交往中得到自然化解。本书的研究也正是立足于这一系列矛盾体系下(这一系列问题)来综合考虑背景,通过对市场经济中善观念的辨析和批判,并通过分析市场经济与公共善的关系,呼唤被市场经济弱化的对公共善的追求,以更好地解决市场经济中个人利益和公共利益的问题。

二、研究方法

(一)文献分析法

思想从历史开始的地方开始,历史有多厚重,思想就有多深厚。对市场经济与公共善思想发展的探索,离不开对不同经济学派代表人物及哲学学派之间的理论探索,涉及众多思想家的经济和哲学思想背景,而这些思想散落在不同思想家的文献中,因此,要想对这些思想家的理论有所了解,就必须进行文献整理和研究,文献研究和文献分析是本项研究的基础工作。

(二)比较分析法

在西方政治思想史的发展脉络中,将市场经济中各种公共善的理论进行相互对照和比较,通过纵向和横向全方面的比较,发现这些观点的异同,查漏补缺。在本书的研究中,比较分析法是一种非常重要的方法,通过把自己所学进行比较分析,探索有益启示,两者结合起来,有助于了解公共善思想发展进程。

(三)历史与逻辑相统一的方法

本研究在对市场伦理思想的分析中,回顾公共善思想产生的历史背景和逻辑脉络,通过对思想发展过程和环节的划分以及对具有代表性的思想家的观点进行梳理、归纳,理顺市场伦理思想逻辑上的一贯和发展,从而获得市场伦理思想发展的宏观框景、微观线条,进而展开对市场伦理思想整体性和专门化的研究。

第三节 创新及不足

一、创新之处

本书主要探讨市场经济与公共善之间的关系,主要创新性尝试在于:

一是研究视角具有创新性，尝试用经济哲学的观点对市场经济中出现的个人利益与公共善之间的关系等问题进行描述和批判。二是具有强烈的问题意识，并尝试对市场经济中出现的主要问题给出自己的思考。三是尝试在自己思考的基础上对市场经济模式进行探索，并运用到实践中去，以更好地为我国社会主义市场经济服务。四是分别从经济、伦理、政治哲学、马克思主义哲学的角度对市场经济与公共善的关系进行了分析，并在此基础上提出了本书对于公共善的看法。

二、不足之处

（1）如何准确理解市场经济与公共善的核心内容和思想实质，是本书的研究难点之一。

（2）当前研究市场经济与公共善的相关学术文献不多，缺乏足够的资料。

第一章　市场经济善观念的演变

随着市场经济的不断发展,市场经济越发成熟。如波兰尼所说,在19世纪以前,人类经济活动一直都是嵌入社会关系之中的,经济体系也是依靠非经济动机来运作的。但是在19世纪以后,市场从社会中脱嵌出来。这里的"脱嵌"一词,是指市场从社会中分离出来,社会中其他因素对经济活动也产生不了决定性的影响。即桑德尔所说的"市场经济"转变为"市场社会"的一个过程。而在这样的一个演变过程中,市场善观念的转变过程也随之进行。

第一节　嵌入与脱嵌:市场经济的演变与转型

伴随着工业化的进程,人类社会也从农业文明向工业文明转变。在这一过程中,资本这一概念也具有了新的含义,资本"价值"的存在会使得资本家想尽一切办法提高生产效率,获得利润。而资本要想实现增值,就离不开市场产品售出环节,只有在市场上把产品售出才能真正实现增值,因此,市场的作用日益受到人们的重视。

一、工业化、资本、市场

18世纪,第一次工业革命在英国开始,英国率先实现工业化,实现从传统农业社会向现代工业社会的转变,人类社会也开始进入工业化社会。

这一革命约从18世纪60年代开始,一直到19世纪40年代,蒸汽作为动力的发明,标志着一个革命的开始,伴随着纺织业逐步进入机械化以及冶金工业化的到来。在这段时间里,人类生产方式逐渐发生了转变,使科学技术、工业化水平等不断得到提高。在工业化社会下,人们通过工厂形式,借助机器这个工具,把劳动者与机器进行有机结合,实现了物质财富的飞速增长和劳动生产率的质的飞跃,使得人类的物质需求得到满足。工厂生产的基本特征是规模化生产,并产生"1+1>2"的规模经济,也就是规模效应。一般来说,工厂的大小与规模效应的大小成正比,工厂规模越大,其成本就越低,劳动生产率也就越高。工厂生产的基础是分工,通过分工实现范围经济。这样的生产模式,既实现了社会分工,也实现了规模化生产,范围经济是规模经济的另一种体现。

工业化有其自身的特点。第一,工业化的核心是重工业化。能源产业、重大装备、机器设备、石油工业等,这些行业是一个国家工业化的水平标志。工业化的实现除了需要工厂和机器设备,还需要交通运输。如果没有良好的交通运输基础设施和交通运输工具,那么,在面对规模化工厂生产的大量产品时就会发生本地市场无法完全消化的情况。因此,工业化的实现也离不开物流的匹配。

第二,工业化进程离不开科学技术的进步。19世纪开始,科学技术与工业技术紧密结合,知识形成了伟大的工业力量,现代社会工业生产力的进步与自然科学和技术科学的发展是息息相关的,科学技术与工业生产相互促进、相辅相成。自资本主义走上工业化道路以后,工业发展模式被建立,经历了第二次和第三次工业革命后,随着科技的不断进步,在未来,人类社会将会迎来第四次工业革命时代,进入"工业4.0"时代。[1]

第三,工业化伴随着城市化,城市是人类文明进步的标志。人类自从进入农业社会后开始了定居的生活,但这种群居生活形成的不是城市,而是村落。要想形成城市,需要人口大量聚居。所以通常,在古代,人口集

---

[1] 翟杰全、陈君:《资本逻辑支配下的资本主义及其工业化和全球化》,《北京理工大学学报(社会科学版)》2019年第5期。

中地一般是君王所在地、军队长期所在地，这些地方最容易发展为城市。而形成城市的基本条件离不开农村提供的足够的基本生活资料，农村生产在满足自己的基本需要之余，还要能够满足城市人口的基本需要，如果说农业生产力的发展程度提供不了多余的剩余产品，那么城市就很难形成。城市的形成不是一蹴而就的，而城市一旦形成，城市发展就会出现巨大能量。手工业与农业的分工进一步促使商品的生产和交换，在这个基础上出现了贸易。分工和贸易的出现，进一步促进了城市的发展。城市社会和农村社会虽然有着不同的特征，但城市的发展是以农村的发展为前提的，而工业革命和工业化释放了大量的农村劳动力，缓解了农村尖锐的人地矛盾，这为加速城市化进程起到了非常重要的作用，也促进了第三产业发展。随着第三产业的不断发展，城市人口的数量也会相应增加，而当城市人口比例超过农村人口比例的时候，人类社会也就从农村文明向城市文明转变。

虽然工业文明在一定程度上促进了生产力的提高和物质财富的增长，但是，在工业文明时期，由于科学技术应用于工业生产，人与自然的关系不再是双向互补过程，而是人对自然的单向索取过程。众所周知，工业化生产是一种"采掘"和利用天然化学物质资源的生产。[1] 规模化的工业生产，使得自然生态系统的修复能力被破坏，生态系统和经济系统失衡。因此，也带来了一定程度的负效应，比如空气污染、水污染、光污染等生态问题，经济发展是以自然生态破坏为代价的。同时，工业文明的价值体系是以技术增长和自然资源的无限性为前提的，把人类社会的发展简单地理解为经济发展，认为这种粗放的经济发展会给人类社会带来普遍的繁荣。但事实是，以现代性价值体系为指导的经济发展与资本密切相关，而资本的本质是为追求利润，这也就决定了它必然会带来科学技术运用的异化、人的异化、自然的异化、人与自然关系的异化。19世纪工业革命的核心就是生产工具近乎神奇的改善，但也伴随着普通民众灾难性的流离

---

[1] 韩民青：《新工业化发展战略研究》上卷，山东人民出版社2008年版，第26页。

失所。① 工业革命秉持的信条是,坚信只要有用不完的物质商品,人的所有物品就可以解决,波兰尼把这种劳动者与社会关系的破坏称为"撒旦的磨坊"。因此,我们需要摒弃以 GDP 作为经济发展的唯一标准,从辩证法的角度去看待人类社会的发展,在反思西方工业文明带来弊端的同时,开辟一条工业更加美好发展的道路。以马克思主义生态哲学为基础,破除现代性价值体系和资本主义工业文明所秉承的机械论的哲学世界观、自然观,物质主义的生存方式、幸福观,才能真正维系人类与自然和谐共生关系。②

伴随着工业化的进程,人类社会从农业文明向工业文明转变。在这一过程中,资本这一概念也具有了新的含义。在传统农业社会中,资本是以货币形式,作为货币财产,作为商人资本和高利贷资本,吸附在以人身奴役关系为基础的土地经济上,以货币权力与占统治地位的土地权力相对立。③ 随着资产阶级时代的到来,资本这一概念也产生了相应的变化。在资本主义社会中,资本家大多通过以下形式进行商品生产:一是购买生产资料;二是雇用工人。最后,回收价值的形式通过售卖商品来完成。但是,回收的价值中还包括剩余价值,回收的价值大于资本付出的价值量,资本也因此实现增值。资本生产作为主要的生产方式,逐步占据了生产的主导地位,资本生产不同于以往的生产概念。一般来说,生产是劳动者与生产资料进行结合,为人们提供其需要的产品。从这种意义上来说,生产是手段,满足需要是目的。随着生产力进一步发展,在资本主义生产社会,生产与需要出现了分离。满足需要不再是目的,而是成为生产的手段。资本生产的目的是通过借助这些手段,让雇用的工人创造剩余价值,并实现产品价值,这是一个根本性的变化。但是,就资本生产而言,资本作为生产者主体,作为能赚钱的钱,作为高级而发达的商品生产,与简单

---

① 卡尔·波兰尼:《大转型:我们时代的政治与经济起源》,刘阳、冯钢译,当代世界出版社 2020 年版,第 33 页。
② 王雨辰:《从"支配自然"向"敬畏自然"回归》,《江汉论坛》2020 年第 9 期。
③ 马克思:《资本论》第 1 卷,人民出版社 1975 年版,第 167—168 页。

商品生产社会不一样,其生产只有一个目的,那就是赚钱。资本生产的绝对规律就是不停地赚钱,永远赚钱。倘若资本无法实现进一步的资本增值,那么资本便不是真正的资本。资本和人不一样,对于大多数人来说,挣钱只是手段,目的是改善生活,但资本存在的唯一原因就是获取剩余价值。

资本在发育成熟后,被赋予一个新的正式名称,叫作企业法人。这样资本作为一个纯粹的物,开始被赋予了人格,也被赋予了人的属性。但资本终究不是人,它的意志、目的只能通过它的所有者来实现,这个人就称为资本家。一般认为,资本家被看作资本的真正所有者,但实际情况并不是这样,资本家是为资本服务的,资本才是资本家的主人,资本是资本家的主要欲求,由此可见,资本人格化后以资本家的形式出现。因此,资本家有可能是好人,也有可能是慈善家,但这并不影响他作为资本的代言人。作为人格化的资本,资本家通过不断的"资本+"循环模式,不断占有更多的剩余价值,以此积累更多的财富。在资本主义社会中,资本是起支配、决定和驱动作用的核心要素,追求自身的增值是资本的固有本性、天然动机,资本的这种本性和动机决定了资本的行动逻辑。[①] 在《资本论》中,马克思展示了一幅由商品、货币、资本、市场等构成的资本主义经济运行的生动图景,描述了资本的不同形态以及剩余价值生产、实现、分配的过程,证明了资本的逻辑就是资本主义社会的全部逻辑。[②] 资本构成现代社会的最内在本质,资本的行动逻辑促使资本主义走上工业化的发展道路,也加快了全球化市场的开拓。随着全球化进程的逐步加深,资本奴役、剥削劳动力的事实被越来越多人指责。马克思聚焦资本主义私人占有制的弊端对资本主义制度的深刻批判,产生了深远的影响。他认为,资本是一种社会力量。在资产阶级社会中,资本具有独立性和个性,而活动

---

① 翟杰全、陈君:《资本逻辑支配下的资本主义及其工业化和全球化》,《北京理工大学学报(社会科学版)》2019 年第 5 期。

② 付文军:《〈资本论〉与资本主义"秘密"的破解》,《当代经济研究》2018 年第 9 期。

着的个人却没有独立性和个性。① "资本"作为资本主义国家私有财产的集中体现，具有自身的独立性与个性、增值性与扩张性，使得富者越富、贫者越贫。②

但是，从另一方面来讲，资本的存在在一定程度上促进了生产力的发展。马克思、恩格斯指出："资产阶级在它的不到一百年的阶级统治中所创造的生产力，比过去一切世代创造的全部生产力还要多，还要大。"③资本自诞生以来，确实创造了不少奇迹。资本不断追求增值的过程也是资本主义经济发展的动力，资本"价值"的存在会使得资本家想尽一切办法提高生产效率，获得利润，例如通过创新方法、技术与产品等形式来促进效率的提高。在市场竞争机制下，谁能生产出社会需要的东西，谁就能获得最大利润。因此，在这种狭隘的目的驱使下，社会需要不断被满足。也正是在狭隘私利的驱动下，资本家成为历史上最自觉利用科学、重视管理和发展社会生产力的人。同时，资本作为一种经济发展方式来看，是最有效的，因为资本以雇佣劳动为基础，并且通过一种自愿交换的方式，而不是强制的方式，把一切人力、物力所有能利用的要素组合进社会化机器大生产，通过发展社会生产力的方式积累相对剩余价值，激发起一切人们心中对于财富的渴望，并把市场交换推向全世界，这就在一定程度上促进了经济发展和社会进步。但是，资本要想实现增值，离不开市场产品售出环节，只有在市场上把产品售出才能真正实现增值。并且，资本为了获得剩余价值，必须与劳动力结合，也需要在市场上购买材料、雇用工人。上述这些过程的实现在一定程度上决定了在资本主义时代，市场发展必须引起人们的重视和注意。

综上所述，市场的作用日益受到人们的重视。我们通常认为，市场是劳动者之间为顺利实现自己劳动交换而存在的场所，市场出现的时间与商品交换出现的时间几乎差不多，据考证，市场的出现到目前已经有

---

① 马克思、恩格斯：《马克思恩格斯选集》第1卷，人民出版社2012年版，第415页。
② 杨荣：《共同体建构的逻辑起点》，《马克思主义中国化研究》2020年第4期。
③ 马克思、恩格斯：《马克思恩格斯文集》第2卷，人民出版社2009年版，第36页。

6 000多年的历史。古希腊是西方奴隶制文明的发源地,不仅仅西方文化的形成受到古希腊时期文化的深深影响,西方最初产生的关于资源配置的经济学说也是来自古希腊。亚里士多德在论述交换关系的时候,对市场进行了较早的分析。亚里士多德认为,要想实现交换,需要以"对等"这一概念作为前提。同时,我们在亚里士多德的著作中可以看出,已经出现了交换商品的市场主体和客体,亚里士多德还提出最初的"需求"概念,他认为没有需求就不会有交换。但是,亚里士多德分析的还是物物交换的市场,货币还没有直接作为"市场"的要素,并不是经济学一般意义上的"市场"。古代罗马,以奥古斯丁作为代表,提出公平价格的概念。其公平价格的思想对中世纪教会作家产生了深深的影响。在封建社会,市场已相当繁荣。阿奎那的主要著作《神学大全》对封建农奴制、公平价格、货币、商业、利息等问题都做了详细的论述。阿奎那通过对亚里士多德关于商品交易中的公平问题的引述,把奥古斯丁提出的公平价格理论发展成为一套体系。同时,阿奎那对马格努关于公平价格的思想进行了肯定,并在马格努思想的基础上,对公平价格的思想做了进一步的探讨。阿奎那进一步提出,公平价格的形成不仅仅是看从物品中所能获得的利益的大小,还取决于效用,从而开启以后效用价值理论的先河。在古希腊、古罗马时期,人们已经有了一定的经济思想。到了亚当·斯密,这位最早对市场经济作出系统研究的经济学大师提出,市场是一种为交换而形成的社会分工体系。后来的新古典主义经济学家大部分也是持有这样的观点。

20世纪70年代后,经济学家对于市场的定义更加突出市场的整体性,并根据现代市场经济的特点,把重心放到提供更充分的信息和达成价格一致上。现代制度主义经济学家霍奇逊把市场定义为"组织化、制度化"的交换。总之,尽管人们对于市场有不同的定义,但是从经济学的角度来看,市场与简单商品生产条件下孤立的、个别的、偶然的交换不一样,市场是一个劳动分工和交换的体系,市场主体由众多的买者和卖者组成,市场的交换过程是一系列复杂而又有规则的行为。市场的交易过程是一个超越地域的交易过程,这个过程的核心是市场中的主体通过信息的交流和互换以达成价格一致，借助劳务和运输实际完成交易。随着市场规模和市场范围的不断扩大，全球市场也开始形成。

  市场在方便人们生活的同时也产生了问题，尤其是市场的边界问题。现代市场已经不仅仅是统辖市场规范的领域，现在我们的时代最为明显的特点是，市场观念已经无意识地逐步侵入非市场领域的生活中，我们已经进入了一个市场必胜论的时代。市场上所能购买的商品不仅仅局限于飞机、跑车、游艇、别墅，人们能够购买的东西越来越多，比如完善的医疗保健、进入精英学校深造等，这时候财富分配的重要性就凸显出来。当这些曾经不能在市场上买卖的商品发展到现在所有这些商品都可以拿来买卖的时候，这也就意味着人们生活中一些物品买卖超过了市场边界，侵入了道德领域。市场边界问题值得人们深刻思考。在桑德尔看来，在现实生活中，当人们思考市场上哪些物品可以用来交换和买卖，而这些交易行为会不会与道德边界冲突的时候，就决定了哪些物品是适合交换和买卖的。最明显的例子就是买卖奴隶，为什么奴隶制骇人听闻，因为这种做法用了一种不恰当的方式对人作出评判。再或者说，为什么市场上不允许买卖儿童。理查德·波斯纳曾建议用市场手段来分配供收养的婴儿。波斯纳认为，在分配供收养的婴儿这件事情上，自由市场会比现有的收养制度做得更好。① 但他的建议遭到了很多人的反对，反对的人认为，无论市场如何有效，孩子都不能买卖。上述事例告诉我们，如果生活中一些物品买卖超过了市场边界，侵入了道德领域，这些物品就会被腐蚀或者贬低。桑德尔认为，市场逻辑把一些本属于市场范围内可交易的商品，越过市场边界侵入道德领域。关键的原因之一，是人们对于"良善生活"这一美好的观念被市场从人们生活中排挤出去。

  但是，不得不引起人们重视的是，这也是市场部分吸引力所在的地方，市场有一种功能，即市场可以借助自身的方式，让道德辩论从人们的公共生活中淡去。例如，倘若人们花钱去买肾脏或者说花钱去购买一个

---

① 迈克尔·桑德尔：《金钱不能买什么》，邓正来译，中信出版社2012年版，第100页。

小孩,市场是不会指责这种做法的,市场所在乎的是这种交换行为能够给人们带来多大的利润,而这也是市场为什么受到人们喜爱的原因。但是,从道德判断的层面来讲,这样的做法是不能被接受的。因为这些商品在市场上得以出售的行为已经越过了市场边界,会让人们树立不正确的价值观和错误的态度。虽然信仰西方自由主义的人会辩解说,只要个人是自愿的,那么小孩就能够交易,这可以使得交易双方效用最大化,但是,买卖小孩假如能够被社会所承认、被市场所允许,那么必然会导致法律不允许范围内的拐卖儿童等违法行为出现,这些行为必然对社会的健康发展造成阻碍,不仅对经济,还对社会伦理规则与个人道德规范产生危害。因此,面对道德问题带来的困境和挑战,迫使我们不得不重新思考和更全面地辩证看待市场在我们日常生活和社会实践中所扮演的角色以及市场所涉及的范围,不仅是交易的范围,还是道德要求的范围。

二、市场经济从嵌入社会到脱嵌社会的演变

市场经济以前是与社会紧密联系的,市场经济是嵌入社会的。嵌入性(Embeddedness)这一概念是经济社会学的重要术语,泛指经济活动受到非经济制度的约束。最初是由卡尔·波兰尼在《大转型》一书中提出,"嵌入"这个词语表达了一种这样的理念,即经济并非像在经济理论中那样是自主的,而是从属于政治、宗教和社会关系。[①] 但到底是什么原因启发了波兰尼对这一术语的创造并不是很清楚,有推测说,波兰尼这一想法是受到了采煤业这一行业的启发,在采煤业中,工人们有一种采矿任务即把嵌在矿井石壁中的煤炭进行分离。波兰尼在《大转型》一书中使用"嵌入"这一概念,指出市场经济应当"嵌入"社会之中。波兰尼使用这一概念,是为了说明以马尔萨斯、李嘉图等为代表的古典经济学家主张的思想,即经济体系只要把握"价格"这个核心概念,市场就可以自行调节的思想,即社会从属于市场的这一逻辑是不可能实现的,是荒谬的。"嵌入性"

---

① 卡尔·波兰尼:《大转型:我们时代的政治与经济起源》,刘阳、冯钢译,当代世界出版社2020年版,第XⅦ页。

这一概念,后经马克·格兰诺维特进一步做出详细阐释,而成为新经济社会学中一个最常被引用的关键性概念。马克·格兰诺维特指出,"嵌入"的立场与人类学中的"实体主义"学派、卡尔·波兰尼思想、历史和政治学中的"道德经济"思想以及马克思主义思想有关,并对"嵌入性"这一概念做出进一步阐释:经济关系总是嵌入社会关系之中,不存在一个抽象的理想市场。[1] 沙朗·佐金和保罗·迪马乔曾进一步细分经济活动的四种镶嵌:认知、文化、结构与政治。[2] 行为经济学（Behavioral Economics）发现,要了解经济决策和市场动态,必须考虑人类认知上的许多偏见和非理性的预期,理性计算很多时候会被动物性的非理性直觉所限制,这就是所谓的认知镶嵌。[3] 长期以来,社会学之所以重视嵌入性的概念,主要是因为,经济活动经常被人们认为是理性化主导的领域,尤其是在现代资本主义市场经济的活动过程中。古典经济学家和新古典经济学家延续了功利主义这一传统,通常把人类行为理解为原子化的、非社会化的,在他们看来,如果市场主体之间存在着复杂的社会关系,那么这种关系对于市场竞争来说未必是好事,反而会成为阻碍市场竞争的一种摩擦力。

但社会学者发现,以亚当·斯密、大卫·李嘉图、托马斯·马尔萨斯、约翰·穆勒等为代表的古典经济学家所主张的供需法则、经济规律及自我利益最大化并不能决定一切。实际生活中,很多非理性的因素也会影响到经济活动的运行,比如熟人之间所产生的人际牵绊、人性的弱点、"理想化的自我"的幻觉等,都会对我们的经济决策和行为产生影响,对经济组织与国家经济的面貌产生深远的影响。但是,随着现代化的发展,经济行为的嵌入性已经变得更加自主。也就是说,经济领域变成一个日益独

---

[1] Mark Granovetter, Economic Action and Social Structure: The Problem of Embeddedness, *American Journal of Sociology* (November 1985).

[2] Zukin S., DiMaggio P., *Structures of Capital: The Social Organization of the Economy*, Cambridge University Press, 1990, p1—36.

[3] George A. Akerlof, Robert J. Shiller, *Animal Spirits: How Human Psychology Drives the Economy, and Why It Matters for Global Capitalism*, Princeton University Press, 2009, p97—189.

立的领域,市场主体的社会关系或者亲属义务等因素对经济活动产生不了决定性的影响,真正对经济活动能够起决定作用的是个人收益的理性计算。

市场经济经历了从嵌入社会到脱嵌社会的演变过程。在波兰尼看来,在19世纪以前,人类经济活动一直都是嵌入社会关系之中的,经济体系也是依靠非经济动机来运作的。市场主体的行为动机不是物质利益的最大化,而是更加侧重于社会地位、社会权利和资产。只有当物质利益能够连合人类特定的社会利益时,人们才会珍视它。那么,如果说个体的行为动机不是依赖于经济动机,生产和分配中的秩序是如何得以维持的呢?波兰尼认为,这主要归功于互惠、再分配、家计三个行为原则。比如,以部族社会为例,其共同体和社会联系的维系是非常重要的。就拿互惠原则来说,它主要在家庭和亲属关系方面起作用,家里的男人把自己收成的最好部分给予家里其他成员,这样的行为不仅仅让这个男人获得了荣誉和美德,以此补偿他的经济受损,还维持了家里的生计,这就是互惠原则。再分配原则主要适用于领地文化,特别是当食物需要被储藏时就产生了再分配的需要,这种分配方式影响是深远的,不仅使所有大规模实物经济得以运转,也把经济体系本身融入社会关系之中。家计原则,顾名思义,即为满足自己的需要,家计经济的本质就是为使用而生产。但是,波兰尼认为,互惠和再分配之所以能够保证经济体系的运转,离不开对称、辐辏、自给自足这三种组织模型的支撑。比如,每一个沿海村庄会有一个内陆村庄;狩猎部族的成员会通过辐辏结构不让群体分裂;封闭性的群体为自己家庭之需备办食物。波兰尼认为,直到西欧封建主义终结之时,这三种组织模型和行为原则互相调节、互相满足。在这种结构下,追逐利益的动机并不突出,利润的观念是不存在的,共同体会引导个体遵从一般的行为规则。市场不曾在经济体系中扮演重要角色,经济体系也只是社会组织的功能之一,经济是"嵌入"社会之中的。

但在19世纪以后,市场开始"脱嵌"社会。顾名思义,与"嵌入"相对应的是"脱嵌"概念,从一般概念上理解脱嵌意味着部分从整体中脱离出来,单独存在。往深处说,从经济学的角度来看,这里的"脱嵌"一词是指市场从社会中分离出来,社会中其他因素对经济活动产生不了决定性的影响。波兰尼指出,在19世纪以后,出现了一种新的经济行为原则即交换,这种原则区别于前三种行为原则,它有压制其他原则而独自扩张的倾向,并且能够创造出一种特定的制度,也就是市场,而市场背后隐藏着逐利的动机。波兰尼认为,这也就是为什么市场控制经济体系对整个社会组织能够产生致命后果的原因。① 于是,在这种追逐利益的动机下,一切交易都变成了金钱的交易,而这又反过来把交易媒介引入工业生活中的各个部分。一切收入都来自商品出售,而且无论收入的真正来源是什么,都必须被看作出售的结果。这就意味着所有的产品都必须以在市场上出售为目的,包括把土地、货币、劳动力这些本不是商品的虚拟商品当作真实商品一样在市场上进行出售,并以地租、利息、工资的形式贴上了价格标签,而这些虚拟商品是市场经济模式得以运转的不可或缺的因素,必须被组织在市场中。但是,波兰尼认为,如果这些虚拟商品在市场上出售,不仅会破坏这些物品的神圣性,还会造成人类环境恶化、人类消亡等巨大灾难的发生。就拿劳动力来说,劳动力本来是人与生俱来的根本属性,而不是为了符合市场的需要才成为劳动力,人需要的不仅仅是基本的物质生活资料,还需要接受教育、培训等精神性的熏陶,将劳动力完全作为市场属性是不符合道德评价的。

道德洞察与科学知识绝不能等而视之,因为"首先要考虑的是来自生命的忠告,即所做的事是否符合道德的规范;其次要看到的是,只有当科学知识的有效性得到证实后,才能称其为有效"。② 桑德尔也指出,人的身心构成之物是不能当成商品的。自由主义者虽然认为"人完全拥有自身",但即使是这样,也不能把自身当作商品在市场上出售。如果生活中

---

① 波兰尼:《大转型:我们时代的政治与经济起源》,刘阳、冯钢译,当代世界出版社2020年版,第58页。
② Michael Brie, Claus Thomasberger, *Karl Polanyi's Vision of a Socialist Transformation*, University of Chicago Press, 2018, p268.

的一些物品被转化为商品的话,那么它们就会被腐蚀或贬低。① 并且桑德尔认为,人由于生于社会,所以人并不是完全拥有自身的,人们借助社会资源所获得的收入,应该为社会服务。同时,这些虚拟商品的商品化,使得人类社会成为经济体系的附庸,社会中的一切由价格驱动,市场从社会中脱嵌出来,这也意味着"社会市场"必然要改造旧有社会成为"市场社会"。"市场社会"是一个这样的社会,在这个社会中,人们的社会关系可以按照市场规律而改变。市场这个架构一经诞生于"社会"之中,就显示专横强暴的力量,迫使"社会"服从自己,按照其内在的本性和要求重组和运作。②

在这样一个"脱嵌"的过程中,金钱的购买力无限扩张,这些"金钱律令"最终导致人的价值观动摇。而在"金钱律令"背后体现的是"道德律令"的排挤,以及自由主义所追求的权利优先于善、人拥有绝对自由等思想的扩张。桑德尔认为,人们应该警惕市场对人们价值观等的冲击。波兰尼也指出,真正的脱嵌是不可能的,除非将周围的环境都破坏殆尽,并消灭社会中的人和自然,这一目标才能实现。社会从属于市场的逻辑最终只有两种结果:一是社会解体;二是经济回到更嵌入的状态。波兰尼虽然探讨的是19世纪的历史,不是21世纪的现状,但是通过对19世纪历史的探讨,也很好地预测了市场给我们现在的生活带来的潜在危害,对于这一危害,波兰尼力荐社会保护性措施的开展。关于市场脱嵌的问题,马克思认为,市场经济的脱嵌是与生产力及生产资料所有制关系紧密结合的。最初的市场只是物物交换,人们在市场上交换也只是为了日常生活,不是为了实现利益,更不存在竞争的关系。但是在货币及货币功能产生以后,促进了货币向"资本"的转化,市场主体的经济目的开始向追逐利润转变,当为追求利润的商人带着自己的资本进入市场后,劳动交换开始转

---

① 迈克尔·桑德尔:《金钱不能买什么:金钱与公正的正面交锋》,邓正来译,中信出版社2013年版,第XVII页。
② 崔宜明、强以华、任重道:《中国现代经济伦理建设研究》,上海书店出版社2013年版,第7页。

为价值交换,市场也逐渐转换为资本追逐利润的场所,慢慢地形成了市场机制,人类社会也开始慢慢地步入市场经济社会。随着"自由竞争"、"丛林法则"、"利益至上"等理念在市场主体的头脑中产生风暴以后,也把人类对物质利益的追求放大到极点,市场开始脱嵌社会。

市场自由主义者认为,市场是可以通过自身调节来进行的,这种思想的主流自20世纪80年代特别是90年代初冷战以来,在里根主义、华盛顿共识、撒切尔主义等标签下开始支配政治。新自由主义华盛顿共识的鼓吹者们认为,转型的关键就在于让经济活动领域更加私有化、自由化,而私有化、自由化甚至宏观稳定本是改革的措施,却都过度地被当作改革的目标来对待,"让价格就位",并且把政府从经济中赶出去。在自由主义的观念看来,社会转型不外乎就是资本的积累和资源效率的提高,而那些被毁掉的就业机会的数量或者暴力、不安全感等的增加却没有记录在记分卡上。上述自由主义对社会转型的理解是对转型本身性质的一种误解,我们都知道,社会转型涉及的范围是非常广的,而不能仅仅从经济转型这一角度来看。实际上,在波兰尼看来,自发调节的市场体系与社会是"脱嵌"的,市场的魔力就在于市场作为一种特定的制度可以让社会从属于市场。而在这种"脱嵌"的过程中,"获利"是人们经济活动中起主导作用的动机,市场的原则被应用到社会的各个领域,而不仅仅是经济领域。但是,在波兰尼看来,市场"脱嵌"社会是不可能实现的。市场经济的自发调节会产生一种特殊的缺陷,而这种缺陷会直接影响人与人之间的社会关系。比如,拉美由于长期失业、经济落后导致整个社会的灾难性影响;国际货币基金组织对印尼取消补贴导致经济和社会的动乱。同样,社会关系也会反作用于经济。比如,当一个国家的社会关系高度紧张的时候,投资者不愿意把钱投到经济不稳定的国家,而不稳定的国家内部也有很多人把钱抽离出来,形成恶性循环。同时,市场社会主要是由两种运动组成的:一种是市场无限扩张的张力,也就是自由放任运动;另一种是由此自发的、力图尝试抵制经济脱嵌的、社会保护的反向运动。波兰尼认为,自由放任本身也是国家强制推行的,自由放任是有计划的,但社会保护的反向运动却不是。社会保护的反向运动是必须发生的,不是有计划的。尽管市场来势汹汹,但是社会一旦启动保护功能,市场的"脱嵌"不可能实现。

　　自由市场经济在偏离公共善的道路上越走越远,这一观念很早之前在波兰尼《大转型》一书中就得以体现。波兰尼写作《大转型》的主要目的是解决其当时所处时代的一些问题,但是,正如约瑟夫·E.斯蒂格利茨在该书的新版前言中所说:"波兰尼常让人们感觉到,他是在直接针对当下问题发言。"① 从世界范围来看,在自由资本主义的盛行下,如今的人类并没有摆脱19世纪的困境,反而由于市场化产生的诸多问题使得这种困境进一步扩大。而自由市场经济在促进社会效率提高的背后,是以人类贫富分化为代价的。波兰尼的分析清楚地表明,广泛流行的涓滴经济学的教义——包括穷人在内的所有人都会从增长中受益——得不到历史事实的支持。② 约瑟夫·E.斯蒂格利茨认为,涓滴经济学这种想法一直遭到怀疑,近年来美国所经历的正好是涓滴经济学的反面,聚焦到上层群体的财富是以牺牲中下层群体为代价的。③ George Monbiot④ 认为,进入21世纪不到20年,世界陷入了经济停滞、金融化和人类历史上最极端的不平等,伴随着大规模失业和就业不足、不稳定、贫困、饥饿、产出和生命的浪费,在这一点上,我们只能称之为全球生态"死亡螺旋"。John Bellamy Foster⑤ 认为,近几十年来,世界每个地区的不平等都在急剧加剧。资本积累和财富积累越来越多地以支配地球上人类生活的社会和环境条

---

① 卡尔·波兰尼:《大转型:我们时代的政治与经济起源》,刘阳、冯钢译,当代世界出版社2020年版,第Ⅰ页。
② 卡尔·波兰尼:《大转型:我们时代的政治与经济起源》,刘阳、冯钢译,当代世界出版社2020年版,第Ⅱ页。
③ 约瑟夫·E.斯蒂格利茨:《不平等的代价》,张子源译,机械工业出版社2020年版,第7页。
④ George Monbiot, The Earth Is in a Death Spiral. It Will Take Radical Action to Save Us, https://braveneweurope.com/george-monbiot-the-earth-is-in-a-death-spiral-it-will-take-radical-action-to-save-us.
⑤ John Bellamy Foster, Capitalism Has Failed—What Next?, *Monthly Review* (February 2019).

件不可逆转的裂痕为代价。不平等差距在拉大,42位亿万富翁现在拥有的财富相当于37亿最贫困人口的财富总和。① "亿万富翁阶层"继续以有史以来最快的速度"与我们其他人脱节"。② 今天,人类不仅试图把市场经济凌驾于社会之上,甚至试图把原本属于自然一部分的人类社会凌驾于自然之上。③

如今出现的全球变暖、瘟疫流行尤其是2020年突发的新冠疫情,这些都是值得我们人类重新思考的问题。波兰尼的分析对于我国来说也有非常重要的现实意义。随着1978年改革开放,我国开始结合自身国情,走社会主义市场经济的道路,到目前为止,取得了举世瞩目的成就,这也归功于我国在制度上坚持社会主义市场经济和国家宏观调控,在一定程度上佐证了波兰尼的预言。但是也应该看到,我国社会经济受到自由市场经济价值观念的腐蚀,出现了一些问题。在市场经济的浪潮中,个体主体性凸显,社会呈现原子化的状态,以往的集体利益和国家利益被遗忘在社会角落,主流文化也受到市场价值观的腐蚀,传统地缘关系中的"乡土社会"与"差序格局"④也被赋予了极度理性的现代性意涵,许多社会经济问题不断出现。市场化改革初期的唯效率取向,导致一个日益"脱嵌"的"市场社会"的出现。⑤ 这些矛盾的出现,也印证了波兰尼"双向运动"的见解和市场脱嵌的不可能性。尤其是我国特色社会主义进入新时代后,社会的主要矛盾也发生了相应的改变,这决定了更需要通过国家再分配的方式,实现公平,提倡共享理念,并出台各种措施来缩小贫富差距,提出"中国办法"和"中国智慧",努力使得市场重新再一次嵌入"社会"中。

---

① *The Guardian*, Inequality gap widens as 42 people hold same wealth as 3.7bn poorest, https://www.theguardian.com/inequality/2018/jan/22/inequality-gap-widens-as-42-people-hold-same-wealth-as-37bn-poorest.

② *The Guardian*, Bill Gates, Jeff Bezos and Warren Buffett are wealthier than poorest half of US, https://www.theguardian.com/business/2017/nov/08/bill-gates-jeff-bezos-warren-buffett-wealthier-than-poorest-half-of-us.

③ 吕鹏:《社会大于市场的政治经济学》,《社会学研究》2005年第4期。

④ 费孝通:《乡土中国》,人民出版社2010年版,第25—34页。

⑤ 王绍光:《大转型:1980年代以来中国的双向运动》,《中国社会科学》2008年第1期。

第二节 市场善观念的嬗变

随着市场经济的演变和转型,市场善观念也在嬗变:从追求公共善到重视个人善,从善优先于权利到权利优先于善,从具体善到抽象善的转变。

一、从追求公共善到重视个人善

古希腊是西方文化的源头,是西方思想家的精神家园,现代西方各种思想,包括善观念,最终都可以追溯到古希腊思想。在古希腊,由于生产力的限制和外部军事的压力,古希腊人追求的社会目的更多的是社会稳定,不过这并不影响古希腊人以哲学和政治学的背景开展光辉的西方伦理学思想,以柏拉图和亚里士多德为代表。古希腊作为西方文化的源头,为人类作出的贡献主要是科学理性和民主政治,尤以科学理性为突出。古希腊的科学理性精神的出现离不开各种文明的影响,在各种有利条件的基础上,古希腊创造了辉煌的文化。相对于现代科学理性精神来说,古希腊虽然缺少近现代科学所具有的数学表述等外部特点,但是具有对真善美的实质性的科学追求。在真的方面,执着于永恒不变的绝对真理;在善的方面,同样与真一样,执着于追求固定不变的终极价值。在现代的观念中,真和善是不一样的概念,真是对现实事物的认识和了解,善是一种评价,是属于对现实事物的好恶导出的理想和追求。但是在古希腊,人们将理想的本质视为"真实",对理想的"善"的追求便成了对"真实"的本质的追求,真和善统一于理想的本质中。古希腊人认为,现实的经验世界是不完美的,只有永恒不变的本质世界才是完美的。因此,对善的追求就从经验世界转为永恒不变的本质世界,而这样的观念到伦理学中就是,人生的意义在于做一个真正的人,即理性的人,而道德生活也在于理性的应用。古希腊人对真善美的追求让希腊人建立了学科分类的基础,而古希腊这些思想的特点在不同程度上也影响着后人。

在《理想国》第一卷中,柏拉图为了重塑个体善,批评了关于正义的几种普遍流行的意见。比如,克法洛斯和玻勒马霍斯将正义视为"有话实说,有债照还"、"把善给予朋友,把恶给予敌人"。① 色拉叙马霍斯认为,"正义不是别的,就是强者的利益"。② 格劳孔则说,"正义的本质就是最好与最坏的折中——所谓最好,就是干了坏事而不受罚;所谓最坏,就是受了罪而没法报复"。③ 柏拉图认为,这些正义的概念都是失之偏颇的,因为它们都是为了实现个体善或者说个体利益,而没有涉及个体德性的完善和城邦正义的实现。并且这些正义的概念违背了正义是与总体性相关的德性。柏拉图借助苏格拉底之口,对当时普遍流行在社会中的正义观念进行了否认,通过与其他人对话的方式设计了一个真、善、美相统一的整体。在柏拉图看来,善和至善是永恒的、绝对不变的。柏拉图对人的灵魂做出了预设。在他看来,"人们用以思考推理的,可以称之为灵魂的理性部分;人们用以感觉爱、饿、渴等物欲之骚动的,可以称之为心灵的无理性部分或欲望部分,亦即种种满足和快乐的伙伴"。④ 柏拉图所主张的合乎理性的生活即表现为激情和欲望对理性(真理的探究者、行动的策划者)的服从,也就是说,一个人如果具备了智慧、勇敢、节制和正义这四种美德,便实现了精神的和谐,也就是实现了个体善。由于古希腊是一个小国寡民的奴隶制社会,并且有外部的军事斗争压力,所以在那个时候人们主要的目的是维护城邦稳定和壮大军事力量,而对经济生产活动并不是很重视,人们更加重视的是城邦利益,也就是整体利益。而柏拉图为了从个体善推出城邦正义,在《理想国》第四卷中他借用苏格拉底之口明确阐述了个体善与城邦善的相似性。柏拉图认为,一个和谐的城邦就相当于人的灵魂三部分,统治阶级、武士阶级、劳动阶级相对应人的灵魂的智慧、勇敢、节制这三部分,只要这三个阶级各守本分,那么正义原则就能实现,

---

① 柏拉图:《理想国》,郭斌和、张竹明译,商务印书馆 1986 年版,第 6—13 页。
② 柏拉图:《理想国》,郭斌和、张竹明译,商务印书馆 1986 年版,第 18 页。
③ 柏拉图:《理想国》,郭斌和、张竹明译,商务印书馆 1986 年版,第 46 页。
④ 柏拉图:《理想国》,郭斌和、张竹明译,商务印书馆 1986 年版,第 165 页。

城邦和谐也就能实现。柏拉图从个体善的角度出发,推导出城邦正义或公共善为归宿的演绎方式,也体现了柏拉图从个体善推导出公共善的政治管理设想。柏拉图认为,明确各个阶层的社会分工,形成一个和谐的共同体后,再来规定和实现个人的道德行为。①

在柏拉图《理想国》第四卷中,他主张国家的目标与全体公民的幸福是密切相关的,个人是城邦的一部分,个体善的实现要以城邦的公共善的实现为归宿。同时,柏拉图赞同巴门尼德的观点,认为我们面临着两个世界:一个是经验世界,另一个是理性把握的理念世界。前者转瞬即逝,后者永恒不变。柏拉图认为,理念世界与经验世界的关系就如同原型与其摹本,现实中的东西都是对理念的模仿。普通人沉迷于大千世界的影像,从而无法理解理念世界,那个世界包含着什么是美本身、什么是正义本身、什么是善本身、什么是真本身等。柏拉图认为其所说的理念世界不仅仅是真实的存在,而且是万物的原型或目的,因此根据这样的目的论,对善的追求也就从不完美的经验世界到完美的理念世界。同样,柏拉图的经济伦理思想也是分散在其政治伦理思想中,其对经济活动的公平正义理解为节制。柏拉图认为,经济活动是有必要的并且是合理的,但是经济活动也代表着欲望的追求,所以如果城邦中每个人都追求个人利益和金钱,那么就会导致城邦的衰弱和社会的不稳定,因此,经济活动主要是为城邦提供更多的生活必需品,而不是追求个人利益。

亚里士多德作为柏拉图的学生,古希腊最渊博的思想家,其哲学是改造和批判其老师柏拉图哲学的产物。他反对柏拉图把经验世界与理念世界分割开来,相反,亚里士多德认为,经验世界是唯一的实在世界。他也不赞成柏拉图的正义理论,而是在此基础上提出自己的"幸福"和"德性"理论。在亚里士多德看来,伦理学的根本问题是至善问题,因为至善统帅着其他一切善的善。亚里士多德认为,善主要分为手段善和目的善。那么至善的含义是什么,至善就是过一种合乎理性的生活,也就是幸福的生

---

① 宋希仁:《西方伦理思想史》,中国人民大学出版社2004年版,第42页。

活。作为政治实体的"城邦国家"的"至善"也高于个体美德。这实际上已然揭示了国家的政治公共性和价值("至善")首要性。① 这种至善论的政治观是建立在目的论伦理上的,目的论伦理主张道德应该建立在共同体的公共善之上。亚里士多德在柏拉图思想基础上对其思想进行完善,亚里士多德也认为经济活动的目的不是追求金钱和个人利益的最大化,而是满足人的基本生活需要,并且他首次对经济活动进行了比较全面的阐述,认为经济应该定义为家庭产业,经济的目的在于让人们过上幸福的生活。财富不是目的,对财富的追求是需要有限度的。

因此,在古希腊时期,人们对财富的追求更多地侧重于公共利益和满足人们的基本生活需要,如果过分追逐金钱和经济活动,那么必然会导致人的贪婪且与人的完善冲突,这是不合乎道德的。古希腊的这种思想虽然有利于社会的稳定,但是实际上,亚里士多德的理性是以柏拉图等级制理念为基础,蕴含着对城邦有机体秩序的认同和遵从,要求个人服从共同体的安排和权威,而在这样的整体主义身份伦理中,从某种程度上对经济发展的活动是不利的,并且很多时候由于脱离实际导致不能挽救希腊城邦的衰亡。

在欧洲中世纪,以托马斯·阿奎那为代表的经院哲学继承了古希腊罗马时期的公共利益观,并建立起神学公共利益观。阿奎那的神学公共利益观细分为物质利益和精神利益。"人成为其中一部分的政治社会不仅帮助他取得一些物质福利,而且也帮助他求得精神上的幸福。"② 进入近代后,神学和宗教的权威日益衰弱,科学的威信慢慢树立起来,社会契约论成为近代公共利益思想观念的基础,实现了由神到人的研究视角的转换。在这一时期的思想家们更加注重社会制度设计和社会实践,公共利益成为一种构建社会的原则,但这种对于公共利益的实现路径设计更多地侧重于国家权力方面,对于公共利益与个人利益的冲突协调没有给

---

① 迈克尔·桑德尔:《公共哲学:政治中的道德问题》,朱东华、陈文娟、朱慧玲译,中国人民大学出版社2013年版,第8页。
② 阿奎那:《阿奎那政治著作选》,马清槐译,商务印书馆1982年版,第156页。

予足够的重视。然后随着资本主义生产交往方式的产生,唤醒了资产阶级反封建的意识。

在封建社会,人们对财富的追求,虽然欲望也在不断增强,但由于当时的商品经济还不是非常发达,利益主体分化的现象还不严重。但是,随着近代工业的不断发展,人们对自由和平等的要求日益增长。文艺复兴的先驱者们提出了现代意义上的个体主义。① 欧洲市民阶级通过文艺复兴运动对人进行思想上的解放以及强调个人独立思考、提倡批判精神的启蒙运动,发展出近代的个体主义契约伦理。这种个体主义契约伦理有不同的表达,但都主张对个人利益的追求是合理的,个人的自由和平等需要得到尊重,最终确立起与自由竞争相适应的社会制度。个人利益不是一开始就存在的,最初的时候个人利益并没有得到合法的许可,个人在经济活动中的动机总是遭受到来自各方面的打压,后来随着近代人本主义思想的出现和人们更多地去关注对人性的探讨,人们的自利心才得到了更多的认可和张扬。

自启蒙以来,在祛除上帝神圣性的同时,人的神圣性得以确立,主体开始觉醒,主体性得以彰显。人们转向以物的依赖性为基础的人的独立性阶段。人们之间的关系更多的是由物质利益联系起来。从传统社会向近代社会转变的一个关键性因素就是,使以往被视为"不正当"的经济动机变成"正当"的。但是,这种自利心随着生产力的不断发展却走向了极端,片面地追求个人利益最大化。这就是从"价值合乎理性"向"目的合乎理性"转变。② 显然,个人追求自身利益的动机得到了社会的认可,但是这也使得公共利益与个人利益相分离,成为一种与个人利益相对立的东西。因此,如何处理个人利益与社会利益这一问题也就成为人们在日常生活中需要面对的难题。

西方个体善观念主要分为两种:一种是以伊壁鸠鲁、霍布斯、曼德维尔、斯宾诺莎等为代表的利己主义利益观;另一种是以斯密、边沁、穆勒、

---

① 夏明月、华梦莲:《儒商文化的基本特征》,《中国文化与管理》2019 年第 12 期。
② 马克斯·韦伯:《经济与社会》,林荣远译,商务印书馆 1997 年版,第 56 页。

哈耶克等为代表的个人主义利益观。西方利己主义者最早来源于古希腊的快乐主义，在古希腊罗马那个时期，人们心中所认为的利益就是自己的快乐幸福。比如伊壁鸠鲁认为，最高的利益就是个体的快乐和幸福，一个人的所有行为的宗旨就是获得快乐，凡是给自身带来快乐和幸福的就是善。霍布斯作为近代西方利己主义的代表人物，在利益观上也认为人的本性是追求自己的利益，认为能够使人产生"欲求"感的就是善的，产生"憎避"感的就是恶的。他用机械唯物主义的观点去看待人的欲望和利益。他主张用"自然法"即"理性的箴言或者普遍的规则"，来寻求和平与自我保存。霍布斯作为现代自然法论者对古典自然法进行了根本的变革，古典自然权利论认为，人的社会性构成自然权利的基础，基本的道德事实是善优先于自然权利。[①] 而霍布斯把个人权利置于整体之上，他认为人根本就不会天然地去追求自然目的或善，每个人都是自利欲望的集合体。在霍布斯看来，人类的自然状态就是"所有人对所有人的战争状态"。在这种状态下，一切都是以个体的自我保存为圭臬。

哈奇森对于霍布斯的这一看法进行了质疑，哈奇森认为，人的自然权利并不是说为了自我保全欲望的满足，人性中对于普遍善的追求使得个人利益与公共利益具有统一性。哈奇森认为，公共善是人的本性中所包含的内在道德倾向，在这样一种倾向下，人们会做出公共善的行为。因此，实现公共善的人类本性必然产生人类走向仁爱的义务，这种义务是由人的道德感官所决定和保障的，只有这样，人才能够是快乐的。[②] 曼德维尔将霍布斯的人性自利的本质发挥到极致，他认为正是个体的恶德促生了公众的利益。斯宾诺莎作为近代唯理论的代表人物之一，他也认为人性是自我保存，是利己的。斯宾诺莎认为，每个人竭力保存自身是最高的善。一是理性可以控制情感，反对自由；二是理性可以处理利己与利他的

---

① 列奥·施特劳斯：《自然权利与历史》，彭刚译，生活·读书·新知三联书店2006年版，第129—131页。
② 弗兰西斯·哈奇森：《论美与德性观念的根源》，黄文红译，浙江大学出版社2009年版，第191页。

关系。"理性既然不要求任何违反自然的事物,所以理性所真正要求的,在于每个人都爱他自己,都寻求自己的利益,寻求对自己真正有益的东西。"①斯宾诺莎认为,每个人各自去辨别什么是善的、什么是恶的,最高的善就是自己的利益,所谓善,就是指对我们有用的东西。总体来看,无论是伊壁鸠鲁的个体快乐利己主义观还是霍布斯的心理利己主义观,抑或是斯宾诺莎的理性利己主义观,都是把个体善放在首位。

"个人主义"观点最早是 18 世纪由法国哲学家托克维尔提出来的,他对个人主义的定义是:从财产观念的角度来讲,个人主义强调个人财产的神圣不可侵犯;从政治观念的角度来说,个人主义强调人的自由和平等;从价值层面来讲,个人主义强调个人是目的,集体是手段。从其对个人主义的定义来看,个人主义与利己主义是不能画等号的,但并不是说个人主义与利己主义毫无联系,极端的个人主义就是利己主义。在 18—19 世纪这个时期,人们对利益追求的欲望和权利被社会认可。亚当·斯密作为古典经济学的创始人,认为人们在经济活动中,基于自利欲望所产生的经济行为是一种非常有作用的、强劲的推动力量,是人的经济活动的源泉。虽然斯密把利己的人性论运用到经济活动中,但他是从个人主义的立场来强调人性自利,提出"经济人"的目标是追求自身利益最大化,并以基于"同感"的情感主义契约伦理论证了个人利益的合理性。斯密之后,个人主义思想得到确立,更加注重个人善的优先性。边沁指出,为了解决个人幸福和大多数人幸福的问题,主张利益合成说。边沁认为,世界利益是由个人利益简单组成的,他也看见了个人利益与集体利益矛盾对立的情况,但是他认为在发生冲突的情况下,为了保证多数人的幸福,就不得不牺牲个人利益。但是实际上,他认为这种情况是很少的,因此人们更多的时候只需要去努力追求个人的利益和幸福就可以了,这样最终才能实现整体幸福,而最大幸福主义的理论与资产阶级个人主义也就一致了。穆勒作为另外一位功利主义代表人物,对边沁的观点进行了完善,在德性幸福和

---

① 斯宾诺莎:《伦理学》,贺麟译,商务印书馆 1991 年版,第 183 页。

自我牺牲等概念的基础上提出了利他主义理论,认为"行为上是非标准的幸福并不是行为者一己之幸福,乃是一切与这行为有关的人的幸福"。①但是,从本质上来看,功利主义是一种以肯定人的利益为基础、以政治平等作为协调利益冲突的基本手段、以社会繁荣和经济效率为目的的个体主义伦理。哈耶克作为新自由主义的代表人物之一,他从自由主义的观点出发阐述了自己的利益观。哈耶克在方法论上坚持"真个人主义",在个人利益与公共利益关系的问题上,他认为整体利益只是目标和结果,他站在资产阶级立场上,对集体主义、社会主义、计划机制进行了一定程度的批判。虽然哈耶克的某些观点从某种角度来看是有意义的,但是不得不说在一定程度上带有偏见。

无论是利己主义还是个人主义,他们更多的是把社会善仅仅看作个人善的简单相加。而马克思的个体利益观与上述利益观不同,马克思主义从社会关系的角度来看待个人和个人利益。马克思认为,人的本质并不是单个人所固有的抽象物,实际上,它是一切社会关系的总和。他认为要想研究个人的需要和利益不能离开一定的社会和社会关系,人的自利行为都离不开社会。社会虽然是由人组成的,但社会利益绝不是个人利益的简单相加。利益观是与人的世界观、价值观、人生观密切相关的,是处理个人利益与公共利益、他人利益、集体利益等各种利益关系的行为准则。随着市场经济的不断发展,市场主体的善观念也发生了改变,尤其是在公共利益的认识方面,出现过分强调个人利益而忽视公共利益的倾向,而这种倾向归根结底还是由于市场主体对个人利益与其他利益之间的关系没有树立一个正确的认识。

以柏拉图和亚里士多德为代表的古希腊时期的公共利益观念通常被认为是整体主义城邦(国家)观,归纳起来包括以下四层含义:第一,公共利益被视为"共同的善",而城邦则是至善的存在②;第二,个人利益尤其

---

① 约翰·穆勒:《功利主义》,徐大建译,商务印书馆2019年版,第21页。
② 亚里士多德:《政治学》,吴寿彭译,商务印书馆1965年版,第7页。

是政治利益依赖城邦得以实现①;第三,城邦利益与公民利益具有一致性,城邦是由公民个人组成的,公民利益是城邦整体利益的部分;第四,城邦利益优先于个人利益②。古罗马在古希腊公共利益的基础上,将其法律化。显然,在古希腊罗马时期,公共利益与个人利益是相统一的,并且公共利益优先于个人利益。古希腊时期的伦理学说更加注重的是人们的经济行为应该遵守其身份所规定的行为规范。在中世纪,以阿奎那为代表的经院哲学将神学融入古希腊的公共利益观中,将公共利益的内涵丰富化,使得公共利益观得到更好的传承。不过在后期,这种限制慢慢放松,比如承认关于经济活动中的利息和合同的正当性问题。后来新教伦理的一个内容就是把人们在现实生活中谋求个人利益的经济活动,看作被上帝选中的标志,这些信念慢慢地使人们的经济动机在一定程度上取得了正当地位。进入近代以后,随着资本主义制度的普遍确立,工业革命也带动了生产力的飞速提升,人们现实欲求的合理性进一步得到认可。如果说,在霍布斯和爱尔维修那里对个人利益的追求被当作一种合理的欲望来肯定的话,那么洛克则把这种要求当作社会的权利来维护。自20世纪以来,以罗尔斯、哈耶克、德沃金为代表的个人利益为本位的新自由主义观更是凸显,其强调个人自由优先。

虽然不同的思想家对个人权利的具体规定不同,但他们对个人利益都是非常重视的,并且使得个人权利意识的增长成为市场经济成熟过程中带有普遍性的趋势。西方社会从传统社会向现代社会的转变,有它自身的特点,也有它本身的特殊背景,从追求公共善到个体善的过程,即经济活动从城邦文化和宗教的束缚中脱嵌出来,使得市场中人们的经济动机更多的是在乎个体利益,人们的个体经济动机似乎已经获得了道德中立的正当地位。但是,我们也不得不承认,在这样的一个过程中,经济动机带来了道德和人际关系等多方面的副作用,比如拜金主义和精神价值

---

① 唐士其:《西方政治思想史》,北京大学出版社2002年版,第44页。
② 顾肃:《西方政治法律思想史》,中国人民大学出版社2005年版,第11页。

的失落、人与人之间的疏远等,以及新自由主义这种个人善优先的观点受到社群主义的挑战。社群主义认为,新自由主义这种过分强调个人利益的观点是导致诸多社会问题的根源所在,社群价值和公共利益应该是放在第一位的,公共利益应该要高于个人利益,公共善也应该优先于个体善。

二、从善优先于权利到权利优先于善

权利与善的概念是伦理学的两个基本概念,权利与善之间的优先关系备受伦理学、政治哲学以及道德哲学领域的关注,这个问题更是目的论和义务论两大流派的争论点。目的论主张善是优先于权利的,判断事物正当与否的根本标准不是其他的,是善;反之,义务论对于权利与善的关系同目的论是不一样的,义务论认为,权利是独立于善的,权利优先于善,如果善优先于权利,那么就可能会导致侵犯人们权利的实现。而众所周知,现代西方社会思潮的主流是自由主义,一般认为有三个派别:功利主义、自由平等主义和自由至上主义。在自由主义内部,自由主义思想家们的理论也从善优先于权利到权利优先于善进行着转变。在这种理论的转变下,随着市场经济的不断发展,社会市场向市场社会转变,人们对于权利的捍卫更加凸显。

19世纪上半期,在以斯密和休谟为代表的苏格兰学派的功利主义思想萌芽的基础上,哲学家边沁提出古典功利主义的基本原理,随之穆勒完善了边沁的功利主义学说。虽然功利主义本质上是一种以经济效率为道德标准的伦理学说,但是,功利主义也处理公平正义的问题。功利主义主张善优先于权利,同时,功利主义作为一种判定行为正确与否的道德学说,其根据在于行为结果的好坏,而不是在于行为动机是怎样的,行为结果好坏的标准是行为对人们产生的效用,这个标准不是某一个人的快乐或痛苦,而是整个社会的福利。功利主义认为,"最大多数人的最大幸福"是判断一个行为善恶的标准,也就是说,当一个行为产生利益相关者最大幸福时,那么该行为就是善的,但是,该行为可能会损害某个人的利益,这也是功利主义判断行为好坏所欠缺的。功利主义是后果主义的,也是福利主义的,并且把社会福利理解为个人福利的加总。穆勒对功利主义进行了较为经典的阐述,并且对边沁的功利主义作了一定的完善,但是,功利主义也面临着如何解决现实中个人利益之间的冲突问题和个人权利被忽视的问题,人与人之间的区别被忽视,并且个人作为达成某种共同目标的手段。因此,如果我们要想把人们当作平等者加以对待,就必须保护本属于他们的那些权利和自由,而不能盲目遵循功利主义行事。

在自由主义内部,除功利主义主张善优先于权利,更多自由主义思想家的观点侧重于主张权利优先于善,强调个人权利的神圣不可侵犯。权利或者正当与善之间的优先关系,最早可以追溯到康德。按照以康德为代表的义务论的观点,权利优先于善,不仅仅是指其要求在先,与其他实践戒律不同,正义原则的正当性不依赖于任何特殊善的观点,相反,权利还因其独立的特殊性约束着善并设定着善的界限。[1] 这种道义论不仅反对效果论,也反对目的论。道义论认为,权利优先于善,那么主体便优先于目的。按照康德的观点,权利的优先性不仅仅是道德上的,也是基础性的。道义论自由主义设想,我们的确能够也必须在这种意义上把我们自己理解为独立的。[2] 实质是基于权利的义务论。康德的"绝对命令"要求每个人当作与他人平等的自由人对待。康德义务论主要由两个公式组成:一是"这样行动:你意志的准则始终能够同时用作普遍立法的原则";二是"在全部被造物之中,人所愿欲的和他能够支配的一切东西都只能被用作手段;唯有人,以及与他一起,每一个理性的创造物,才是目的本身"。简言之,第一个公式意味着每个人都出于同样的原因选择做同样的事,那么这个行为准则就是可接受的,是普遍规律;第二个公式意味着永远不要将他人当作工具对待,而是要当作最终目的对待,即对每个人用自由和理

---

[1] 迈克尔·桑德尔:《自由主义与正义的局限》,万俊人译,译林出版社2011年版,第14页。

[2] 迈克尔·桑德尔:《自由主义与正义的局限》,万俊人译,译林出版社2011年版,第23页。

性同意的方式对待他们。社会学对这种观点进行了反驳,认为中立性是不可能的,尽管我们去努力尝试,我们与我们所处的条件也没有办法割裂联系。而罗尔斯在《正义论》中对康德所坚持的正当优先于善的观念进行了捍卫,但是,主张自由平等主义的代表罗尔斯没有接受康德的这种形而上学,而是提出"原初状态"这一假设来实现"在经验理论的范围内"保留其道德力量。

自《正义论》开始,罗尔斯就明确主张"正当的概念优先于善的概念"。[①]"权利优先于善"(由于正当原则是用来界定个人的各种权利的,因此,正当优先于善等同于权利优先于善)是罗尔斯正义论的核心观点。罗尔斯的"权利优先于善"体现在两方面:第一,不能为了普遍利益而牺牲个人权利,这一方面的提出主要是罗尔斯针对功利主义用善来规定正当的目的论。罗尔斯认为,以幸福最大化为目标的功利主义之所以不合理,就在于功利主义把人的这种善的感受或状态作为优先的目标,然后把正当界定为实现该目标的手段,正当的要求完全依赖于最大化地促进善的东西。可是,在罗尔斯作为公平的正义看来,这一理论是本末倒置的。如果理性生活计划或其实施首先违背了正当或正义原则,那么这样是不合理的,是没有意义且不被允许的。只有坚持"正当优先于善",才可能减少一般性的妒忌,才可能保护那些不违背正义的、丰富多彩的理性生活计划以及实施这些计划带来的幸福,也才可能对违背正义的理性生活计划和幸福诉求说"不"。第二,正义原则是独立推导出来的,也就是说,具体规定我们权利的正义原则的证明,不依赖于任何特殊的良善生活观念。这些权利构成了一个正当的中立框架,在这个中立框架内,个人或者是群体能够选择自己的价值和目标,并对有关善的各种争论保持中立。对于罗尔斯来说,如果把权利建立在某种私人性多元化善概念的基础之上,只会导致把某种私人性的价值观念强加到他人权利之上,最终无法尊重个人权利。罗尔斯还在其代表作《政治自由主义》一书中,试图通过寻求各种

---

① 约翰·罗尔斯:《正义论》,何怀宏译,中国社会科学出版社1998年版,第396页。

学说之间的一种"重叠共识"来捍卫其权利优先于善的主张。罗尔斯作为当代自由主义契约论学派的代表人物,他认为合乎道德的行为或制度应当符合正义原则,就是尊重或者不侵犯个人的基本人权。[①]

　　罗尔斯发表了《正义论》一书后,这本书的出现引起众人开始把更多的时间投入政治哲学领域中,短时间内,一大批政治哲学文献问世对罗尔斯的理论进行回应,其中就有诺齐克的《无政府、国家和乌托邦》一书,诺齐克也主张权利优先于善。虽然罗尔斯和诺齐克都是当代自由主义的代表,但罗尔斯属于平等自由主义,靠近平等那一端;诺齐克是极端自由主义,更加靠近自由那一端。虽然罗尔斯和诺齐克两者的正义理论都依赖于道德哲学,并都认为权利优先于善,但是,当把"权利"这一概念嵌入他们各自的整体理论系统中后就会发现,他们明显不一样。

　　第一,对于罗尔斯来说,人们权利的分配是由社会基本结构规定的,关于正义的命题是由两个正义原则推导出来的。而对于诺齐克来说,权利是先在的东西,权利是不允许任何人加以侵犯的,关于正义的任何命题都需要以权利为基础,都必须纳入权利的话语体系之下。

　　第二,罗尔斯在处理现实中由于出身或者自然禀赋等各种问题造成的不平等时,他主张试图通过对物品进行再分配的方式解决这种不平等问题。但是,诺齐克反对再分配,他把权利放在第一位,强调权利的首要性,认为再分配会侵犯个人权利。诺齐克对个人所拥有的各种具体权利都是要坚决捍卫的,在他看来,一个人对于上述权利的拥有是绝对的并且是任何人都不能侵犯的,但是不能为了自己的权利去侵犯其他人的权利,个人也没有权利去要求国家为自己提供食物和住房,因为这样的行为实际上也是会间接地伤害别人的权利。这里面隐含着一种道德约束,即对人的行为的一种道德层面的约束,这也就是诺齐克理论中所主张的"边界约束"。从道德哲学的层面来看,诺齐克对于康德的义务论是赞同的,"边界约束"符合康德所主张的根本原则:我们要把人当作目的,而不仅仅是

---

① 约翰·斯图亚特·穆勒:《功利主义》,徐大建译,商务印书馆2019年版,第Ⅴ页。

手段。我们不能采取任何方式来利用他人，不存在拥有善并为了自身的善而愿意承担某些牺牲的社会实体，个人是唯一的实体，国家和社会既不是实体也没有生命，所以国家在所有公民面前应该保持中立的态度，并且个人是目的，不能用作手段。

第三，与罗尔斯的正义理论相对立，诺齐克提出自己的"资格理论"，这种以"持有正义"为核心的资格理论，即正义意味着尊重权利，正义不在于平等，而在于尊重和保护个人权利。诺齐克在财产分配领域提出自己的资格理论，这个理论主要是由财产持有的三个正义原则组成的：获取正义原则、转让正义原则、矫正正义原则。诺齐克的资格理论实际上是对其个人权利理论的一个充分展开，而个人权利神圣不可侵犯的原则就是构造这一理论的基础。诺齐克的公正观是过程导向的公正观，他在《无政府、国家和乌托邦》一书中认为，判断社会状况是不是公正，不是看结果本身的性质，而是看导致该结果的过程是不是合理。根据自由主义的观点，如果这个过程尊重参与者的产权和其他权利，并且在这个过程中他们并没有感觉到自己被压迫，那么，这整个过程就是可以接受的。比如，有甲、乙、丙三个人，每个人一开始都持有 100 美元，甲和乙同意进行一场拳击比赛，并收取丙的 40 美元入场费，丙因为爱看拳击赛，所以也愿意出钱，甲获得 30 美元，乙获得 10 美元。最终结果是甲有 130 美元，乙有 110 美元，丙有 60 美元。因为收入不是平均分配，所以结果是不公平的，但过程是合理的。这就是过程导向的公正观念，这一想法在哈耶克的理念中也得到了阐释，并启发了布坎南等设计出最合适的社会宪法。但是，这种通过过程来判断社会公正，是不是真的公正呢？

总之，这些新自由主义者在具体观点上不尽相同，但无论是以罗尔斯为代表的平等自由主义还是以诺齐克为代表的极端自由主义，在有一点上是如出一辙的，那就是他们都主张个人权利压倒一切的优先性，以个人权利而不是功利主义作为他们分析问题的出发点。

当然，对于权利与善的优先性关系还在争论，自 20 世纪 80 年代以来，在政治哲学中出现了一种被称为"社群主义"的思潮，以桑德尔、泰勒、麦金泰尔为代表，他们对罗尔斯权利优先于善的主张进行了反对，尤其是桑德尔对罗尔斯的批判。如上所述，对于罗尔斯来说，权利在以下两种意义层面上优先于善：在某些个人权利胜过公共利益的第一层意义上，权利优先于善，权利只能因为权利自身的原因被限制，对于这一层面的权利优先于善，多数学者是没有争议的；而对罗尔斯的批评主要是在第二层意义上，也就是权利和善的问题不在于权利是不是重要，而在于权利能不能不以任何善观念为基础得到解释。罗尔斯认为："我们不应该试图首先通过诉诸独立地界定好的善而给予我们的生活以形式。我们的目的并不是先揭出我们的本性，而是揭示我们可能承认的那些支配背景性条件的原则以及人们追求这些目的的方式，这些目的正是在此条件下才能够得以形成的。因为自我优先于自我所承认的目的，甚至优先于人们在大量可能性中所选择的某种占优的目的。因此，我们应该将各种目的学说所设想的权利与善之间的关系颠倒过来，将权利视为优先的。"①罗尔斯认为，我们是独立的自我，因此我们需要保持中立的框架，如果把自我的权利建立在善观念之上，那么权利就无法得到保障。也正是在这一点上，遭受到了社群主义的批判。

总的来说，社群主义主张"善优先于权利"的观念，他们更加关注的是个人的道德义务，并进而确立了善对于权利的优先性，也就是主张"正义内在于善"。社群主义者认为，如果对权利问题的解释不需要借助善观念，那么我们就没有办法了解我们为什么要享有权利以及享有哪些权利等问题。社群主义者认为，在自由主义社会所倡导的公共文化中，共同体的价值没有在一定程度上得到很好的认可。自由主义对于公共善的问题更多的是避而不答，因为他们担心一旦这种规定被接受，那么就会削弱个人自由。因此，对于大部分自由主义者来说，自由和个人权利就是一切，每个人都应由自己决定什么是好的，政府应该对于个人善观念保持中立，也就是"权利优先于善"。对于许多社群主义者而言，自由主义的最大问

---

① John Bordley Rawls, *A Theory of Justice*, Harvard University Press, 1971, p560.

题不在于它对正义的强调,而在于它的"个人主义"。自由主义把自己的理论奠基在个人权利之上,忽视了个人权利只有在社会共同体中才能实现。也就是说,我们有义务把公共善和个人的自由权利置于同等或者优先地位,自由主义的"权利政治"应该被"共同利益政治"所取代,或者至少前者需要后者的补充。

对于社群主义的批评,罗尔斯在其《政治自由主义》中做出了回应,并将权利优先于善的理念做了某些方面的修改和完善。罗尔斯指出,他所认为的权利优先于善的概念并不是说不要善,也不是否认在公平正义的原则中无法运用善观念。"因为权利(正当)与善是相互补充的,任何正义观念都无法完全从权利或善中抽演出来,而必须以一种明确的方式将权利与善结合起来。权利的优先性并不否认这一点……在公平正义中,权利的优先性意味着,政治的正义原则给各种可允许的生活方式强加了种种限制,因而公民的要求是,任何追求僭越这些限制的行为都是没有价值的。"①具体来说,就是这些善理念必须从属于一种合理性的政治正义观念。罗尔斯进而认为,在公平正义中,我们依次可以发现并运用以下五种善理念:(1)作为合理性的善理念;(2)首要善的理念;(3)可允许的完备性善观念的理念;(4)政治美德的理念;(5)秩序良好的政治的社会理论。②罗尔斯所认为的权利优先于善的理念在以下两种意义上是有限制性的:一是所运用的善观念必须是政治性的,不是道德的、宗教的或者形而上学的善观念;二是这些政治性的善观念为个人的社会生活、政治生活提供了限制和可能。因此,罗尔斯的权利优先于善的主张似乎取决于我们在何种意义上使用善观念。虽然罗尔斯进行了某些方面的修改和完善,但实际上,大部分自由主义者将权利推崇为各种形式的社会合作的先决条件,权利还能够唤醒并发展否则只能沉睡的潜能,保护美德和能力的实践,而

---

① 约翰·罗尔斯:《政治自由主义》,万俊人译,译林出版社 2011 年版,第 160 页。
② 约翰·罗尔斯:《政治自由主义》,万俊人译,译林出版社 2011 年版,第 162—163 页。

义务性的、专心一致的参与必然将使许多重要的人类能力枯竭。① 但无论怎样,权利和善都是人们所需要的东西,人们不会为了追求其中一个而舍弃另外一个,也不会为了追求这两者而舍弃生活中其他重要的东西。如果主张权利优先于善,那么在权利与善有冲突的时候,获胜的就是权利;反之亦然。

三、从具体善到抽象善的转变

在汉语中,"善"一词从道德意义层面来讲,通常是指善良、慈善、善行等含义,"善"的对立面是"恶";在英文中,"善"翻译成"good"。"good"这一单词的内涵相比中文来说要丰富得多,但是一般也理解为好的。"good"作为形容词,一般用来形容某事物或者是某人具备好的性质。从道德的角度来看,"good"是指道德的优秀性。在道德和伦理的场景中,我国学者一般将"good"翻译成"善",从这个层面上来说,善就是道德上的好。但是总的来说,善的概念还是比较复杂,不同的伦理学家对于善有着自己不同的、特殊的、具体的理解。善的概念从古希腊时期苏格拉底开始,就受到柏拉图、亚里士多德等哲学家们的重点关注,单就近代而论,从18 世纪的康德,19 世纪的黑格尔、穆勒,到20 世纪的罗尔斯、哈耶克等自由主义和以桑德尔为代表的社群主义,对善的概念也从未忽视,对善观念的理解从具体转为抽象。

从柏拉图的老师苏格拉底开始,他就对"善"的观念进行了讨论,他对各种善的事物进行了划分。苏格拉底认为,比如身体的健康、秀丽的景色、财富等各种善的事物要对人们有好处,就需要人们用健全的理智去对待这些善的事物,如果没有被正确地对待,反而被人们误用,那么这些善的事物就会对人们有害,就不是善的。苏格拉底还认为,至善与知识是相关的,也就是说,德性就是知识。但是,苏格拉底并没有对善和至善进行

---

① 史蒂芬·霍尔姆斯:《反自由主义剖析》,曦中译,中国社会科学出版社2002 年版,第318—324 页。

明确的系统区分。对于苏格拉底来说，善在于知识，美德就是知识。柏拉图作为苏格拉底的学生，对苏格拉底所讨论的问题进行了深入的探讨。柏拉图认为，"善"是最高的理念，善的理念是理念世界中最高的理念，是一切理念的目的和归属，是不依赖于万事万物的、先天的客观存在。也就是说，在柏拉图看来，善是绝对的，是永恒不变的。对于善的追求就是从不完善的经验世界回归到理念世界，至善就是对于永恒不变的理念世界的追求。亚里士多德认为，每一事物都在追求其目的，各个事物对其目的的追求即善。对于亚里士多德主义来说，善在于实现人类本性，从而实现人类繁荣兴盛。亚里士多德的伦理学是以善概念特别是个人生活完善的目的为基础的。亚里士多德把善分为三种：一些被称为外在善，另外的被称为灵魂善和身体善。① 在亚里士多德看来，灵魂善是最重要的也是最充分的善。灵魂善就是幸福，但幸福这种内在善不是单独就可以实现的，灵魂善的实现离不开外在善或者说工具善的辅佐，因此在很多场合，内在善的实现离不开某些外在善（出身高贵、友谊、财富、权势等）和身体善（健康、强壮、健美、敏锐）。亚里士多德在其名著《尼各马可伦理学》中明确提出，"善的事物可以有两种，一些是自身即善的事物，另一些是作为它们的手段而是善的事物"。② "善本身"在这里就是指目的善，而后者的善就是手段善或者工具善，目的善优先于手段善。他认为，有些善是在灵魂中，有些善是在肉体中，有些善则是身外之物，其中，灵魂善是最好的。亚里士多德认为，人之善就是合乎德性的心理活动。赫拉克利特认为，善恶就是一回事，善与恶能相互补充、相互依存，并且在一定条件下会相互转化。斯多葛学派的创始人芝诺从理性的角度来看待这一问题，他所认为的善是人们遵循自然而生活，也就是遵循道德而生活。芝诺认为，人们按照理性的指引所达到的"圆满"状态就是善，就是道德。这一点与伊壁鸠鲁学派有区别，伊壁鸠鲁学派从感性出发，认为快乐就是善。皮浪认为，最高的善就是人们不作任何判断，他否认人所具备的认识能力，他所追求的是

---

① 亚里士多德：《尼各马可伦理学》，廖申白译，商务印书馆2003年版，第21页。
② 亚里士多德：《尼各马可伦理学》，廖申白译，商务印书馆2003年版，第15页。

伦理上的"不动心"和灵魂上的安宁。

　　菲利帕·福特在《自然的善性》这本书中把善分为"自然的善"和"次级的善",认为我们把对无生命的事物和制造品所表达出来的评价称为"次级的善",而对有生命的事物本身称为"自然的善"。"自然的"善性,只属于有生命的事物本身,它是内在的或"自动的"善性,因为它依赖于个体与它所属类的"生命形式"的关系。① 迈克尔·斯洛特把善分为"值得赞赏的善"和"值得欲望的善",他认为这两种善存在着明显的区别。塞涅卡主张以禁欲为核心的道德生活和以至善为目标的人生理想,他将至善理解为一种特殊的心态,认为财富不属于善的范围,并指出至善就是心灵拥有不可战胜的力量,而达到至善的方式就是理性,至善在于理性。奥勒留认为,个人善与社会善是相统一的,个人利益与社会利益也是紧密相连的。真正善的人在于自己的内心,而不在于外在的环境。奥古斯丁认为,拥有和珍视善意的人们的生活是值得称赞的,只有善是实在的,恶不过是善的缺乏。善具有客观实在性,恶本身并不存在,具有相对性。摩尔认为,伦理学无外乎就是一门关于什么是善、什么是恶的学问。因此,"怎样给'善'下定义这个问题,是全部伦理学中最根本的问题"。② 摩尔把善分为手段善和目的善,他认为目的善是一种内在价值,而手段善是一种外在价值。手段善本身并没有善的性质,但是因为与善本身具有某种因果联系,因此可以作为实现目的善的手段。摩尔根据内在善和外在善的划分,进一步来看,对内在价值的讨论可以归结于"什么是善的"进行划分,对外在价值的讨论可以看作"什么行为是正当的",也是根据这样的划分,把伦理学分为元伦理学和规范伦理学。摩尔认为,"善"的概念是不可以定义的,因此,任何将"善"与事物的其他特性等同的做法都是一种"自然主义的谬误"。超验主义代表人物梭罗认为,善是永远不会亏本的投资,人生的过程就是一个善为德性战胜恶的过程,因此人们在这个过程中不断地追求善的实现,这是非常有意义和有价值的。詹姆士作为实用哲学的代

---

①　Phillppa Foot,*Natural Goodness*,Clarendon Press,2001,p26—27.
②　摩尔:《伦理学原理》,长河译,商务印书馆1983年版,第3页。

表人物,认为善的本质在于需要的满足,并且真理是一种善。斯宾诺莎在《伦理学》第四卷中认为,所谓善,是指我们所确知的任何事物足以成为帮助我们愈益接近我们所建立的人性模型的工具而言;反之,所谓恶,是指我们所确知的足以阻碍我们达到这个模型的一切事物而言。[①] 也就是说,能满足我们的期望和目标的人性的东西就是好的;反之,就是不好的。

到了近代,康德认为,只有善良意志是无条件的善,其他一切的命令都是有条件的,只有善良意志本身是善的。他根据三种不同的命令,即假言的命令、或然的命令、绝对的命令,分别相应地把善分为手段的善、明智的善、无条件的善三种善。在康德看来,如果某人的行为被看作达到另外的目的的手段,那么称为假言命令;把行为看作技巧,称为或然命令;把行为看作客观必然性,而不需要以另外的通过某种作为就可以实现的意图为条件,称为定言命令。定言命令的公式是"我应该为某事"而不需要一个"若如"为前提条件,这种命令也称为绝对命令,其自身就是善的。康德所认为的至善是道德与幸福的统一。黑格尔认为,善是福利与法的统一,是一种合法的福利,或者以福利为基础的法。福利与法的关系是辩证的,两者紧密联系,福利离开了法就不是善,同样,法没有福利就不是善。善是被实现了的自由,是世界的绝对最终目的。黑格尔认为,善的发展经历了三个阶段:"(1)善对我作为一个需求者来说,是特殊意志,而这是我应该知道的;(2)我应该自己说出什么是善的,并发展善的特殊规定;(3)最后,规定善本身,即把作为无限的自为地存在的主观性的善,予以特殊化。这种内部的规定活动就是良心。"[②]黑格尔认为,善绝对地只有在思维中并只有通过思维而存在。尼采赞美强者的生存能力,从而建立起来新的道德标准,即主人道德指向"好、善",而奴隶道德指向"恶"。尼采认为,过去人们把"爱和平、不争执"等美德作为"善"是不正确的,在他看来,只有以英雄之道灭奴隶之性才能使人得以健全。包尔生试图调和伦理学上目

---

① 索拉吉·洪拉达隆:《发展中国家的大数据与共享经济:信任与声誉作为伦理考量》,《科学技术哲学研究》2020年第5期。
② 黑格尔:《法哲学原理》,范扬、张企泰译,商务印书馆1961年版,第133页。

的论与形式论的对立,他采取的是一种折中的倾向,一方面他拥护目的论认为效果应该要作为善恶判断的标准,但是,另一方面他也主张要坚持善性,这是一种良心和义务。弗兰西斯·哈奇森作为一个道德情感论者,提倡仁爱,认为最好的善就是产生最大多数人的最大幸福的行为,后来这一理论被穆勒所继承,穆勒更多地从公众利益增加与否的角度,认为最大多数人的最大幸福是至善或道德善行的最高标准。

罗尔斯把理性之善定义为:在有利的条件下,一个人对他自己生活计划的实现。但是,罗尔斯也认为,无论一个人的基本生活计划是什么,基本善都是一个人不可或缺的东西。从这个角度来看,善被认为是指向效果的,对于善概念的界定,罗尔斯有一个著名的关于善的三阶段论:"善就是理性欲望的满足。"[①]只有与生活计划相符合的理性欲望的对象才是善的。罗尔斯指出:"合理生活计划是善定义的基础,因为一项合理生活计划是使和一个具体个人相关的所有价值判断形成并最终变得一致的基本观点。"[②]"一个人的合理生活计划是他根据审慎和理性所愿意选择的一项计划。"[③]在这里,罗尔斯的善主要侧重点在于个人的善,而对于共同体的善,罗尔斯并没有提及很多。罗尔斯更加关注的是一种良序社会的发展,他认为良序社会就是一种善。罗尔斯认为,权利优先于善,他将正义独立于充满争议的各种主张之外。而桑德尔认为,罗尔斯这种义务论的谋划是不够全面的,罗尔斯的"义务论自由主义"所认为的公正的社会,即在这样的社会下,每个公民享有充分的自由,在这样的自由下,人们可以去追求和实现各自的目的,也就是说,在这样的社会下,每个人都可以自行地选择自己的善和安排自己想过的生活方式,但是对"公共善"却并没有承诺。桑德尔认为,罗尔斯的正义理论或者说善理论实际上是一种个人主义的理论,是忽视共性的,是不以特殊的善观念为前提的。此外,他还认为罗尔斯把善归于一种偶然性,是一种与道德标准不相关的、任意的

[①] 罗尔斯:《正义论》,何怀宏译,中国社会科学出版社1988年版,第93页。
[②] 罗尔斯:《正义论》,何怀宏译,中国社会科学出版社1988年版,第410页。
[③] 罗尔斯:《正义论》,何怀宏译,中国社会科学出版社1988年版,第418页。

需要和意愿的产物,所有对善的价值的追求都要在尊重、保卫基本权利的前提下才能获得合理性和正当性。哈耶克认为,我们追求自由不是为了别的善,而是为了自由本身。自由就是目的,就是善或道德。① 哈耶克强调一种自生自发秩序的美,这一理论可以追溯到亚当·斯密及其"看不见的手"的含义,即认为市场可以自行地运转。在自由主义思想中,无论是以罗尔斯为代表的自由平等主义还是以哈耶克为代表的自由至上主义,善的概念与抽象的、普遍的个人概念相联系,也就是说,在自由主义看来,善是绝对的、抽象的、普遍的。但是,在当代社群主义看来,善是具体的和相对的。正如恩格斯所认为的,任何道德品质总是具体的和相对的,一成不变的永恒道德是不存在的。

　　从具体善向抽象善观念的转变,从一定程度上来看,这种转变离不开现代西方从传统注重社会共同体的价值观向以自由主义权利概念和原子式个人主义为基础的价值观的转变。围绕"权利优先于善"所建立起来的价值观或者说建构起来的正义观,更多侧重于个体权利。而这种建立在个体权利之上先验地合乎善的理念在本质上是"形而上学"的,这种借助"自然法"所构建起来的脱离社会现实关系的理性存在物,在现实生活中是根本不能成立的。马克思将正义的基础回归到历史的、具体的人的物质生产时间,以便彻底颠覆西方古典自由主义公正观的形而上学基础。② 实际上,这种不以任何特殊善观念为前提的权利,事实证明,这种个体权利只是把每个人自我利益神圣化的权利。黑格尔也将这种现代社会的"个人"概念基础的自由和权利看作一种抽象的权利,在这种抽象的权利下,公共善并没有地位。在这种"以权利为本"的地位情况下,权利失去了标准,自由就失去了方向和道德约束。现代社会的显著特征就是各种传统价值的衰弱、各种特殊善的丢失,也就是韦伯所谓的"意义丧失"或"祛

---

　　① 乔洪武、葛四友:《自由的善——哈耶克的经济伦理思想评介》,《华中师范大学学报》2002年第1期。
　　② 苗贵山:《批判与超越:马克思恩格斯对正义的追问》,《河南大学学报(社会科学版)》2006年第3期。

魅"。在现代这个社会,人们的权利不受干涉,并且人们的权利也越来越广泛,而对于个人的约束和指导的外在权威和文化却相应地弱化了。善自古以来就是人类永恒的追求,是人之为人的本质特征。但是,围绕"权利优先于善"这种普遍善和抽象善的主张,实际上是对善追求的规范和限制,是把权利放在首位,以防止善对权利的侵犯。

第三节 市场善观念的嬗变对市场经济发展的影响

市场善观念的嬗变对市场经济的发展产生了重要影响,尤其是对市场经济中关于效率与公平的关系以及市场经济模式的转换影响更为显著。

一、市场经济效率与公平的关系

近期历史以及人类研究发现,过去人类的经济生活更多的是嵌入社会关系之中,经济主体的行为动机更多的是社会地位、社会权利和社会资产。但是,随着市场经济的不断发展,市场经济主体在这个过程中的善观念也发生了转变,个人利益、个人权利不断得到伸张和重视。在传统的社会经济模式下,人和社会是联合一体的,社会更多的是注重公共利益,更多的是追求结果公平。但是,市场经济要求市场主体的独立,更加强调市场主体的权利、市场主体在市场中的机会公平,在机会公平的前提下追求经济效率最大化。尤其是自近代开始,个人逐渐从社会中分离出来,洛克和斯密之后,个人主义思想凸显,这样个人利益与公共利益的平衡点也就产生了倾斜,尤其是到了诺齐克,他认为任何个人的权利都是第一位的,除非个人自愿为了他人做出牺牲,否则国家是没有任何权利强制对个人权利进行重新分配的。不得不承认,一方面,随着市场经济的发展,个人权利得到重视,社会生产力飞速提高,这是社会进步的表现;但是,另一方面,个人权利的过分重视、个人利益目标、市场主体对个体效率的过分追求也会出现很多问题,不仅使得人们的公共善观念被削弱,也使得社会公平问题日益严重。因此,效率与公平、个人利益与社会利益的平衡问题也成为人们日益关注的焦点之一。

对于这个问题,过去很长一段时间,人们认为效率与公平是相互对立和冲突的,认为效率的提升必然会以公平的牺牲为代价,而如果强调公平又会影响效率,两者只能选择其一。尤其是随着市场善观念的转变,市场中的经济主体越来越注重自己的个人利益以及个人的机会公平,忽视社会利益和社会的结果公平。

首先,以获利为动机的市场经济主体对个人利益的不断追求暗含着一种必然性:资本垄断所带来的贫富差距过分悬殊以及对社会福利的净损失。以美国托拉斯为例,洛克菲勒用10年的时间掌握了全美90%左右的石油提炼。当时奉行自由经济的美国政府对于这种行为采取睁一只眼闭一只眼的措施,允许它们越来越大。因为政府觉得这样做对大公司和国家经济都是有好处的。在政府对市场采取放任措施的情况下,很多优势企业会采取并购重组的方式控制市场,实现垄断,以此实现自己更大的利益和追逐更多的利润。在垄断大量出现的情况下,美国经济得到了飞速发展,GDP的增长速度非常快。垄断虽然能够提高生产力,但进而形成价格控制,从而导致社会福利的损失。从经济学的角度来看,消费者剩余一部分被生产者掠夺,一部分被"无谓损失"浪费掉,从长远来看,对社会发展是不利的,社会的很多矛盾也会相继显露出来。尤其是垄断经济资源的托拉斯,表面上看,给美国经济带来了无限繁荣,但其背后隐藏的是人们之间日益扩大的矛盾和严重的两极分化,工人利益和社会公平受到损害,中小企业纷纷破产。自由竞争造成了垄断,垄断的形成一方面使得资源大量集中,但是另一方面也使得社会矛盾变得尖锐。虽然市场体制是按贡献分配的原则,但市场如同一条无形的分界线。在这种系统中,人类不允许行善,即使人类可能非常希望行善。[①]

其次,从某种角度来说,自由市场经济的成功在于其创造了一个高效

---

① 加雷斯·戴尔:《市场的限度》,焦兵译,中国社会科学出版社2016年版,第13页。

率的经济,可是由于市场上还有各种不确定性因素的存在,比如禀赋、资产,尤其是社会出生所造成的不平等地位等客观因素,对效率的追求不可避免地会产生各种不公平和差距,实际上也就没有办法真正实现所谓的机会公平。那些一开始就赢在起跑线的获胜者们,例如初始垄断者们,他们不仅拥有更多的储蓄和收入,还拥有除了储蓄和收入以外的能力,拥有其他人所没有的社会资源和市场能力。储蓄和收入的增多不仅可以给他们带来好的物质生活,还可以让他们获得金钱之外的东西,比如额外的权利,这些权利本来应该是平等分配的;而那些在市场上没有获得奖励反而受到惩罚的人,比如受到剥削的、劳苦的工人们,后果就是权利在一定程度上被剥夺。这种"任资本的力量在苍茫大地主宰沉浮"的理念落实到实践层面,不可避免地使"富者愈富,穷者愈穷",进而导致富人阶层与中下阶层矛盾的加深。① 尤其是在资本主义市场经济下,只是主张平等机会(equal opportunity)而不是主张平等进入(equal access)。这两者的概念区别在哪呢?不得不承认,平等机会是好事,平等机会是大部分西方国家思考公平的典型方式,并且一个主张平等的社会肯定优先于一个机会不均等的社会,但是,机会平等这一概念并没有把握真正的道德直觉。机会平等有很多限制,尤其是在这样的一个社会,也就是大部分人出生于不富裕的家庭,而少部分人出生于富裕的家庭。对于那大部分人来说,只是拥有平等的机会,但是在面对这些好的机会的时候,是没有办法平等进入的。因此,很多人只是注意到机会平等,但是没有注意到在这些机会平等的背后所产生的结果不平等。

但是,不论市场善观念怎么演变,随着生产力的不断发展,始终对我们产生困扰的是如何处理公平与效率两者的平衡问题,以避免市场主体为实现个人善而对社会善进行侵蚀。阿瑟·奥肯提出了自己的看法。奥肯的观点集中在分析平等与效率的替代关系,他认为平等与效率的矛盾蕴藏在权利、市场、金钱三者之间的联系中。奥肯认为,资本主义的民主

---

① 李文:《美国人为什么生活在"两个不同的美国"》,《人民论坛》2012年第11期。

有双重标准:"一方面,宣扬和追求一种平等主义的社会政治制度;另一方面,又刺激经济发展过程中的两极分化。这种平等与不平等的混合,市场给人矛盾甚至是虚伪的感觉。"①奥肯认为,平等与效率的关系是当今社会面临的问题,也是最重要的选择。经济上的效率(也就是经济上的不平等)与政治上的平等主义的关系该如何平衡?应该在什么样的制度框架下才能既实现政治上的平等也避免经济上的两极分化呢?奥肯认为,公平与效率之间的关系是此消彼长的替代关系,要想真正做到公平(实现收入的均等化)就必须牺牲效率,而要提高效率就只能扩大收入差距。他认为,在经济领域,"购买效率的代价,是收入和财富以及由此决定的社会地位和权利的不平等"。②而如果要想公平,就必须政府对市场进行干预。奥肯认为,收入差距或者说贫富分化最终会破坏机会均等和权利平等,这样反过来对效率影响也很大。在市场经济下,收入分配是根据市场对个人付出劳动的评价体系和付酬制度,市场起作用范围越广,效率越高;反之,如果注重公平,比如高额的累进税率,效率就会降低。因此,公平与效率不能兼得。奥肯指出:"收入分配的平等与权利分配的平等一样,会成为我们道德上的选择。对其代价和结果加以权衡,我倾向于收入上更多的平等而且是完全的、最好的平等。"③他认为效率与公平之间的关系不是谁优先的问题,而是两者都需要兼顾。

奥肯尝试着寻找一条道路,在这条道路上不仅可以使得市场机制良好运行,还可以使得效率和公平都促进。奥肯认为,要想实现经济上的平等,就必须在平等与效率之间进行妥协。因此,奥肯总结得出,在公平中注入一些合理性,同时在效率中注入一些人道。更多平等所能带来的好处相当于更多非效率所增加的代价,奥肯提出了增加税收、保障收入等动态平衡的方案。马克思也在扬弃空想社会主义的基础上,从唯物史观的角度来阐述自己对公平与效率的看法,这些看法主要零星地分布在《资本

---

① 阿瑟·奥肯:《平等与效率:重大抉择》,王奔洲译,华夏出版社1991年版,第1页。
② 阿瑟·奥肯:《平等与效率:重大抉择》,王奔洲译,华夏出版社1991年版,第49页。
③ 阿瑟·奥肯:《平等与效率:重大抉择》,王奔洲译,华夏出版社1991年版,第45页。

论》和《哥达纲领批判》这两本著作中。在《资本论》中，马克思从生产力和生产关系的角度，批判了资本主义制度和资本主义的生产方式，认为资本主义制度下收入分配的不公必然导致生产力的低下；在《哥达纲领批判》中，马克思通过对拉萨尔主义的相关理论的批判，阐释自己对于公平与效率关系的看法，他认为在资本主义私有制条件下，工人只能在夹缝中维持其生存条件，并在没有办法的情况下被迫沦为资本家的附庸，贫富差距严重失衡，因此所谓"不折不扣的劳动所得"只是替资本主义做掩饰。马克思的按劳分配理论是建立在公有制基础上的，区别于资本主义私有制，总的来说，马克思认为公平与效率同等重要，并且相辅相成。也就是说，在市场经济的发展中，不能为了实现效率而忽视公平，不能为了实现个人善而忽视社会善。

现如今，随着市场主体对个体善的日益关注，效率和公平的问题已经成为一个全球性的问题，也越来越引起政府的关注，各个国家面对贫富差距问题也做出了相应的措施。比如，日本曾经在控制收入差距悬殊这一方面实现公平与效率的平衡，德国的基尼系数也控制在 0.3 左右。而在处理效率与公平的关系方面，我国政策也是一直处于不断地探索和完善时期。我国在改革开放前，存在着严重的平均主义倾向，个人利益与社会利益处于失衡状态，到 20 世纪 80 年代，邓小平提出，先富带后富，最终实现共同富裕。到现如今，党的二十大报告明确了第三次分配作为基础性制度建设的重要性，强调为了更好地实现共同富裕、推进中国式现代化，必须"坚持按劳分配为主体、多种分配方式并存，构建初次分配、再分配、第三次分配协调配套的制度体系"。[①] 我国对于公平与效率的关系遵守着一条重要思路，即"平均主义—让一部分先富裕起来—兼顾效率和公平—效率优先，兼顾公平—更加注重公平"。在不同的发展阶段，随着社会主要矛盾的变化，政策也相应地变化。但无论政策怎么具体变化，都是在公共善理论指导下变化的。事实证明，我国不仅在理论上注重效率与

---

① 习近平:《高举中国特色社会主义伟大旗帜 为全面建设社会主义现代化国家而团结奋斗——在中国共产党第二十次全国代表大会上的报告》,《人民日报》2022 年 10 月 26 日。

公平的关系,在实践中也落到实处。到 2021 年底,我国脱贫攻坚战取得了全面胜利,现行标准下 9 899 万农村贫困人口全部脱贫,832 个贫困县全部摘帽,12.8 万个贫困村全部出列,区域性整体贫困得到解决。① 这一伟大成就的实现不是一蹴而就的,从 2012 年底党的十八大召开后不久,我国就关注脱贫工作,在面对突发的新冠疫情以及特大洪涝灾情带来的影响下,我党仍坚持不懈、信心百倍地向着脱贫攻坚的最后胜利进军。我国一直走的是一条以人民为中心的发展道路,在这条道路上政府扮演着积极的角色。市场机制虽是致富的原动力,但自由市场机制如果没有政府的协调是没有办法实现共同富裕的,尤其是在处理效率与公平、个人利益与社会利益的问题上。我国在公平与效率的问题上始终坚持以马克思公平效率观为指导,并结合本国实际具体情况丰富和发展这一理论,最终实现共同富裕。

二、市场经济模式的转换

1922 年,奥地利经济学家路德维希·冯·米塞斯在《社会主义制度下的经济计算》中最早提出"市场经济"概念。后来英国著名经济学家戴维·皮尔斯从基本制度范畴的理解角度出发,认为"市场经济"是"根据生产者、消费者、工人和生产要素所有者之间自愿交换而形成价格来做出关于资源配置决策和生产决策的一种经济制度"。② 美国著名经济学家道格拉斯·格林沃尔德从经济运行方式的理解角度,把市场经济解释为"一种经济组织方式,在这种方式下,生产什么样的商品、采取什么方法生产以及生产出来以后谁得到它们的问题,都依靠供求力量来解决"。③ 在萨缪尔森看来,市场经济的功能非常强大,不仅可以通过价格来对人们的经济活动进行调节,还可以传达信息,把不同市场主体的知识和行动都聚集

---

① 《这些数字帮你读懂中国脱贫攻坚》,澎湃网,https://www.thepaper.cn/newsDetail_forward_11496384。
② 胡代光、周安军:《当代国外学者论市场经济》,商务印书馆 1996 年版,第 38 页。
③ 胡代光、周安军:《当代国外学者论市场经济》,商务印书馆 1996 年版,第 38 页。

到一起,这些功能是当前最强大的计算机都不具备的功能。在市场机制中,"单个消费者和企业通过市场相互发生作用,来决定经济组织的三个中心问题",即解决"生产什么、如何生产和为谁生产的问题"。[①] 波兰尼认为:"它一旦建立,就必须在没有外界干涉的条件下才能运转。利润不再有保证,商人必须通过市场获取利润。价格必须被允许自我调节。这样一种自发调节的市场体系就是我们所指的市场经济。"[②] 从经济学的角度来看,市场经济明确界定为市场是起决定作用的资源配置方式以及为实现这种资源合理配置所要求的市场规则,但是,我们不能忽视从哲学或者伦理的角度来看待市场经济的问题,对于市场经济运行过程和运作结果需要进行伦理和价值的评价。市场经济体现的是一种交换关系或机制,"市场经济还可以被理解为一套与交易有关的行为规则或习惯"。[③] 总的来看,市场经济不仅是一种有效的经济组织方式,还是一种包括生产方式和交往方式在内的活动方式;市场经济是商品经济的实现形式,也是一种经济体制。但是,市场经济作为经济发展的一个重要形态,也包括契约观、信用观等在内的伦理观和价值观。

市场要想扩大覆盖经济活动的范围,使得范围全面化,离不开某种市场模式,或者说市场模式至少是部分存在,不然即使市场主体本身拥有交换的倾向,也没有办法形成价格,交易原则的基础就是市场模式的有效性。正如波兰尼所说:"如同互惠要依靠对称式的组织模型,再分配由辐辏结构得到助益,家计模型必须以自给自足结构作为基础一样——交换原则的有效性依赖于市场模式。"[④] 市场经济模式主要有两种典型形态:一是资本主义市场经济;二是社会主义市场经济。资本主义市场经济与

[①] 保罗·萨缪尔森、威廉·诺德豪斯:《经济学》,杜月升等译,中国发展出版社1992年版,第68—70页。
[②] 卡尔·波兰尼:《大转型:我们时代的政治与经济起源》,刘阳、冯钢译,当代世界出版社2020年版,第41页。
[③] 晏辉:《市场经济的伦理基础》,山西教育出版社1999年版,第2—4页。
[④] 卡尔·波兰尼:《大转型:我们时代的政治与经济起源》,刘阳、冯钢译,当代世界出版社2020年版,第57页。

其他经济形式一样，也经历了从萌芽阶段到成熟阶段。在人类社会发展的过程中，一开始并没有市场经济，只有自然经济，后来随着人类社会生产力的不断进步和发展，诞生了商品经济。商品经济的发展主要分为三个阶段：古代小商品经济、近代商品经济和现代商品经济。而市场经济作为商品经济的表现形式，也经历了类似的三个主要阶段：古代市场经济、近代市场经济和现代市场经济。在第一个阶段也就是古代市场经济阶段，市场经济还不是人们经济活动的中心，市场经济的关系还处于萌芽阶段。因此，这个时候的市场经济不是真正意义上的市场经济。近代市场经济是伴随着资本主义生产方式确立起来的，随着英国发生工业革命，人类的生产力得到很大的进步，近代市场经济相比古代市场经济有着更加完善的市场体系，生产要素也可以更加自由地流动，生产社会化程度较高。在这一阶段也就是从19世纪末20世纪初到第一次世界大战前，市场经济主要思想是自由放任。在1550—1775年的重商主义时期，各种资本主义制度在缓慢发展，这些发展起来的制度包括契约自由、私有产权等，使自由市场体制得以发展。在市场交换关系发展的基础上，产生了市场经济。

在18世纪末，随着工业革命的进行，英国资本主义经济体制也得到了充分的发展，重商主义的理念已经不适合当时英国的发展，而这种转变与亚当·斯密在《国富论》中所提到的观念有很大的联系。亚当·斯密认为，"看不见的手"的存在使整个社会利益得到提升，这种经济自由化的观念，使得人们越来越注重个人权利和追求个人利益，这一观念也很快传遍了欧洲和美洲大陆。亚当·斯密"看不见的手"是对重商主义政策的批判，也是对资本主义经济运行中计划与市场的关系做的早期权威解释。重商主义认为，社会财富是金银货币，那么国家应该依靠贸易顺差来获得金银财富，为了更好地保持贸易顺差，国家应该积极干预经济，例如奖励本国商品出口和限制国外商品进口等，这样做就能够将国外金银货币转移至国内，并通过贮藏等手段将金银货币保存起来，以达到社会财富增加的目的。斯密看重微观经济学的效率，认为政府不需要太多干涉，市场在这个过程中会自动调节个人利益和社会利益。市场自动调节论随着资本主义的发展、善观念的转变也在不断发展。萨伊定律的"供给自动创造需求"便是其理论经典，萨伊认为，市场机制作为调节生产活动的唯一机制，可以有效地解决资源配置问题，反对国家干预。马歇尔提出均衡价格理论，认为市场机制在完全自由竞争下，供求关系也会实现自动调整而趋于一致。两次世界大战期间，欧美各国从自由竞争发展到垄断竞争，垄断的产生一方面克服了自由放任的状态，但是另一方面也使得市场矛盾加剧。直到资本主义发生日益严重的周期性经济危机，使得资本家对于美妙的经济发展的幻想破灭。以美国次贷危机和世界金融危机的发生为例，这与新自由主义政策无法脱离关系，美国20世纪30年代的经济危机与美国对市场经济采取自由放任的态度有很大的关系。

资本主义国家在1929—1933年危机过后尤其是在第二次世界大战过后，开始放弃自由放任，主张政府干预，而拥有发达的市场关系和越来越完善的宏观调控体系这两大特征就是现代市场经济的标志，同时并存的是适度竞争和适度垄断。1933年罗斯福实施"新政"的目的就是摆脱市场自由放任，实行市场与政府相结合。凯恩斯面对资本主义经济危机的事实，提出市场的自发调节作用并不会让市场供给与需求达到平衡，市场的个人利益和社会利益也不会自动调整，凯恩斯对斯密和萨伊的观点进行了否认，他主张国家对市场进行干预。凯恩斯的一系列政策对于缓和资本主义经济危机在一定程度上是有作用的，但是，单纯依靠刺激社会有效需求引发的财政赤字、滞胀并存等现象在后期也会产生。面对这种挑战，西方资产阶级也出现了分歧。有些人提倡要奉行自由经济，遵守萨伊定律，也有人赞成凯恩斯主义，萨缪尔森对此曾提出过一套把这两者结合的理论，瑞典经济学派主张把市场与国家进行有机结合，原联邦德国的新自由主义也提出社会市场经济论，把市场与政府进行有机结合。总的来说，资本主义世界经济发展史表明，亚当·斯密"看不见的手"理论在18—19世纪是资本主义的自由发展阶段，虽然在这一阶段也出现过危机，但整体上还是比较平和的，直到1929—1933年出现经济危机，凯恩斯提出"看得见的手"理论是对斯密"看不见的手"的扬弃。但是好景不长，20世纪80年代西方资本主义国家对凯恩斯主义又开始否定，在对斯密"看不见的手"否定之否定的基础上，充分结合"看得见的手"和"看不见的手"双重作用。但是在资本主义市场经济下，市场经济由于是以私有制为基础的，政府的干预毕竟还是有限的。以美国为例，第二次世界大战使其登上世界霸主宝座，尽管自20世纪70年代以来，美国的霸主地位已经日趋衰弱，但它对世界的影响还是很大的。而美国的市场经济是以私有制为基础，以经济决策的高度分散为特征；崇尚的是个人主义或者说个人权利优先于善的价值观；资源的配置基本是由市场来进行的。在自由市场经济下，个人的自由和权利是充分的，除非是个人在享受自己权利的时候损害到了他人的利益，否则国家是不会通过法律来限制这种自由的。也正是在这种自由的环境下，市场经济主体有着充分的自主权，而这种自主权和自由竞争往往很容易造成垄断。虽然政府也会偶尔进行干预，但相对来说政府干预程度还是有限的。总之，在凯恩斯以后的西方资产阶级经济学对于市场模式也是在不停地探索中，资本主义自由经济经历了从自由放任到国家干预的变化，也逐渐走向成熟。

不同国家，在不同善观念的指导下，根据自己不同的国情，有着各自国家的市场经济模式。市场经济不仅有一般性，还有特殊性，是这两者的统一。市场经济的一般性，是指不同的社会制度都可以与市场经济相结合，市场经济也可以有不同的模式，都可以实现社会资源的配置。所谓市场经济的特殊性，是指市场经济在资本主义生产活动中存在，市场经济的运行所体现的是资本主义生产关系，也就是在资本主义私有制基础上的市场经济。同样地，与社会主义公有制及基本制度相结合就是社会主义市场经济。市场经济本是秉持着自由、平等和互利的理念，但在资本主义制度下资产阶级垄断和剥削的实质与市场经济的精神是相互违背的，而社会主义所秉持的集体主义的公共善观念和平等精神与市场经济是相符合的。在经济体制改革之前，国内一直认为计划经济与市场经济的关系是对立的。经济体制改革之初，也是允许市场调节起辅助性的作用，计划调节起主要作用。后来理论界对于计划和市场也一直处于争论之中,直到1992年十四大报告指出,计划不等于社会主义,市场不等于资本主义,无论是计划经济还是市场经济都是手段,但是市场经济的运行反映着社会制度的特征。1993年11月十四届三中全会的召开,为社会主义市场经济体制在中国的建立进一步确立了行动的纲领。十八届三中全会提出,使市场在资源配置中起决定性作用和更好地发挥政府作用,这是我们党在理论和实践上的又一重大推进。[1] 我国是在社会主义的基础之上接受市场经济的,我们不可能抛开社会主义和公有制去搞典型的自由市场经济,也不能关起门来搞集权制的计划经济,因为这两种体制经过实践检验都是低效的。总之,无论是资本主义市场经济还是社会主义市场经济,都是遵循社会经济发展的内在规律,也是遵守历史选择的必然产物。市场的演变如果从历史的角度来观察的话,随着生产社会化和商品化的影响,将会转化为市场经济,进而转化为资本主义市场经济。由此可见,这是历史发展长河中所不能阻止的。毫无疑问,我国在发展市场经济的过程中也遇到过很多问题,并逐步探索出一条市场经济与我国社会主义制度特别是与我国国情相结合、共同发展的道路。

总之,虽然都是市场经济模式,但是,我国社会主义市场经济与资本主义市场经济有着很大的区别。资本主义市场经济反映资本主义生产关系的特点,而社会主义市场经济与社会主义公有制度相结合,尤其是在分配关系上,是兼顾效率和公平,防止两极分化,最终实现公共善。在宏观调控上,社会主义市场经济更加兼顾群众的长远利益和整体利益,充分发挥计划和市场两种手段。也正是具有这样的特点,社会主义市场经济才能更好地高效运转,在这种市场模式下,社会主义也能够更好地实现公共善。因此,社会主义市场经济模式和资本主义市场经济模式不在于是不是把"看得见的手"与"看不见的手"相结合,而主要在于这两种市场模式的出发点、所有制基础、终极目的等的不同。第一,当代资本主义市场经

---

[1] 《切实把思想统一到党的十八届三中全会精神上来》,求是网,http://www.qstheory.cn/dukan/2020-06/04/c_1126073318.htm.

济体制的出发点是为了获取物质财富,满足人的物质需求和提高资本占有者财富,而社会主义市场经济以满足全民需要和全民共享为出发点;第二,资本主义市场经济以私有制为基础,而社会主义市场经济以公有制为基础;第三,资本主义市场经济模式以市场机制为前提,而社会主义市场经济模式以道德机制为前提,并把道德机制、市场机制以及政府干预这三者相互结合。最后,这两者的终极目的是不一样的。资本主义市场经济最终目的是实现资本、利润的最大化,因此在追求这个终极目的的过程中,人和自然都只是被异化成为这个目的的手段;而当代社会主义市场经济提倡以人为本,人和自然可持续协调发展。

第二章　公共善：真与伪

第一章探讨了市场善观念的嬗变及其对市场经济发展的影响,那么,公共善又是什么呢？以下分别从经济学角度、伦理学角度、政治哲学角度阐述公共善概念。

第一节　经济学视域中的公共善

从经济学角度理解公共善,大部分西方经济学家一般深受自由主义市场经济的影响,强调市场机制在经济活动中的主导作用,认为个人利益在"看不见的手"的指引下会自动合成公共利益,反对政府的行政干预,将市场效率或者个人利益放在优先的政策目标上。虽然自动公益合成说也遭到了多方面的批判,但这些批判并没有根本性,始终都是根据经济效率来界定公共善,认为公共善是虚幻的,公共利益只是个人利益的简单结合。

一、公共善及其实现方式

经济学视域中的公共善即经济效率的最大化,公共善的实现方式即自动公益合成说受到西方主流经济学的推崇。公共善及其实现方式最早可以追溯到古典经济学,斯密所著的《国富论》成了古典自由主义的理论根基。古典自由主义以个人主义和理性主义为前提,以自由、平等和财产权为基本价值和社会正义的基本准则。也正是在这前提和基本准则下，在政治上，古典自由主义理论主张个人先于国家存在的政治哲学，强调个人的权利优越于公共性的善。国家权利的合法性在于保护公民的权利不受侵犯，国家是个人权利通过社会契约形式让渡的产物，国家的地位不是高高居于个人之上的。在经济上，古典自由主义主张自由竞争的市场经济和保护私有财产的神圣地位，强调公平竞争和程序正义，主张自由放任的经济政策，认为通过"无形之手"便可以实现公共利益。"无形之手"是古典自由主义经济理论的核心概念。那么，个人在追求私利的时候到底能不能借助"无形之手"自动实现社会公共利益？对于这个问题，斯密作为早期的经济学家，他指出："人类几乎随时需要同胞的协助，要想仅仅依赖他人的恩惠，那是一定不行的。他如果能激起他们的利己心，使有利于他，并告诉他们，给他做事是对他们自己有利的，他要达到目的就容易多了。"[1]斯密在这里对"看不见的手"作出说明，认为正是这种自由放任的市场让市场主体实现了最高效的市场分配。更进一步说，斯密认为，人们对个人利益的追求必然会形成有序的市场交换秩序，促进社会繁荣。斯密通过借助"无形之手"，认为人在追求私利的时候不仅可以促进私人利益与社会利益相调和，还可以同时实现富和德。这一思想，曼德维尔在《蜜蜂的寓言》一书中也有所提及。曼德维尔提出，在传统的神学桎梏下，人类的利己心等都被给予贬黜，但他坚信私恶也就是公益的观点。曼德维尔与霍布斯一样，认为在人的各种感情中，最为本质的是利己心，私人的恶德是推动社会发展的恶动力。曼德维尔曾认为私恶可以变成公利。曼德维尔是斯密之前最为完全的个人主义者，其思想对斯密经济思想上主张自由放任主义的形成具有重要的影响。他的这一思想也被斯密有选择性地吸收，不过"欲望"或者"罪恶"的字眼被"利益"所代替。与斯密处于同一时代的亚当·弗格森、乔塞亚·塔克尔、埃德蒙·伯克等认为，个人在追求自身利益的同时会自然地促进社会利益的产生。经济社会发展

---

[1] 亚当·斯密：《国富论》，郭大力译，商务印书馆2015年版，第10页。

的动力离不开利己心和交换的本能,斯密认为,人们改善生活的愿望和交换的倾向称为人的本性,市场主体在这两大本性的基础上实现"财富自然增长"。

斯密在《道德情操论》和《国富论》中多次指出"改善生活状态的愿望",这种基于利己心而行动的经济努力,同时也促进了经济繁荣。在市场经济中,生活改善愿望的实现离不开市场交换,市场交换相比暴力掠夺来说,是相对和平的手段,是社会文明化的体现。而交换倾向、交换价值关系、社会分工等的存在,使得"无形之手"发挥作用成为可能。随着社会分工的扩大,不仅促进生产效率的提高,还使得市场经济自生性地扩大成长,这样的市场在没有外界干扰下会自生出一种社会经济秩序。在古典经济学家看来,如果政府活动过多地干涉经济活动,必然会导致苦难。罗宾斯认为,自由的选择会比最好的选择更为重要。斯密认为,市场必定会自生自律性的秩序,因此政府如果借助"大众利益"干涉私人活动,往往会造成公共利益的损害。在格拉斯哥大学的讲义中,斯密对政府干预经济活动的各项政策和法规进行严厉的批判,认为政府管辖范围扩大会导致经济效率的降低,因此主张缩小政府的管辖范围,限制政府权力。但是,斯密也认为为了维护自然的自由制度,离不开政府在某些公共基础设施上的服务,比如他在《国富论》中指出的一些设施、公路、桥梁、运河等。根据斯金纳的分析,他认为斯密在给政府制定职责时,订立了两个原则:一是当且仅当市场机制没有充分发挥功能的时候,才由政府提供;二是必须考虑公平和效率的因素。整体来说,斯密的"自然自由之都"成为"自由竞争的、自动调节的市场模式"。总之,这种自由的基本要义是强调私有财产神圣不可侵犯和市场自由,即在市场自由下,个人被赋予了追求自身利益的最大自由,并且主张有限政府。

斯密提出的"在市场经济中,市场必定会自生自律性的秩序,个人利益和社会利益也会自动调和"的观点,得到了萨伊、李嘉图、约翰·斯图亚特·穆勒等明确的认同和发展。萨伊定律(Say's Law)即萨伊名言,概括来说就是供给会自动创造需求,市场会自动将经济恢复到资源充分利用的状态。李嘉图用高度抽象的经济模型论证了自由开放的国际贸易带来的福利收益,并对斯密所提出的自由放任情形进行认可。在李嘉图的体系中,李嘉图学说所蕴含的萨伊定律表明,市场主体在追求自身利益的同时,促进了社会利益的产生。约翰·斯图亚特·穆勒也认为,自由市场中的经济冲突能够得到和谐的解决,与政府干预相比,市场自由发挥更能保证资源得到充分利用。在此后的漫长历史时期,资本主义市场经济先驱国家都秉持着自由主义经济传统,自由主义市场经济思想也成为指导市场经济发展的主流。

此后的经济学家便遵循斯密这一思路,力图发现斯密理论的必要条件并予以形式化。在古典政治经济学家以后,西方主流经济学家受科学实证主义的影响,更多的是选择将一些会导致价值判断有冲突的理论排除在经济理论之外,追求简洁和数学化。同时,为了能够论证每个人在追求自己利益最大化的时候也能自然而然地实现社会最大善的经济规律,自马歇尔之后的新古典经济学和萨缪尔森之后吸收了凯恩斯理论的新古典综合经济学,通过借助一些人为约束条件,如完全竞争和完全理性等,来对其经济理论进行论证。但现实的市场经济是,因为垄断、外部性、公共物品、信息不对称等各种因素的制约,往往在大多数情况下不能实现帕累托最优,所以这样的约束条件是明显违背经验事实的,没有办法解释或预测诸多经济现象。而对于"看不见的手"无法提供惠及整个人类社会的"公共善"的问题,经济学家则通过引入"市场失灵"这一概念来对其理论进行维护。也正是因为经济学家过于追求精确性和形式化,而导致分析的抽象化和视野的狭窄,使得经济学成为仅仅关注价格和产出决定的研究,日益偏离对社会公共善的研究。再到后来以科斯、诺思为代表的新制度经济学家,引入有限理性和交易费用等概念,直接运用经济学的成本—收益法来阐明公平竞争的原则。以庇古为代表的旧福利经济学也认为,整个社会的福利是所有个人效用的简单加总。新福利经济学提出了帕累托最优状态所必须具备的条件。还有以布坎南为代表的公共选择学派也引入斯密的经济人假设,旨在克服政府对市场干预过程的局限性和缺陷,以及寻求如何去选择一种能够改善公共决策效率的宪章。更有甚者,一些新自由主义经济学家再一次高举机会平等的自由主义旗帜,以市场原则,即他们所宣称的"自由原则"形成社会规则,其中,以现代货币主义代表人物弗里德曼和1974年度诺贝尔经济学奖获得者哈耶克最具代表性。在继承古典自由主义的基础上,也是鼓吹"市场万能论",对斯密"无形之手"进行夸大,主张在市场上弱肉强食的精神。虽然他们提出各种不同的办法,但办法的本质都是一样的,也就是说,用经济效率来解决这个矛盾。总之,自动公益合成说受到西方经济学的推崇。

二、公共利益的虚幻性

公共利益的实现方式即"自动公益合成说"的思想遭到了来自多方面的批判。早期遭到了以托马斯·罗伯特·马尔萨斯（Thomas Robert Malthus）、西斯蒙第（Sismondi）等为代表的古典经济学内部的批判。马尔萨斯提出"两个级数"人口理论,即如果缺少人口控制,人类的人口数将会倾向于以几何级数增加,但是人类食物的供给只是以算数级别增长。马尔萨斯对于斯密所提倡的"人是理性动物"这一说法给予否认,他认为人天生是愚蠢的,因此,如果对人类放任自流,只会导致人类的贫困和不幸,而不会实现斯密所说的人类幸福理论。西斯蒙第对萨伊定律进行否定,认为人们对个人利益的追求并不会像斯密所说自动促进公益的产生,自由放任的市场所实现的收入分配是不合理、不公正的。日益工业化所产生的经济总产量虽大幅度提升,但是普通公民的幸福指数并不会随着产量增加而提升。因此,自由放任政策对于大多数人来说,会导致失业、贫困和日益增多的阶级冲突。与古典经济学家理论不同的是,马克思主张社会和经济的基本革命,而不仅仅是提倡简单的边际变化。19世纪70年代早期,新古典经济学对古典经济学理论也进行了批判。边际分析发展者第一代的代表人物杰文斯（Jevons）和卡尔·门格尔（Carl Menger）对古典理论专门强调供给进行了抨击,边际分析发展者第二代经济学家马歇尔对古典理论家特别是李嘉图没有充分了解到贫穷滋生贫穷的现象进行了否定，并试图通过对古典经济学的完善来提高劳动阶层的福利性，以改善整个社会的福利。20 世纪初到 20 世纪 40 年代间，以宏观经济学创始人凯恩斯为代表的经济学说也提出人不是完全理性的，尤其是在大萧条时期，人们普遍具有从众心理，同时信息也是不对称的，因此市场不是均衡的。而市场一旦偏离均衡，就离不开外力的干预。

后期很多经济学学派也看见了市场外部性和市场不均衡、市场失灵现象的存在。比如，以瓦尔特·欧肯、弗兰茨·伯姆为代表的弗莱堡学派也不相信自由放任的市场经济活动能够让经济实现长期的稳定增长，主张自由竞争与国家干预进行结合。老制度经济学派以凡勃仑、康芒斯、约翰·A. 霍布森为代表。凡勃仑针对古典经济学认为的竞争性市场促使生意人的利益符合社会利益这一主张，指出生产产品与获利经常发生冲突，大企业首脑们沉溺于金钱活动，将一定会带来经济萧条和产生大量失业现象。当企业界为利润而奋斗的时候，由于获利本能是利己主义的，因此，一方面推动经济生活过程，另一方面对社会福利经常会产生有害的影响。康芒斯认为，自由放任政策所依据的含蓄假设和前提即经济体是能够自动和谐的，但这一假设与他的经验观察是相反的。约翰·A. 霍布森认为，自由放任的市场并不能提供充分就业，并且收入分配也是倾斜于高收入群体，在一个以货币利润为导向的价格体系的市场中，是没有办法实现自动和谐的。新制度经济学家奥尔森在其行文中明确提出，理性的、自利的个人不会采取行动，实现他们的共同利益或集团利益，由于市场中存在很多"搭便车"的行为，而这些行为造成的行动困境会阻碍社会公共善的实现。博弈论指出，并不是所有的情况都是正和博弈，零和博弈和负和博弈现象也是存在的。"囚徒困境"和"公地悲剧"的现象认证了个人利益是无法自动形成公共利益的，阿罗不可能定理也认为不可能从个人偏好顺序推导出群体偏好顺序，福利经济学受到阿罗不可能定理的严重质疑。以阿马蒂亚·森为代表的后福利经济学提出，以一揽子生产和消费的商品这些有形的东西来衡量个人与社会福利水平的"福利时代"已经过去，森提出了以"能力"为中心取代幸福的效用观。因此，自动公益合成说在一定程度上是有局限性的。

虽然这种公共利益的实现方式遭到了多方的批判,但是在西方主流经济学看来,他们仍主张公共利益是虚幻的,只是个人利益的简单加总。在自由市场经济中,市场主体只要在市场上展示出利己偏好,供给和需求调整价格,就能有效满足市场主体的私人利益。也就是说,公共善的实现不需要政府的参与,公共物品是所有私人物品的总和。"看不见的手"这种形象的比喻长期以来被西方经济学所推崇,而这种比喻使得我们相信每个人的自利、理性行为都将会导致社会福利最大化。就此而言,无论是古典经济学、新古典经济学还是其他西方主流经济学派,在基于生产资料私有制的市场经济体制的前提下,实现公共善的办法本质都是一样的,就是都认为只要实现了无欺诈、无垄断的公平竞争,将经济增长视为经济活动的目的,那么理性经济人的经济行为就能导致社会福利最大化。也就是说,用经济效率来解决个人权利与公共善之间的冲突,但是实际上,以生产资料私有制为基础的公平竞争只会不断地加深贫富分化,是无法实现公共善的。总之,他们各自为公共利益的实现提出了有益的探索,在解决个人效用最大化与社会公共善最大化之间的基本矛盾上,并没有否定公共善的存在和作用,只不过他们对公共善的手段价值和目的价值的认识出现了偏差。

第二节 伦理学视域中的公共善

经济学领域中的公共善与伦理学领域中的公共善概念既有相同之处,也有不一样的地方。相同点是都注重公共利益,不同的是:伦理学更加注重遵守伦理规范和利他行为,伦理学更多地认为需要通过道德规则来实现自律与他律的结合,以实现公共善;而经济学更加注重经济效率和物质利益,并且经济学不一定是利他、利社会。从伦理学角度来看公共善,大体上可以分为两种:一种是目的论,另一种是道义论。

一、目的论与公共善

目的论把追求公共利益作为目的。这一概念可以追溯到古希腊罗马时期,对于柏拉图而言,"善"是客观的,被认为是每个灵魂都追求的,并且愿意为了实现善而做一切事情。柏拉图认为,在一个社区中获得善的知识将创造团结,这也是一个国家最大的幸事。柏拉图在他的《国家篇》中对共同体进行了很多论述。在他的理论中描绘了一个完美的国家,即理想国,在这个国家中,每个人都做好自己的本职工作,每一个成员都拥有正义、智慧、节制和勇敢四种德性或美德。在他看来,建立共同体是为了众人的幸福得到实现和保障,共同体维护个人权利,而人们为了自己权利的实现也应该保护共同体利益或公共善,共同体利益的实现或城邦正义的实现即公共善的实现。公共善地位在个人善之上。在公共善的概念下,私人利益与公共利益之间不会有矛盾,因为个人被认为是通过追求公共善来获得个人幸福。后来亚里士多德作了更全面深入的研究,他的《尼各马可伦理学》几乎都是围绕着"善"这一概念来写的。亚里士多德认为,什么是公共善呢?共同体追求的善就是公共善,城邦国家的"至善"即公共善。公共善可以被看作一种公共性的伦理价值,也可以被看作共同体追求的好的事物或使用的好的手段。亚里士多德认为,人类作为政治动物,通过为城邦的利益做出贡献来过美好的生活。柏拉图和亚里士多德都提出一种公共善的愿景,这种愿景不能简单归结为私人利益的总和,更多的是有道德、有成就感的公民以及和谐的社区的总括。古希腊罗马哲学家对于公共善的理解更多的是从政治理念或者城邦利益的角度出发。后来基督教神学家也开始借鉴古希腊、古罗马传统,对公共善这一概念进行探索,至少从奥古斯丁时代就开始了。在《上帝之城》中,奥古斯丁就接受了西塞罗对于共和国的定义,并从基督教的角度阐释追求公共善就是给予上帝应有的爱和崇拜,托马斯·阿奎那对于公共善也持有类似的观点。但与古希腊哲学家观点不一样的是,基督教认为,私人利益与公共善之间有着紧张的关系。在继承早期基督徒思想的情况下,现代基督徒把个人权利融入对公共善的理解中,认为公共善即允许人们作为全体或者是个人更充分、更容易地实现其价值的社会条件的总和。到 19 世纪上半期,在苏格兰学派的功利主义思想萌芽的基础上,英国的法理学家、哲学家边沁提出古典功利主义的基本原理。

功利主义作为一种效果论(即目的论)是现代西方文明的重要组成部分,功利主义追求的是最大多数人的最大利益,是公共利益的绝对维护者。赋予功利主义完备形式的人是边沁和穆勒。边沁在以休谟和斯密为代表的苏格兰学派理论的基础上,首次对近代功利主义理论做了一个比较全面的阐述,他的伦理道德建立在以下两方面:一是人类经验所认可的人类的趋乐避苦;二是人类对自我利益的追求。而最大幸福的原理建立在每个人的最大幸福加总上。边沁的善就是快乐。边沁认为,判断一个人行为正当或者不正当的基本标准不是其他,是功利原则,人类所有行为的最终目的就是让善最大限度地超过恶。在这里,边沁所认为的善与恶不是我们通常所理解的善与恶,他所认为的善与恶分别对应的是快乐与痛苦,也就是说,功利的基础在于苦与乐。进一步来说,边沁认为,如果这个人的行为所带来的快乐多于痛苦,那么这种行为就是善的行为,如果这种行为的结果是完全只有快乐,那么这种行为就是至善。但是,善因为具有包容性的特点,所以人们在利己的同时也会给其他人带来好处。因此,边沁得出功利主义的另外一个原则,就是每个人在追寻自己功利的同时,也能对全社会的功利有促进作用。个人利益是社会利益的基础,损害个人利益就是损害公共利益。边沁指出:"共同体是个虚构体,由那些被认为可以说构成其成员的个人组成。那么,共同体的利益是什么呢?是组成共同体的若干成员的利益总和。"[1]在边沁看来,社会利益只是个人利益的简单加总,社会利益要服从个人利益,个人利益最大化的实现就是社会利益最大化的实现。边沁的公共善理论实际上还是从利己的角度出发的。

---

[1] 杰里米·边沁:《道德与立法原理导论》,时殷弘译,商务印书馆 2003 年版,第 58 页。

总的来说,功利主义的道德在精神上区别于西方传统道德,西方传统道德是以自然法为基础,也是以上帝信仰之上的克己和利他为基础,但功利主义的道德基本精神是人们的日常经验对于个人利益的肯定。边沁认为,社会是由个人组成的"虚构的机体"。人类行为的准则是个人利益。"最大多数人的最大幸福"是每个人利益的加总。边沁在其论著《道德与立法原则导论》中通过对功利主义道德哲学的全面阐述,从人的趋乐避苦的本性中推论出应在政治、经济、文化等领域采取措施,实现最大多数人的最大幸福是自己的功利主义的根本伦理原则。在边沁的功利主义中,功利主义与合理的利己主义原则完全是一体的东西,因为边沁认为,只要每个人真正追求自己的最大幸福,结果就一定是最大多数人的最大幸福,但他没有看见个人利益与社会利益之间的冲突是不能用"最大多数人的最大幸福"来克服的。因此,边沁虽然确立了功利主义的基本框架,但他的理论相对来说是比较粗糙的,很多地方随着时间的推移经不住推敲。

与边沁所认为的社会利益服从个人利益不一样,穆勒完善了早期的功利主义理论,在成功地维护功利主义政治哲学地位的同时,将功利主义原则往前又推进了一步。穆勒主张幸福(至善)不仅仅是没有痛苦的快乐,还需要更加高尚的快乐,而政府富有教育和引导公民追求高尚的快乐的责任。但自由主义的基本原则就是:个人的思想、言论、行动和自由不受他人干涉。那么,穆勒也看见了,在这种原则之下,个人利益是经常相互冲突的,如果对自由不加限制,社会利益就很难实现。因此,他认为个人的自由是有限制的,限制在不伤害他人的范围内。此外,穆勒主张个人利益要服从社会利益,甚至有些时候为了社会利益可以牺牲个人利益。但是,他所主张的自我牺牲是以增进幸福的总量为前提的,而不是没有意义的牺牲。"爱邻如爱己"是功利主义的道德完美理想。穆勒指出,对于一个已经拥有成熟的社会感情的人,不会为了实现自己的目的就总是一心希望自己的对手失败,也不会总是把自己的同胞或者身边的人看作与自己争夺幸福的对手。个人意识到自己不仅仅是个人,还是一种社会存在,这种意识也会让每个人感受到,自己无论是在感情上还是在目标上与同胞能够实现和谐一致,这也是自己的自然需求之一。即个人利益与他人的福利是一致的。也就是说,穆勒的功利主义思想是带有利他主义色彩的,穆勒曾言:"功利主义的行为标准并不是行为者本人的最大幸福,而是全体相关人员的最大幸福;我们完全可以怀疑,一个高尚的人是否因其高尚而永远比别人幸福,但毫无疑问的是,一个高尚的人必定会使别人更加幸福,而整个世界也会因此而大大得益。"①穆勒认为,人类作为一种高级的动物生活在这个世界上,应该要像一个公正的旁观者一样,把他人的幸福与自己的幸福放在同样重要的地位,而不是只考虑自己的利益。由此提出"最大多数人的最大幸福"原则,以公共利益归结为个人利益的合成的"公益合成论"为基础,视公共善为最高的道德原则。

在此基础上,穆勒借鉴了理性主义的道德可普遍化的思想。穆勒写道:"康德认为道德的最基本原理是,'你要这样行为,期于你行为所依据的规则,可以给一切有理性者采取为公例',而要使得康德这个原理有意义,这个原理一定是说我们的行为应该遵照一个一切有理性的人物为他们的公共利益计,都可采用的规律。"②因此,穆勒主张个人利益要服从社会利益,甚至为了社会利益可以牺牲个人利益,以更好地实现"最大多数人的最大幸福"这个公共善的目标。但穆勒所主张的自我牺牲是以增进幸福的总量为前提的,而不是没有意义的牺牲。穆勒为了实现这一道德理想,认为社会要发挥各方的合力作用,尽可能使得个人利益与社会利益相互一致。在同情心的接触传染和教育的广泛影响下,一个社会健康发展的标志之一就是,这个社会上的人会更多地关心彼此,在考虑自己利益的同时,也会更多地去考虑他人的感受、福利和利益,最后个人能从本能上去成为关心别人的人,并且会把关注别人的福利或者利益像关注自己的身体一样,成为一件非常自然的事情。穆勒强调一整套的道德制裁理论,即不仅用外在约束力制裁,还需要同时用内在约束力制裁。那么,什么是内在约束力呢?穆勒认为,这种内在约束力也就是良心,他主张通过

---

① 穆勒:《功利主义》,徐大建译,商务印书馆2019年版,第14页。
② 赵修义:《社会主义市场经济的伦理辩护问题》,上海人民出版社2021年版,第23页。

教育的方法培育道德良心,当外在约束力失去功能的时候,这种内在约束力便起着非常强大的作用,而这种内在约束力几乎让人没有办法忍受自己的生活安排只是受私人利益的驱使。

随着市场经济和市民社会的确立,"最大多数人的最大幸福"原则即以"公益合成论"为依据的功利主义得以产生,经过洛克等的幸福论到苏格兰学派的情感伦理学成型,最后到穆勒的"最大多数人的最大幸福"原则得以系统的阐述并基本定型。穆勒在吸收边沁功利主义合理思想的基础上,对边沁的理论进行了超越,并用功利主义来诠释政治学和经济学的伦理基础,发展了斯密的市场经济伦理学说,使得功利主义思想发展到巅峰时期。功利主义通过后果主义的评价程序和福利主义的人生哲学,得到社会福利在于个人福利加总的"最大多数人的最大幸福"的道德行为评价原则,这也是功利主义对于市场经济辩护的最主要的论据,通过这一论据来论证市场经济是最合理的。

综上所述,功利主义作为现代经济学的伦理框架,尝试着说明市场经济活动中追求个人利益最大化和社会公共善目的的合理性,并为经济学研究指出了方向。但是,功利主义与现代经济学一样,无法充分说明这种合理性和经济活动中的利益冲突关系,这是一个非常大的问题。首先,功利主义以"趋乐避苦"为人性的假设,这种理论假设与经济学上的"经济人"是密切相关的,对于人向善的动力进行了否认。其次,功利主义过分强调效果和效用,这种效果论客观上就很容易忽视公平正义,也很容易使人忽视动机尤其是动机善、公共善的意义。也正是因为功利主义忽视人们的动机善,即忽视人们实现效果的手段善的重要性,如果把这一理论极端化,那就意味着告诉人们为了实现自己的利益可以不择手段,只要结果可行就行,那么这样就很容易让人们在手段这一环节上堕入非道德主义。最后,功利主义认为,社会的公共利益等于个人利益的总和,即只要每一个个人获得了利益,也就增加了公共利益。因此,自由放任是最好的原则。

但是,事实上,市场经济活动中的个人利益与社会福利最大化之间往往会存在冲突和矛盾。科斯洛夫斯基就指出,功利主义的效率论很容易导致一种"经济主义的错误结论,即相信,一种经济上的高效率系统就已经是一个好的或有道德的社会了,而经济就是社会的全部内容"。① 在他看来,这种经济主义的后果,必然会产生不平等和分配的不公正,并且还会使得市场经济中的人们丧失对道德的追求和对一个理想社会的期望。现代主流经济学在解决这一问题的时候,会借助一些人为的约束条件,比如完全竞争、理性经济人等的假设,认为在市场这只"看不见的手"的作用下,社会福利最大化或者说社会目的就会自然而然地实现。但是,现代主流经济学实质上是用经济学取代伦理学,把个人的利己行为作为讨论一切伦理和社会问题的最基本的出发点,其主要解决的问题并不是如何协调个人效用最大化与社会福利最大化之间的矛盾,其解决的主要问题是如何把蛋糕做大,而不是如何分配好蛋糕。可是,生产与分配是不能分离的,因此,我们不仅需要考虑生产效率的问题,还需要考虑分配的问题,即如何让这个世界变成一个更好的世界。总之,功利主义目的论在处理公共善与效率的关系问题上是有缺陷的,以边沁和穆勒为代表的功利主义者在处理这个问题时实质上是用经济效率代替公共善。

二、道义论与公共善

道义论认为,一个行为是符合公共善的,当且仅当它与正确的道德规则或原则相一致,或者说,当且仅当它出于对个人正当权利的尊重或出于道义。康德就是道义论中一个非常典型的代表人物。康德的伦理学被称为伦理道义论,而道义论伦理学是以"动机"作为核心概念的。康德认为,人不仅仅是手段,更是目的。康德把伦理理解为对善意的考察,因为他认为只有意志自主的行为才是无条件的善。对他来说,善意不是因为它帮助他追求和达到了某个目标,而是善意本身,不是作为其他东西的手段善意,而是无条件的善意。对于康德来说,伦理学就是对这种善意的研究。

---

① 科斯洛夫斯基:《资本主义的伦理学》,王彤译,中国社会科学出版社1996年版,第2页。

康德将善意与责任的概念联系起来。他认为,那些经常有责任感的人最能表现出善意。他断言,唯一可以被称为道德的行为是"出于职责"而被激发和完成的行为。换句话说,只有出于内心的责任感而不是出于自身利益、自己的性情或害怕受到惩罚而做出的行为,才能在道德上被称为"无条件良好"的善意行为。康德将内在责任感背后的实践法则称为"命令",并将这种命令区分为绝对命令和假设命令。绝对命令以一种表示行为本身就是目标本身的形式来表达善本身,假设命令是命令善作为追求和实现其他目标的手段。康德认为,属于绝对命令的实践原则是"道德命令"。

康德所理解的公共善即在于按照绝对命令这一道德规则行事。康德的道德法则属于绝对命令,它本身就是行动的目的,是我们意志自主选择的道德法则。我们根据这些绝对命令采取的行动是出于我们的自主义务,既可以是目的,也可以是道德。在康德看来,人之所以为人,就是要克服自身内在的自然倾向,服从道德法则。人类与动物一样,都是自然生物,受制于生物本能。然而,人类与生俱来就与动物不同,动物是自然生物,人类有能力用理性辨别道德上的错误行为,并且可以有意识地避免这种行为。也就是说,只有人类才有自由意志,而这种自由意志是道德建立的前提。从这个意义上说,道德行为就是服从你内在的理性强加给你的命令。康德将人类视为自主的存在。这里的自主是指建立和遵循自己意志的客观道德规则,而不依赖于自己的愿望或他人的命令。这是人类区别于动物的核心。康德认为,自由法则即道德法则,存在于人的头脑中,正如自然法则即因果法则一样,让夜空中闪耀的无数星辰都可以运转。为了找到道德法则,康德首先试图阐明什么是"至善"。康德认为,唯一的道德权利是善意。善意之所以是善,仅仅是因为有行善的意愿,而不是因为它所执行的行为或结果,或者它达到任何目的的倾向。换句话说,善意是接受和遵循正确行为的意愿,因为它是正确的,所以有义务去做。例如,让我们画一个场景,一名高中生坐在拥挤的城市公交车上,一位老妇人走近他,他让位给她。一般来说,这个学生的行为会被认为是值得称赞的，是一种孝敬老人的善行。但对康德来说，道德上正确的行为并不等同于单纯的善良。如果一个学生因为认为这样做是正确的而让座，那么这在道德上是正确的。但如果他让座是为了让周围的人知道他是个好人，或者只是坐在那里不舒服，那就不对了。对于康德来说，道德法则必须是无条件的。康德用技术术语称其为绝对命令，并将其与假设命令、条件命令进行对比。康德将绝对命令描述为一种道德法则，即采取行动，让你的意志始终同时成为普遍立法的原则。根据康德的说法，这种绝对命令是必须遵守的条件，以确认我们是人类而不是动物。现在很清楚为什么我们应该过道德的生活。

康德在义务和权利的定义上给出了比任何人都更清晰的解释。他的思想基础是，人是有尊严的理性人，应该受到尊重。因此，康德批评了现存的强调幸福总量的功利主义，认为最大化幸福与道德无关。康德认为，功利主义不尊重人的自由。在康德看来，为了最大化幸福而牺牲少数人利益本身就是一种使权利无能为力的行为，而最重要的是，从偶然产生的欲望（本能）中推导出道德原则是一种问题本身。欲望、幸福和快乐不能被定义为正确的。这是可变的和偶然的，因为它只是在特定时间显露出来的兴趣、欲望和偏好的经验要素，不能被视为普遍的道德法则。正如使某人快乐与使某人成为好人完全无关一样。康德认为，我们必须实践"纯粹实践理性"才能达到道德的最高原则。它是理性思考能力与自由行动能力的结合。康德认为，每个人都值得尊重，不是因为我们工具性地拥有自己，而是因为我们是理性的存在者，也就是说，我们是自主的存在者，能够自由行动和做出选择。同样，康德式的自由并不意味着按照我们通常的想法去做我们想做的事情。这不能被视为真正的自由，因为其他动物也本能地寻求快乐和避免痛苦。我们可以被视为欲望的奴隶，因为我们的饮食和美味选择是由我们的饮食欲望驱动的。我们只是为了我们之外的目的而行动，而不是我们自己的目的。比如选择一种冰激凌，这不是一种自由的行为，而是一种根据自己的喜好去把握的行为，而这种喜好已经由自己决定了。根据自己的口味选择吃什么的行为不是自由，而是一种他律的行为。

　　康德认为,要实现真正的公共善,这就意味着自主行动。即按照法律行事,而不是按照自然或社会习俗行事。换句话说,如果我们学习的原因是为了成绩、就业或赚钱,这些都可以被视为异质的决定。似乎是我做出了选择,但最终它与被选择是一样的。也正是由于这种自主能力,人类的生命才具有特殊的尊严。这就是人、物与动物之间的区别。如果你是一个功利主义者,将人类视为获得完全幸福的工具,即使你反对自杀,原因也可能是你更看重长期生存带来的幸福。另一方面,即使康德反对这种自杀,原因也完全不同。所有人都没有权利通过把自己的身体当作工具来逃避痛苦,因为即使是他们自己的身体也必须被视为目的本身,而不是工具。既然人本身成了目的,就不可能通过自杀这种极端行为来追求快乐作为工具。康德认为,对行为的道德判断是基于动机,而不是结果,这样就避免了目的论有可能导致的一个恶果:为了善的目的可以不择手段。康德认为善意是善的,不是因为它产生任何效果或结果。即使不会产生好的结果(不像功利主义追求幸福),善意本身就具有足够的价值。因此,要在道德上良好,仅仅"符合"道德法则是不够的。在康德看来,只有这种义务赋予行为以道德价值,才能实现真正的公共善。康德力求从纯粹理性能力本身来建构人的伦理行为法则,以达到他所追求的行为普遍性立法的目标。这一目标与方法使得康德构建了一个庞大而完整的体系,但是康德理论在大多数情况下过于追求形式,过于强调理性行为能力而将感性独立和拒斥,因此康德的道义论在很大程度上只能停留在形式化阶段,很难在实践中实行,公共善也很难真正实现。

　　而罗尔斯在整合康德的道义论契约思想的基础上,复活了人们对于政治哲学的兴趣,并批判了西方占统治地位的功利主义,以自然平等、社会契约和善良意志等理论作为基础来构造他的公共善理论。为解决个人效用最大化与社会公共善最大化之间的基本矛盾,罗尔斯更多的是从政治哲学的视角看待公共善问题,公共善是指"良序社会"这一概念,他通过强调公平正义的起点、规则和结果各个方面以实现公共善。罗尔斯认为,功利主义框架下所主张的公平竞争原则和消除贫困原则,虽然在一定程度上可以解决市场经济中因为机会主义等行为带来的分配问题和贫富差距问题,但是这种解决方法也只能缓和矛盾,并且因为市场中的主体所拥有的自然禀赋和社会资源都不一样,加上市场经济中的巨大风险和不确定性,仅仅依靠公平竞争是不可能实现分配公正的,这种分配的不公正最终只会导致巨大的社会矛盾冲突和对社会生产力造成巨大的破坏。罗尔斯认为,功利主义"最大多数人的最大幸福"原则对于总量在个人之间应该如何分配并不是很重视,因此,这也就容易造成对个人权利的忽视。罗尔斯在论述公平的制度选择时明确指出:"这个选择的做出,不仅建立在经济的基础上,而且建立在道德和政治的基础上。对效率的考虑仅仅是决定的一个根据,而且常常是较为微弱的一个根据。"① 可见,罗尔斯认为公平是第一位的。

　　罗尔斯的"良序社会"即公共善理念体现在其两个正义原则中。罗尔斯通过引入"无知之幕"所构造的原初状态,引入"最低待遇最大化原则"所构造的社会契约。原初状态是罗尔斯对康德的回应,是他针对《纯粹理性的批判》所代表的路线提出的另一个方案,正是原初状态"使我们能够从远处设想目标",但是又不会远到超验王国的地步。这一状态的基本特征是:没有一个人知道他在社会中的地位,无论是阶级出身还是社会出身,也没有人知道他在先天的资质、能力、智力、体力等方面的运气。甚至假定各方并不知道他们特定的善的观念或他们特殊的心理倾向。② 在这样的一个正义环境下,人们所面对的客观环境是中等匮乏,而所面对的主观环境是任何人之间的关系是相互冷淡的,或者对别人的利益不感兴趣,人们的冲突和合作是可能的,作为公平的正义是能实现的。罗尔斯采取两种方式论证其平等理论:一种是基于道德直觉的论证,另一种是基于契约论的论证。罗尔斯称第一个正义原则,即每个人对与所有人拥有的最广泛平等的基本自由体系相容的类似自由体系都应有的一种平等的权利

---

① 罗尔斯:《正义论》,何怀宏译,中国社会科学出版社 1988 年版,第 251 页。
② 罗尔斯:《正义论》,何怀宏译,中国社会科学出版社 1988 年版,第 12 页。

（平等自由原则）。第二个正义原则，即社会和经济的不平等应该这样安排，使它们：(1)在与正义的储存原则一致的情况下，适合最少受惠者的最大利益（差别原则）；(2)依系于在机会公正平等的条件下职务和地位向所有人开放（机会的公正平等原则）。① 第一个正义原则优先于第二个正义原则，第二个正义原则中的"机会的公平原则"优先于"差别原则"。

　　罗尔斯提出的"作为公平的正义"原则是要求所有的社会价值尽可能平均分配，分配有两个原则：在政治权利方面，遵循的是平等自由原则；而在社会经济利益方面，采取的是差别限制原则，该原则包含两个子原则，即机会平等原则和差别原则。机会平等原则目的是限制人们由于社会出身的不同所产生的不平等，差别原则目的是限制由于自然禀赋的差异所产生的不平等。这种公平原则的基础和实质是平等。罗尔斯的平等称为民主的平等，而这种民主的平等通过差别原则体现出来。罗尔斯认为，要实现平等待人，并不是说消除社会经济的一切不平等，这是不可能实现的，而只是说消除那些使得某些人利益受到损害的不平等。比如，如果在某些方面的不平等可以使得社会上所有人都获得好处，那么这种不平等也是合理的，这符合效率原则。但是，如果这种不平等的产生会与功利主义所主张的观点一样侵占个人的公平份额，那么这种不平等就是不被允许的。换句话说，就是不能为了效率而违反公平正义，即便是对每个人都有利，社会地位和经济利益的不平等分配也要在坚持平等基本权利的基础上，通过机会平等原则和差别原则来补偿由于社会出身和自然禀赋等各种偶然因素对处在不利地位的人的消极影响，使得在效率的角度上更加有利于每个人的同时，还要在公平的角度上更加有利于处在不利地位的人。② 总之，罗尔斯的经济伦理思想的宗旨就是用公平正义统帅经济效率，主张公平优先，兼顾效率。

　　罗尔斯的善观念体现在以下四个方面。善这一概念在西方哲学传统中，尤其是在伦理学领域中，通常蕴含着"好的生活"的意思。罗尔斯也根

---

　　① 罗尔斯：《正义论》，何怀宏译，中国社会科学出版社1988年版，第7页。
　　② 徐大建：《西方经济伦理思想史》，上海人民出版社2020年版，第337页。

据这一传统,把人们对好的生活的理解称作善观念,并且对善进行了定义。

第一,罗尔斯可以根据善观念的不同方式来定义不同的目的论的理论。比如,如果善被定义为快乐,那么就有快乐主义;如果善被定义为幸福,就有了幸福论;如果善被定义为最大限度地扩大并被理解为合理欲望的满足和追求满足的最大的净余额,那就有了功利主义原则。罗尔斯认为,公平正义的原则与人的善概念是一致的,一个人的善就是在有利的条件下对他生活计划的实现(理性之善),基本善是每个人必需的东西,在这里,善被认为是指向效果的,善因此可以被定义为"合理欲望的满足"。[①]对于善概念的界定,罗尔斯有一个著名的三阶段论:"善是理性欲望的满足。"[②]罗尔斯指出:"合理计划是善定义的基础,因为一项合理的生活计划是使和一个具体的个人相关的所有价值判断形成并最终变得一致的基本观点。"[③]当一个人的善多少成功地实现了自己的计划,那么这个人就是幸福的。假设有各种选择的对象,那么一个合理的计划就是一个不可能再改善的计划。合理的生活计划不同于功利主义原则,合理的计划在许多重要的方面是不确定的。但是,这种不确定性并不会影响作为公平的正义,因为无论如何变化,我们的生活方式与正义原则是保持一致的,并且正当原则的优先性也不会允许这样做。而"一个人的合理生活计划是他根据审慎的合理性所愿意选择的一项计划"。[④] 罗尔斯关于善的定义实际上是纯粹形式的,但是又确实有某些被普遍追求的人类的善。

第二,罗尔斯把善理论分为两种:善的弱理论和善的强理论。善的弱理论把关于各种很可能有利于所有特殊的善观念因而也可能被持有各种特殊想法的个人所共享的东西的最低限度和最广泛共享的假设统一在一起,因此在这种程度上,善是弱的。罗尔斯善的弱理论作用在于为正义原

[①] 罗尔斯:《正义论》,何怀宏译,中国社会科学出版社1988年版,第93页。
[②] 罗尔斯:《正义论》,何怀宏译,中国社会科学出版社1988年版,第93页。
[③] 罗尔斯:《正义论》,何怀宏译,中国社会科学出版社1988年版,第410页。
[④] 罗尔斯:《正义论》,何怀宏译,中国社会科学出版社1988年版,第418页。

则的论证提供必需的基本善,而善的强理论具有一定程度的道德价值和意义,它的作用主要是为正义原则的证明去规定其他相关的道德概念。在善的强理论中,合理生活计划必须与正义原则相一致。善的弱理论是对基本善作出解释,善的强理论还可以显示出道德意义。善的弱理论的目的"在于保障论证正义原则所必需的基本善的前提。一俟这一理论完成了,一俟基本善得到了说明,我们便可以自由地在进一步发展的善理论中使用正义原则,我把这种进一步发展的善理论称为善的强理论"。[①] 罗尔斯首先假设了在不复杂的情况下善在各个不同阶段的定义和道德上的中立性,之后罗尔斯转到善概念的形式合理的生活计划问题上。罗尔斯认为,善概念的形式是符合计算原则、审慎原则、时间原则和责任原则这四个原则的生活计划,所以善概念的形式是合理的。罗尔斯将合理生活计划的形式与亚里士多德原则的内容进行整合,形成了比较完善的善理论。

第三,罗尔斯将基本善分为两种:一种是社会基本善,另一种是自然基本善。社会基本善被理解为那些由基本结构分配的社会价值,而这些社会价值是任何一个有理性的人至少会接受的对象;自然基本善虽然人们对它们的占有也受到社会基本结构的影响,但是社会基本结构并不直接控制这些自然基本善。对于自然基本善和社会基本善,罗尔斯更关注后者。为此,罗尔斯列出了一张清单,社会基本善清单上的主要内容包括权利和自由、权力和机会、收入和财富以及自尊。这些社会基本善主要是由欲望和合理性这两种要素构成,它们是为保障论证正义原则所必需的社会基本善,并且这些社会基本善与正义原则是一一对应的。权利和自由对应于平等自由原则,权力和机会对应于机会平等原则,收入和财富对应于差别原则。罗尔斯的社会基本善是社会的、普遍的、中立的,因此善是弱的,并认为社会基本善是一个理性的人无论如何都不会拒绝的东西,并且"越多越好"。

[①] 罗尔斯:《正义论》,何怀宏译,中国社会科学出版社1988年版,第396页。

第四,罗尔斯在《正义论》一书中指出,正当与善的区别在于:隶属于正当概念的两个正义原则是在原初地位下选择的,而善的弱理论依赖的理性原则和理性慎思原则标准则不是;个人善观念是多样的,但约束善观念的正义原则是一致的;确定正义原则要约束无关紧要的信息,而制订优良生活计划或培训美德则需要有对自身和对情景的充分信息。正当与善到底能不能取得一致性,取决于两方面:其一,组织良好的社会是不是一个共同体的善;其二,是不是所有人的目的。罗尔斯作为当代自由主义的代表,在"正义与善"的立场上,区别于社群主义的"善优先于正义"的主张。罗尔斯认为,"正义优先于善"。如果正当优先于善,那么正义原则及其在社会形式中的实现规定着界限,人们在正义原则下进行审慎思考,正当观念也为人们提供了自我的基本统一和道德人格。而在原初状态下选择正当原则的合理性是不可怀疑的,是实现一个良序社会的充分条件。为发展这种倾向,罗尔斯假定,在一个良序的社会里,公民们关于他们自身的善的观念与公认的正当原则是一致的,并且各种基本善在其中占有恰当的地位。[①] 在罗尔斯对正义论原则的论证中,"基本善"观念占据了非常关键的地位,不仅为区分"最不利者"提供了标准,而且为处于原初状态中的人们提供了心理动机。同时也反映了一种义务论式的对"目的"的理解,即以一种善的弱理论来保证正当对善的优先性。根据这一弱理论,结合两个正义原则,遵循正义优先于善的原则,说明了道德意义上的善人或者善行。罗尔斯认为,理性的善观念不是唯一的,反而在他看来,民主社会的特征之一就是由不同善观念甚至是对立的善观念所形成的多元性的社会。当然,人们在追求自己善观念的同时也需要用正义的观念来约束自己的行为,虽然人们对于善观念会有不同的理解,但还是会有一些共同的或者说相似的需求。

罗尔斯基于人人自由平等的理论,构造出一种乌托邦性质的原初状态,并试图由此诉诸人的纯粹理性,据以建构理想社会制度的永恒正义原

[①] 罗尔斯:《正义论》,何怀宏译,中国社会科学出版社1988年版,第395页。

则,不得不承认这样的原则对现实社会的改进有借鉴作用。但是,这种理论的构造也含有不少人为的主观设想。

第一,比如原初状态的局限性。罗尔斯希望在"无知之幕"下屏蔽个人属性的设定,因为没有人知道自己将会被分配到哪一个角色,从而实现最大限度地促进分配过程和结果的公正、平等。但这种理念到底能不能接受现实的挑战,这是一个值得思考的问题。运用到市场经济中,实际上,罗尔斯这种"无知之幕"下的"无牵挂的自我"在市场经济下所产生的是"机械"的交易原则,因为"无牵挂的自我"没有个人的自然属性,也没有社会属性,也就是割裂了与社群联系的存在。罗尔斯的"程序正义"实际上与支持市场自由的理论是一致的,在市场经济下,契约精神是市场的精神,也就是说,市场中的个体只需要根据商定的分配原则进行分配,交易双方只要遵守契约,对其他人没有阻碍,就应该被保护。但这种"机械"的交易背后实际上是一种"机械"的交易原则,也就是把公共善的动机和人的情感排除出去,而在市场社会下,这种交易原则被渗透到生活的所有领域,尤其是金钱的"机械交易"越来越广,道德约束的范畴被缩小,公共善也容易被忽视。

第二,罗尔斯把每个人的自然权利的不可侵犯性看作制度伦理的根本,这也值得我们思考。以罗尔斯为代表的这种新自由主义哲学的主要观点是,必须给正义、公平和个人权利以优先的地位。在其宪法和法律中,这个公正的社会努力提供一种正义的框架,公民在这种正义的框架中,可以实现其自己的价值和目标,而不会与他人的自由相对立。罗尔斯和诺齐克都反对功利主义,反对的理由是功利主义没有认真对待人与人之间的差别;他们都重视维护人的权利,都是一种以权利为基础的伦理学。罗尔斯和诺齐克都否认存在任何由个体组成的实体凌驾于个体之上。但问题是,如果功利主义把社会福利的总增长作为制度伦理的根本,这个根本不能准确地说明制度伦理的根本问题是正义的话,那么罗尔斯把每个人的自然权利的不可侵犯性看作制度伦理的根本就一定是对的吗?我们都知道,无论是西方古希腊的城邦正义理论还是古代中国的儒家伦理,其实都是对不平等的社会等级制度的维护,而不是对个人平等基本权利的认可。只是后来随着市场经济的不断发展,个人权利才日益凸显,自由平等的理念慢慢地成为占统治地位的价值观。也正是如此,随着个人权利的凸显,个人利益与社会利益之间的协调问题也成为人们日益关注的问题。

第三,罗尔斯提出的差别原则虽然可以在一定程度上克服效率原则优先所导致的贫富差距悬殊的情况,也在一定程度上能克服贫富悬殊所导致的平等基本权利和机会平等流于形式进而激化社会矛盾的状况,但是,差别原则实际上还是一个很抽象的原则,仅仅凭借一个差别原则是无法确定社会贫富差距的合适界限的。在现实生活中,如果通过强制性地实行差别原则,由于人的自利性等因素的存在,反而会扼杀人们的创造力和劳动力,使得社会竞争力消失。

第四,罗尔斯的公正观要求尽可能公平地分配社会基本善,他认为通过对这些社会基本善进行公平分配,并借助正义两个原则就能够保障人们的平等自由,也能够保障最不利者的处境。但是,罗尔斯这种保障的自由很难达到实质上的平等。

总之,罗尔斯的理论从总体上看还是在资本主义内部的改良式结构,对自由市场经济始终是处于支持的立场。市场经济所产生的经济结构,不可能通过再安排使一个家庭按它的偏好生活得更好而不使别的家庭状况变坏。[①] 因此,无法从根本上实现人类社会的正义。罗尔斯认为,一种完美的正义观可以改革社会体制,但是,实际上他更多的是用观念代替现实中的信仰,却对于人们的物质生活方式和生产方式的决定作用几乎很少提及,这对罗尔斯来说是个相对不足的地方。而且罗尔斯作为自由主义的代表,虽然重视平等,认可公民政治权利的优先性,但也充分认识到由于在经济和社会上的不平等所产生的权利平等反而会导致更大的不平等。罗尔斯的正义理论既不反对取消财产私有制,也不要求改变现存的

---

① 罗尔斯:《正义论》,何怀宏译,中国社会科学出版社1988年版,第7页。

社会秩序,所以也很难真正意义上实现本书中所指的公共善。

第三节 社群主义视域中的公共善

目的论和道义论从伦理角度对公共善的概念进行了诠释,但是当代西方社会内含了诸多矛盾,为缓解社会矛盾,找到促进社会协调发展的有效途径,社群主义对公共善概念提出了相应的理解。

一、桑德尔的公共善观念

桑德尔作为美国当代公共哲学的代表人物,其公共哲学思想以构成性自我观为理论基础,以公共善作为其理论的价值取向,以复兴公共生活为实践旨归。他对新自由主义的批评以及对公共问题的探讨,有助于我们对公共利益与个人利益之间的关系以及提升公共伦理水平和扩大公民政治参与等问题的研究。后来桑德尔更多的是作为一名公共领域的参与者和批评者出现在公众面前,也就是后来如我们所熟悉的,桑德尔通过对罗尔斯的正义观的批评,更多地把其观点转为强调公共善和目的的共和主义传统。

桑德尔主张用公共善来对抗自由主义的个人权利,用共同体来对抗自由主义的个人主体,用目的论来对抗自由主义的义务论。桑德尔指出,其与罗尔斯观点争执的关键不是权利是否重要,而是权利是否能够用一种不以任何特殊善生活观念为前提条件的方式得到确认和证明。简言之,根本问题是权利是否优先于善。[①] 即桑德尔反对罗尔斯的理由,不是说权利是不是重要的,而是说这些权利重要的理由是什么。作为元伦理的主张,罗尔斯认为,正当性并不取决于善生活的任何特定观念,正当是独立于善获得的,而不是以其他方式获得的。这种优先性允许权利独立于各种流行的价值和善观念。自由主义根据个体自主性与政府中立性的

---

① 迈克尔·桑德尔:《自由主义与正义的局限》,万俊人译,译林出版社2011年版,第2页。

原则来解释和界定权利,而桑德尔的公民共和主义则根据特定的美好生活与自治的道德观念来解释和界定它们。① 桑德尔相信,"权利及其证明依赖于它们所服务的那些目的的道德重要性"。②

桑德尔认为,罗尔斯的"权利优先于善"主张包括以下两方面:一方面,正义在道德上是优先的,这意味着不能为了普遍的善而牺牲正义;另一方面,正义在认识论的意义上是优先的,这意味着正义不仅独立于其他价值,而且是评价其他价值的标准。也就是说,规定这些权利的正义原则不能以任何特殊美好的生活理念为前提。而罗尔斯的"权利优先于善"主张的根据就在于"自我优先于目的"。"自我优先于目的"蕴含着两种优先:一是在道德上优先,意味着对个人自主性、自由的尊重,对人类尊严的尊重;二是在认识论上优先,把"什么是我的"与"什么是我"区别开来,也就是说,把作为主体的自我与其目的区别开来。即罗尔斯的核心主张是权利优先于善,也就是坚持正义的首要性,而正义的首要性要从两个方面来理解:一是道德意义;二是基础意义。正义之所以在道德上是优先的,是因为它在基础意义上是优先的,而正义的首要性的基础是主体,因为主体优先于目的,所以正义优先于善。但是,桑德尔认为,罗尔斯的观念无法充当其正义理论也就是义务论的哲学基础,并得出自己的结论:"罗尔斯的个人观念既不能支持其正义理论,也不能合理地说明我们行动和自我反思的能力;以道义论所要求的方式来看,正义不可能是首要的,因为我们不能始终一贯地将我们自己看作道义论伦理要求我们所是的那种存在者。"③

第一,桑德尔认为,罗尔斯所主张的"无羁绊的自我"无法实现公共善。罗尔斯的正义理论的哲学根基就是隐藏在其理论中的自我理论,罗尔斯所提出的原初状态帮助他摆脱了康德的超验主体所带来的武断性,

---

① 迈克尔·桑德尔:《民主的不满:美国在寻求一种公共哲学》,曾纪茂译,江苏人民出版社2008年版,第28页。
② 迈克尔·桑德尔:《自由主义与正义的局限》,万俊人译,译林出版社2011年版,第4页。
③ 迈克尔·桑德尔:《自由主义与正义的局限》,万俊人译,译林出版社2011年版,第82页。

同时也保持了主体在选择正义原则时不被经验所影响。原初状态就像是一面"透镜"，罗尔斯通过借助人的理论透过原初状态进而推出正义原则，而桑德尔通过重构哲学人类学之后，认为罗尔斯这种自由主义的人的观念是"无羁绊的自我"，这种"无羁绊的自我"割裂了自我与自我之间的关系，并且人的价值和目的就成了人的自我属性，而不是人的构成因素，也正是因为人作为自我是无羁绊的，因此人才能够独立并优先于目的，能够自由地选择目的，这就是权利优先于善以及善观念的中立性。而自由主义这种独立、自由和自主的自我，导致了自我对于共同体的一些道德义务和政治义务是无法真正理解的，这与社群主义所提倡的共同体价值也是相违背的。"如此彻底独立的自我排除了任何与构成性意义上的占有紧密相连的善（或恶）观念。它排除了任何依附的可能性，而这种依附能够超过我们的价值和情感，成为我们的身份本身。它也排除了一种公共生活的可能性，在这种生活中，参与者的身份与利益或好或坏都是至关重要的。它还排除了这样一种可能性：共同的追求和目的能或多或少地激发扩展性的自我理解，以至于在构成性的意义上确定共同体。"[①]在桑德尔看来，罗尔斯的自我观念是一种空洞的、在道德意义上不能自知的自我。因此，桑德尔通过提出"构成性的自我"，并借助"义务"概念对"自我的优先性"进行批判，借助"中立性"概念对"权利的优先性"进行批判。

　　桑德尔用公共善的理念来建立一种让人的潜能得以实现的政治体系，为了能够让人们实现这种具有明确道德意义的公共生活，桑德尔所论证的权利不仅仅是一种停留在形式上的或者说消极的自由，他认为这些权利应该具有实质性并且具有规范性的内涵和要求，人们应该介入公共生活，并且鼓励人们共同构建公共善作为目标。当然并不是自由主义排斥公民参与，只是问题在于，自由主义所提倡的自由是一种消极自由，这就意味着把我们的共同性降格为善的一个方面，进而又把善降格为纯粹偶然性，成为一种与"道德立场"无关的任意需求和欲望的产物，善的观念

[①] Michael J. Sandel, *Liberalism and the Limits of Justice*, Cambridge University Press, 1982, p62.

被抹杀，正当的优先性得以确立。

桑德尔认为，新自由主义所主张的这种自我的优先性观念颠倒了个人与社会的关系。新自由主义认为，个人先天地拥有一个超验的自我，甚至可以说，自我优先于目的是任何一种形式的自由主义所坚守的底线。但是，桑德尔认为，事实上社会关系决定着个人，个人的属性是由其所在的社群决定的，自我不能优先于其目的和价值，相反，正是这些价值和目的决定了自我，但是这些价值和目的不是天生就有的，而是历史文化使然，人们的共同性、关系性和交互性三大特征优先于自我的唯一性。个人组成社群，是社群的一个部分，任何个人都不能脱离社群。人的价值和目的应该成为人的构成因素，而主体的边界也应该是处于变化之中的，人处在共同体之中，是作为共同体的成员而存在。桑德尔以"构成性目的"这一重要概念来辩驳罗尔斯提出的"混沌无知的自我"观点，他认为罗尔斯的无知之幕和原初状态中的人们是一个"混沌无知的自我"。这个"混沌无知的自我"也就意味着，在我所拥有的价值与我是一个什么样的人之间始终存在着差别。对特定的我的目的、企图、欲望等的认同，始终意味着某种主体"我"在它们背后的一定距离之外，这个"我"的形式必定先于任何我所拥有的目的与态度。这一距离的后果之一，是将自我本身置于其经验之外。换言之，它消除了我们称之为"构成性目的"的可能性。

也就是说，桑德尔认为，自我不能优先于价值和目的，并且这些价值和目的的形成是有历史原因的，也是构成性的。而自由主义的自我观把个人的选择能力和价值夸大了，个人的选择能力和价值离不开特定的社会条件，个人的选择也离不开自我已经拥有的价值观、兴趣和欲望。如果像罗尔斯那样看待我们自己，就是剥夺我们的品性、反思能力和友谊，也正是社群决定着成员的认同和利益。从自我概念出发，桑德尔认为，罗尔斯等自由主义者提出的自我是先验的"混沌无知的自我"（unencumbered selves），而现实中只存在受到各种制约的"情境的自我"（situated selves)。① 只有当共同体内部的冲突达到一定程度时，正义才成为首要德性。② 只靠功利最大化以及保障选择自由都不足以迈向正义社会，正义不仅是财物名分的正确分配，也是主观判断即价值的正确评估。③ 总的来说，桑德尔认为，自我绝对不是罗尔斯意义上的优先于目的的占有性主体、与他人无关的先在的个体化主体、与所处环境和社会脱离的自我，而是一种构成性主体。这种构成性的自我从内涵上来讲是具体的，不是空洞的，目的和特定的善观念是构成自我的本质性要素，"我"与"我的目的"是没有办法区分的，并且自我的形成和建构离不开共同体，自我的价值和目的也是在历史文化中形成的。此外，这种自我理解的方式是扩展性的和反思性的，具有主体间和主体内的可能性，也就是说，在我们描述主体的时候，既可以超越单一的人，达到家庭、国家等共同体，也可以在一个单一的主体内讨论多重自我。桑德尔的构成性自我意味着类群性、社会性是人作为一种理论存在的本体性特点。麦金泰尔和泰勒都强调个人作为一个自主的主体只有在社群关系中才能发展起来。社群主义也强调人的自主性，但是，这种自主性也受到社群的制约。社群主义认为，个人作为至高无上的道德主体，对于自己选择的价值也是有能力判断的，但是与新自由主义不同，这种个人离不开社会的证实和个人所处的现实环境。

第二，桑德尔也提出了自己的共同体观念，设想出了基于共同体的政治。在共同体的问题上，桑德尔对自由主义的批评主要包括三点：一是对自由主义个人主义的批评，桑德尔认为，自由主义本质上是个人主义的，对于共同体的问题很少关注；二是一些自由主义对共同体的问题关注了，但是也没有树立一种正确的共同体观点；三是如果自由主义的某些观念是正确的，那么它们也必须是以某种共同体观念为前提，但是自由主义并没有提供这样的前提。桑德尔拿罗尔斯所提出的差别原则为例，桑德尔

---

① 俞可平：《社群主义》，中国社会科学出版社1998年版，第22页。
② 龚群：《追问正义：西方政治伦理思想研究》，北京大学出版社2017年版，第349页。
③ 迈克尔·桑德尔：《正义：一场思辨之旅》，乐为良译，雅言文化出版股份有限公司2011年版，第289—291页。

认为,如果像罗尔斯说的那样,人的自然天赋也是作为共同财产的话,那么这种观念离不开以共同体的观念为基础。同时,桑德尔还以德沃金所提出的"平权法案"来论证其对自由主义的第三点批评。对此,桑德尔提出三种共同体:一是手段型共同体;二是情感型共同体;三是构成型共同体。手段型共同体是指在这种共同体中,每个人都只是考虑自己的利益,人们选择合作也是为了实现自己的目的。共同体的善只在于个人从追求利己目的的合作中受益。① 在这种共同体中,个人主义的形象非常明显。情感型共同体是指在这种共同体中,人们的利益并不是只有冲突和对立,也会有统一,人们会把合作视为一种善,有些时候,人们也会因为受到内心情感的驱使而选择为他人做出牺牲,内化于主体,融入人们的情感中,所以称为情感型共同体。

与前两种共同体相对,桑德尔提出第三种共同体。第三种共同体是一种构成型共同体,也是桑德尔提出的一种强共同体,所描述的不仅仅是感情,更是一种自我理解和实现方式。共同体的善渗透到每个人的身上,以至于我们所描述的不仅仅是个人的情感,还有个人的自我理解形式,而这种自我理解部分是个人认同的一部分,并且部分地规定了他是谁。对于共同体的成员,"共同体不仅表明了他们作为其成员拥有什么,而且也表明了他们是什么;不仅表明了他们所选择的关系,而且也表明了他们所发现的联系;不仅表明了他们的身份的性质,而且也表明了他们的身份的构成因素"。② 桑德尔认为,只要我们的构成性自我理解包含着比单纯的个人更广泛的主体,这种自我理解就规定一种构成性意义上的共同体;通过提供"共同的商谈语汇"、"隐含的实践与理解背景"来塑造我们的身份。③ 桑德尔认为,罗尔斯的共同体归属于情感型共同体一类,按照情感

---

① 迈克尔·桑德尔:《自由主义与正义的局限》,万俊人译,译林出版社 2011 年版,第 170 页。
② Michael J. Sandel, *Liberalism and the Limit of Justice*, Cambridge University Press, 1982, p150.
③ 迈克尔·桑德尔:《自由主义与正义的局限》,万俊人译,译林出版社 2011 年版,第 208 页。

型共同体的观念,共同体的善局限于两个要素:一是共同体成员的目的;二是先行个体化主体的情感。但是,桑德尔认为,情感型共同体并不能满足罗尔斯提出的理论,罗尔斯需要的是一种更加宽泛的占有主体的强理论,这种主体拥有对社会财产提出合法要求的权利,主体想要达到这些目的就必须把人当作目的,其实共同体的意识已经渗入参与者的目的和价值之中,而这里的共同体不仅仅是情感型共同体,更多的是构成型共同体。

桑德尔认为,如果功利主义理论在一定程度上没有认真对待我们人与人之间的差异性,即功利主义使得正义和权利成为一种算计,而不是原则,并且功利主义把人类所有的善整齐划一,对各种善没有区别对待,也就是没有认真对待人们之间的差异性,那么罗尔斯的公平正义并没有认真对待我们人与人之间的共同性。桑德尔认为,自由主义主张的"权利政治学"使得每个人都可以拥有自己的善观念和生活方式的自由,而那些本应进入公共生活的偏好和欲望被忽视了。如果自由主义主张的是一种同意的义务的话,那么社群主义也就是共同体主义主张的是一种团结的义务,团结的义务不需要获得每个公民的同意,因为这种团结的义务是根植于公民所共享的道德、生活之中的。这种团结的义务提倡美好生活、公民自治、公民美德的观念,让公共善的观念深入人心。桑德尔认为,正义的社会离不开人们对于良善生活的讨论。正义不仅包括正当地分配事物,同时也关涉到正确地评价事物。但是,桑德尔也认为,随着自由市场对经济的侵蚀,市场对生活的侵入解除了共同的力量,尤其是随着贫富差距的拉大,在这种情况下,公共善更是淡出了人们的视线。桑德尔的社群观念离不开共同体观念,没有共同体就没有社群主义。

桑德尔在解释其共同体观念的时候列举了很多,小至家庭,大至国家。也就是说,共同体可大可小。桑德尔的共同体观念是不断变化的,也是模糊的,换句话说,社群主义的焦虑也许就在于找不到落脚的共同体。但是,桑德尔实际上还是赞成小共同体,他认为随着程序自由主义在理论上的主导地位的确立,共同体逐渐被侵蚀和瓦解,人们"自治的丧失"和

"共同体的侵蚀"是这个时代的焦虑,善政治学逐渐向权利政治学转移。麦金泰尔对共同体没有一个准确的定义,更多的是开列了一些共同体的名单,比如家庭、家族、邻里、农场、渔业组织、俱乐部、学校、实验室、氏族、部落、城镇、民族等,它们之间的差别很大,发挥的功能也不一样,有以血缘关系为基础形成的共同体,有以各种实践为基础形成的共同体,还有以政治活动为基础形成的共同体。麦金泰尔认为,最重要的是政治共同体,这种政治共同体的典范是古希腊城邦。沃尔泽主张建立一个以平等为起点的、有尊严的共同体,坚持应得原则,还坚持自由交换原则、需要原则,主张用复合平等取代简单平等。从整体上来看,"共同体主义"实际上还是一个相对比较模糊的概念,当代社会被称为"社群主义者"的几位代表人物没有明确提出系统的共同体主义的主张,并且对于如何构建共同体也没有特别多的关注。艾米·古特曼(Amy Gutmann)指出,共同体主义的唯一贡献,就是它明确地强调要关心共同体,这是对自由主义的一个重要补充。[1] 当代西方的社群主义从整体上来说,都相信共同体的构成作用,也就是说,"我们是谁"首要地不可避免取决于我们在共同体中的身份、共同体生活的参与,也强调各种形式的共同体以及各种类型历史、文化、道德等在人类生活中的重要作用等,但是,西方社群主义并没有提出一个明确的政治主张,对于共同体的内涵和外延没有一个明确的、精准的表达。因此,社群主义也受到其他理论的批评。但不可否认的是,社群主义主要理论的关注点在于对公共善的维护和强调。

　　第三,在正义与公共善的关系问题上,桑德尔认为,正义并不优先于善,相反,正义与善是相关联的,是建立在一定道德公共善的基础之上的。桑德尔主要是对罗尔斯正义理论中的道德主体进行了清晰的重建和分析,并通过论证指出罗尔斯的这种道德主体理论所体现的自我具有分裂性,因此不能实现罗尔斯所预设的达到正义优先于善的目的,从而也就论证了罗尔斯所主张的正义具有优先性的局限性,而这一批判也是正中了

---

[1] Amy Gutmann, Communitarian Critics of Liberalism, *Philosophy and Public Affairs* (Summer 1985).

新自由主义的要害。桑德尔认为,权利及其确立应该要根植于其所服务的道德目的之中,也就是权利内在于善,个人要服从社群,这也就是桑德尔所提倡的公益政治学。桑德尔认为,自由主义的中立性是不可能的,因为自我与共同体是不能分开的,我们一出生就生活在共同体中,在享受共同体给我们带来的权利的同时,我们需要积极去承担共同体的道德义务及政治义务,也正是这些道德塑造了我们的认同。同时,自由主义的中立性也是不可欲的,因为桑德尔认为国家有必要去培养公民的美德和品质,自治与德性是密不可分的。

桑德尔通过对自由主义的批判,提倡以"善"为目的的"积极自由",对于市场经济中出现的各种问题,从人的道德、价值、情感三方面重新审视市场,提出为金钱设定限度,提倡人在市场中的尊严以及由国家和社群一起塑造"公共善"。桑德尔认为,在市场经济下,人们必须对善和恶进行区分,人们的精神生活离不开对于美德的追求,公共善目的的实现只能通过自身向善的实践获得,如果只是依靠个人主义的自决价值,那么目的必然是多元的。因此,桑德尔反对自由主义所秉持的中立态度,为了实现公共善,国家必须在道德塑造方面发挥积极的作用,对公共目的进行重塑。在桑德尔看来,由无约束的自我观念、正当优先性、中立性的理想以及程序优先性等核心观念构成的自由主义的公共哲学,逐渐替代强调共同善和目的的共和主义传统,造成公民们自治感的丧失以及共同体的瓦解,由此形成"当代民主社会之不满的核心"。① 因此,迫切需要重新唤起人们对于良善生活的追求和参与公共事务的决心。

拿我国举例,当前我国正处于社会转型时期,伴随着改革开放、生产力发展,虽然一方面生产力提高了,人们的物质生活水平提高了,但是另一方面我们也不得不承认,在物质生活改善的同时,部分人的道德责任、社会责任、公共善的理念也在慢慢减弱,而这些精神美德的丢失从长远来看,对于社会的长期发展是不利的,也是不好的。现在的社会已经不是一

---

① 迈克尔·桑德尔:《民主的不满:美国在寻求一种公共哲学》,曾纪茂译,江苏人民出版社2008年版,第3页。

个仅仅需要效率的社会，更是一个需要美德的社会，如果失去了美德这一伦理因素，那么这个社会是没有办法实现公平正义的，也就无从谈起良好社会。无论是罗尔斯还是桑德尔的理念，都在启示着我们需要正确处理好正义与善的关系。总之，桑德尔认为，通往正义的道路主要有三条：一是功利最大化；二是尊重自由选择；三是培养美德和思辨公共善。桑德尔最倾向的是第三条，因此他提出公共善政治，并为这一新型的公共善政治设定了四个主题：一是培养公民的德性，反对将良善生活观念私有化；二是为市场设定道德界限，因为市场化的社会行为会腐蚀人们的道德；三是桑德尔认为贫富差距破坏了民主社会所需要的团结，因此这种新型的公共善政治应该向富人征税建设各种公共设施，以创造人们更多公共的活动空间，培养共同体感情；四是这种新型的公共善政治需要更多的公民道德参与。桑德尔的社群主义思想继承了美国政治传统中的共和传统，这一传统把公民的美德看成是民主社会的重要因素，突出普遍的善对个人权利的绝对性。

总之，桑德尔对自由主义的批评为社群主义理论的发展起了很大的推动作用，他从哲学角度进行了哲学人类学的重构，用其主体理论来对抗义务论自由主义，并且对自由主义的权利优先性和自由主义的中立性进行了批判，可一旦这种主体理论本身存在问题，那么这种批判可能就会失去力量。比如，自由主义中立性的主体不是个人，是国家，但是，桑德尔对自由主义中立性的主体的批评是建立在自我理论之上的，他错误地认为自由主义的自我不持有道德信念，而实际上自由主义认为正是每个人持有各自的善观念，所以国家需要在善观念上保持中立等。再如，桑德尔对罗尔斯契约论的批判，桑德尔的批判实际上是对以霍布斯为代表的古典契约主义的批判，而不是对以罗尔斯为代表的契约论的批判。桑德尔的思想带有浓厚的共和主义色彩，在一定程度上存在极权的危险。桑德尔的思想也引起了一定的争论，比如，艾米·古特曼就认为，桑德尔有把个人利益与公共利益对立的倾向，罗蒂也认为他对罗尔斯的"自我"的指控不能成立，并且桑德尔所提出的追求美好生活、自治和公民美德等观点缺少确切的内容。由于桑德尔的观点是在资本主义制度下探讨的,因此其哲学思想仍然是以维护和巩固资本主义制度的合理性和合法性为基础的。

二、迈克尔·沃尔泽的公共善观念

沃尔泽以善为核心,用文化多元主义对抗自由主义,用特殊主义对抗罗尔斯的普遍主义,用复合平等对抗罗尔斯的简单平等。在沃尔泽的理论中,"善"理论是一个基石,其复合的平等和分配的正义都建立在上面,对于沃尔泽来说,善的含义是由它的社会意义决定的,如何分配善取决于社会意义。社会意义是一种文化创造,代表一种共同的理解,并且以共同体为背景。在沃尔泽看来,所谓的善,就是人们追求的东西或者说人们想得到的东西,如何分配善是实现公共善的关键。

第一,沃尔泽对罗尔斯的一元论进行了批判。沃尔泽认为,就正义理论而言,核心的问题是"一"与"多"。"一"对应的是罗尔斯的观点:一个人在一种原初状态这一理想环境下选择一种作为公平的正义原则,这种正义原则是基于一种平等标准并通过一个政府以一种差别原则的模式来分配"基本善"。沃尔泽认为,一元论是值得思考和怀疑的。沃尔泽用"多"来回应罗尔斯的"一":现实生活中的人是多种多样的,正义原则也是多元的,分配包括分配的内容、分配的方式、分配的机构和分配的标准也是多样的。沃尔泽侧重于批判罗尔斯的正义的第二个方面,也就是经济制度的正义,即分配正义。沃尔泽认为,罗尔斯的分配原则将分配正义的问题变得简单了。沃尔泽指出,分配正义的观念与占有有关,也与是(being)和做(doing)有关;与消费有关,也与生产有关;与土地、资本及个人财产有关,也与身份和地位有关。不同的分配需要不同的政治安排来实施,不同的意识形态来证明。[①] 沃尔泽认为,善是人们首先构思并创造的,然后才在他们自己中间分配。不是主体分配善,而是善在人们中间分配自己。

---

① 迈克尔·沃尔泽:《正义诸领域:为多元主义与平等一辩》,褚松燕译,译林出版社2002年版,第1页。

在沃尔泽的模式里,关注点不仅仅是分配过程,而是从观念(意义)开始的整个生产、分配和消费过程。

第二,沃尔泽的公共善观念是复合平等,不同于罗尔斯的简单平等。而要理解这两种平等的区别和概念,首先要理解垄断性的善和支配性的善这两者的区别。沃尔泽是这样区别支配和垄断的:"如果一些个人拥有某种善,并因其拥有就能支配大量其他的善,那么我称这种善是支配性的。如果一个男人或女人,一个价值世界的君主——或者一群男人和女人,一群寡头——战胜所有对手而拥有它,那么这种善是垄断性的。"[1]支配性的善,就是能够换来其他善的善;垄断性的善,就是排除其他人对它的拥有。支配性的善如体力、政治职务、土地、资本、金钱、技术知识,它们在不同历史时期是同质性的,也曾被某些群体所垄断。支配性的善是最好的东西,可以换成其他善。就是一种善能够变成另一种善,而且能变成几乎所有的善。罗尔斯主张,如果某些"基本善"在社会生活中占据了支配性的地位,并且分配是被垄断的,那么在正义理论下就要求对这些善进行再一次分配,以有利于处境最差者。沃尔泽认为,这是一种简单平等,这种平等观念所涉及的"基本善"的内容是简单的,事实上,还有很多其他的善没有被包括在内,并且这种简单平等不可能保持下去,因为财富可能通过再分配一开始是平等的,但是一进入市场领域,通过交换后,新的不平等就马上出现了,除非国家不断干预,这种平等实际上是一种简单平等。罗尔斯反对垄断性的善,不反对支配性的善,但是沃尔泽认为,产生不正义的东西是支配而不是垄断,因此他用复合平等反对支配,而不反对垄断。

沃尔泽认为,无法实现公共善的原因真不是垄断,而是支配。因此,我们所要做的是"应该将注意力集中到减少支配上,而不是主要集中在打破或限制垄断上"。[2] 因此,沃尔泽认为,要为善设定界限,不允许一种善

---

[1]　Michael Walzer,*Spheres of Justice*,Basic Books,Inc.,1983,p10.
[2]　迈克尔・沃尔泽:《正义诸领域:为多元主义与平等一辩》,褚松燕译,译林出版社 2002 年版,第 19—20 页。

自由地转变为另一种善。复合平等是指没有一种普适的原则来实现平等,应该根据事物的社会意义来进行分配,它可以在某一领域被掌握有某种"善"的公民拥有,但是这个公民不能用它在其他领域与其他事物进行支配,也就是说,它不试图使所有的社会物品平等化,而只是设法确保在一个范围内的不平等不会扩展到其他范围,即沃尔泽所指出的反对支配性的善。沃尔泽要我们想象这样一个社会:"在这种社会中,不同的社会善是被垄断的……但是任何一种特殊的善一般来说都是不可转变的。……这是一个复杂的平等社会。虽然有许多微小的不平等,但是不平等不会通过转变过程而增殖,也不会越过不同的善而积累,因为分配的自主性只会产生出各种各样的局部垄断。"①如果简单平等是为打破垄断,那么复合平等就是为消灭支配。因此,沃尔泽认为,复合平等是一种社会状况,在这种社会状况中,任何一个群体的要求都不能统治不同的分配过程。② 沃尔泽的复合平等有两层含义:一是捍卫差别。可以存在很多不同,比如不同的善、领域、分配程序,不同的分配理由,以及不同的给予者和接受者。对于沃尔泽来说,善的社会意义保证了善的分配正义。正义取决于社会意义,而不是取决于平等不平等。二是反对越界。如果每一种善都是特殊的,那么这种善的力量就应该被限制在其领域之内。沃尔泽认为,一个人在某一领域的优越性会被另一个领域的劣势所抵消,所以这样复合平等的情景就产生了。并且,沃尔泽的复合平等不仅仅是越界,更关键的是"禁止交易",按照沃尔泽的想法,把一种善限制在一个领域,那么复合平等就实现了。以金钱为例,沃尔泽列举了一个很长的金钱不能购买的清单。但是实际上,人们对金钱的拥有是十分不平等的,这种不平等不仅仅涉及经济,更是生活的很多其他方面,由于马太效应的存在,只要市场存在并发挥作用,沃尔泽的这种复合平等就过于理想化且会失效。

第三,沃尔泽的公共善理论主要由以下命题组成:(1)分配正义与分

---

① Michael Walzer, *Spheres of Justice*, Basic Books, Inc., 1983, p17.
② Michael Walzer, *Thick and Thin*, University of Notre Dame Press, 1994, p32.

配的善有关,善没有内在的本性,与分配正义有关的所有善都是社会的善,而善是社会的,则意味着它的意义是由某种文化赋予的;(2)某种善总是与某人有某种关系,而人的身份可以是生产者,也可以是消费者,可以是善的拥有者,也可以是善的转让者;(3)分配正义与善的社会意义相关,一旦我们了解善的社会意义是什么,那么我们就会知道善应该如何分配、应该由谁来分配、应该出于什么理由来分配;(4)社会意义是历史性的,正义的分配和不正义的分配都随时间的推移而变化;(5)在社会意义明确的地方,分配必然是自主的,也就是说,每一种善都构成了一个独立的分配领域,而在这个领域内部,只有某些标准和安排是合适的。沃尔泽认为,善的分配离不开社会意义,在他的理论中,"社会意义"的概念处于核心的地位,他承认社会意义所承认的一切,但这一理论的缺陷在于社会意义也是相对的,社会意义具有文化特殊性,而沃尔泽把社会意义与正义直接相联系,就很容易导致正义问题的相对主义。

第四,沃尔泽提出了社群主义分配正义的四个要求。分配正义的第一个要求是建立共享的经济、社会和文化方面的基础设施。不同于自由主义的观点,自由主义者认为,基础设施的建设应该交给市场,但是沃尔泽认为,这些基础设施的维护和建设需要由政府来负责,反对由私人企业来进行建设。分配正义的第二个要求是社会提供公共供给制度。社会作为共同体需要照顾老弱病残、贫困以及失业人员等。因此,国家必须是一个福利国家。与第一个要求不同,公共供给制度所分配的东西是个人可以拥有的,这些东西也被人们称为善。那么,公共供给制度按照什么原则分配善呢？沃尔泽认为有两个原则:一个是需要,另一个是共同体成员的身份。但需要是分很多种的,最有资格和要求满足的需要是生存和健康的需要,而无法满足这两者需要的实际上是处境最差者。在这点上,沃尔泽的需要原则与罗尔斯的差别原则没有太大的区别。沃尔泽的公共供给的需要更取决于社会意义,也就是说,公共供给提供内容的界限需要得到社会的认可。就这个公共供给的分配正义来说,似乎需要原则就可以了,但是沃尔泽还提出成员身份,成员身份的提出与社群主义主张的共同体概念是息息相关的,共同体的共同生活、道德和情感等为需要原则提供了道德基础,也就是说,个人的权利和义务是属于共同体的。分配正义的第三个要求是机会平等。社群主义认为,如果竞争过于激烈,会破坏共同体的团结。因此,有必要对某些分配领域进行限制:职位、权力和财富,不允许过高。不过沃尔泽的这个限制有些时候不是很明确,在某些地方这种限制似乎意味着反对"垄断",即不允许这些东西过多,但是在某些地方似乎是限制"统治",即不允许职位、财富、权力之间进行交换。综合沃尔泽的思想进行分析,似乎他的限制更像是第二种限制。分配正义的第四个要求是实行"强民主"。所谓"强民主",是指在政治领域和经济领域都实行民主。在沃尔泽看来,现代的公司实质上是"私人政府",但又免于实行民主。正义要求取消"私人政府",要求在公司里也实行民主制度。沃尔泽甚至提出,以公共所有制和工人控制来代替"私人政府"。沃尔泽提出三种社群主义的分配原则,即自由交换、应得和需要。在沃尔泽看来,在市场中所有的物品都应该是自由交换。对于应得来说,应该是建立在社群共同体的共识之上的,是多样化的,不是单一化的。最后,根据共识,物品应该分配给社群成员中最需要的群体,因为他们属于群体中最弱势的群体。沃尔泽的分配原则体现的是社群内部多样化的分配形式,核心就在于根据人们对社会善的不同理解来对善进行多样性的分配。

总之,沃尔泽在多元主义的背景下,建构了他的公共善观念。他以建立在特定社群分享的理解基础上的多元主义模式取代了个人自由的正义模式,从而对罗尔斯和诺齐克两位大师的观点进行了批判。沃尔泽认为,罗尔斯的"差别原则"和诺齐克的"持有原则"所持的简单平等观念很难解决公平正义的问题,最后不平等依然还是存在着,因此他试图综合自由和平等,坚持用复合平等的思想来看待诸领域的正义问题,他认为复合平等的深层次力量是整个社会达成共识的持久的源泉和实现整个社会相互尊重的基础。沃尔泽的复合平等观念和多元主义思想,引导我们从另外一个视角去看待分配正义,即不存在一种普适的正义原则,可以适用于所有领域。虽然沃尔泽认为自由主义过分强调个人主义,揭示了人格自足的形而上学的虚假性,试图去最大化缩小自由主义过分强调个人主义的思想的消极影响,并赋予社群一个新的意义,但是,他的理论实际上也是自由主义极端发达的产物,同时他的思想陷入相对主义的困境。此外,沃尔泽的复合平等有两重错误:一方面坚持不平等的分配是正义的,另一方面又在掩盖现实分配领域中出现的极端不平等,实际上复合平等把简单平等简单化而且理想化了。总的来说,由于沃尔泽的思想缺乏跨文化的正义以及对权利问题的批判的能力,因此实际上还是资本主义理论学说。

三、麦金泰尔的公共善观念

古典社群主义的代表人物是麦金泰尔,他反对当代自由主义是以权利为基础的理论,主张用公共善来对抗自由主义的个人主义,以传统对抗自由主义的中立性。从政治哲学的角度来看,麦金泰尔关心的是正义,批判的对象是自由主义和资本主义,主要批判的是以罗尔斯为代表的自由主义。

从麦金泰尔的自我理论来看,他主张共同体主义优先于个人,反对自由主义的个人主义。麦金泰尔的思想具有明显的古典特征,无论是从道德哲学方面还是从正义论方面来看,他的理论都具有古典特征。麦金泰尔与现代主义者和后现代主义者都不一样,他更加主张回到古希腊,回到雅典。麦金泰尔认为,西方至少存在三种主流正义观念:亚里士多德主义、自由主义和功利主义。在这三种冲突的正义观念中,他选择了第一种即亚里士多德主义,反对第二种和第三种。麦金泰尔对传统美德进行了剖析,从最初的《荷马史诗》中的"英雄社会"到以"正义"为核心的雅典城邦。在当时,有四种不同的美德理论,分别是智者理论、柏拉图理论、索福克勒斯理论、亚里士多德理论。在这四种理论中,麦金泰尔倾向于亚里士多德理论,亚里士多德理论把"目的论"融入其理论中,把人们追求的东西称为"善",并且这种善是一种升华的、至高无上的状态。这种"善"也是一种共同体的善,即追求"善"的人在一起,形成共同体,即城邦。

麦金泰尔的公共善理论是在批判自由主义的过程中形成起来的,并提出了自己的社群主义观点。麦金泰尔曾经是马克思主义者,20世纪70年代变成了亚里士多德主义者,80年代成为社群主义的主要代表,但是他的思想上的敌人始终如一,那就是自由主义。

第一,麦金泰尔认为,自由主义所秉持的善观念实际上是个人偏爱的表达,自由主义所追求的善是一种纯粹意义上私人的事情,自由主义的善是个人的善,而对于公共善是没有给予足够重视的。在麦金泰尔看来,善的私有化会产生以下后果:一是善与道德规则的分离;二是导致政府的中立性;三是把公共领域与私人领域区分开来。麦金泰尔对善的私有化进行了批判,并指出要克服善的私有化就必须建立一种共享的善观念,善必须内在于实践中,并且善是人们整体生活的特质,也是人们作为共同体的成员必须追求的东西。麦金泰尔认为,虽然自由主义标榜自己在善的问题上是中立的,但实际上他们也有自己的善观念。他们的问题就在于,每个人在追求自己的善的时候,只需要遵守正义的约束,而无视集体利益,也不需要考虑集体利益。麦金泰尔认为,善观念是一个价值的问题。自由主义认为,个人利益是第一位的,共同体利益和社会利益是第二位的,人们的主要目的是自己的个人利益,总之,自由主义的观念是现代社会无非是一群陌生人的集合。但是,麦金泰尔认为,由于自由主义的善是个人的并且是多元的,导致善观念的分歧,导致需要正义规则来保护在个人利益冲突中处于不利地位的人,但是反过来,如果把共同体的善或者公共善放在第一位,那么这种问题和矛盾相对来说就会得到一定程度的缓解。

第二,在麦金泰尔看来,自由主义的本质就是个人主义。麦金泰尔认为,自由主义的道德基础是建立在自主的基础上的,人们对于自主的理解一般是基于康德的理解。康德认为,自由意志是道德的最高根据,它具有道德立法的能力,不受任何外在因素的限制,而自由意志的本质就是自主,相信人的自主就意味着人能够自主地掌握自己的命运。对于自由主义而言,个人的自我认同是形而上学和认识论的,人们作为人与其他人拥有一样的身份。麦金泰尔认为,这种自主的观点割裂了与共同体的联系,一个人不可能脱离社会,也不可能存在一个没有历史的人,人与社会是不能脱离开来的。"认识到自己是这样一种社会的人并不是要占据一种静态固定的社会位置,而是要发现自己被置于朝向一定目标进发的旅途的一个点上,度过生命就是能或不能朝一既定目标前进。"①麦金泰尔认为,包括正义原则在内的所有道德或政治原则都有其历史传统。② 没有普遍的道德,只有源于特定传统的特定道德。因此,一个人独立人格的形成是离不开社会身份这一前提的。麦金泰尔所认为的个人的自我认同是社会学和历史的,他的身份是由他在共同体中的位置确定的。麦金泰尔认为,要想克服自由主义这一弊病,只有把个人看作共同体的一个成员。而一个人作为共同体的一员,既需要"个人认同",还需要"社会认同","我"不仅是我自己,"我"还是我生存于其中的共同体的历史和传统的代表。"我"与共同体处于不可分割的关系之中,而且"我"依赖于共同体。总之,对于自由主义来说,个人是唯一的实体,共同体是由个人组成的,个人优先于共同体。对于社群主义来说,共同体才是真正的实体,个人不能脱离共同体而存在,更主要的是不能脱离共同体来理解。

第三,麦金泰尔对资本主义自由市场中忽视公共善的现象进行批评。他认为资本主义的剥削虽然有各种形式,但是仍然改变不了资本主义剥削的不正当性;资本主义市场的契约并不是真正的契约,也不是真正的自由。在现代西方发达社会中,出现了"社会生活的区隔化"。所谓"区隔化",是指每一个领域都有一套自己确立的规范和价值、一套相应的决策程序,其任务是专门化的,其职位是专业化的。③ 这也意味着一方面人们的实践领域被孤立起来,另一方面没有一个客观的标准。麦金泰尔还对市场机制下弱势群体的无助感进行了详细的描述,他认为这些弱势群体身处经济潮流下,感到被动和无力,却没有办法改变。麦金泰尔认为,作为权利分配中的各种不平等的一个结果,穷人和被剥削者对于改善其自

---

① 麦金泰尔:《德性之后》,龚群译,中国社会科学出版社1995年版,第44页。
② 阿拉斯戴尔·麦金泰尔:《谁之正义?何种合理性?》,万俊人等译,当代中国出版社1996年版,第510页。
③ Alasdair MacIntyre,"Some Enlightenment Projects Re-considered", *Ethics and Politics*, Cambridge University Press, 2006, p182—183.

身状况无能为力。① 他认为真正的自由市场是在前现代社会中；资本主义制度具有贪婪的性格，在现代资本主义社会中贪婪被当作一种基本的德性，但是在前现代社会中贪婪是一种罪恶。麦金泰尔认为，西方社群的衰弱和道德的失败也是因为自由主义文化的盛行，这种自由主义文化侵蚀着西方的社会道德，无法实现公共善。麦金泰尔主张回归到最为传统的社会道德伦理观，用亚里士多德的伦理挽救衰败。

第四，麦金泰尔的公共善的伦理思想在批判和反思当代西方道德哲学基础上，作为西方伦理学史上的重要思想，有其特别之处，通过架构"实践"、"人生统一性"、"传统"三个重要概念，描绘了美德理论的蓝图。在这个过程中，麦金泰尔表达了自己对于现代性尤其是现代性个人主义的强烈批判，认为个人主义观念的盛行不仅会把个人生活割裂为相互独立的阶段，更会把个人与历史之间的联系隔断。而麦金泰尔提出的共同体的建设，也就是将一些具有共同价值的人聚集在一起，共同追求善，对于当前所流行的自由主义个人至上的价值观的批判具有非常重要的作用。麦金泰尔提倡回归传统进而追求新的美德理论体系，对于学术的研究也具有重要的作用。但是，麦金泰尔的理论也面临着一些困境。比如，按照上述麦金泰尔的观点，他反对自由主义所主张的个人观点，他认为要了解一个特定的人，需要把人置于社会位置和历史位置的重合点，参照其纵向和横向的历史关系网，这样才能多维度地去了解一个人。一个人的位置一旦被确定，就意味着他的成员身份被认同，因此共同体赋予个人的责任和义务也就确定了，但问题是，如果个人只有通过共同体才能理解的话，究竟什么是共同体呢？麦金泰尔并没有给出一个准确的定义，只是在书中通过举例来说明，但是这些例子还不足以给其所论述的共同体下一个准确的定义。那么问题也就来了，如果共同体的定义不是非常精确，那么共同体的善就没有基础。社群主义认为，共同体的善优先于个人善，但共同

---

① 阿拉斯戴尔·麦金泰尔：《追寻美德：道德理论研究》，宋继杰译，译林出版社2011年版，第311页。

体的善到底是什么呢？这是一个比较难回答的问题，因此也就造成自由主义通常否认存在共同体的善，而麦金泰尔所提出的"最高善"和"公共善"都存在一定的局限性。再者，麦金泰尔想用亚里士多德的思想资源来解决当今社会所面临的道德难题，但是，我们目前所处的时代与亚里士多德所处的时代有很大的区别，生活方式也有着很大的不同，今天人们所理解的道德与亚里士多德所理解的道德大相径庭。众所周知，亚里士多德伦理学在当今社会并不是被所有人都接受，麦金泰尔想通过重构美德来解决道德分歧的思路也并没有被大多数人接受，麦金泰尔的观点被指出具有乌托邦的性质并且会导致道德相对主义。

综上所述，作为当代西方政治哲学发展的最新成就，社群主义是在批评新自由主义的过程中产生的。20 世纪 70 年代，新自由主义者罗尔斯、诺齐克、德沃金等认为，我们是相互独立的个人，每个人都有各自的目的、利益和对善的感知，都寻找一种权利框架，它是我们实现自己作为自由的道德人的能力，只要不损害他人的相同自由，也就是权利优先于善。所谓"公共善"，就是那种能保证个人自由选择能力的善，这种公共善的概念要求限制人们对公共价值的追求。而 20 世纪 80 年代社群主义者所理解的普遍的善，在人们所处的现实社会生活中的外化形式就是公共利益，在社群主义者眼中，公共善强调人们对那些共有价值的追求，它要求在一定程度上限制个人选择和追逐自己的生活方式的自由。社群主义强调高级的善，它在不同的社群主义者那里有不同的含义，但通常是指公共的善或整体的善。公共的善或整体的善，又称为最高的善，或"至善"。社群主义所倡导的公共的善有两种基本形式：一种形式是物化的利益，另一种形式是非物化的行为。前者就是我们通常认为的公共利益，后者通常指各种美德。因此，社群主义被称为公益政治学或者美德政治学。社群主义对于自由主义所主张的"社会利益是个人利益的简单集合体"这种说法是持反对意见的。社群主义认为，公共善不仅仅是社会中所有私人或个人物品的集合，社群主义者渴望的是比抽象自由主义正义所能提供的更温暖、更个人化、更道德高尚的东西。他们渴望一个社区，这个社区的法律反映的是各种群体成员的"共同自我理解",而不是一个既不关心"具体人的真正问题",也不关心他们的行动和目的的内在道德价值的社会。社群主义者认为,人类对公共利益的贡献从短期来看可能不会立刻产生效益,但是从长远来看一定会有受益者,赞成对公共利益进行投资的社区成员并不是因为这些投资会使得他们个人甚至是子女得到利益,而是他们发自内心地认可这种行为和这种公共善的观念。他们认为这是正确的做法——就其本身而言。比如,对于环境、气候等关乎人类命运的公共物品的投资。

首先,一是社群主义的公共善理念从本质上是一种集体主义。在方法论上,社群主义主张,要想理解人类行为,唯一可行的正确方式是把个人融入其社会的、文化的和历史的背景中去考察。社群主义对人的本质提出了描述性的主张,认为个人是社会生物,人的身份也是由他们的社群塑造的;而自由主义对于个人自主性的强调是基于一种站不住脚的自我概念。同时,社群主义认为,每个人都出生在共同体之中,共同体是优先于个人的,从某种程度上来说,是共同体决定了"我"是谁,而不是"我"自由选择了"我"是谁。社群主义强调共同体的价值,在价值观上强调集体权利优先的原则,重视国家、家庭和社区的价值,倡导爱国主义,主张用公益政治学代替权利政治学,试图通过某种程度上的"重建社群",重构个体与共同体的内在关系,以解决现代社会面临的种种困境。而自由主义本质上是一种个人主义,秉持的是个体本位和权利本位的政治伦理观,它主张个人是唯一的主体,人们只是为了更好地实现自己的利益才从事合作,并组成共同体。自由主义认为,自我"是一个主体,我的身份的确立独立于我所拥有的东西,亦即独立于我的利益、目的以及和其他人的联系"。[1]自我是一个独立、自主、自决的个人。"我将要成为一个什么样的人"不是取决于社群或者他人,而是取决于"我"选择什么以及"我"的选择能力。因此,在这种理论的前提下,自由主义的个人主义和权利本位的原则就是一个合乎逻辑的诉求。

---

[1] 迈克尔·桑德尔:《自由主义与正义的局限》,万俊人译,译林出版社2011年版,第69页。

当代自由主义还是一种以权利为基础的理论,强调权利的首要性,坚持由正义或权利来规范个人在社会生活中对善的追求。而社群主义批评新自由主义个体主义的原则,认为自由主义误置了个人与社群两者关系中个体的地位,对社群、权威的价值没有足够重视,造成现代社会人们的认同危机和价值共识的困境等问题。比如:(1)自我认同困境。自由主义所主张的观点:"这种不具有任何必然的社会内容和必然的社会身份的、民主化了的自我,可以是任何东西,可以扮演任何角色,采纳任何观点,因为它本身什么也不是,什么目的也没有。"[1]社群主义认为,自由主义的这种观点所主张的个体实质上是一个抽象的、孤立的、原子式的存在,没有任何现实意义,这种个人主义只能存在于理论的预设之中。在这种个人本位的价值观下,自由主义的个体深受日益增加的不确定性和焦虑困扰,极度容易陷入自我认同的困境。(2)公共生活的衰落。社群主义认为,自由主义社会给予每个公民平等的权利,并以"中立的"框架正义原则来保障个体的自由权利。在这样的一个框架下,公民可以自行选择自己所认为善的生活方式,任何人和政府都不能干预这种权利。虽然法律会赋予公民参加公共活动的权利,但是公民可以以自由的名义来拒绝这种权利,只要公民对公共领域范围内的道德规范和他人的利益没有越界行为,就是一个合格的公民。换句话说,个人只要守法不侵害他人的权利,其行为就是合法的,至于是否有相应的美德,并不是自由主义所考虑的问题。在自由主义看来,有美德就是一个人能够尊重他人的权利,不去侵害别人的权利,从而使得社会运行成本降低,而个人内心也处于一种自由的状态。

但是,社群主义认为,这种以权利为基础的公民认同,实际上是一种弱意义上的认同,它难以激发公民参与政治生活的热情,容易造成公民与政治社群之间的关系淡化,使得公共生活衰弱。对于这种现象,社群主义提出"构成式的自我",以取代"原子式的自我",坚持公共善优先的原则。社群主义认为,自由主义的自我忽视了人是一种关系性存在,也正是这种

---

[1] 麦金泰尔:《德性之后》,龚群译,中国社会科学出版社1995年版,第42页。

复杂的关系规定了自我是个什么样的人。社群主义捍卫公民价值、公民美德，社群主义认为，自由主义者忽视了这些美好的价值观。社群主义强调个人以社群公共善优先，重视积极自由，但是，这样过分注重社群的道德目的也容易导致遗忘人的目的性地位。

二是社群主义是一种以公共善为基础的理论，主张善优先于权利。社群主义认为，正义和权利不是抽象的和形式的，应该是实质的和有内容的，也就是正义或权利应该建立在共同体的利益之上。与自由主义将善作为个体化的理解不一样，真正的善必须以社群为基础，是一种公共善，公共善是一种最高的价值，是一种"个人之善与社群之善相结合"。[1] 社群主义从一个独特的角度揭示了自由主义理论的问题和局限。社群主义强调社群，强调自我的社会本质，认为无论是哪个社群，如果社群的成员不把自己的精力和关注奉献给共同的事业，那么这个社群从长远来看是没有办法维持下去的。但是，这并不意味着社群主义不关注个人，社群主义既关注个人尊严，也强调社会性。人们在社群中学会相互尊重及尊重自己，人们在社群中理解自己的权利与对他人的义务。社群主义认为，公共善是优先于个人权利的，个人权利只是实现幸福的手段。其理由是，社群存在的目的就是获得各种善，个体要想实现权利离不开社群，同样，因为人是生活在社群之中的，人的自我的某种结构性内容也是由社群给予的，社群给予个人以共同的价值和目标，也就是构成性的自我。社群的文化传统、价值、责任与义务、公益等构成个体自我的本质内容和成分，因此，个人应该服务于社群的公共善，在服务社群的公共善的过程中，个人权利才能得到保护和实现。权利不再是前提性价值，而是生活必需的内容，因此善优先于权利。

在社群主义看来，个人权利与公共利益是一致的。因此，强调自我的社会性、追求公共利益并赞同国家干预的理论是社群主义所支持的，并且社群主义的分配正义强调共同体、共同体成员的资格以及应得的概念。

---

[1] 俞可平：《社群主义》，中国社会科学出版社1998年版，第98页。

而在自由主义看来,权利优先于善,也就是对于人们来说,更加在意的是是否有权利,可以自由地去过他们愿意过的生活,而不是人们的生活是否道德。自由社会的第一任务就是保证每个个体都能获得平等权利,并且保障每个个体权利的自主运行。简言之,自由主义强调个人权利优先于社会善。总之,社群主义把公共善作为追求的目标,批评自由主义原子式的个人主义价值观。社群主义和自由主义的根本分歧在于对共同体与个体的偏爱不同。在传统自由社会哲学中,个人被赋予了至高无上的个人权利,并各自追求着各自认为的善,社会被想象成是这些个人的集合,个人被描绘成优先于且独立于社会关系和社会角色的属性和身份。与自由主义不同的是,社群主义认为,我们每个人从本质上来看都是社会人,我们身上所具有的独特的人类和道德特征都是社会和历史的构成,社会优先于个体,并赋予个体社会属性和特征。社群主义把公共善作为私人生活的前提。

三是社群主义的公共善理念是历史主义的,不是普遍主义的,强调以历史的观点看待政治价值和制度。社群主义认为,正义是历史性地发展的,不存在普遍的分配原则,只存在多元的分配正义。在社群主义这里,历史性、情境化的社群观念以及公共善等都获得了前提性的价值。社群主义者认为,个人的价值观甚至人格都是由社群生活塑造的,个人的生命和发展空间都是由社群提供保护的,所以,个人对社群必须具有一种忠诚情感[①];而自由主义是普遍主义,它始终是以普遍的态度来讨论正义和自由民主制度,似乎这是适合社会、历史和文化的普遍价值和制度,这是由其契约论理论立场所决定的。在自由主义看来,参加契约的人是自由而平等的,正义具有普遍性。古典自由主义是以资本主义社会的人都是独立自主的、平等的利益主体这一历史条件为背景的,当时历史条件下的正义主要是国家对人们自由平等权的保护;而新自由主义的正义兼顾了照顾弱势群体,以罗尔斯的差别原则为代表。但无论是古典自由主义还是

---

① 达巍:《消极自由有什么错》,文化艺术出版社2001年版,第135页。

以罗尔斯为代表的新自由主义，都是以生产资料私有制为前提的，并不会把人们真正的实质性权利作为目标，更多的是一种抽象的并且是一种形式性权利。

四是社群主义的思想对我国也有特殊的影响。一方面，社群主义与儒家思想具有很多相似的地方，两者存在很多互通并可以互用的思想资源。正如安乐哲所指出的，儒家追求的社会秩序是"在家庭和社群中，由我们的角色和关系而呈现出来的生活充分考虑在内，并以此去界定社会正义"。① 再如，孔子有言："鸟兽不可与同群，吾非斯人之徒与而谁与？"② 又如，孟子有言："人人有贵于己者，弗思耳。"③ 从这个层面上来说，社群主义思想与儒家思想之间有相似之处，即个体自身存在的价值始终与社会相联系，目的是实现社会之完善。但是，儒家思想与社群主义也有很多不同之处。就拿作为权利主体的个人而言，社群主义认为，个人具有社会性，同时也是独立和自治的，重视个人的人权，社群主义的权利观的出发点还是作为权利主体的个人；而儒家思想"由于儒家所说的'人'，不是抽象的人和孤立的人，而是集体的、社会的和有阶级性的人，因此儒家的人权思想重视社会的、集体的和阶级的人权，不重视个人的人权"④，儒家思想的出发点更多是家庭和宗族，它所强调的个体性并不会直接导向自我中心主义或个人主义，而是旨在超越作为权利主体的个人本身。但是，由于儒家从主体性到主体间的转换是不可逆的，儒家思想对道德自我的重视和强调必然会削弱个人的主体性，因此，这也容易导致个人的独立性难以彰显。可见社群主义与儒家思想这两者之间存在着很多互通有无的资源，可以相互借鉴。另一方面，社群主义与马克思主义理论也有某些相似之处，特别是很多社群主义者具有马克思主义的思想来源。

---

① 安乐哲：《儒家的角色伦理学与杜威的实用主义——对个人主义意识形态的挑战》，《东岳论丛》2013年第11期。
② 朱熹：《四书章句集注》，中华书局1983年版，第184页。
③ 杨伯峻：《孟子译注》，中华书局1960年版，第271页。
④ 李世安：《从中西比较的角度看儒家文化中的人权思想》，《史学理论研究》2004年第3期。

其次，作为当代西方政治哲学发展领域内的最新成就，社群主义对新自由主义的批评主要有以下三点：一是对新自由主义自我观念的批评。桑德尔通过提出"环境化的自我"来摧毁罗尔斯的"混沌无知的自我"。桑德尔认为，自由主义所认为的自我脱离现实，自由主义的理性选择无法避免社会归属的约束，人们在理性选择的时候，并不必然拥有一种"最高命令的利益"。二是对新自由主义原子主义的批评。社群主义认为，当前社会在经济发展的同时，也出现了很多其他问题，比如，公民对于社会的责任感和义务正在缺失，人与人之间的关系变得越来越冷漠，奉献精神、牺牲精神等美德也在慢慢消失。社群主义认为，这些问题不断出现的根本原因就在于自由主义所提倡的原子主义价值观对集体价值和社群价值的忽视，这是个人主义的自由主义的极端发展。泰勒认为，我们不能假定个人是完全自足的、在社会之外的自我，不存在无条件的权利，权利总是伴随着义务，并且原子主义与工具主义有机地结合在一起，会使得公共生活受到严重的威胁。三是对新自由主义普遍主义原则的批评。罗尔斯继承了康德的普遍主义，在此基础上，提出作为公平的正义原则就是这样一种超越时空的普遍原则。但是，麦金泰尔和沃尔泽对这种普遍原则进行了批判。麦金泰尔认为，包括正义原则在内的所有道德政治原则和观念都有其历史传统。沃尔泽反对新自由主义所依据的理论是多元主义。

再次，社群主义的善观念与自由主义的善观念的主要区别在于以下两点：一是从方法论上看，自由主义的出发点是自我和个人，分析和观察一切社会政治问题的基本视角是从个人的角度出发的，所有复杂的事件都可以简化为个人行为，所以自由主义可以简化为个人主义；而社群主义的出发点是社群，方法论根本是集体主义，它把社会历史事件、政治经济制度的原始动因最终归结于社群。也就是说，社群主义探究的出发点是人类身份和自我的本质，社群主义伦理和政治源于关系而非原子的本体论，因此，自我只能在语言和社会关系网络的背景下理解，个人总是嵌入社会之中的。而社区是包括道德代理在内的人类代理的结构先决条件，自决的理想必然是集体的，基于特定社区中自我的相互实现或相互实现的理念。社群主义认为,自决是一个政治共同体的共同目标,其前提是共享的政治文化和足够程度的社会团结,以便能够以超越个人主义和部门利益的方式追求共同目标。简言之,社群主义并不是单纯地否定对个人权利及自由的关切,也并不是一概否定作为一种道德规范的个人主义,而是更多地聚焦和批评原子个人主义及其导致的现代性消极后果。二是从价值观上看,自由主义强调个人权利,最重要的是个人的自由权利,一个人只要能够充分自由地实现其个人的价值,那么自然而然地个人所在群体的价值和公共利益也就能够实现;而社群主义强调普遍的善和公共利益,认为个人的自由选择能力和个人权利都离不开社群,个人权利离开群体不能导致个人权利的实现及促进公共利益的实现,反之,只有公共利益的实现才能使个人利益得以实现,只有公共利益(不是个人利益)才是人类的最高价值。两派之争的实际问题集中在两个方面:伦理学究竟是以正当(权利)为基础还是以善(价值)为基础?伦理价值本原究竟是个体我还是作为共同体我或群体的我们?① 晚近复兴以斯金纳、佩蒂特等为代表的共和主义试图调和自由主义与社群主义,但至今对于"公共善"的纷争还是没有停止。

最后,社群主义虽然以社会本位对自由主义的个人本位进行了批判,但是作为自由主义的对立面,社群主义在一定程度上也忽视了个人对于共同体关系进行调整变革的积极作用,忽视了对族群、种族及文化群体过分重视可能会导致专制、封闭等危险。归根究底,无论是自由主义将个人视为独立的和自主的、个人优先于社会、权利优先于善、从个人的先天自然权利出发来审视社会结构和社会行动的理念,还是社群主义以社会为出发点,将个人置于社会境况和历史特性之中,以特殊主义反对普遍主义、以整体主义反对个人主义,从社会先在性出发来确立个体成员的权利和自由的理念,都没有完全正确地把握个人与社会的关系,自由主义和社群主义只是抓住了一方面。自由主义拥护个人自主,而社群主义者主张

---

① 万俊人:《美国当代社会伦理学的新发展》,《中国社会科学》1995 年第 3 期。

只有社群才与现实的社会实践相一致。① 自由主义的权利观和正义原则只能彰显其形式性方面,维护的是以财产权为核心的资本主义私有制度的正当合理性,无法为其实质性指明方向。因此,自由主义没有办法正确解释个人与社会的关系,也就没有办法真正实现人的尊严。

　　社群主义对自由主义的个人本位进行了批判,认为自由主义的个人观过于形式化、原子化和抽象化,这对于批判自由主义起到了一定的作用,但是,社群主义没有完全正确地把握个人与社会、自我与传统的真实关系。对于社群主义而言,社群生活更多的是日常群体生活,比如家庭、社区等组织的生活。社群主义把眼光放在这些社群上,把社群看作一种本体性的存在,强调社群共享价值的态度、行为对于个人自我的影响,强调个人对于社群的依赖。这在一定程度上具有合理性,但是我们知道,社群生活还受制于人类积累的物质财富。个人的价值观念、思想观念甚至是道德观念,从根本上来自社会物质生产方式之中。社群主义把个人价值观的塑造完全归结于来自社群生活的观念不是完全合理的,这会让人们误以为这些价值观念是社群本来就预先拥有的,而忽视了人们是不是真正地获得自由和平等。人们是不是获得真正的自由和平等,从根本上来说,还是要看人们是如何组织生产以及怎样进行生产的。也就是说,这两者都没有认识到问题的本质。实际上,个人与社会的关系在现实中是共生共在、相互建构的。不存在抽象实体的个人,社会也并非抽象的实体性存在。从形而上的角度来看,人的共在才是本体性的,人的本真存在方式是共在。共在论主张人的生存与各个要素、各个方面共同存在、相互斗争和妥协。在共在论系统中,所有要素都处于相互联系和影响之中,都不能过度。比如,当人们摆脱各种人身依附成为独立主体的时候,权利概念就会显现。而当个人主义泛滥的时候,社群观念就会显现。但这些都是在人类历史中慢慢显现的,其背后的客观基础是人类物质生产方式的深刻变革。在这个系统中,人类的福祉

---

① Will Kymlicka, *Contemporary Political Philosophy: An Introduction*, Oxford University Press, 1990, p207.

是人们的最终目的，人们可以有理性、有计划地过好自己的生活，人类生存的最高目标是实现人的全面自由发展，人类社会也会成为自由人的联合体。而任何一种绝对排他性或者绝对优先性的主张都只是片面的。

尽管自由主义和社群主义相互批评，但两者的相互批评都是在资本主义的现实基础上寻求问题的解决，因此，只要资本主义制度的根基没有发生根本性的动摇，两者的相互批评就没有绝对的胜利，也许最好的结果是两者部分结合。当我们聚焦于自由主义和社群主义在自我、权利与善、共同体、平等与自由等方面的争论时，我们更应该追问这些理念背后赖以运作的现实的资本主义社会。因此，理想性维度与现实性维度相统一的马克思批判是我们应该具备的理论支撑。马克思主义哲学秉持的就是典型的共在本体论哲学立场，马克思认为，人的本质在其现实性上是一切社会关系的总和，现实的一切社会关系都是塑造人的本质的基本要素。马克思的实践哲学以历史唯物主义为基础，从人与社会关系互动的现实出发，找到了一条在根本上克服自由主义和社群主义理论局限与实践困境之路。即通过解放生产力、发展生产力促进社会生产方式的变革，并主动地进行社会上层建筑如政治制度和意识形态的变革，主动调节人与自然的关系。马克思站在历史唯物主义的立场告诉我们，人类历史发展的每一步都在为消灭私有制、实现人的全面自由发展提供物质基础，以真正实现各尽所能、按需分配的共产主义社会以及人类生存的共在的本体论价值。虽然社群主义采取整体主义、历史主义、特殊主义的方法对崇尚个人至上的新自由主义做出了一定程度的批判，但是，社群主义与马克思唯物史观相比，它们的自我仍然没有认识到隐藏在这些表象之后的物质生产实践关系，同时，社群主义根植于资本主义私有制，实质还是为资产阶级服务。

第四节 马克思的批判

马克思认为，资本主义的共同体是虚幻的，不是真正的共同体，也就不是真正的公共善。马克思认为，只有从"现实的个人"出发，采用科学的方法——历史唯物主义的基本方法,在个人与社会的互动关系中正确揭示个人与社会的本质、个人与社会的密切联系,才能真正实现公共善。

一、马克思对资本主义虚幻共同体的批判

共同体是一个宽泛笼统的概念,按照鲍曼的观点,所谓共同体,是指"社会中存在的、基于主观上或客观上的共同特征(或相似性)而组成的各种层次的团体和组织,既包括小规模的社区自发组织,也可指高层次上的政治组织,而且还可指国家和民族这一最高层次的总体,即民族共同体或国家共同体"。①"迄今为止的人类历史,不过是共同体构建、分化、冲突和演进的历史。"②共同体一般来说"具有集体、团体、联盟以及结合、联合、联系等含义,其基本特征是有机的联合或统一"。③ 在人类历史漫长发展的过程中,主要有三种共同体:古希腊时期的"城邦共同体"、近代国家的"形式共同体"、马克思的"人类共同体"。④ 一般来说,最初的"共同体"概念源自亚里士多德,亚里士多德多次说道:"人天生是一种政治动物。"⑤也就是说,人天生具有社会的本能。古希腊城邦生活实际上"意味着成为一种特定类型的社会共同体的一员,此共同体就是希腊人所仅有且仅知的城邦"。⑥ 也就是说,在亚里士多德看来,城邦本性上是优先于家庭和个人的,人首先要过一种城邦共同体的生活,在城邦生活中不断走向"善"。对于近代国家的共同体的认识,可以追溯到霍布斯、卢梭、黑格尔等,马克思的共同体思想也是在批判和继承上述认识的基础上形成的。

共同体思想在马克思思想体系中占有重要的地位。马克思认为:"只有在共同体中,个人才能获得全面发展其才能的手段,也就是说,只有在

---

① 齐格蒙特·鲍曼:《共同体》,欧阳景根译,江苏人民出版社2003年版,第1页。
② 鄢一龙、白刚、吕德文:《天下为公:中国社会主义与漫长的21世纪》,中国人民大学出版社2018年版,第21页。
③ 侯才:《马克思的"个体"和"共同体"概念》,《哲学研究》2012年第1期。
④ 杨荣:《共同体建构的逻辑起点》,《马克思主义中国化研究》2020年第4期。
⑤ 亚里士多德:《政治学》,颜一、秦典华译,中国人民大学出版社2003年版,第4页。
⑥ 于海:《西方社会思想史》,复旦大学出版社2007年版,第40页。

共同体中才可能有个人自由。"①马克思共同体思想回归到现实的生活世界,在现实的个人基础上,展开了对人类本真生活状态的思考。马克思提出三种不同的共同体形态:自然共同体(人的依赖性)、资本主义共同体(物的依赖性)、自由人联合体(自由的个性)。这三种不同形态的共同体构成了马克思共同体思想内在逻辑最为核心的内容。在马克思看来,资本主义的共同体不过是虚幻共同体,实质上国家是阶级统治的工具,资本主义"抽象—虚幻"的共同体最终将被"自由人联合体"所取代。马克思明确指出,在冒充的共同体或者国家中,自由是属于少数统治阶级的个人自由,这种共同体对绝大多数被统治阶级来说不但没有自己的自由,反而形成了新的桎梏,对处于被统治阶级的无产阶级而言,这就需要建立真正的共同体以替代虚幻的共同体。马克思的真正共同体理念强调建立可以实现每一个人自由发展的共同体。

一方面,马克思指出对私有财产积极、彻底的扬弃的历史必要性。马克思认为,由于社会的分工,原始共同体被瓦解,人们失去了生产和占有的共同性,私有制成为占有优势的社会法则。在马克思看来:"随着分工的发展,也产生了个人利益或单个家庭的利益与所有相互交往的人们的共同利益之间的矛盾。"②在氏族和部落社会,劳动者共同参与劳动过程而后均分、共享劳动所得,一起满足共同的生存需要,不存在共同利益与个人利益之间的矛盾,人与人之间的生存状态还是处在自然同等的状态。而在私有制下或者市民社会下,以资本私有制为前提的雇佣劳动会出现两种结果:工人仅仅得到维持其基本生活资料的工资,资本家却获得了全部剩余财产。这就产生了私人利益与集体利益、社会利益等的矛盾,而这种矛盾也产生了虚幻的共同体。"正是由于特殊利益和共同利益之间的这种矛盾,共同利益才采取国家这种与实际的单个利益和全体利益相脱离的独立形式,同时采取虚幻的共同体的形式。"③马克思很早就发现了

---

① 马克思、恩格斯:《马克思恩格斯选集》第1卷,人民出版社2012年版,第199页。
② 马克思、恩格斯:《马克思恩格斯文集》第1卷,人民出版社2009年版,第573页。
③ 马克思、恩格斯:《马克思恩格斯选集》第1卷,人民出版社2012年版,第164页。

隐藏在资本主义制度下的人性的恶。他说,刚开始的时候还带有一点牢靠的商业的、值得尊敬的特点,但是后来,整个商业——在德国一如既往地——因大规模生产、品质降低、原材料掺假、伪造商标、买空卖空、金融诈骗和缺少一切真实基础的信用结构而搞糟了。[1]

尽管资产阶级尝试着表明,其统治的国家共同体是为全社会成员服务的,但是实际上,资产阶级的阶级属性决定了其所主张的共同体不可能是为全社会服务的。马克思指出资本主义虚幻共同体的欺骗性和虚假性,以及国民经济学物与物的关系下所掩盖着的人与人之间的异化关系。马克思在批判资本主义虚幻共同体的过程中,深刻认识到资本主义以"个体本位"为基础的原子式利己性和以"资本逻辑"为基础的国家观的抽象性。在马克思一生的研究和革命实践中,"虚幻共同体"是马克思重点关注的内容;在马克思一生的政治哲学中,一个极为重要的思想就是把资本主义国家看作"虚幻共同体",他认为这种共同体的实质是资本主义国家的虚幻性。马克思认为,资本主义国家虚幻共同体是没有办法实现人的自由全面发展的,由于异化的存在,人的自由自觉的生命活动的本质,转变成了仅仅维持自己生存的手段。资本主义国家采取虚幻的国家共同体模式,使得个人的特殊利益被普遍利益所覆盖,这样的做法只是为了让共同体的成员误以为资本主义的统治是普遍的、合法的,最终的目的是让资本主义自身的统治具有公正的道德理念。但是马克思认为,在资本主义社会,统治者为了取得统治地位,获得全体社会成员的支持,国家或者阶级总是以代表社会利益的面目出现,甚至让市民们相信统治者会把自己的利益当作社会的利益。这种虚假的方式也充分显露出资产阶级国家共同体的虚幻性。现代资本主义国家只是一种"虚幻共同体"和"冒充的集体"。[2] 在马克思看来,个人利益与普遍利益之间的相互分裂导致了外在私人利益的支配性力量的直接形成。特殊利益与共同利益之间的冲突不是纯粹个人私欲的恶性膨胀所带来的结果,也不是自古以来就有的,而是

---

[1] 以赛亚·伯林:《卡尔·马克思》,李寅译,译林出版社2018年版,第78页。
[2] 马克思、恩格斯:《马克思恩格斯文集》第1卷,人民出版社2009年版,第571页。

一种特殊的社会历史现象。①

在虚幻的共同体中,每个人所追求的特殊利益与所追求的共同利益之间有着不可调和的矛盾,这种矛盾需要国家来调节。但是马克思认为,资本主义虚幻的共同体,由于无法完全代表国家共同利益,因此也仅仅是停留在特殊利益层面,具有虚幻性。同时,资本主义失败的迹象无处不在,被金融扩张泡沫打断的投资停滞,然后不可避免地破裂,这也构成了所谓的自由市场经济的特征。而在共产主义社会中,其实行的公平正义原则克服了资本主义私有制下所谓的"自由平等"的表面性和虚伪性,由资本主义经济危机和社会危机导致的阶级斗争表现出来的不合理的公平原则和虚幻性,必然会被基于生产资料社会所有制的政治"权利平等"原则和公正的财富分配原则所取代,但是,我们也得承认资本主义是一个失败的体系并不意味着它的崩溃和瓦解迫在眉睫。然而,这确实意味着它已经从一开始就是一个历史上必要和创造性的体系,变成了不必要和破坏性的体系。

另一方面,马克思也指出,要想实现真正的公共善,就需要把人从异化劳动中解放出来,只有这样,经济活动的最终目的才能真正实现。马克思通过论证异化劳动和私有财产构成了政治经济学批判的基本内容,他在《1844年经济学哲学手稿》中把斯密的劳动概念阐述为异化劳动,在斯密看来,劳动与财富的关系是成正比例的,但是马克思不赞同这种观念,马克思认为,异化劳动与私有财产的关系并没有一致性,而是处于不可调和的矛盾之中。马克思在《1844年经济学哲学手稿》中通过从"私有财产和异化劳动"到"私有财产和共产主义"等具体的片段,以私有财产为切入点、以异化劳动为核心内容、以共产主义为目标来论述私有制的历史虚伪性,并指出劳动与资本的关系并不像国民经济学理论所阐释的那样具有统一性,相反,具有对立性,而这种对立必须追溯到国民经济学所认为的无须证明的前提即私有制这里。马克思认为,这种对立是与市民社会的

---

① 马克思、恩格斯:《马克思恩格斯文集》第1卷,人民出版社2009年版,第93页。

生产方式融为一体的,是资本主义制度本身不可克服的基本矛盾。按照国民经济学的观点,个体劳动所创造的财富的聚集会使得国家总的财富增加,经济正义或者公共善也就能自然而然地实现,不会存在劳而不获的现象。但真的是这样吗?马克思从社会伦理价值批判的思维向度,揭示了异化劳动使自然界,使人本身、人的自己的活动机能、人的生命活动同人相异化,使类同人相异化;它使人把类生活变成维持个人生活的手段,同时也把人的自由自觉的生命活动的本质变成了仅仅维持自己生存的手段。马克思指出:"异化劳动使人自己的身体,以及在他之外的自然界,他的精神本质,他的人的本质同人相异化。"①

马克思主要从以下四个方面来论证自己的异化劳动思想:一是劳动产品异化。工人产出的产品和创造的财富越多,工人反而自身越贫困。这与国民经济学所提倡的"国富民裕"的观点相反。事实也证明,"国富民裕"的目标没有实现,取而代之的是贫富分化差距越来越大,劳动者对经济正义的渴望是最大的事实。马克思通过很多对比鲜明的方式来阐释这种真实的贫富差距状况,比如,马克思所说的物的世界的增值与人的世界的增值成反比等,工人的产品生产出来并不是与国民经济学理论所主张的一样会归工人所拥有,相反,生产者本人并不拥有这些产品,而在失去这些产品所有权的同时,也就等于是对自身的一种否定。马克思借助黑格尔的说法,就是一种异化,也就是非正常劳动状态。同时,劳动本来应该是"自由的生命表现",但在私有制条件下,劳动成为直接谋生的手段。在资本主义社会中,"劳动所生产的对象,即劳动的产品,作为一种异己的存在物,作为不依赖于生产者的力量,同劳动相对立"。② 工人创造的财富越多,不但没有使得工人工资相对按比例提高,反而成为资本家盘剥的力量。马克思用"异化劳动"的概念表达出真实的劳动与国民经济学所喜爱的状况是不一样的,而这种全然相反的差距所体现的社会现状也正好是经济正义所不提倡的东西。

---

① 马克思、恩格斯:《马克思恩格斯全集》第 42 卷,人民出版社 1979 年版,第 90 页。
② 马克思、恩格斯:《马克思恩格斯全集》第 42 卷,人民出版社 1979 年版,第 92 页。

二是劳动行为异化。劳动活动不再是财富的源泉,而成了否定劳动者自身的活动。在马克思看来,由于劳动异化,"工人在劳动中耗费的力量越多,他亲手创造出来反对自身的、异己的对象世界的力量越大,他本身、他的内部世界就越贫乏,归他所有的东西就越少"。[1] 工人只有在劳动之外才能感受到身心愉悦,而在劳动中感到不舒服。按照国民经济学的说法,个体劳动者只要在劳动过程中勤勉有加、技术熟练,那么就可以创造更多的财富和满足自身的生活质量,甚至可以实现劳动产品的"共分",因为劳动者和资本家作为劳动活动的参与者,资本家提供资金,劳动者提供劳动活动,所以国民经济学认为劳动者和资本家都是私有财产的主人,而不是像马克思所认为的那样劳动活动是对劳动者自身的"失去"或"否定"。事实上是怎样的呢?马克思认为,劳动活动并不像国民经济学理论所指出的那样,工人们的劳动活动在生产过程中变成了一种强制性的生产活动,并且劳动成果也绝不是两者共分,甚至连自身的基本生活与生存都难以维持。用马克思的话说就是,这种劳动不再是满足一种需要,而只是满足劳动以外的那些需要的一种手段。前一种需要是指劳动者为实现自己生存所需,后一种需要是指资本的获利需要,劳动不再是为了仅仅实现自我满足,而是服务于资本增值需要的方式,也就是劳动成为一种不自愿活动,是一种强制性的劳动。劳动者一旦进入劳动过程,便进入一种自我否定的强制进程中,表现为:"他在劳动中不是肯定自己,而是否定自己,不是感到幸福,而是感到不幸,不是自由地发挥自己的体力和智力,而是使自己的肉体受到折磨、精神受到摧残。"[2]而这也揭示着经济正义的紧迫性。

三是劳动主体与自己的"类本质"相异化。人的现实生活状态发生了变化,马克思借用费尔巴哈的术语,马克思认为,人是一种类存在物,人的本真生活状态叫做"类本质",劳动是人所特有的自由自觉的活动,也就是说,劳动是人的一种自觉、能动的类生活。按照国民经济学一贯的观点,

---

[1] 马克思、恩格斯:《马克思恩格斯全集》第42卷,人民出版社1979年版,第91页。
[2] 马克思、恩格斯:《资本论》第二版第1卷,人民出版社2004年版,第178页。

比如，萨伊认为，劳动者、资本家、地主这三者作为生产活动的主体，在协同和合作中完成生产活动并且"共分"劳动成果，结果就是无论是谁，最终都具有共同的"类本质"。社会成员不管身份如何，最终都能达到富足的状态。但真的是这样吗？马克思认为，现实生活中工人的生活状态完全相反，他们不仅仅在物质上极度贫穷，在精神上也极度贫穷。"类"是人和动物的界限，本来人是可以借助自身优势获得与动物不一样的生活质量，在精神领域也可以获得更多的自由，但事实上并非如此。工人们或者劳动者们不仅仅在物质上得不到相应比例的满足，而且在精神上也没有获得相对的自由。工人们只是获得了在一般意义上相比较动物而言的生活优势，比如，动物只是被动地接受大自然的馈赠，但是人更多地具有主动性，不仅仅是被动地接受，动物"生产"活动的本能性、片面性以更直接的方式表达出来。人本来可以凭借这种自由自觉的活动让人的生活状态摆脱动物的生活状态，但是，即使工人们创造大量的物质财富，仍然处于贫困之中，归结原因还是在于，马克思认为，在资本主义社会，资本家把作为公共资源的无机自然界变为私有财产，强制劳动者满足他们的需要，导致劳动者"类本质"的异化。同时，在资本主义社会，因为劳动的异化导致劳动产品的异化，使得劳动者自己生产出来的劳动产品与劳动者自身产生了对立。这样便会让人无法确证其类本质，也就无法实现真正的劳动价值及其本质属性。最终导致的后果就是，劳动者劳动自身的异化使得人的自由自觉的活动转变为一种单纯的谋生手段，这样就会造成人与自身类本质的异化，使得人的类本质逐渐变为劳动者异己的本质，人也慢慢成为丧失类本质的人。

四是人与人相异化。这种突出地表现为劳动者与资本家的对立。国民经济学的核心观点就是劳动创造财富，认为各类资产的拥有者能够和谐共处，共同创造财富。但是，马克思看见了这一结论的虚伪性和虚假性，实际上，劳动者被剥夺这种自己所生产的产品的权利，并且最终在有产与无产之间形成对立。"我们每个人都把自己的产品只看作是自己的、物化的私利，从而把另一个人的产品看作是另一个人的、不以他为转移的、异己的、物化的私利。"①因此,在我们看来,"一个人本身对另一个人来说是某种没有价值的东西"。② 这是人同自己的劳动产品、自己的生命活动、自己的类本质相异化的"直接结果"。因为人同自身的关系只有通过人同他人的关系,才能成为对象性的、现实的关系。当工人与自己的产品及其活动相对立的时候,这些都必然属于他人,因而导致人与他人的对立和异化。马克思通过上述四种真实的状况,不仅回击了国民经济学所谓的"事实",还指出造成上述状况的根源就在于私有制。因为资本主义制度的私有化,所以会使资本主义社会劳动发生异化,人的本质也发生异化,人际关系逐渐扭曲。马克思认为,资本主义社会的公平正义只是表面上的公平正义,实际上隐含着经济的剥削,是虚幻的共同体,无法实现真正的公共善。

今天,世界比以往任何时候都更面临着在整个社会的革命性重建或者是相互竞争的阶级的共同毁灭之间的划时代选择。马克思进而指出,财产私有制度是万恶之源;只有废除私人财产和国家财产权,人们才能得到解放,其中就必须包括废除国家边界,在合理的、共有的、经济的基础上重新建立一个新的国际社会。③ 而真正的共同体是作为其成员的个人可以在其中得到发展的共同体,因为个人在真正的共同体中可以拥有并且享有自由平等的权利。"在这个共同体中各个人都是作为个人参加的。它是各个人的这样一种联合(自然是以当时发达的生产力为前提的),这种联合把个人的自由发展和运动的条件置于他们的控制之下。"④马克思认为,真正的共同体与个人的发展是直接相关的,是个人自由和价值实现的条件。真正的共同体与个人的发展直接相关,是因为"一个人的发展取决于和他直接或间接进行交往的其他一切人的发展,彼此发生关系的个人的世世代代是相互联系的,后代的肉体的存在是由他们的前代决定的,

---

① 马克思、恩格斯:《马克思恩格斯全集》第 42 卷,人民出版社 1979 年版,第 34 页。
② 马克思、恩格斯:《马克思恩格斯全集》第 42 卷,人民出版社 1979 年版,第 37 页。
③ 以赛亚·伯林:《卡尔·马克思》,李寅译,译林出版社 2018 年版,第 79 页。
④ 马克思、恩格斯:《马克思恩格斯选集》第 1 卷,人民出版社 2012 年版,第 202 页。

后代继承着前代积累起来的生产力和交往形式,这就决定了他们这一代的相互联系"。① 马克思认为,人只有在真正的社会共同体中,才能获得全面而自由的发展。而人的发展要想是全面且自由的,就必须消灭资本主义国家这种虚幻的共同体,这样才能真正走向马克思所探索和实践并设想的"自由人的联合体"。

在马克思的理论逻辑中,真正的共同体是自由人的联合体,也就是共产主义社会,它是人类真正的解放。要想实现共产主义社会,首要前提是满足人们在生活上所需要的物质资料,最根本的基础是生产力的高度发达。只有生产力高度发达,才能消除成员与成员、成员与共同体之间的利益矛盾,否则在共同体中就会出现"极端贫困的普遍化"。② 不仅仅是这样,在共产主义社会中,人们的交往具有全面性,不同于前资本主义的自然共同体和资本主义"抽象—虚幻"的共同体,人们的交往要么受制于地域限制,要么受制于阶级限制,这两种交往都是片面的。但无论是哪种限制,都是因为生产力不够发达。生产力的发展状况决定了人们的交往状况,要想实现全面性的交往,就必须具备高度发达的生产力。共产主义社会的实现,即未来真正共同体的实现,基于私有制的消灭和个人所有制的重新建立,实现共有共享。

马克思认为,随着生产力的高度发展,社会化大生产将得到进一步发展,生产资料公有制将取代私有制。由于生产资料公有制的建立,个人利益与共同体利益之间的矛盾和冲突将会消失,共同体的生产也不再是根据商品价值规律生产,而是按照共同体成员的需要有计划地生产,进而最大化实现使用价值,最终实现共同体所有成员共享。在这个时候,个人利益和社会利益能真正实现,社会物质财富也不是被少数人占有,而是归共同体成员全体占有。在共产主义社会,社会关系高度和谐。马克思认为,在资本主义"抽象—虚幻"共同体中,存在着一个阶级反对另一个阶级压迫的联合现状,个人首先是作为阶级的成员并以此成为共同体的成员,在

---

① 马克思、恩格斯:《马克思恩格斯全集》第3卷,人民出版社1960年版,第515页。
② 马克思、恩格斯:《马克思恩格斯文集》第1卷,人民出版社2011年版,第538页。

这个共同体中,社会关系是不和谐的,个人与个人、个人与共同体、个人与自然都是对立的。"从前各个人联合而成的虚假的共同体,总是相对于各个人而独立的;由于这种共同体是一个阶级反对另一个阶级的联合,因此对于被统治的阶级来说,它不仅是完全虚幻的共同体,而且是新的桎梏。"① 但是,在自由人联合的共同体中,阶级将会不复存在,共同体的成员也不再是阶级的成员,人们实现了自主活动,物质利益得到充分的保障,共同体的成员利益是一致的,不再有阶级的差别,人们的社会关系是高度和谐的。在《共产党宣言》中,马克思指出,"代替那存在着阶级和阶级对立的资产阶级旧社会的,将是这样一个联合体,在那里,每个人的自由发展是一切人的自由发展的条件"。② 最后,在自由人联合的共同体中,实现人的自由全面发展,这也是马克思共同体思想的根本价值追求。马克思指出,只有在真正的共同体中,"在再生产的行为本身中,不但客观条件改变着⋯⋯而且生产者也改变着,他炼出新的品质,通过生产而发展和改造着自身,造成新的力量和新的观念,造成新的交往方式、新的需要和新的语言"。③ 在真正的共同体中,异化劳动被消除,自由自觉的分工取代自然分工,快乐劳动取代被迫劳动,人们可以自由地或者有更多时间从事自己感兴趣的活动,这也是现实的个人实现自由全面发展的应然状态。总之,马克思的共同体思想是在对资本主义"抽象—虚幻"共同体批判的基础上,以历史唯物主义的分析视域实现了对"资本逻辑以共同体之名对人行抽象统治之实"这一现代性危机的破解,展望未来真正的共同体。在现实视域下,马克思的共同体思想对于实现个体与共同体的和谐共生以及人类共同体文明的进步起着重要的作用。

事实上,2020年突发的新冠疫情也从多角度证实了需要把公共善作为其道德的基础,伴随着全球化的演进,人们之间的联系越来越紧密,在这种历史趋势下,在世界普遍公共利益面前,要想追求和平稳定发展,离

---

① 马克思、恩格斯:《马克思恩格斯文集》第1卷,人民出版社2009年版,第571页。
② 马克思、恩格斯:《马克思恩格斯选集》第1卷,人民出版社1995年版,第294页。
③ 马克思、恩格斯:《马克思恩格斯全集》第30卷,人民出版社1997年版,第487页。

不开全球共同的合作,只有这样,才能实现利益最大化和损失最小化。人类社会再次面临一个历史关口,前路应该怎么走?这次疫情的出现给全球带来巨大的挑战,隔阂和对立也在加深,但是在关键的时刻,我党展现出大国大党的责任和担当。在多国抗疫面临紧要关头而国际物流不通畅的时候,一趟趟中欧班列化身生命列车,送去疫情急需物资;在全人类面临疫情威胁的时候,我国坚决反对将疫情政治化、病毒标签化,致力于全球合作;在全球经济处于"至暗"的时刻,我国坚定站在多边主义的立场,维护全球自由贸易体系。我国的国际交往观念不同于西方的国强必霸理念,我国一直坚持的是友好合作准则,摒弃敌对态度。在这场疫情考验面前,中国人民上至中央下至地方,都再一次向全世界各国人民展示出团结互助、自我牺牲和顾全大局的精神,始终坚持在联合国与世界卫生组织框架下推动各国抗疫合作,向世人证明了一个负责任的大党如何为人类社会携手应对共同挑战尽心尽责,为世界防控病毒的扩散争取了重要的时间。任何民族作为民族所承担的责任,都是他们作为人类社会的一部分承担的责任和为人类社会而做的事情。他们的全部价值仅仅在于:"每个民族都为其他民族完成了人类从中经历了自己发展的一个主要的使命(主要的方面)。"[①]

病毒没有国界,在疫情面前,全球是一个整体,战胜病毒是实现全球的共同利益,无论是发达国家还是不发达国家,都应该携手合作,共同克服人类面临的困境,尤其是发达国家能帮助发展中国家走出困境。面对突如其来的疫情,任何政府、企业或者个人都不可能独立应对,团结合作才是王道。人类命运共同体首先是利益共同体,检视资本主义世界秩序,我们会发现,一些发达国家在发展经济的时候,在资本扩张的逻辑框架下,所组成的各个利益主体仍然会为了实现自己的利益而不断地制造全球问题。比如实行贸易保护、"美国优先"战略等,而这些措施都不利于全球形成一种互利共赢的共同体形式,实际上,在当今形势下,任何一个国

---

① 马克思、恩格斯:《马克思恩格斯全集》第42卷,人民出版社1979年版,第257页。

家都是没有办法独善其身的,不仅要实现互利共赢,还要强调责任共担。在利益共同体、责任共同体的基础上实现人类命运共同体,人类命运共同体理念是对马克思主义共同体理念的承袭和创新。人类命运共同体理念强调国际社会处于一个普遍联系的利益共同体中,追求的是国际社会自由、平等、和谐发展,倡导的是人们超越制度的差异,维护的是全人类的共同利益,通过协商以及和平谈判,为世界各个国家的发展创造良好的环境。坚持人类命运共同体理念,反对隔阂、冲突和对立,共同克服和解决全球问题,建设一个和平发展的世界。这次新冠疫情的大流行,深刻揭示出全球人类命运的休戚与共和紧密联系。"真正的共同体"的基础既是共同体成员之间的共同利益,更是共同体成员之间的共同价值,没有共同利益就不会有共同目标和行为,而没有共同价值就没有长远的共同目标和行为。随着全球化的深入,各国之间的不确定性增强,联系也日益紧密,各国命运休戚与共。人类命运共同体不仅仅是空间上和时间上的共存,还要体现文化上的"共情",各国之间应该秉持"和而不同"的理念,兼容并蓄,建立东西方文化的互通、尊重和平等交流,只有这样才能实现真正的公共善。

二、马克思对资本主义私有制条件下物化的善观念的批判

"拜物教"一词的使用最早是在宗教学意义上的,可追溯到德布罗斯《论物神崇拜》一书中,含义是指早期的原始部落把大自然中没有生命的自然物当作具有超自然力量的神来加以膜拜。在原始社会,由于原始人类生产力水平低下,他们相信与自己生活相关的自然事物都具有超自然的灵力,就崇拜它们,这就是拜物教。[①] 拜物教与拜神教是相对的,拜物教所拜的是社会上实际存在的物,这种物往往是既可以感觉的又超感觉的物质。马克思把商品经济形式在人性、人的意识中的表现称为拜物教。而马克思首次提到"货币拜物教"是在《1844 年经济学哲学手稿》中,后来

---

① 时光、王岚:《宗教学引论》,中央民族大学出版社 2003 年版,第 196—197 页。

马克思在《政治经济学批判大纲》和《资本论》中又进一步对各种各样的拜物教进行细致的分析和研究。马克思认为，货币本是作为商品交换的媒介，人与人、人与物之间关系的物的体现，但是货币的作用不仅仅如此，随着商品经济的不断发展，货币的出现把人与人之间的关系变成了物与物的关系，货币对人们的魅力和诱惑力也越来越强大。但人们所看见的只是货币光鲜亮丽的一面，货币在交换过程中获得的人的社会关系力量被人们误认为是货币与生俱来的力量，货币也因此获得一定的神秘性，与原始部落的人们所膜拜的超力量的神一样，货币成为人们心目中的神，引起了人们对货币的疯狂追逐和崇拜，因此也就产生了货币拜物教。货币拜物教是商品经济的产物，是个人追求货币的个人理性导致的社会非理性的结果。马克思立足于社会现实，站在历史唯物主义的高度，对这种市民社会的资本拜物教进行了鞭辟入里的批判和剖析，对货币拜物教的批判路向主要是聚焦于它对价值关系的扭曲和颠倒，揭示了货币对人与人的社会关系的掩盖，并形成系统的货币拜物教批判的理论。在《资本论》中，第一卷正是从拜物教的批判开始的，拜物教是贯穿始终的一个重要线索。马克思对拜物教问题也是非常重视的，他根据拜物教的不同表现形态，将其分为以下三种形式：商品拜物教、货币拜物教和资本拜物教。在马克思看来，这三者之间的关系是层层递进并且有着严密的逻辑关系，而他也是根据这一逻辑关系对货币拜物教进行了全面的批判。商品拜物教通过商品形式表现，而在货币拜物教中，是通过货币形式表现出来的。在以私有制为经济基础的商品社会中，人与人之间的关系被商品的关系掩盖，这些商品具有神秘的力量，控制着生产者。马克思把商品世界的这种神秘性比喻为拜物教，称它为商品拜物教。[①]

后来，随着商品交换越来越频繁，并越来越成为普遍现象，人们越来越发现物物交换的弊端，就开始将具有特定性质的金银作为一般等价物进行交换，于是慢慢地，货币的特有形式和价值决定了货币充当一般等价

[①] 马克思：《资本论》，人民出版社1953年版，第87页。

物,人与人之间的关系通过货币表现出来。马克思指出,货币拜物教是从商品拜物教发展过来的,相比商品拜物教,货币拜物教是一种更加抽象的存在,正是这种存在,使得人与人之间的关系被物与物之间的关系所遮掩,最终导致物的主体化和主体的物化。马克思在《资本论》及其手稿中曾深刻地指出,在资本主义生产方式取得统治的条件下,"一切资产阶级关系都镀上了金或银,表现为货币关系"。① 每个人作为货币所有者,"他在衣袋里装着自己的社会权力和自己同社会的联系"。② 很显然,社会关系也凝结成货币。马克思进一步指出:"货币拜物教的谜就是商品拜物教的谜,只不过变得明显了、耀眼了。"③货币拜物教介于商品拜物教和资本拜物教性质之间,而货币相比资本来说,虽然货币能购买商品,但是货币不能产生剩余价值。当货币变成资本后,商品流通的目的更多是为了获得更多的货币,资本也随之神秘化。资本是能带来剩余价值的价值,其"最富有拜物教性质的形式"。④ 当发展到资本尤其是生息资本阶段,资本生息就像是梨子树上长出梨一样成为自然属性,其拜物教的性质得到进一步完成和强化。或者说,"在生息资本的形式上,资本拜物教的观念完成了"。⑤ 货币拜物教在资本拜物教中实现了自身的进化,正如马克思所指出的,资本拜物教是货币拜物教的完成形态。总的来说,这三种拜物教有发生次序的先后,但是更具有内在的一致性。这三种拜物教都是人的本质力量物化、异化的表现,都是将商品、货币或资本的本质归结为某一物质的自然的物质存在和物质规定,都是经济权利唯一性的虚幻化产物和表达,都是对物质权利的非物质肯定和信奉,也是对人本质力量的非人的否定。从马克思对三大拜物教的批判可以看出,在资本主义生产方式中,物被赋予"人格"而变得高贵且神秘,人则被抽掉了"人"的维度而变成了物。因此,马克思对货币拜物教的批判离不开对商品拜物教和资本

---

① 马克思、恩格斯:《马克思恩格斯全集》第 31 卷,人民出版社 1998 年版,第 458 页。
② 马克思、恩格斯:《马克思恩格斯全集》第 30 卷,人民出版社 1995 年版,第 106 页。
③ 马克思、恩格斯:《马克思恩格斯全集》第 44 卷,人民出版社 2001 年版,第 113 页。
④ 马克思:《资本论》第 3 卷,人民出版社 2004 年版,第 440 页。
⑤ 马克思:《资本论》第 3 卷,人民出版社 2004 年版,第 449 页。

拜物教的批判，《资本论》中马克思对三大拜物教的批判也使其拜物教理论批判体系得以最终完成。

异化劳动的产生直接导致了私有财产的出现，私有财产是异化劳动的必然结果。而劳动产品作为私有财产的体现，一旦进入市场交换，转化为商品，就被蒙上了拜物教的神秘面纱。货币这个商品交换媒介的出现更增加了这种神秘性，人的社会关系在货币的作用下被物化。异化劳动和私有财产的出现直接导致了货币拜物教的形成，也就是说，这是货币拜物教形成的直接动力。异化劳动不是凭空产生的，是因为社会自发分工才导致的。马克思比斯密更进一步，马克思、恩格斯不仅提出了自发分工会导致生产力、社会状况与意识的矛盾，更进一步指出了自发分工会产生私有制，会导致人的异化，会导致阶级和国家的产生，这些都是斯密所不具备的，也是马克思独到的见解。马克思认为，分工和私有制是相伴相生的，私有制的确立也使得资本主义私人占有完全合法化，有了私有制这一概念，资本主义对劳动者的剥削等都合理化，在市民社会，物质的世界日益增值，人的世界日益贬值。正如上述的异化，劳动者生产的财富越多，他自身却越来越贫穷。在商品的交换中，货币作为一般等价物，仿佛它本身就是一切人类劳动的直接化身，私人劳动的社会性质和私人劳动者的社会关系被货币的物化形式所遮住，在分工和私有制占主导的社会机制下，货币拜物教相应而生。在马克思看来，货币的本质就是人的本质发生了异化，人的本质不再是一切社会关系的总和，在货币作用下发生了异化，人不是自由支配自己的创造物，反而被创造物所奴化，主体与客体之间的关系得以颠倒。马克思通过想象，进一步探讨货币的本质。"货币的本质，首先不在于财产通过它转让，而在于人的产品赖以互相补充的中介活动或中介运动，人的、社会的行动异化了并成为在人之外的物质东西的属性，成为货币的属性。"[1]也就是说，马克思认为，货币的本质是人的社会性活动的异化，具有私有财产的属性。在货币拜物教的支配下，人们之

---

[1] 马克思、恩格斯：《马克思恩格斯全集》第42卷，人民出版社1979年版，第18页。

间的关系都变成了冷冰冰的金钱关系。在这种关系中,首先,人与自己的类本质不是相统一的,而是对立的;其次,人与自己的创造物主客体的关系发生颠倒;最后,人与人之间的关系也发生对立。随着货币拜物教的价值观的流行,人们的活动以货币为中心,沦落为货币的奴隶。而要摆脱这种困境,就必须扬弃异化劳动和私有财产。马克思认为,共产主义运动是扬弃异化的最有效的实践。他阐述道:"共产主义是私有财产即人的自我异化的积极的扬弃,因而是通过人并且为了人而对人的本质的真正占有;因此,它是人向自身、向社会的即合乎人性的人的复归,这种复归是完全的、自觉的和在以往发展的全部财富的范围内生成的。这种共产主义,作为完成了的自然主义,等于人道主义,而作为完成了的人道主义,等于自然主义,它是人和自然界之间、人和人之间的矛盾的真正解决,是存在和本质、对象化和自我确证、自由和必然、个体和类之间的斗争的真正解决。"[①]共产主义运动的不断进行,会使劳动者真正得到解放,人类也才能实现全面自由发展。

在当今社会,随着经济的不断发展,人们的一切似乎都与货币画上了等号,误认为"一切都可以用金钱来衡量和买卖",认为货币生来就具有强大的神秘力量,而这也是货币拜物教观念的典型表现。而我国现在处于社会主义市场经济向纵深方向发展的阶段,货币所能起的作用也越来越广,正如桑德尔所认为的,在这个市场必胜论的时代,市场和市场的价值观正以一种从来没有过的方式排挤人们的道德价值观,因此,如果这种"拜物教"的观念长此以往,我国可持续发展的道路将会受到阻碍,改革也会异常艰巨。就拿市场经济发展中由于只顾追求经济效益而忽视环境等社会效益的问题来说,工业文明所有的灿烂成就的获得,归根结底是以牺牲自然生态、社会生态和人体生态为前提和代价的。这不仅是自然异化,也是人的异化,更是社会的异化。同时,很多企业在经济发展过程中走的是"先污染后治理"的道路,虽然后来通过各种方式进行弥补,但还是没有

---

① 马克思、恩格斯:《马克思恩格斯全集》第 3 卷,人民出版社 2002 年版,第 297 页。

办法掩盖其曾经的过错。企业经济的发展是以牺牲自然的环境为代价，是以牺牲人类的福利为代价，很多企业的市场运作方式是不符合整体社会利益的。因此，这种只顾效益而不顾环境的做法必然不能产生持续的效益。虽然与马克思所处的时代相比，社会的客观现实发生了很大的变化，但我们目前仍然处在马克思所说的第二阶段，也就是物的依赖性占统治地位的阶段，因此，对马克思货币拜物教的批判理论进行深入研究，不仅是当今时代实现可持续发展的必然要求，也是我国社会发展面临的现实需求。

三、马克思对古典自由主义个体善的批判

古典自由主义，又称为自由放任主义，其基本观点是主张个人自由、经济自由、社会自由，以斯密、洛克等为代表。对于公共利益，古典自由主义认为，这是一种政府没有办法主动实现的奢侈品，如果要讨论公共利益，那么公共利益也是作为一种副产品产生。换言之，对于古典自由主义而言，政府或者国家的作用是为了保证个人权利的实现。古典自由主义是19世纪上半叶欧洲的主导意识形态，是在西方工业革命背景下产生的，并且与资本主义制度相匹配，古典自由主义的个体善即利己主义是它所认可的价值观并且拥有合法性。古典自由主义的这种利己主义价值观遭到了各方面的批判，典型的批评者有保守主义、社会民主主义、绿色社会主义。本书主要是以马克思对古典自由主义的批判为代表。在马克思对古典自由主义的多维度的批判中，直接包含了对古典自由主义利己主义的批判。马克思作为自由主义的一个激烈的批判者，他指出：作为自由主义社会的真正基础的人，只是"利己主义的人"；资产阶级宣称自由、平等、安全、财产是自然的和不可剥夺的人权，然而"任何一种所谓的人权都没有超出利己主义的人"。[1] 马克思对古典自由主义利己主义主要是从以下三个方面进行批判：从人类解放的角度来阐明利己主义的局限性，从

---

[1] 马克思、恩格斯：《马克思恩格斯全集》第1卷，人民出版社1956年版，第439—442页。

本体论的视角来阐释利己主义的矛盾,从历史唯物主义的角度对利己主义进行扬弃。同时,马克思在批判古典自由主义利己主义的时候,特别批判了施蒂纳的利己主义。马克思通过对古典自由主义的多维度的批判,从而实现了由对古典自由主义的认可到批判古典自由主义思想的转变。

在法国大革命之后,马克思之前有很多学者对利己主义也进行过批判,主要分为以下三种:第一种是来自自由主义传统内部的反思,以埃德蒙·伯克为代表,这一种立场的观点主要是强调个人对国家的责任和义务,而法国大革命破坏了这些好的因素,最终会导致抽象的、孤立的个人自由走向反面,堕入专制;第二种是来自封建贵族反动势力的批判,以梅斯特尔为代表,他们认为,法国大革命所代表的自由主义摧毁了共同体内部的团结;第三种是以空想社会主义为代表,他们批判的是市民社会下个人的分裂和对立。但是,对马克思影响最深的或者说直接产生影响的主要是黑格尔所主张的"市民社会是个人私利的战场"的思想,即近代社会所宣称的"自由和平等的人权实际上是抽象的和自私的个人"的思想。同时,恩格斯在《英国工人阶级状况》和《政治经济学批判》中所阐述的资本主义个人的利己主义的思想对马克思思想的形成也颇有影响。马克思在吸收和借鉴这些思想的基础上,也从三个方面对自由主义利己主义提出批判:第一,从人类解放的角度来阐释自由主义的局限。马克思认为,自由主义所提倡的人权,其理论的基础是利己主义,因此谈不上是人类解放,只能说还是停留在政治解放的层面上。政治解放与人类解放不一样,政治解放只是意味着从国家这个角度来看,摆脱了宗教而得到解放,但是从个人的角度来说,还没有摆脱宗教的约束。而宗教的束缚意味着世俗的狭隘性,换一个角度来说,政治解放会导致人的二元分裂,市民社会中的人脱离政治共同体,成为相互独立的个人,结果就是市民社会的本质成为利己主义的领域。第二,从本体论的角度来揭示利己主义理论的矛盾。在自由主义本体论看来,个人是唯一的实在、实体,社会或者国家等共同体只是个人简单的复合,对于个人来说,国家是工具性的,不是构成性的。因此,自由主义呼吁个人的独立和自由是不受干涉的。但真的是这样吗?

马克思认为,真实情况并不是这样的,个人并不像自由主义本体论所认为的那样,相反,个人是处于一定历史条件下的个人。并且马克思认为,如果"原子化"的抽象是自由主义关于个人的形式上的规定,"利己主义"是自由主义关于个人的内涵上的规定,那么这两者是互相矛盾的。因为就"原子"本身的特性来看,是完善的,对外物是没有任何需要的,但在现实生活中是不可能存在的,人是不可能脱离社会存在的。自由主义的本体论存在着形式与内容、"无生命的抽象"与"感性的现实"之间的不统一。第三,从历史唯物主义的立场对利己主义进行否定。马克思反对利己主义,但是马克思不反对感官欲望和物质利益。马克思认为,自我牺牲与利己主义的对立只是一种思辨的表现形式,而真正的根源在于形式背后的物质根源。马克思历史唯物主义的立场也正是在于此。

施蒂纳作为青年黑格尔派的主要代表人物之一,其主要观点是个人无政府主义和利己主义,并在此基础上建立起他的利己主义自由观。施蒂纳在他的《唯一者及其所有物》一书中提出"唯一者"的概念,这个唯一者的实质就是唯我主义和利己主义。施蒂纳对利己主义表示赞同,认为人们生活的环境就是一种利己主义环境。"神和人类都不关心别的,只关心它们自己,让我也同样关心自己吧。我自己和神一样,不是其他任何人的什么。我自己是我的一切,我自己就是唯一者。"①施蒂纳的立场实际上是代表小资产阶级的幻想。不仅如此,施蒂纳现实生活的最高真理就是利己主义,他运用黑格尔的三段式把利己主义分为三种:通常理解的利己主义、自我牺牲的利己主义和自我一致的利己主义。施蒂纳把"通常理解的利己主义"理解为一种个人贪婪的欲望,代表的是个人利益;"自我牺牲的利己主义"是对前一种利己主义的否定,是为满足一个人某一个主导的欲望而牺牲其他的欲望,代表的是一种普遍利益。施蒂纳认为,前面两种利己主义都不是全面的,只有最后一种利己主义符合利己主义的本质和内涵。"自我一致的利己主义"就是"唯一者",是真正的利己主义者。

---

① 奥伊泽尔曼:《马克思主义哲学的形成》,潘培新译,生活・读书・新知三联书店1964年版,第451页。

施蒂纳的自由观是建立在一种唯心主义历史观念上的,马克思对施蒂纳的这种自由观进行了批判,马克思认为,自由的实现并不像施蒂纳所认为的那样是由逻各斯的演变决定的,反而是由生产力水平决定的。自由必须以生产力高度发达为基础,因此必须进行现实的共产主义运动,消灭私有制与社会成员之间对立的条件,这样才能实现所有人的自由。

在马克思看来,以施蒂纳为代表的小资产阶级幻想着在保留私有制的基础上来实现人的自由是无法实现的。各种各样的古典自由主义反映了资本主义物化状态多方面的现代问题,比如在制度、经济以及人文精神等各个方面的问题。古典自由主义所蕴含的一般规律主要是强调私有制对社会发展的决定作用和资本主义意识形态。作为古典自由主义的继承者,新古典自由主义又称为新自由主义,主要代表人物是奥地利学派的哈耶克、货币学派的弗里德曼、公共选择学派的布坎南、理性预期学派的卢卡斯等。面对20世纪70年代"福利"国家政策所出现的问题和经济领域的"滞胀"问题,新自由主义重申古典自由主义的原则。作为西方主流意识形态,其坚持私有化、市场化和自由化的实质是没有变化的。因此,马克思对古典自由主义利己主义的批判,不仅有助于我们在理论上厘清古典自由主义与新自由主义的逻辑关联,还有助于我们辩证地看待利己主义观念。马克思对古典自由主义利己主义的批判不是孤立的批判,是与其对政治经济的批判以及对资本主义私有制的批判融为一体的。利己主义这一难题不仅是马克思主义时代的难题,也是当今社会的难题。

马克思主义唯物史观以个人与社会关系的互动为前提,以辩证唯物史观和历史唯物主义为基础,以历史分析方法和阶级分析方法为指导,从根本上超越了社群主义。在马克思之前,政治经济学家一般都将经济活动的社会目的归结为国民财富总量的增长,但马克思不一样,马克思的研究重点在于财富的分配规律,并对资本主义生产资料私有制进行了批判。而本书也是站在马克思主义立场上,对市场经济与公共善的关系进行探讨,尤其是对马克思主义个人与社会关系的原理进行探讨,基于历史现实的基础,将人和社会视为统一不可分割的现实联系。不仅个人是生活在社会关系之中的,而且个人利益也是与社会整体利益分不开的。

　　本书的"公共善"是基于公共价值之上的公共利益。也就是说,公共善不是简简单单地对个人进行加总,公共善更多体现的是人们在一种公共价值观的基础上对集体成就和集体目标的信奉,是对公共利益的一种重视。公共善不仅仅是一个利益和效用系统,公共善包括更多、更深刻、更具体、更人性化的东西,比如公民良知、政治美德、权利和自由意识、精神财富、道德正直、正义、友谊、幸福、美德等。公共善是一种生活目的,它本身就是好的。公共善是道德上的善,作为一个基本要素,尽最大可能促进人的发展和人们美好社会生活的实现。只有在符合正义和道德善的条件下,才是真正的公共善。总之,公共善和个人善并不是一种对立和冲突的关系,公共善是一种均衡妥当、各方都认可和接受的合理选择。对于个人来说,个人善是一种内在品质,是一种追求个人幸福的内在品质。个人善是一种证明,即对每一个公民自足性的证明,是个体正义感的基础,也是每一个人良知的来源。正如马克思所说:"个人的出发点总是他们自己,不过当然是处于既有的历史条件和关系范围内的自己,而不是玄想家们所理解的'纯粹'的个人。"[①]公共善与个人善是相互兼备的,公共善与个人善的兼备不仅在于满足共同体生活的全部价值,而且它成为一个逐步完善的和谐社会的伦理秩序的基本准则。只有这样,个体的个性才能与社会和谐地统一起来,每个人的自由发展成为一切人自由发展的前提条件,才能真正实现个人与社会整体的和谐统一,使得人真正成为全面发展的新人。

[①] 马克思、恩格斯:《马克思恩格斯选集》第1卷,人民出版社1995年版,第119页。

第三章 公共善：市场经济的内在动力与深层逻辑

市场经济并非排斥公共善，以公共利益为目标的公共善并不违背市场经济的等价交换、经济主体性价值、个人利益等原则。相反，公共善对市场经济的发展起着重要的推动作用和平衡效应。公共善是市场经济的内在动力与深层逻辑，也是市场经济发展的重要目标。一旦偏离公共善，与公共利益背离，市场将会导致私欲的膨胀、损坏公共利益，导致市场效率的损失和经济秩序的破坏。但公共善并不是自动生成的，公共善的实现需要道德规制。

第一节 市场经济的发展离不开公共善

对于市场经济体制的建立需不需要公共善来作为保障这一问题，理论界主要有以下几种不同的看法：第一种观点认为，市场经济要想发展，就必须鼓励人们去尽最大的努力争取个人的成功和财富，而公共善却是束缚人们欲望的外在的道德，所以不需要公共善。第二种观点认为，随着市场经济的发展，道德滑坡是必然的，即经济效率和道德进步是二律背反的。持有这种观点的人并不否认公共善的必要性，只是他们担心强调公共善会使市场经济不能得到强劲的发展，因此为了促进经济效率，只能牺牲公共善。第三种观点认为，公共善是必要的，但是在市场发展的初期必然会使得公共善被忽视，只有等市场经济发育完备了，公共善的建设才能得到更好的发展,这种观点也被称为公共善建设的"滞后论"。但无论是哪一种观点,都认为公共善的建设与市场经济的发展是相悖的,都强调市场经济要求肯定个人对个人利益的追求,又担心公共善的建设会给经济带来不利的影响,其本质上都是把公共善的建设与市场经济中个人权利意识的增长对立起来。但实际上,市场经济并非排斥公共善;相反,市场经济离不开公共善,市场经济要想长远发展,不仅需要利己还需要利他,不仅需要私人物品还需要公共物品,更需要来自社会公共善的约束。

一、利己与利他

我们不得不承认,随着市场经济的兴起,人们的个人权利意识得到明显的觉醒,市场善观念也随着人们从追求公共善到追求个体善发生了嬗变,这一观点在前文中也做出了详细的论述。以往我们总是把个人意识的觉醒作为私有制的产物、资产阶级的意识形态,但其实这是一种非常简单的看法。虽然不得不承认,用抽象的人这种错误的理论形式来表达个人意识的觉醒是资产阶级的意识形态,并且个人意识的觉醒又是在18世纪的欧洲私有制条件下实现的,自然而然人们就会把个人意识的觉醒打上私有制的烙印,但是,如果拿个人意识的觉醒和权利意识的增长本身来说,与马克思所表达的一样,这只是生产力发展的产物。因此,个人意识的觉醒和个人权利意识的增长本身与市场经济的发展并不相悖。在这一点上,在我国经济变革的历程中也得到佐证。农村从实行联产承包责任制开始,农民得到生产自主权,摆脱农村公社的整体,把个人的生存寄托在个人自力更生的基础上,也正是在这种个人意识的觉醒下,农民的生活开始变得富裕起来。从西方市场经济伦理演变的角度来看,主要有情感论、感性论、理性论,但无论是哪一种观点,它们都承认每个个体有自己的权利,并在此基础上引申出普遍道德律令的必要性。也就是说,个人权利的增长与社会公共善是相统一的,利己与利他是相统一的。

第一,市场经济发展离不开公共利益,利己与利他并不矛盾。一方面,在市场中,每个人都在追求自己利润的同时,也相应地在为整个社会服务。每个人都把自己的技能、能力、想法和产品投放市场。一个人依赖别人，就像别人依赖一个人一样。每个人都为他人服务，作为回报，其他人也为他服务。正如斯密所认为的那样，拥有不同能力的人生产不同的产品，然后进行交换，每个人都有机会，在那里每个人都可以购买其他人的天赋产品的任何部分。没有人能够独自满足他的全部需求。我们无法独自生存，我们需要他人的帮助、技能和产品。人类劳动的分工和结合是人类合作的最大形式。米塞斯认为，带来企业、社会和文明并将动物人转化为人类的基本事实是，在分工下进行的工作比孤立的工作更具生产力，人类的理性能够认识到这一事实。也就是说，人类的理性会告诉人类自己，人类要想实现更好的发展，在分工下进行的工作比孤立的工作更具生产力。人类行动作为劳动分工和结合的形式，使我们更像个人，也使社会更像人类社会，市场经济并没有把人类个体从人类共同体中孤立出来，人类在市场经济中既有竞争也有合作。

另一方面，市场经济中的主体要想实现经济活动的增值，离不开供给这一要素，供给这一要素就决定了必须从满足他人或者社会的角度去考虑，因为如果市场主体的供给不利于他人或者得不到他人的认可，那么就没有办法实现经济交换，也就没有办法实现增值的目的，所以经济活动的本质决定了利己与利他是统一的。换句话说，尽管"利己"是促使经济人从事市场经济活动的内在动力，然而要想实现这个动机也就是实现自身的利益，就必须通过"利他"的手段才能实现。在经济活动中，利己与利他是相互统一的，是不能相互分离的。承认"他者"的存在不是对"自我"的威胁，而是使"自我"变得更加丰盈和充实，使"自我"不再是一个个孤立的"原子"。马克思在哲学上明确地强调人的本质是一切社会关系的总和；李斯特的国民经济学也明确反对原子主义，认为个人的福祸与国家的福祸是分不开的。即便是亚当·斯密，虽然主张经济自由，但在方法论上也不是个体主义者，他认为人是在社会之中的，不主张原子式的个人。而社会基本常识也告诉我们，人类要想生存、发展，离不开物质生活资料的生产。随着社会生产力的发展和三次大分工的出现，人们就必然与其他人进行交换,也就是通过供给他人(利他)使自己的需要得到满足(利己),这是市场的游戏规则。这也就决定了参与市场交易主体的利己,是以利他为前提的。

第二,如果市场经济中交易的一方试图以牺牲他人的利益而得到自己的利益,从长远来看这是行不通的。市场经济运行机制使得经济人具有矛盾的两重性:"每个人是手段同时又是目的"。经济人在经济活动中追求自利的同时也利他,这样才能实现自利,交易双方实现互利。比如,在市场经济中,如果一个商人只是满足自己而忽视顾客,那么这个商人就不可能在市场上待很长时间。企业自身的盈利能力本身并不是目的,利润对于身体来说就像是氧气、食物、睡眠和血液,但它们不是生命的意义,自身的盈利能力只是市场主体生存的必要条件和实现更重要目标的手段,企业要想实现长远发展,不能只考虑自身的盈利能力。[①] 自由市场体系约束自利。弗兰克认为,在个人关系中,狭隘的利己主义者表现不佳,甚至在物质或经济方面,相比之下,那些受利他主义情感如爱、自我牺牲和同情引导的人表现更好。[②] 例如,从长远来看,伴侣之间有着牢固爱情纽带的婚姻比主要基于狭隘、长期自身利益考虑的婚姻更有可能成功,这是因为,即使在身体或经济困难的时候,出于对彼此的爱而激励的伴侣也可能保持忠诚,避免不正当的关系,并保持对彼此的承诺。相比之下,那些主要被狭隘的自身利益所引导的伴侣可能会被诱惑在短期内结束这段关系,即使婚姻承诺的长期利益是显著的。再如,企业家总是要考虑客户、员工、投资者等行为,他们在经营企业时不仅需要履行经济责任,还需要履行法律、伦理以及慈善责任,他们不能强迫人们按照自己的利益行事,还必须让人们相信他们产品的质量。

在自由市场体系中,顾客是重要的,供应商是重要的,政府是重要的,

[①] Shirley Sagawa, Eli Segal, Common Interest, Common Good: Creating Value through Business and Social Sector Partnerships, *California Management Review* (Winter 2000).

[②] Frank R. H., *Passions within Reason: The Strategic Role of the Economics*, W. W. Norton & Company, 1988, pⅩ—Ⅺ.

乃至环境都是重要的。利己主义要求我们高度重视与他人的关系。没有卖家、没有商人、没有企业家能够忽视顾客的行为。市场经济是一种巨大的效率力量。当企业家以最佳方式满足客户需求时，他们就会得到回报。企业家如果懂得重视客户，就可以成长，获得巨大的财富；如果他们停止生产最优质的产品，其他竞争者就会出现，他们就会衰落并被市场淘汰。以日本松下电器公司为例，其成功的原因关键在于价值体系，公司要求员工在获得回报的同时也要服务社会，在利己的时候也要利他，在提倡"西方理性"的同时也要融入"东方精神"。德鲁克强调，在当今社会，道德或"真诚"与它们的效率或表现一样重要。当代商业伦理的任何有意义的定义都必须包含某些原则，这些原则根植于谨慎和自我发展的伦理以及相互依存的伦理，这些原则可以追溯到亚里士多德的谨慎或自我发展伦理。市场经济奖励个人的正直和责任，它保护和促进个人的幸福和自主，它承认人的个性和社会性。在市场经济中，个人之间的合作和竞争一样重要，人类合作创造了自由市场和社会。我们能够活下来的动力不是竞争，而是合作。米塞斯认为，社会合作与劳动分工是相互依存的，一个不能没有另一个。社会是分工与劳动的结合，社会只不过是个人为合作而努力的结合。在自由市场中，人们看到的不是敌人，更多是伙伴。因此，利己与利他既对立又统一，两者统一于经济实践过程之中。

第三，市场经济的真正基础是人的行动，而不是利己主义。市场人道主义不站在利己主义或利他主义一边，它超越了这种二分法，给出了一种新的、综合的成果。在这种新的综合中，利己主义和利他主义不一定不相容，一定相容。自身利益与道德义务并不对立。个人为了自己的利益可以为社会做任何事情，社会可以从个人的自我追求行为中获得巨大的利益。桑德尔认为，对于人的利他行为有两种解释：一是进化心理学提出的"自私的基因"观念；二是马斯洛需求层次理论。个人需要社会，就像社会需要个人一样。市场经济源于自利，但我们不能把市场经济说成是自私或利己的经济。自由市场经济既不是利己主义，也不是利他主义。因为利他主义或利己主义可能是人类行为的动机。更好的说法是，市场经济承认人文上的相互性,同时兼顾个人和社会利益。市场经济不要求个人为了他人的利益而牺牲自己的利益,它展示了一种方式,在这种方式中,个人可以寻求自身利益,同时为他人做出贡献。市场经济活跃了经济生活,加深了人际关系,创造了人类合作和联系的新形式。通过人类的合作,人们对彼此的态度发生了积极的变化。人们可以在市场上彼此产生共鸣和友谊,敌意和竞争可以减少到最低限度。自由市场中的社会合作和关系有助于人类发展。自由市场经济也为富人和穷人提供了机会。市场经济创造新的财富,并在人们之间分配这些财富。在市场上,如果一个人想促进自己的利益,就必须关心他人的利益。市场最重要的一个中心事实是,如果双方之间的交流是自愿的,除非双方都相信自己会从中受益,否则这种交流就不会发生。市场经济不是建立在"自私"和"利己主义"人性基础上所产生的"霍布斯丛林"社会。而大多数经济谬误源于对这一简单见解的忽视,源于一种倾向,即认为有一个固定的馅饼,一方只能以牺牲另一方为代价来获得利益。实际上自由市场是一个社会合作与自愿交流相互受益的世界,在市场上,一个人的收获不是另一个人的损失;相反,一个人的收获也是另一个人的收获,市场体系使公共利益与私人利益相互协调,我们从彼此身上获得利益。

总之,市场经济本身具有公共善的要求,市场经济主体不能为了个人利益而忽视社会公共善,在利己的同时也要利他。

二、私人物品与公共物品

市场经济不仅需要私人物品,而且需要公共物品。在经济学中,主要是根据以下两个标准进行分类:第一,物品是否具有排他性,即是否可以阻止人们使用这些物品;第二,物品是否具有竞争性,即一个人使用某种物品是否减少了其他人对该物品的使用。[1] 根据这两个标准,把物品主要归为以下几类:私人物品,既有排他性也有竞争性;公共物品,既没有竞

---

[1] 曼昆:《经济学原理》,梁小民译,北京大学出版社 1999 年版,第 230 页。

争性也没有排他性;共有资源,有竞争性但没有排他性;自然垄断品,有排他性但没有竞争性。所谓排他性,就是指该物品的生产者或购买者很容易把他人排除在获得该物品带来的利益之外。所谓竞争性,与消费物品所增加的成本有关,如果在增加消费一单位物品时社会所需要增加的成本不为零,那么该物品是有竞争性的。最早涉及公共物品理论有关内容的是英国学者霍布斯,后经休谟、亚当·斯密、约翰·穆勒等发展,穆勒以灯塔为例,指出因为受到难以收取服务费用和无法排斥他人受益等因素的影响,使得市场失灵,这也是后来公共物品的囚徒困境和"搭便车"问题。19世纪80年代的边际学派认为,物品包含私人物品和公共物品,他们运用边际效用理论,将公共物品的提供、分配与私人物品进行比较,从而产生了公共物品的基本理论。萨缪尔森于1954年在《经济学与统计学评论》上发表的《公共支出的纯理论》一文首次给纯公共物品下的定义是:"每一个人对这种物品的消费并不会导致任何其他人消费的减少。"[1]在萨缪尔森理论的推动下,西方掀起了研究公共物品的热潮。

公共物品分为纯公共物品和准公共物品。要确定一种物品是不是公共物品,先看它是否具有非竞争性,再看它是否具有非排他性。如果两者都不具备,则是纯粹的私人物品,两者兼具备的是纯公共物品,只具备两者之一的是准公共物品。[2] 纯公共物品一般具有规模经济的特征,在消费上也不会存在"拥挤效应",人们不可能通过特定的技术手段进行排他性使用,否则付出的代价将会非常高昂。比如国家安全、法律、国防等就属于典型的纯公共物品。而在现实生活中,相比纯公共物品,更多的是混合产品,也就是准公共物品。准公共物品是具有有限的非竞争性或有限的非排他性的公共产品,这种准公共物品是在纯公共物品与私人物品之间的,兼有私人物品和纯公共物品的特征,往往是市场因素和政府因素兼而有之。比如教育、政府建设的公园、拥挤的公路等。相对于纯公共物品

---

[1] 萨缪尔森:《公共支出的纯理论》,《经济学与统计学评论》1954年第36卷,第387—389页。

[2] 杨之刚:《公共财政学:理论与实践》,上海人民出版社1999年版,第24—28页。

来说,这类公共物品的性质有点变化:一类准公共物品是可以共用的,也就是说,一个人的使用不会排斥其他人的使用,但是,出于私人利益的考虑,它在消费上却可能存在竞争,比如森林、灌溉、地下水流域等,就有可能存在"拥挤效应"和"过度使用"的问题;另一类准公共物品具有明显的排他性,比如俱乐部物品、需要付费的高速公路和有线电视频道等。

以上对于私人物品、公共物品的分类只是一般意义上的分类,在现实生活中,许多产品的性质并没有那么绝对。拿高速公路来举例,高速公路这一物品有没有竞争性更多地取决于"拥挤点"情况,在还没有达到"拥挤点"的情况之前,高速公路归属于准公共物品,一旦达到"拥挤点",高速公路就有了竞争性,就是私人物品。私人物品的特点是只能一个人享受,其他人不能享用。私人物品具有排他性和竞争性的特点,也正是因为这个特点,在市场的竞争过程中,经济主体会通过竞价的方式获得自己想要的私人物品,由此也能产生一个理想的分配。但是,纯公共物品与私人物品不一样,纯公共物品没有排他性,也没有竞争性。一个人对纯公共物品的消费不会减少其他人的消费,并且公共物品一旦生产出来,所有人都有权利享受它。比如国防,一个人在享受国防带来的好处的同时,不会影响到其他人也享用。因此,问题也就产生了,相比私人物品市场,人们在公共物品市场所透露的支付意愿是不一样的,因为市场主体知道,只要市场上存在着其他主体愿意提供公共物品,那么自己即使不出钱也能够享用公共物品,所以就会出现市场失灵也就是"搭便车"现象。比如经济学中典型的卖烟花门票的例子[①]、灯塔作为公共品的例子、公共草地的悲剧等这些案例都引起我们的反思,到底是什么原因使得这些现象存在?

随着社会的不断发展,公共物品的边界和范围不是固定不变的,而是在不断变化之中。正如奥尔森所认为的那样,大多数公共物品只有在一定的集团中才有意义。随着技术的不断进步,随着产权的排他费用不断降低,行为主体的"内"、"外"边界也在不断改变,公共物品与私人物品的

[①] 曼昆:《经济学原理》,梁小民译,北京大学出版社1999年版,第231页。

边界处于不断变化之中，现在的公共物品以前有可能是私人物品，而以前的公共物品可能随着市场过程内在技术和制度的演化现在成为私人物品，出现了私人经济的排他方法，使得公共物品转变为私人物品。也有可能随着国家财力的增强和政府政策的变化，使得私人物品转化为公共物品，所以其实私人物品与公共物品的边界是不断变化的。

公共物品的特性与公共善的实现密切相关。公共物品与外部性是紧密相连的，有交叉的地方，但也有不同之处。公共物品兼具非排他性和非竞争性，不同时具有这两个特征的是准公共物品。外部性是指市场主体的行为对他人产生利益或成本的影响，主要分为两类：一类是正的外部效应，另一类是负的外部效应。当一个企业给其他人带来的好的影响多于企业从这个好的影响中获得相应的报酬的时候，那么就产生了正的外部效应；相反，当一个企业在提供物品或者服务的过程中使得其他人利益受损，那么这个时候就是负的外部效应。在这种条件下，企业最优不一定等于社会最优。假设某个企业存在正的外部效应，但是该企业无法把这些外部收益"内部化"，那么这就意味着企业所得到的收益小于整个社会所得到的收益。如果这个时候企业成本大于其收益但小于社会利益，企业出于自身利益最大化考虑是不会进行这一生产的。反之，如果企业存在负的外部效应，而这个时候企业收益大于其成本但小于社会成本，企业出于自身利润最大化考虑会进行生产，而这种情况是常见的。例如，一个企业在生产物品的过程中向工厂旁边的河流排放污水，相较于企业不排放污水时，其生产的产品更贵，那么企业利益是最大化的，该企业会继续在生产物品时排放污水。

尤其是在私有制下，虽然会对一些产生显著负外部性的企业进行限制，但是在资本主义自由市场经济下，分配资本的关键权力几乎完全是由私人掌控的。比如，一家大型工厂的所有者有权决定工厂的一切，有些时候为了实现收益大于成本，将工厂从一个地方换到另外一个地方，这种选择只是以效率为唯一标准，工厂所有者不会考虑这个选择对附近社区其他人的生活有没有影响，对社会产生的负外部效应对于工厂所有者来说不是首要考虑的因素,即使工人把他们的生计与工厂紧密结合。在私有制下,根据对工厂所有者有利的标准来做这样的决定是完全合法的,那些生活受到该决定负面影响的人是没有权利成为共同参与者的,也没有权利去主导工厂的选择。工厂所有者的捍卫者也许会说,允许资本所有者在不担心非所有者的影响的情况下做出选择,这是促进效率提高和促使经济增长的必要条件,他们甚至会觉得私有财产带来的权利比破坏家庭价值和社区成员生计的权利更重要,但这种捍卫实际上是站不住脚的,并且也是违反民主原则和公共善的。因此在私有制下,由于外部性的存在,私有制经济的生产水平与社会需要的水平总是不相符。

另外,由于外部效应这一因素的存在,一部分成本或者收益是没有办法体现在价格中的,而这会影响市场配置资源的效率。因为企业或个人在做出企业决策的时候,更多地只会从其实际承担的成本和收益出发。当出现负的外部效应时,在企业不需要对外部成本进行补偿的情况下,总成本有些时候会被低估,人们从自身利益出发就会过多地从事这种经济活动;反之,当出现正的外部效应时,在这种外部收益得不到补偿的情况下,企业出于自身利益的考虑会过少地从事该类活动。因此,面对这种情况就需要政府的干预。公共物品和外部性的存在都被认为是市场失灵。公共物品一般来说带有正外部性的特征,对于纯粹的公共物品来说,其提供的目的就是让人们享受正外部性,这种外部性和不可排他性特点也就决定了纯公共物品的外部性不能内部化,因此会导致完全的市场失灵。Erik Olin Wright[1]认为,尤其在私有制下,经济不平等的后果因关键公共物品的系统性供给不足而加剧。高收入者会用昂贵的、高质量的私人物品来代替公共物品的缺乏,以满足各种需要——教育、健康、公共安全和娱乐,但是低收入者必须依赖公共物品,公共物品不可避免地会被资本主义市场提供得很差。因此,纯公共物品更多需要由国家来提供,通过国家提供公共物品和实行再分配机制,否则公共物品就很难被提供。而私

---

[1] Erik Olin Wright, Transforming Capitalism through Real Utopias, *American Sociological Review* (February 2013).

人物品既可以产生正外部性,也可以产生负外部性。因此,也可以认为纯公共物品是正外部性的极端形式。[①] 但准公共物品和纯公共物品的外部性也是存在区别的,准公共物品的外部性往往是副产品,面对这种情况,市场经济要想得到很好的发展,就需要政府为市场提供一定的公共物品。

实践也证明,公共物品的供给是政府治理领域中的一项核心内容,有效的公共物品供给往往被认为是"善治"的表现,公共善的实现离不开政府的支持。某些主要利益的不可分性、公共性以及所产生的外差因素和吸引力,使得有必要由国家来组织和推行集体协议。[②] 托马斯·霍布斯和大卫·休谟以不同的方式超越了亚当·斯密的观点,即政府的基本职能是提供公共物品。霍布斯认为,行为规则的创造和实施,包括道德和法律规则,使我们能够超越自然状态,享受我们的劳动成果;没有可执行的法律,对稀缺资源的无限制竞争威胁到我们的安全,并破坏我们信任与我们互动的人的能力。休谟也认为,通过借助政府,可以避免人性中的一些弱点。比如,两个邻居可能同意排水的草地由他们共同拥有,因为他们很容易了解对方的心思;每个人都必须意识到,他失败的直接后果是放弃整个项目。但是很难,实际上不可能,一千个人同意任何这样的行动;他们很难协调如此复杂的设计,更难执行;而每个人都在寻找一个借口,把自己从烦恼和痛苦中解脱出来,把全部负担都推到别人身上。而这个时候就需要由政府来制订促进这一利益的计划,以避免人性中的弱点导致的项目失败。罗尔斯认为,由于垄断的限制、信息的匮乏等导致市场失灵的存在以及公共物品的属性,这些因素使得公共物品的提供离不开政府公共权力的介入。政府通过配置和稳定功能,在使市场经济变得有效率的前提下,再实行转让功能和分配功能,通过累进税或对财产权的调整实现公平正义,增加财政收入,以提供充分的公共物品。当足够多的公民发现公共物品的边际利益比通过市场可以得到的边际利益更多的时候,政府

---

① 拉本德拉·贾:《现代公共经济学》,王浦劬、方敏译,中国青年出版社 2004 年版,第 88 页。

② 罗尔斯:《正义论》,何怀宏译,中国社会科学出版社 1988 年版,第 269 页。

提供公共物品就是合适的。也只有这样,在一个既有冲突又有合作的社会,个人利益与公共利益才能很好地平衡。

大多数政治哲学家会同意,提供相对纯粹的公共物品应该是政府的核心职能。尽管公共物品是市场失灵的根源,政府有时可以干预以改善结果,但对公共物品的广泛需求充其量是政府干预的必要条件。在决策者决定用政府机制解决公共物品问题之前,他们应该考虑对公共物品的需求是否源于良好的愿望、公共物品供给的成本是否超过收益,以及市场是否会产生比政府行为更好或更差的结果。同时,公共物品的提供与社会的经济体制没有必然的联系。一种私有制经济可能为这些目的分配很高比例的国民收入,而一个社会主义社会可能只分配少量的国民收入。[①]但无论是私有制还有公有制,私人物品与公共物品的关系都决定了政府与市场需要结合。

要想实现公共善,政府和市场两者缺一不可。西方社会对政府与市场的关系的历史逻辑考证主要分为以下四个阶段:

第一阶段是古典经济学的发展阶段,古典经济学一般称为英国古典经济学,由亚当·斯密在1776年开创。古典经济学分析了自由市场机制,提出自由放任原则,认为政府只需要充当好"守夜人"的角色。这种理论在早期对于资本主义生产力的发展起到了很大的促进作用,但是随着资产阶级的不断发展,确立统治地位,工人阶级与资产阶级矛盾加深,古典经济学理论也面临着危机。

第二阶段随着古典经济学的解体,法国经济学家萨伊和英国经济学家马尔萨斯等的学说得到传播,传统经济学得以形成。传统经济学的主要理论也是自由放任、自行调节。在他们看来,市场的自发调节机制足以实现资源的优化配置。传统经济学描绘了一个完全竞争、市场制度能够自动使得社会资源有效达到最优配置的完美世界,政府只需要充当"守夜人"的角色,不必干预经济。但是经济危机的出现,尤其是20世纪30年

---

① 罗尔斯:《正义论》,何怀宏译,中国社会科学出版社1988年版,第271页。

代初的世界性大危机,使得传统经济学所秉持的"市场是万能的"理念被打破,暴露了"自由资本主义"的弊病。

第三阶段是凯恩斯经济学的发展阶段,面对经济危机的现状,1936年凯恩斯《就业、利息和货币通论》的发表标志着西方经济理论的一次革命,也就是从自发调节的市场转向崇尚政府的干预,对传统经济学的放任进行了否认。凯恩斯不同意萨伊的供给本身会创造需求、资本主义不会产生普遍生产过剩的理论,也不赞同传统经济学家们认为的在利息率的调解下投资和储蓄会趋向于相等、资本主义经济必定会达到供求均衡的理论。凯恩斯将有效需求的状况和就业指数看作"良好生活"的衡量标准,福利国家理论以此为基础而建立,由此,人的需要的满足成为社会政策的主要目标。① 凯恩斯指出三大规律:边际消费倾向递减规律、资本边际效率递减规律、灵活偏好规律。在这三大规律的作用下,需求和供给没有办法达到平衡,并且一般来说需求是小于供给的。凯恩斯指出,总需求不足是资本主义经济危机的一个关键原因。他还认为,储蓄取决的不是利息率而是总收入,储蓄和投资的均衡也是由总收入决定的。而且,就算储蓄和投资达到均衡,资本主义经济也没有办法实现充分就业,这个时候就离不开政府的干预。

经济学发展的第四阶段是从20世纪60年代末到70年代初,西方国家经济出现"停滞膨胀"现象,即失业与通货膨胀现象并存,面对这种危机状况,凯恩斯学派无法提出有力的应对方法,因此也陷入了困境。在这个时候,也就是经济学发展的第四阶段到来了。面对这种危机,货币学派、供给学派应运而生。货币学派强调稳定货币供给量的增长率,这一因素对经济有着重要的影响;而供给学派强调降低税率,以增加供给来缓解经济危机。但是,货币学派和供给学派只能缓解经济危机的一方面,仍然不是一个完整的体系,因此,凯恩斯主义学派也非常注重吸取别的流派的观点。一方面,以卢卡斯、萨金特、巴罗等为代表的新古典主义学派即理性

---

① 段虹、徐苗苗:《迈克尔·桑德尔的公共哲学理论与现代性反思》,《国外理论动态》2017年第5期。

预期学派诞生了。理性预期学派以强调理性预期出名,他们坚持市场能够出清,以理性经济人为假设前提,坚持个人的理性选择,反对政府对经济的过度干预,他们是在传统经济学理论的基础上提出理性预期假设。

在20世纪90年代以后,新古典主义学派和新凯恩斯主义学派成为最有影响力的两个经济学流派。新古典经济学家在论证"看不见的手"的有效性时提出一种模式,即完全竞争。所谓完全竞争市场,有以下四个标准:第一,市场上的买者和卖者必须充分多,充分多的含义就是没有一个人可以有能力操纵或者影响价格;第二,所有的资源或生产要素包括资本、劳动力等都可以在市场上自由流动;第三,产品具有匀质性;第四,买卖双方的信息是对称的。但是实际告诉我们,在现实的经济生活中,完全符合这些条件的市场是不存在的。因此,完全竞争市场的理论模型被称为"经济学家的乌托邦",是不可能实现的,这种状态就像是物理学中没有摩擦的状态。垄断的存在决定了政府与市场需要结合。实际上,大部分市场处于"不完全竞争"状态,也就是说,会存在垄断的状态,这也决定了政府调节需要与市场相结合。我们都知道,独家垄断的状态对于社会来说会产生一种净损失,而这种净损失是没有办法通过重新分配收入来弥补的,并且在垄断的状态下,厂商缺乏压低成本的压力,因此垄断厂商也就没有办法实现技术改进。在现实生活中,独家垄断或者一些企业完全垄断整个行业这种情况是不多见的,因此,绝大多数市场形态处于完全竞争与独家垄断之间。垄断形成的原因在于市场经济中存在着一些因素,比如产品差异、成本优势、规模经济效益、法制或者行政上的障碍等,只要市场经济存在,就必然有形成垄断的因素存在。另一方面,以罗默、斯蒂格利茨等为代表的新凯恩斯主义学派诞生了。新凯恩斯主义学派主张市场不完全竞争的理论,认为市场不能出清,需要政府干预。新凯恩斯这一理论在20世纪90年代受到美国克林顿政府的重视,并且现在很多西方国家仍然采用这一政策。尤其是2008年爆发的国际金融危机,更是让人们看到市场本身所暴露的缺陷,也让人们意识到合理规范市场与政府关系的警钟。

不仅是在西方国家,我国市场经济经过近几十年的发展,对于市场经济中政府与市场关系的认识也逐渐变得深刻起来。虽然我国市场经济的发展获得了巨大成就,但是也存在着很多问题,如何处理好政府与市场的关系对于我国市场经济的发展有着重要的作用。在计划经济体制下,政府是市场主体,不仅是"裁判员"还是"运动员"。在市场经济体制下,企业是市场主体,但是企业要想真正拥有自主权和独立权,政府就需要转变职能,为市场主体提供一个良好的市场环境,避免政府权力对市场的渗透,加强法律制度的监督。我国市场经济经受了国际金融危机的考验,吸收和借鉴了西方市场经济的许多成功经验,走出了一条适合自己国情的"中国模式"。我国经过40多年的改革开放,市场经济在我国展现出巨大活力。社会主义市场经济体制在坚持市场经济一般规律的同时,不仅实现了资源最优配置,还对人和社会的整体发展起着积极的作用。同时,市场本身所带来的负面效应和消极效果使政府的宏观调控得以实现,但是,我国的政府调控与资本主义的政府调控有着根本的不同。在资本主义制度下,政府的主要作用是维护市场秩序、保护资本私有制,这也使得政府的作用是有限的。但是,我国社会主义市场经济一开始就对政府和市场的作用进行强调,政府的作用是实现人民群众的利益。在后金融危机时代,正确处理好政府与市场的关系,是丰富和完善中国模式的内在要求,也是必须处理好的问题。目前,综观世界各国的市场经济,找不到哪一个国家是单纯的市场经济,都需要把政府与市场进行有机结合且扬长避短,这样才能充分发挥市场和政府的作用。

并且,公共需要的存在决定了政府与市场相结合。国家与市场是互补的,而不是相互排斥的。在市场经济中,市场主体会积极地促进自身利益的提高,追求效益最大化,促进效率提升。在这样一个自由、开放的市场竞争中,市场主体都在为市场效率的提高做出一份努力,但也正是这种理性经济人性质,使得效率和功用高于终极关怀的目标或结果,贫富差距以及对公共利益的忽视等各种不公平的问题也相继出现。而政府作为一个具有权威性和强制性的公共权力机构,为了实现公共利益的目标,往往就需要对市场进行干预，以更好地实现资源配置。政府因社会的公共需要而存在，并且政府作为公共权力机构具有合法性，也具有强制性和非营利性。政府的目的主要是更好地平衡受益者与非受益者的利益，更加公平地分配公共资源，而不只是以营利为目的。为了实现经济的稳定发展，离不开政府的宏观调控以及政府提供的公共物品和公共服务。相对来说，市场在公共服务领域由于垄断、外部性等各种因素的存在会产生市场失灵等现象。最重要的是，政府还可以对收入进行再分配，实现社会的公平正义。如果社会贫富差距过于悬殊，不仅会破坏市场效率，还会激化社会矛盾。因此，需要政府通过税收等各种政策，包括建立保障体系等，以实现社会的公平正义。政府和市场作为两种资源配置方式，它们有着自身不同的特点，有效的作用范围也是不一样的。政府和市场由于调节手段、信息水平、决策效率、利益取向等方面的因素，政府也会存在失灵现象。政府应该解决公共物品和外部性的监管问题。当然，一旦政府和市场都存在缺陷，情况就不那么明朗了。布坎南等创立公共选择理论，目的是克服政府对市场干预过程的局限性和缺陷。此外，在日益全球化的经济中，监管市场可能需要全球合作。

对于政府与市场的关系，目前主流经济学家已经达到一个更加相对平衡的立场，就是不仅能对市场的力量加以认识，也能了解它的局限性，以及政府在经济中扮演的重要角色。无论什么时候，只要出现信息不完备或者市场失灵，政府的干预就必然会存在。只是有些时候人们对于这种角色的边界还会存在争议。因此，科学界定政府和市场在资源配置中的作用边界，以让政府和市场更好地发挥它们各自的作用，扬长避短，是正确处理好政府与市场的关系、实现资源优化配置的关键，也是平衡好私人物品与公共物品关系的关键。总之，市场的作用首先是实现配置效率，"无形之手"定理关注的是作为消费者和生产者的一系列经济主体能够以分散的方式实现资源有效配置的可能性，这一点斯密在《国富论》中就做出了说明。但是，由于存在公共物品、外部性以及道德风险和逆向选择、垄断、分配等因素，在实现分配效率的过程中，很明显，在这种情况下使用市场有严重的局限性,市场会出现失灵,因此,政府在征税、监管和提供公共物品方面发挥了作用,以补充市场提供的东西或纠正其问题。虽然这一观点在科斯观点中受到了挑战,但这已接近主流经济学的共识,并支撑了阿特金森和斯蒂格利茨等公共经济学教科书中的模型。因此,政府调节与市场需要结合。但是,政府与市场的关系需要转变思维方式,改变思维形式的单一化和形而上,不能把思维局限在经济学领域内,要站在发展哲学价值观的高度,不能把经济发展仅仅理解为经济增长,这样理解只会使得人们把社会一切问题都经济化,让市场主导社会,最终导致贫富分化、拜金主义盛行,社会问题也会层出不穷。

在经济发展过程中,不得不承认,虽然市场确实是更受人们青睐,在市场经济下,人们的生活得到了改善,但是不能出现为效率而效率、一切要出效益的必然结果。如果本属于市场的经济政策被人们在社会领域滥用,政府对人们的个人行为也不作干涉,放任市场自行调节和消费品配置,不加以管制和监督,那么社会领域政策的过度市场化必然会影响经济的持续、健康发展。因此,在经济领域,为实现效率的提高,应该以市场为基础和主导;但是,在社会领域,应该以政府为主导、市场调节为补充。在经济领域,政府需要发挥其宏观调控和监督的作用,以实现市场有序竞争。它们不是矛盾的,是相辅相成的。在社会领域,强调以政府为主导,也不是说不要市场,只是说在涉及民生或者公共需要这一块,需要更多地发挥政府的作用,政府必须切实地担负起责任,做到不缺位、不越位。总的来说,政府调节与市场结合两者缺一不可。

相比以前,现如今,人类社会呈指数级发展,而不是线性发展,但是,人类的道德和自律并没有呈指数级生长。人类在面对私人物品和公共物品的选择时,更多的是选择丰富的私人物品,而公共物品建设并没有很大的发展,这是因为人们认为,公共物品体系不会带来很大的盈利,所以不愿意把更多的时间和金钱投入公共物品建设,比如疾控体系建设等。当私人团体或者组织没有动力向社会提供公共物品时,那就需要政府来提供社会所需要的公共物品,这些公共物品虽然对于个人来说将会付出很大的成本,但是对于那些为人民利益考虑的政府来说,是不得不花费大量成本去提供的。短期的公共物品投入似乎不会使得社会获利,但是从长远来看,公共物品带给社会的效用远远高于当初政府投入的成本。

因此,在面对日趋丰富的私人物品而公共物品处于供给不足的状态下,加强公共物品的供给是建设公共服务体系的一项重要内容。公共物品的有效供给不仅有利于完善社会服务体系,还为经济发展创造更加良好的生产经营和投资环境,从而加速经济"起飞",改善个人生活。比如,全球公共物品有助于为每个人提供更好的机会来过自己选择的生活,气候稳定的全球公益使每个人能够更充分地过自己选择的生活,减少极端天气造成损害的风险。科学知识的全球公益,如结核病疫苗,使数百万人的生命不会因疾病而缩短或受损,从而增加了他们的选择。全球和平公益为人们提供了机会,让他们过上自己有理由选择和珍视的生活,而不受冲突及其后果的阻碍。因此,这种全球公益可以理解为通过扩大个人选择生活的机会来改善个人生活,并实现公共善。

三、自我约束与社会约束

公共善的实现需要市场主体的自我约束。在市场经济下,市场经济活动突出了个人的作用,一方面使人的自主性地位得以提高,但是另一方面又使个人主义和利己主义的思想得到传播,"人性自私论"、"趋乐避苦"等思想也开始成为某些人自私自利的借口,而这种以个人利益为根本的思想,最终只会使得集体主义价值观、社会公共善的导向受到挑战,如果对于市场经济的这些负面效应任其发展,只会让我们对市场经济失去信息。毫无疑问,任何人都有对利益的追求,正如马克思指出:"人们奋斗所争取的一切,都同他们的利益有关。"[①]但是,由于人们对利益的态度以及追求利益的动机和方式不一样,因此也会形成不同的利益观。利益观一旦形成,便成为内在的驱动力。而个体道德的养成是通过道德内化来实

---

① 马克思、恩格斯:《马克思恩格斯全集》第 1 卷,人民出版社 1995 年版,第 187 页。

现的,道德内化又是以道德需要为前提的。市场主体只有把道德作为一种真正的需要,而不是作为工具性的使用,才能内化为主体自身的自觉行动,使得社会道德教化能被公民自愿接受,使得公民感受到道德不仅仅是一种外在的约束和限制、一种无私奉献,而是主体自身的一种需要,是一种必不可少的、高层次的需要。事实上,出于利他动机行事的人通常在市场上取得成功,因为他们致力于道德原则,这使他们作为社会或贸易伙伴更具吸引力。例如,在需要信任的情况下,诚实的人通常比狭隘的、利己的或投机的人更受青睐。在这种情况下,诚实的个人在经济上比机会主义的个人受益更多。因此,为了实现经济的可持续发展,还必须发挥道德的作用,把社会约束与个人约束相结合,充分发挥非市场力量在经济社会进步中的促进作用。

  市场经济的良好持续发展离不开社会公共善约束。市场经济等价交换的原则促进了人们平等观念的形成,人们增强了主体意识,开始尊重和肯定自己;同时,市场经济的价值规律促进了人们正确的义利观的形成,人们逐渐认识到,只要自己的劳动合法,那么在为社会贡献力量的同时,个人利益也会得到相应的满足,人们开始从不敢言利向公开追求个人利益转变。市场经济的发展给人们的生活带来了很多变化,涉及生活的方方面面。但是,市场经济在促进人们生活进步的同时,也是一把"双刃剑",市场经济的趋利性一方面使得效率提升,另一方面也促进了拜金主义的滋生。在市场经济下,人们长期受压抑的求利意识被激发,欲望的闸门被打开,当其成为一种公开的追求时,市场经济中不择手段、罔顾集体利益等现象也相应产生。尤其是市场经济提高了货币的重要性,人们认识到金钱不仅可以提高人们的物质生活水平,还可以购买到很多无形的财富,比如知名度、尊严等。因此,市场经济的趋利性一方面提高了人们的积极性,另一方面又是诱发拜金主义思潮的沃土和温床,如果没有正确的道德价值取向,没有一定的自我内在约束和社会公共善约束,那么人们就容易被金钱的魔力带入拜金主义的泥坑。

  随着"互联网+"时代的到来,各行各业都经历着前所未有的巨变,这个时候更需要企业自我约束和社会公共善约束。在数字浪潮的推动下,一代一代的历史偶然彼此替代,使得模式的"保鲜期"越来越短。大数据的到来,带给世界翻天覆地的变化。我们正在步入一个大数据时代,我们日常所探讨的主题是"数据"。数据正在成为现在这个时代的核心资产,数据已经渗透到我们生活的每一处,从健康到教育,从流动性到人类的工作方式。大数据被认为是人类第三次浪潮的主角,不仅改变人类的生活模式、思维习惯、商业准则,更被认为将会引领社会发展的深刻变革,是未来大国之间博弈的关键。随着世界科技的发展,"数据"正在呈几何级数的爆炸性增长、无数互联网的终端……这些都使得我们的生活世界飞速数字化,"信息爆炸"不再是神话和抽象的概念,俨然已经成为现实的和具体的描述。

大数据时代的到来,将彻底改变我们的生活和工作方式,大数据所到之处必然会引起全产业链的创新、跨界和变革,大数据为人们的未来打开通道。但是,大数据在为我们带来巨大的经济效益和生活便利的同时,也存在着一定的风险性。比如,人们最关心的隐私问题。大数据在给人们生活带来方便、便宜、创新的产品和服务的同时,也使得个人隐私被暴露在无形的"第三只眼"之下。很多商家为了获得商业利益,在一定的商业活动中不可避免地会泄露公众隐私。之前人们认为,网络匿名化可以保护个人信息,但是实际上,在大数据时代,数据的交叉检验反而会使得匿名化失效。大数据时代并没有保护个人隐私,我们每个人每天的活动都被综合成详细记录,包括去商场购物、乘坐交通工具、网上购物等,都会有详细的关于个人的电子数据,而这些都形成了个人的大数据,这些数据悄悄地潜伏在我们生活的各个角落,这一趋势在未来几年将会以我们的隐私为代价继续加速发展。大数据的可接近性并不意味着大数据的使用合乎伦理。虽说在最初的时候,很多数据的收集并不一定有目的性,但是随着商业活动的竞争性和技术的进步性,很多数据被拿来做新的用处,而这些数据的使用个人并不知情。不仅如此,这些数据的使用还有可能预测并且控制人的行为,与人的尊严、公平和自由等相关伦理规范发生冲突。

同时,随着新经济的出现,大量独角兽企业不断涌现,更需要社会公共善的约束。出现大量独角兽企业的行业领域集中在商务、社交网络、互联网金融。未来在智能硬件、大数据应用、人工智能领域也可能出现大量独角兽企业。在新经济下，这些企业的成长路线呈现指数级增长，但是伴随着这种高速增长的还有信任危机。拿 Zoom 来说，在疫情期间，Zoom 依靠其出色的产品体验以及用户传播的网络效应，使用户数量激增，股价逆势增长，而这家成立不到 9 年的独角兽企业接二连三地被曝出安全和隐私漏洞。30 亿美元独角兽企业小红书曾被多家媒体报道称其种草笔记造假，其自营电商也多次出现假货等问题。

通过这些案例，一方面，我们可以看见市场竞争确实会极大地刺激并鼓励企业进行对社会有利的创新活动；另一方面，一个缺乏良好监管的自由市场也会使得企业为了实现利润最大化而做出对社会不利的行为。在一个缺乏良好监管的市场中，一旦企业发现可以通过欺骗获利的机会，那么很多本是坚守底线的企业往往在市场竞争压力下会选择随波逐流，利用消费者的心理弱点和信息不对称的情况来获利，导致市场上必定会充斥着各种满足人们不良嗜好的产品。要解决这些问题，不仅需要企业加强自我约束，还必须从外部实施对企业的监管。凯恩斯认为，社会的角色就像是市场中出售的各种育儿指南书籍中的家长角色，不能太娇惯孩子，如果任由企业发展，那么企业必然会难以自我约束，但是也不能过于独裁，要进行适当的社会公共善约束。因此，要想让企业更好地发挥创造力，就需要把企业的自我约束与社会约束进行结合。在这种情况下，要想让企业在竞争中坚守底线，实现市场经济的可持续发展，不仅需要发挥伦理机制的作用，更需要借助社会和法律的作用，实现自我约束与社会约束的统一，也只有这样，才能真正实现市场经济与公共善的统一。

第二节 公共善的偏离与道德规制

市场并不是万能的，市场失灵的现象和市场偏离公共善的现象时有发生，比如囚徒困境、集体行动困境、"搭便车"行为等，公共善不是自动形成的,因此要想实现公共善,离不开对市场的道德规制。

一、囚徒困境与互利共赢

公共善是一种互利共赢的模式。囚徒困境无法实现公共善,因为个人理性与集体理性之间的矛盾,个人理性往往不会导致集体利益最大化。个人在追求个人善的同时并不一定会导致公共善的产生,甚至会违背公共善。

囚徒困境是经济学家经常用来论证理性自我推翻的著名难题。甲和乙同时去抢劫,但是赃物不见了,警察认为甲和乙都是罪犯,但是证据也不确凿,因此只能把他们都带回警察局分开审问。在警察局,甲和乙两个人分别被告知只有一次认罪的机会。如果甲和乙都不认罪,那么警察便不能控告他们,只能用游荡这一罪名来起诉他们,最终结果是每个人坐牢9个月。但是,如果甲和乙其中任何一方承认犯罪,另外一方不承认,那么认罪者便能以与警方合作为由,免于被起诉,只要缴纳罚款就可以释放,但是不认罪的那一方要度过5年的监狱生活。如果两个人都认罪,但是由于缺乏实质性的证据(赃物被清理),那么两个人都坐牢3年。表3.1为甲和乙面临的决策难题。

表 3.1　　　　　　　　　　决策难题

		贼人乙	
		不认罪	认罪
贼人甲	不认罪	坐牢9个月,坐牢9个月	坐牢5年,不坐牢
	认罪	不坐牢,坐牢5年	坐牢3年,坐牢3年

对于上述甲来说,最好的情况是自己认罪而乙不认罪,最坏的情况是自己不认罪而乙认罪,对于乙来说也是一样的。如果甲和乙行动一致,对于甲和乙来说,最好的情况是都不认罪,最差的情况是都认罪。那么问题就在于,甲和乙都是理性的人,他们都希望把自己的刑期降低为最少,最好的办法就是认罪。因为如果甲知道乙不会认罪,那么甲不认罪就坐牢

9个月，甲认罪就无须坐牢；如果甲知道乙会认罪，那么对于甲来说认罪也是最佳选择。同样，对于乙来说也是一样的。所以理性的甲和乙这两个个体都会选择认罪，也就是最终都会被判3年。但问题是，在这种困境下，如果每个个体都倾向于选择为实现自己个人利益最大化的方式去做事，虽然个体利益得到了最大化实现，但是社会的整体结果却变得更差，追求个人利益的"无形之手"并没有使得社会利益最大化。相反，如果甲和乙都为整体利益着想，不按个人理性行动，那么他们会得到更好的结局。

不难看出，因为上述故事中的两个贼人没有办法串供，所以他们都只是做出对自己最有利的认罪选择，这样的情节被称为"纳什均衡"，也称为"非合作博弈均衡"。很显然，这样的选择只是对于个人来说是最佳选择，但是对于一个团体来说，这未必是最佳选择，因为如果甲和乙都不认罪，那么两个人都只会坐牢9个月。但是根据上面的假设，两个人都是理性的人，均衡状况只会让他们都选择背叛，因为这可以实现自己最大利益，而这也是"困境"所在。那么，这种困境的症结在哪里呢？在上面案例中，每一个个体做出的选择都是理性的，但是为什么在整体上没有实现互利共赢呢？主要归因于以下两个因素：一是信息不对称；二是竞争中的非合作性。在现实生活中，信息不对称的情况是经常存在的。比如作为互相博弈的双方——信息系统供应商和企业，往往就会因为信息不对称的问题，最后都让自己蒙受损失。看似对彼此是最佳的选择，但是实际上两者都受损；反之，如果彼此保持信任，那么这种困境就会不攻自破。囚徒困境一个重要的逻辑起点是，博弈双方都是理性经济人，理性经济人的出发点是基于自身的考虑，追求个人利益最大化，忽略合作的重要性，一般不会选择合作，最终陷入困境。"公地悲剧"就是一个经典的案例。因此，陷入困境的博弈双方要想摆脱这种困境，就需要双方合作。在上述故事中，如果只有贼人甲和贼人乙的话，数量比较少，他们还是很容易达成合作的；但是在现实生活中，经济人的数量比较多，加上信息不对称，相对来说是比较难达成合作的。因为数量一多，就总是有人"搭便车"、贪便宜，这样会使合作变得更加有难度,所以在这种情况下,就需要政府出面,用强制措施促进个体之间难以实现的合作,实现社会帕累托最优配置。

如果现实生活中的我们要想走出困境,实现真正的互利共赢,需要各方有一种哲学上的公共善共识。市场经济主体需要超越个人利益的计算理性,达到谋求群体利益的集体理性,要用一种参与式的合作精神融入竞争精神中,才能实现互利共赢,从而摆脱困境。这也就意味着,当人们在作决策时,不仅需要思考眼前的个人利益,而且还要思考长远的个人利益,特别是当他人利益与自身利益产生联系时,还要思考自己的行为对他人产生的作用与效果最终会反过来施加在自己身上。而要想解决囚徒困境,还必须引入道德因素。市场经济中的主体如果像上述故事中的贼人甲和贼人乙一样的话,各自从自利的角度出发,最后的结果显然不会是最优的。囚徒困境这一案例用一种非常形象和生动的方式,把个人理性与集体理性的矛盾揭露出来,也让我们认识到短期的个人利益目标将会导致对大家都不利的结局,谁都想获得好处,但是实际上最终谁也占不到便宜,这就是"理性的无知"。冷战时期的美苏争霸,实际情况与博弈论是一样的,从表面上看,两个大国在理性的指导下都增加军备,但由于双方都过多投入军费开支,必然对其他建设投入有影响,比如经济被拖垮等,这样的结果就显得是非理性的。

在现实生活中,人们常常也会产生"聪明反被聪明误"的现象。按照斯密的市场经济理论,"经济人"会在一只"看不见的手"的操纵下实现资源最优配置,但是实际上这种情况并不理想。"看不见的手"不是在所有领域都发挥作用,存在"市场失灵"的现象,没有办法实现资源最优配置,尤其是市场没有办法解决公共物品供给、外部性、信息不对称、垄断等问题,实际上这里面有个内在矛盾,也就是个人理性的简单相加并不相当于集体理性的实现。如果经济发展只依靠"看不见的手"来配置资源,那么毫无疑问就会产生诸如负外部性、垄断、非理性与其他现实问题。完全依靠"看不见的手"来配置资源,有的厂商就会通过不道德的方法追求个人利益,产生诸如污染或者过度捕捞等负外部性问题;依靠市场竞争会逐渐形成寡头厂家,寡头厂家会在自己经营的领域中形成垄断,阻碍经济的良好运行;由于人们的非理性,"看不见的手"无法真正地在现实社会中起到完美作用,例如,金融市场容易出现非理性繁荣,导致资产价格的巨大波动,引起经济危机;"看不见的手"也可能造成其他个别问题,例如,如果厂家产品需求下降,那么可能会导致工人失业。

要想走出困境,就需要实现良性的竞争性合作和道德规制,这样才能达到互利共赢和帕累托最优状态。我们都知道,竞争是必不可少的,没有竞争市场就无法运转,但是要想实现市场经济的可持续发展,我们需要的是良性竞争,而不是恶性竞争。比如,2014年春节期间,手机打车应用软件"嘀嘀打车"与"快的打车"之间的"烧钱大战"就是恶性竞争的体现,这样的竞争事实证明是没有意义的。但是,像小米手机通过高性能、低价格的品牌形象来打入市场,而不是以价格战的方式,这样的市场战略使得各个厂商不得不压低价格、提升产品质量,赢得声誉,最终使得国内用户越来越信任国货品牌,从而更好地促进企业创新、改革等良性竞争。实际上,竞争就是合作,应该把合作精神融入竞争中,实现竞争中的合作,为用户创造更多的价值,以更好地破除囚徒困境,实现互利共赢。

二、"搭便车"与利他主义

"搭便车"无法实现公共善,公共善的实现需要利他主义。"搭便车"问题(free-rider problem)是由曼瑟尔·奥尔森于1965年在《集体行动的逻辑》一书中提出的。"搭便车"一词的基本含义是指个人不付成本而坐享他人之利,更多的是一种发生在公共物品上的问题。也就是说,"搭便车"问题产生于这样一个事实,即一个人可以在不增加成本的情况下获得商品的利益。奥尔森认为,"搭便车"问题如果达到一定的比例,那么就会使得集体行动陷入困境。学者俞可平认为,"搭便车"的含义是"坐享其成"。[①] 在市场经济活动中,市场主体作为理性的经济人,追求的是实现

---

① 俞可平:《何谓"搭便车"——奥尔逊的利益与团体理论介绍》,《经济社会体制比较》1990年第3期。

自己利益的最大化,无论是在私人领域还是在公共领域都是如此。因此,在公共领域的市场主体,尽管他们知道公共产品是具有真正价值的并且对他们个体来说都是有好处的,但就算是基于这样的一种理论共识和共同利益的基础,他们也未必会积极采取集体行动。

　　从逻辑上来看,在自由市场中,驱动经济行为的动力也就是追求个人利益最大化的行为不可能直接生产公共产品,所以,本应该投入公共产品生产的稀缺资源并没有投入,市场失灵了。并且,理性的、追求效用最大化的个人会设法"搭便车","搭便车"行为在公共领域时常发生。因为当市场主体得知其他人可以不用任何支付就能从公共产品中获得好处的时候,那么任何一个市场中理性的个人就不会想到为他使用的公共产品付费。反而每个市场主体认为自己要做的事情就是等待其他人提供公共产品,自己不需要付费也可以无偿使用,换句话说,在这种思维下,人人都想"搭便车"。但是,这样的想法从长远来看是不利于公共产品的提供的,因为到最后当所有人都在等待其他人提供公共产品的时候,那么公共产品也就不会再有人提供了。公共产品出现的目的之一,毫无疑问就是要能够增加集体利益,而非个人利益。如果生产者想要为公共产品制定一种适当的支付方法,生产者可以考虑询问使用公共产品的顾客,问下他们为这些公共产品支付的意愿是多少,这样看起来是比较合理的。但是实际上,这样还是解决不了这个问题,"搭便车"仍然存在,顾客为了不支付费用显然也不愿意透露这个价格,因为他们知道只要有公共产品,他们就可以从中受益,那么不透露公共价格就意味着他们可以享受免费,自身不用付出相应的成本就能获得客观的效用或收益。因此,在这种人人都想"搭便车"的情况下,市场也不会有人想提供公共产品了。"搭便车"的行为降低了资源配置效率,这种行为是社会学、西方产权经济学、制度经济学、管理学等领域长期关注的话题。理性选择理论认为,公共物品本身是没有足够的魅力吸引到理性行动者参与集体行动的,他们在参与集体行动之前就会有一个先期的成本—收益预算,在能够尽量避免付出成本的情况下,他们会选择"搭便车"。因此,面对这种偏离公共善的情况就需要道德规制。

"搭便车"行为的影响因素有很多，比如个体特征、行为特征、集体规模、外部性、公共物品等。

第一，从个体的影响因素来看，首先，个体的情绪和性格不同会影响到不同的合作模式。比如一个具有悲观情绪的人，会倾向于选择风险规避的行为，与集体行动达成一致。其次，个体的价值取向和社会偏好也会影响到不同的合作模式。比如具有互惠或利他偏好的个体，就更加倾向于与集体一致。再次，需求层次的高低也会影响到"搭便车"行为的频率。需求层次低的个体参与集体行动只是为了获得满意的生活收入，一般缺乏对工作本身的热情和投入，这一群体将构成"搭便车"的主体。[1] 最后就是对公共物品的依赖程度。赫克特的群体团结理论强调，除了集体规模外，集体成员对公共物品的依赖程度、监督、奖励和惩罚能力也是影响"搭便车"行为发生的重要变量。[2]

第二，从行为特征因素来看，一方面，博弈链的长度是影响"搭便车"行为的重要因素。阿克塞罗德认为，人是社会动物，人与人之间不断互动的行为就像游戏链。在博弈链很长的情况下，人们都知道选择相互合作才是最优的策略。如果想要提高一个人参与集体行动的积极性，那么就必须让他知道这一集体行动是他自己与该集体之间不可分割的一部分。但是，在博弈链很短或者环境不稳定的情况下，人们更多的是选择机会主义而不是选择合作。另一方面，从博弈双方力量对比来看，往往博弈力量相对较弱的那一方会倾向于选择"搭便车"行为。此外，行动成本也是重要因素，集体行动的成本越高，就越容易发生"搭便车"行为。

第三，从集体规模来看，奥尔森提出，在集体规模越小的情况下，"搭便车"行为会减少，因为在规模小的集体中，如果有成员"搭便车"很容易

---

[1] 刘文忻、龚欣、张元鹏：《社会偏好的异质性、个人理性与合作捐献行为——基于公共品自愿捐献机制的实验研究》，《经济评论》2010年第5期。
[2] 钱智猷、沈铭：《团队合作中"搭便车"现象的分析与对策建议——基于管理心理学的视角》，《中国管理信息化》2013年第15期。

被人察觉。再来看产权界定程度，如果产权界定不够清晰也容易发生"搭便车"行为，产权清晰可以减少"搭便车"行为，提升资源配置效率。此外，临界点机制和"皇帝的新装"机制这两种机制也是影响"搭便车"行为的重要因素。最后就是信息和社会网络。随着"互联网＋"时代的到来，人们所处的环境具有较高的网络透明度，人们为了维护自己的信誉度以及与朋友之间的亲密关系等，也会减少"搭便车"行为。

第四，如果社会的产权制度约束不健全，同时在交易费用过高的情况下，就会产生私人净收益率与社会净收益率的差异，而这个差异就是外部性。外部性分为两种情况：一种是正外部性，还有一种是负外部性。无论是正外部性还是负外部性，都很容易产生"搭便车"现象，但是正外部性因为使人更容易获得纯粹的收益而不需要支付费用，所以也就更容易产生"搭便车"现象。

第五，公共物品就是指人们在消费这些物品的时候不需要付费，并且公共物品具有非排他性和非竞争性，因此，当国家或者集体购买公共物品的时候，"搭便车"现象会比较普遍。

因此，"搭便车"的影响因素是很多的，而如何尽量减少"搭便车"行为和如何进行道德规制，实现利己与利他的统一，是一个值得思考的问题。

奥尔森针对这种"搭便车"行为，提出两种破解方法：第一种是有选择性的激励。这种激励方法表现在，为集体利益做出贡献的个人，除了给予应该给予的集体利益，还要求提供区别于集体利益的额外收益。当然，这种激励不仅包括正面奖励，也包括反面惩罚。正面奖励针对那些为集团做出贡献的成员，而反面惩罚针对那些"搭便车"或者与集体利益相悖的成员。这种激励方法驱使集体中的个体积极采取行动以实现集体利益。但是，奖惩容易使个体产生憎恨、嫉妒等外生性问题，这些问题会激化集体内部矛盾，最终阻碍公共物品的有效供给。[①] 因此，在运用奖惩手段的同时，需要运用补偿政策来降低个体的不平等感，减少个体负面情绪及激

---

① 周燕、张麒麟：《基于经济学实验的搭便车问题研究》，《哈尔滨工业大学学报（社会科学版）》2011年第5期。

发个体互惠动机,提高公共物品自愿供给水平。[①] 并且这种手段比较适合小集团,因为大集团由于人数比较多,如果采用这种方法,那么信息成本、奖励成本等都会过高。换句话说,对于集团规模越大的企业,这种有选择性的激励方法成本就越高。

奥尔森提出的第二种手段也就是强制手段。他认为,对于大集团如果不采用强制手段,是没有办法减少"搭便车"行为的。组织上的强制手段在协调个人利益与集体利益方面具有不可忽视的重要作用,但单纯地依靠奥尔森这两种手段也是不行的。另外,我们还需要借助其他很多外部手段,比如增加网络和信息的透明度,使得"搭便车"行为更容易暴露,通过这种外部的约束手段来减少"搭便车"行为。制度经济学认为,面对这种"搭便车"行为,应该用完善的制度来加以约束,但是有效的制度也会增加制度运行成本,因此完全消除"搭便车"行为是很难的。要想真正消除"搭便车"行为,还需要道德规范和制约,道德伦理对于市场主体的约束是来自内心的约束,市场中的人不仅是经济层面的人,还是社会人,市场主体除了有理性之外,还受到社会习俗、道德水平等制约。上文所述的各种手段来阻止"搭便车"行为几乎都是外部强制手段,既然是外部手段,那么所出现的后果之一就是人们并非从内心自觉地防止自身"搭便车"行为,当外部激励或者惩罚对个人内心贪便宜的想法没有太大效果时,真正能够遏制人们"搭便车"行为的还是人自身的道德规范或是自我伦理制约。当人们为自己的"搭便车"行为产生内疚的时候,也许就是"搭便车"行为真正消除的时候,因为"搭便车"行为的解决不是一朝一夕的事情,需要时间的检验,需要人们真正从内心认识到"搭便车"行为带给集体的不利影响,从而实现真正的公共善。

三、集体行动困境与公共善追求

随着社会联系越来越密切,人们面临的问题更多的是公共问题,这就

[①] 张述冠:《对"搭便车"问题的理论思考与现实剖析》,《湖北商专学报》1997 年第 2 期。

要求采取相应的集体行动。集体选择是"一个集团的每个成员都聚集在一起决定他们共同关心的事情"。① 正如奥尔森所说的那样:"集体物品是典型的组织物品,因为一般的非集体物品总可以通过个人行动提供,只有当涉及共同目标或集体物品时,组织或集团行动才不可或缺。"② 比如,小至人们聚集起来一起讨论如何维护小区公共卫生和公共环境,大到国与国之间一起讨论如何解决温室效应问题等,处理这些问题都需要利益相关各方协调各自行为,一起探讨解决方案。集体行动的概念本身应该有特点,在《集体行动的正式模型》中,奥立弗对集体行动含义的演变过程进行了详细的分析,从表层含义来看,集体行动与人们日常所认为的一样,它是指人们一起做某件事情。奥尔森对集体行动也赋予了新的含义,他认为集体行动的目的是实现集团成员的共同利益,集体行动所提供的物品不是为了个人。康芒斯在《集体行动经济学》中对集体行动做出了很高的评价,他认为集体行动是超过个人行动的简单控制。这是个人行动的解放与扩张。在《同意的计算中》,布坎南和塔洛克认为,集体行动"是一种减少由纯粹的私人行动或资源行动所强加的那些成本的方法"。③ 埃尔斯特对它的定义如下:"集体行动是指所有或大多数个人对行动过程的选择,当所有或大多数个人选择时,会导致集体的最佳结果。"④虽然在目前的情况下,这种描述很有启发性,但我认为它不适合作为一般的描述。它可以提供一个充分条件,但不能作为必要条件。其中一个原因是,可能根本没有一个集体最佳的结果。阿罗在《个人选择与社会价值》一书中指出,单凭个人的喜好是没有办法得出理性决定的,因为不存在一个逻辑上前后一致的投票结果,能够使得个人的意志转化为集体的意志。在"经济人"假定的基础上,每个人都通过成本—收益计算追求自己的利益最大化,那么问题也随之而来:任何一种人类组织形式都不是由同一、均

---

① 乔·斯蒂文斯:《集体选择经济学》,杨晓维译,上海三联书店1999年版,第2页。
② Manchor Olson, *The Logic of Collective Action*, Harvard University Press, 1971, p16.
③ 詹姆斯·布坎南、戈登·塔洛克:《同意的计算》,陈光金译,中国社会科学出版社2000年版,第46页。
④ Jon Elster, Rationality, Morality, and Collective Action, *Ethics* (October 1985).

质的"原子"构成,事实上,个体行为的利益最大化不能确保集体行动的利益最大化。

集体行动困境,一般来说,是指个人理性与集体理性之间的冲突,以及相应行动之间的冲突。对于一个理性的人来说,在理性假设和自利假设的基础上,是不能从个人理性推出集体理性的,甚至个人理性会导致集体利益的灾难。奥尔森在其行文中明确提出,理性的、自利的个人不会采取行动实现他们的共同利益或集团利益。[1] 集团中的成员对于获得集体物品的收益很感兴趣,但是对于承担集体物品的供给成本的兴趣却远远不及获得收益的兴趣,奥尔森是从人的自利性的角度来阐述这一观点的。

事实上,在一个集体中,由于个体存在着价值观念的差别和个人利益之间的冲突,因此个体对于各种事物的偏好必然是不同的,集体行动困境也相应产生。当太多的团队成员选择追求个人利益和即时满足感而不是为了团队的最佳长期利益而行为时,就会出现问题。奥尔森进一步指出,在纯公共物品既非竞争性又非排他性的情况下,一个贡献者倾向于减少其对公共物品的贡献,而其他贡献者则贡献更多。此外,奥尔森还强调了个人追求经济利益的趋势,这种利益将对自己有利,而不一定对整个公众有利。为此,奥尔森把集体利益分为以下两种:一种是相容性的,属于正和博弈,这是做蛋糕;另外一种是零和博弈,即排他性的,这是分蛋糕。奥尔森认为,相容性集团更能够实现集体的共同利益,但也不是说百分之百,因为还是存在"搭便车"的问题。因此,奥尔森实行有选择性的激励,这种激励包括正面奖励和反面惩罚。但奥尔森对这样的激励机制也不是百分之百确信,因为里面涉及成本问题,包括有关集体利益和个人利益的信息成本、度量成本以及奖惩制度的实施成本等,这也是集体行动困境。奥尔森的最终结论是,小集团相比大集团来说更容易组织集体行动,具有有选择性的激励机制的集团比没有这种机制的集团更容易组织集体行动。

---

[1] Manchor Olson, *The Logic of Collective Action*, Harvard University Press, 1971, p2.

如何解决集体行动困境以实现公共善这一问题已引起社会科学和行为科学的极大兴趣。经济学家、生物学家、心理学家、社会学家和政治学家都研究集体困境中的行为,最有影响力的理论方法是经济博弈论(即理性选择理论、期望效用理论)。博弈论假设个人是理性的参与者,其动机是最大化他们的效用。效用通常是根据人们的经济利益来定义的。因此,博弈论预测了集体困境中的非合作结果。尽管这是一个有用的开始前提,但在许多情况下人们可能会偏离个人理性,这证明了经济博弈论的局限性。博弈论是经济学理论的主要组成部分之一。它探讨了个人分配稀缺资源的方式以及稀缺如何驱动人类互动。博弈论最著名的例子之一是囚徒困境,囚徒困境模型对于理解集体问题至关重要,因为它说明了个人利益与团体利益冲突的后果。在这样一个简单的模型中,如果两名囚犯能够沟通,问题就可以解决。但是,当两名囚犯无法进行沟通时,特别是双方的信息闭塞时,那么他们将从自身的利益出发行事,必然会导致双方的悲剧。同样地,在涉及许多个人的更为复杂的现实世界中,集体行动问题通常会阻止团体做出有利于集体经济利益的决策。

此外,集体行动困境还体现在公共物品的"搭便车"行为中。在公共物品困境中,如果一些成员为公共利益付出,有些人就会采取"搭便车"行为。一个示例是依靠观众贡献的公共广播。由于没有任何一个听众是提供服务所必需的,因此,听众可以在不支付任何费用的情况下获得服务的好处。如果没有足够的人贡献,则无法提供服务。在经济学中,有关公共物品困境的文献将这种现象称为"搭便车"问题。经济方法广泛适用,可以指代任何形式的公共物品附带的"搭便车"。公共物品的非排他性是集体行动问题的一个方面,被称为"搭便车"问题。比如,一家公司举办烟花表演,并收取10美元的入场费,但如果社区成员都可以在家中观看烟花表演,大多数人会选择不支付入场费。因此,大多数人会选择"搭便车",从而阻止了公司将来举办另一场烟花表演。纯公共物品包括通常由政府使用纳税人资金提供的国防等服务。作为税收贡献的回报,纳税人享受这些公共物品的利益。但是,在缺乏公共项目资金的发展中国家,资金往往落在社区上,以争夺资源并为有益于集体的项目提供资金。社区成功为公共福利做出贡献的能力取决于小组的规模、小组成员的权力或影响力、小组内个人的品位和偏好,以及小组成员之间利益的分配。当一个群体太大或集体行动的利益对每个成员而言都是无形的时,集体行动问题导致缺乏合作,这使提供公共物品变得困难。

最后,气候变化、生物多样性丧失和废物堆积等环境问题可谓是集体行动问题。由于这些问题与大量人的日常活动有关,因此也需要大量人来减轻这些环境问题的影响。但是,如果没有政府监管,个人或企业就不太可能采取减少碳排放或减少不可再生资源使用量的必要行动,因为这些人或企业被激励做出更容易和更便宜的选择,通常不会从有利于地球健康的环保选择出发。集体行动困境是许多最紧迫的全球性问题的根源,从气候变化到冲突升级。它们的广泛重要性保证了人们对两难困境的主要理解。幸运的是,有关该主题的文献正在扩展,以适应理解集体行动困境作为现实问题基础的紧迫需求,人们越来越关注组织福利、公共卫生、本地和全球环境变化等领域,人们研究的重点正在从单纯的实验室研究转向动机、战略和结构解决方案的研究测试组合。令人鼓舞的是,来自各种行为科学的研究人员正在开发统一的理论框架来研究集体行动困境,集体行动困境研究的跨学科性质不适合各个领域之间的常规区别,而是需要一种超越经济学、政治学和心理学之间划分的跨学科方法,跨界领域的结合和探讨更有利于解决集体行动困境的问题。

综上所述,公共善是市场经济的内在要求。这一观点从理论上可以追溯到亚里士多德,在《尼各马可伦理学》中,亚里士多德就把经济学与人类行为的目的结合起来,认为经济学的研究不仅与追求财富有关,还包含着对更基本目标的评价和增进,即有益于整个人类,国家的经济目的是人类美好生活的普遍促进。斯密也主张在市场经济时代,道德有其必要性和可能性,相信"富之路"与"德之路"是能够统一的。一方面,斯密肯定了人们对自身利益的追求;另一方面,他也强调这种追求必须是合宜的,也就是说,必须符合社会一般规则。但是,目前主流经济学把理性的人类行为等同于选择的内部一致性和自利最大化,而伦理的东西慢慢地被严重淡化了。尤其是在被称为"实证经济学"的方法论中,不仅在理论分析中回避了规范分析,而且对于人类复杂多样的伦理、伦理相关的动机观和社会成就观的考虑也没有重视,比如斯密所强调的同情心、伦理考量在人类行为中的作用,随着主流经济学的发展也被经济学家所忽视。尤其是后来的一些新自由主义者的经济思想,更是得出"富之路"就是"德之路"的推断,甚至认为市场本身就有一个伦理机制,主观地将斯密"看不见的手"解释为市场主体只需要在市场中追求个人利益就可以,不需要去考虑伦理问题。但是,这些伦理考量实际上也是能够对人类的市场行为产生实际影响的。这些经济思想由于忽视伦理而导致的失败以及基于错误的理论来制定政策所带来的后果,在资本主义市场经济的每次危机中都得到了证明。如果市场经济的发展与公共善脱离,那么必然会导致市场失灵,也会导致市场主体私欲膨胀,并损坏公共利益,最终导致市场效率的损失和经济秩序的破坏。

第四章　自由市场经济善观念的局限性与反思

自由市场经济的主要特点是自由竞争、政府最小化、契约原则,而这些特点在新自由主义盛行的西方,使得自由市场经济的善观念主要表现为个人权利的优先性、"金钱律令"取代"道德律令"、按自由竞争原则分配善。在这种善观念的指导下,听任市场机制自发作用,不仅无法实现社会公共善,还使得自由市场经济充满道德危机。

第一节　自由市场经济的特点

自英国古典政治经济学以来,西方经济学中一直存在着一个自由放任主义的传统,即市场要依靠"看不见的手"自发运行,在遵守契约的原则下,就可以实现资源的最佳配置。而政府的作用要最小化,也就是应该把政府的作用局限在"守夜人"的角色之中。

一、自由竞争

随着资本主义生产方式应运而生,商品货币关系和价值规律占据统治地位,市场经济成为实现资源配置的最基本的手段和方式。在这种市场经济中,自由竞争是经济活动的主要原则和基本形式,社会经济运行主要是以自由放任为主要特征,由价值规律通过市场机制自发调节运行。随着市场经济的发展,古典自由主义理论在近代资产阶级革命时期产生。

古典自由主义理论主要分为两个派别：一是以洛克、孟德斯鸠等为代表的权利论自由主义；二是以斯密、李嘉图等为代表的古典自由主义。权利论自由主义认为，生命、自由、财产等是个人的上帝天赋的权利，这种自然的权利是人人必须享有的权利，没有谁能够剥夺，不能放弃，也不能被交易。一旦被剥夺，人就没有了尊严。在这样的自然状态下，人人生而平等，但是这种权利论自由主义也有问题，比如权利没有办法界定，权利的过分重视有可能会产生不好的后果。而另一派以斯密和李嘉图为代表对经济自由主义的观点也做了一定程度的论证。斯密学说的基础是对经济规律的认识，斯密推崇的是"自然和谐"理论，这种"自然和谐"会在经济中自然而然地形成。斯密把经济看作一种自然制度或自然自由体系，他认为市场主体是原子式个人，是理性经济人，他们在市场中活动的目的不是其他而是更多地获得利益。斯密把自由竞争看作自由的自然秩序的反应，是自然秩序的必然要求。"经营贸易"和"自由贸易"这些原则慢慢地取代了重商主义的思想。斯密认为，自由市场经济会带来国家的繁荣。李嘉图受斯密的影响颇深，在斯密劳动价值理论的基础上拓展了价值理论。在价值理论的基础上，李嘉图对工资、利润、货币、税收等方面也进行了深入的探讨，形成分配理论。作为一心致力于研究经济问题的经济学家，李嘉图在处理对外贸易方面，依据比较优势理论创建了国际贸易理论，从而诞生了比较成本学说。斯密和李嘉图被认为是自由贸易理论和政策的奠基人。古典经济学倡导经济自由主义，倡导自由竞争，主张市场机制自发地发挥调节作用。自由市场理论建立在一项重要的假设基础之上，那就是让市场自由发展，在这种自由发展的情况下必然会产生出最有利于社会的结果。自由放任原则是斯密较早做了全面论述的。

　　古典自由主义理论的主要观点是，在自由竞争市场经济模式下，无论是企业的经济效益还是给予整个社会的福利，相比其他市场模式来说，都是最佳的。即在这一活动过程中，政府的作用只是扮演着一个"守夜人"的角色，为市场能够实现正常运行提供相应的法律和行政保障支持。在生产方面，他们认为，政府和厂商关于生产的决策只听从于市场，根据市场的供求关系进行调节,以实现供需平衡。这一理论在斯密的价格论和马尔萨斯的供求论中得到初步探索,在边际主义经济学那里得到发展,最后在马歇尔那里得到完成。在交换方面,经济自由主义认为,自由市场经济能够实现自动调节,根据的定理是萨伊定理,即供给能够自动创造需求,不会出现过剩的现象,因为在萨伊看来,买和卖就是事情的两个方面;另一条定理是李嘉图的投资和储蓄相等定理,他指出消费是生产的最终目的,投资也是一种消费,储蓄的目的是投资,所以不会存在不均衡的问题。在分配方面,经济自由主义认为,自由市场经济能够促进公平,至于收入的分配差距被认为是一个贡献大小的问题,而不是分配制度公平与否的问题。对于消费的问题,自由市场论者认为,在自由竞争的条件下,这是一个取决于个人意愿和能力的问题。古典经济自由主义者认为,在边际效用递减规律和边际效用均等规律下,即在戈森定律的制约和支配下,人们的消费会呈现合理性。古典自由主义哲学的基本思想是,在法律允许的范围内,自由的人们可以追求自己的兴趣和愿望。如果市场资源配置能够达到一定效率,就不需要政府干预和管理经济生活,只需要扮演"守夜人"的角色。[1]

继古典经济学之后,西方自由主义理论史上出现过两种在汉语中被称为新自由主义的思潮:一是"new-liberalism",以托马斯·格林、凯恩斯、罗尔斯等为代表;二是"neo-liberalism",以哈耶克、弗里德曼、诺齐克等为代表。占主要地位的是后者,前者可称为改良古典主义,主张有限资本主义体制;后者被称为保守论新自由主义,因为后者要求回归古典自由主义的主要原则,主张尽量减少国家对经济的干预。保守论新自由主义在经济上主张自由主义是众人皆知的,他们中大部分人认可资本主义制度的合理性和有效性,并主张恢复到19世纪的自由竞争资本主义时代。以现代货币主义代表人物弗里德曼和1974年度诺贝尔经济学奖获得者哈耶克最具代表性,在继承古典自由主义的基础上,也是鼓吹"市场万能

---

[1] 吴易风:《经济全球化与新自由主义思潮》,中国经济出版社2005年版,第51页。

论",对斯密"无形之手"进行夸大,因此也强调限制政府的作用,主张在市场上弱肉强食的精神。货币主义学派创始人之一弗里德曼认为,经济自由具有双重意义:一方面,经济自由本身构成了自由的重要组成部分,"经济自由本身是一个目的";另一方面,"经济自由也是达到政治自由的一个不可缺少的手段"。[①] 弗里德曼坚持自然率假说与经济人假设,他认为经济自由不仅对效率的提升有作用,而且还可以实现平等,自由是把效率与平等进行有机结合的最优途径。弗里德曼主张适者生存的原则,反对不利于自由竞争原则的政策和措施。弗里德曼说:"借由授与人们与他人合作的权利和免受强迫或中央引导的力量,个人的政治权利行使将不会遭受减弱。"[②]弗里德曼认为,个人权利和自由的实现与市场能够保护这些权利时的有效性是密切相关的。

哈耶克作为新自由主义的主要代表人物之一,他主张市场对利益的调节作用,认为市场机制优于计划机制。哈耶克主张尽可能地运用竞争力量作为协调人类各种努力的工具,认为只要能创造出有效的竞争,那么就可以使得市场经济主体的活动在没有政府的干预下也能相互协调。哈耶克从人类知识和理性有限的角度,论证了自由市场的合理性。哈耶克并不看好利他主义,并以社会普遍利益在自利原则的指导下仍然能够得到促进的观点,反对哲学家对人的"自私自利的本性"的道德批判。[③] 哈耶克主张实行竞争性私人货币制度的自由市场经济,并认为效率的提升是以自由的实现为基础的,要想实现资源有效配置,就必须实现自由经营、自由竞争以及生产要素的自由流动。如果市场经济的这种自由没有办法得到保护,那么资源配置有效率这一说法就无从提起。不仅如此,哈耶克还揭示了集体主义的低效率性,以此来证明经济自由主义是比经济集体主义更为合理的一种形式。哈耶克认为,如果政府试图用人为的方

---

① 弗里德曼:《资本主义与自由》,张瑞玉译,商务印书馆 2004 年版,第 11 页。
② Milton Friedman, Rose Friedman, *Free to Choose: A Personal Statement*, Harcourt Brace Janovich, 1980, p2—3.
③ 哈耶克:《自由秩序原理:上册》,邓正来译,生活・读书・新知三联书店 1997 年版,第 192 页。

法配置资源，则必然会破坏市场机制的正常运行。在自由的经济制度下，即使最不利者的实际生活处境也比在非自由经济条件下要好。因此，自由"不仅构成了我们理解经济生活的基础，而且也为我们理解大多数真正的社会现象奠定了一个基础"。[①] 同时，哈耶克还反对政府试图用人为的方法配置资源，因为这种方法必然会导致效率降低和经济下滑。但是，哈耶克并不认为政府在经济方面什么都不能做，而是希望政府采取积极行动来维持竞争制度，例如完善相关法律。要想获得市场的回应，只有借助自利的原则和自私的本性并且更加努力地满足他人的需求，才能最终实现市场经济的繁荣。

哈耶克在个人利益与集体利益的关系上认为，集体利益和公共利益只是结果和目标，所谓的社会目标也只不过是许多个人的相同目标，而这些相同目标不应该被强制确立，应该是自然形成的结果。并且他认为，只有当人们有共同目标或者共同利益的时候，才会组成集体或者社会，一旦没有这个基础，集体行动就会消失。而集体主义关心人也不是出于对他是一个人的关怀，如果他是集体外的人，就没有作为人的尊严。哈耶克的这种看法实际上是对集体主义的误解。总的来说，哈耶克的观点更多的是个人主义观点的产物，无法真正实现公共善。哈耶克和弗里德曼认为，要想顺利实现公民和政治自由，经济自由是必不可少的。而经济自由的实现，离不开自由市场经济这种经济体制，一个社会如果拥有足够多的经济自由，那么也就意味着这个社会拥有更多的公民和政治自由。

但是事实证明，自由竞争这种理论也是人类发展的一种陷阱理论，人类陷入一波又一波的经济危机，导致经济环境恶化等不良后果。首先得承认，在自由市场经济下，平等、自由和具有独立经济利益的市场主体在市场中参与市场活动和相互竞争，使得资源要素流动，实现优胜劣汰。自由竞争与优胜劣汰这两者的结合，本来目的一是反对垄断，二是崇尚优势、追求效率。不可否认，经济自由推动了经济发展，马克思也曾对经济

[①] 哈耶克:《个人主义与经济秩序》，邓正来译，生活·读书·新知三联书店 2003 年版，第 12 页。

的自由竞争给予了充分的肯定,他认为自由竞争极大地提高了劳动者和生产者的积极性,使得他们的智慧被激发出来。马克思曾指出,自由竞争是科技进步的动力之一,科技要想发展,离不开自由竞争。资本家要想在市场上立足,离不开对先进的科学技术的应用。同样,社会发展也离不开自由竞争。自由竞争激活了人性中对于物质利益的追求,并且最大限度地激发市场主体的能动性,以实现社会资源最有效的配置。这样一个崇尚自由竞争的市场,激励着每一个市场主体为自己的利益竭尽全力,从而充分实现经济的飞速发展,也使得人们从社会因素的制约或压迫中解脱出来,实现社会自由。

在自由市场竞争带来效率的同时,我们还需要看到在自由竞争的情况下,由于市场上还有各种不确定因素的存在,随着"唯利是图"的市场主体的不断增加,市场也从最初的"有序"走向"无序",导致"劣币驱逐良币"。资本主义的发展和资本主义早期经济地位的巩固离不开斯密的自由竞争理论,但是,在行业竞争加剧的社会条件下和资本主义经济危机的频繁发生下,社会矛盾不断产生,贫富差距不断拉大,完全放任的自由竞争也受到了挑战。自由资本主义发展的严重弊端不断暴露。以1929—1933年为例,资本主义爆发了最严重的一次经济危机。在危机跌入谷底后,经济开始恢复,迎来白热化的繁荣,然后不久又开始陷入危机,不断循环。在20世纪30年代,凯恩斯主义兴起,凯恩斯认为,需要国家干预来实现经济均衡的状态。20世纪70年代初爆发了两次石油危机,资本主义经济陷入滞胀,凯恩斯主义理论面对这种现状提不出相应的措施,并且凯恩斯主义理论不断受到各个学派的反对和批判,最终失去了统治地位。这种状况的发生也是国家垄断资本充分发展后所导致的资本主义固有矛盾日益激化的必然结果,而这个时候保守新自由主义者的理论应运而生,符合当时经济发展的需求。

自20世纪70年代以后,新自由主义理论盛行,但是2008年爆发的危机再一次证实了自由竞争的局限性。2008年美国爆发的次贷危机很快席卷全球,当时人们一直认为拥有私人住宅是衡量成功的一个标准。

对住房的过度需求得到了美国政府二级抵押贷款市场融资的大量补贴，该市场将美国投资的主要部分分配给了在城市周围建造有 2—3 个车库的房屋，这些城市包含了本应受益的、日益衰落的低收入社区。2000 年后，这些低收入人群没有得到政府的资金支持，而是被出售抵押贷款，这超出了他们的支付范围，加上美联储对银行系统有缺陷的监管也使崩溃更加严重。自次级房屋信贷危机爆发后，投资者失去了信心。这次危机使得大多数发展中的实体经济和虚拟经济遭受到非常严重的打击，自由市场经济追逐利益的本质容易催生出金融泡沫。

  同时，这次危机也再一次验证了凯恩斯在《通论》中的判断，市场机制的自发调节有时候是会失灵的，市场的自由竞争离不开"看得见的手"的协调。而接下来 2020 年突发的新冠疫情，进一步暴露出自由竞争的弊端。以美国为例，美国崇尚市场自由，在这次疫情期间已经成为新冠疫情的重灾区，感染人数每天都在激增。如果政府还是按照自由市场竞争的原则分配善，依赖市场机制分配善，只会造成公共产品供应不足，市场中的生产者不会去生产利润单薄的口罩、防护服和研发疫苗等，如果没有政府的干预，追逐利润的企业还是会在资本驱动下生产高利润的护肤品等产品。美国自由市场经济的这次遭遇，是对历史的再一次重演。再以宽带互联网接入的不平等为例，在新冠疫情期间，互联网接入的减少意味着远程医疗、远程教育、远程工作或求职、食物、社会联系，以及其他对健康至关重要的商品和服务的获取机会很少甚至根本没有。对于那些无法使用互联网的人而言，接触者也是最有可能被感染和遭受重大并发症的人。此外，还有那些无法从常规工作场所转移的人以及不具备远程工作能力的人；那些被监禁的人，无法获得电话精神治疗或虚拟家庭探视；那些有证件和无证件的移民，因驱逐威胁或公共收费规则而无法获得医疗保健；那些暴露在野火中的人，野火产生的烟雾刺激了呼吸道，增加了对呼吸道感染严重并发症的敏感性；那些负担不起完整的疫苗计划来保护他们免受呼吸道感染的人，而呼吸道感染是新冠病毒最容易产生的严重并发症……这些不平等在这次大流行病中都展现在人们的面前。而这场灾难的规模也源于缺乏强有力的公共卫生基础,建立有序有效的社会应对流行病的机制是很有必要的。虽然自由竞争理论有一定的局限性,但自由竞争理论与当时的生产力状况是相符合的,竞争是市场保持生机活力的根本动力。在看待自由竞争这个问题上,需要充分吸收其合理性,用辩证的视角看待这个问题,把"看得见的手"与"看不见的手"进行有机结合。

要想实现有序竞争,就需要政府与市场相结合。我们知道,竞争作为市场机制的最基本要素是必须加以保护和促进的,竞争可以解决在高度分工的社会经济下资源配置、协调配合等问题,并且在这种"非权威"竞争的环境下,市场主体可以自由发挥个体的权利和创造性。因此,监管良好、竞争激烈的市场可以最大限度地提高消费者福利,并通过促进经济增长来增加总福利。当市场运行良好时,企业通过提供消费者想要的比竞争对手更好、更具成本效益的东西而繁荣。因此,有效竞争通过更多的选择、更低的价格以及更高质量的商品和服务为消费者提供显著的好处。此外,竞争也为企业提高效率和创新提供了强大的激励,从而有助于提高整个经济的生产率增长。如果失去竞争,那么后果是不敢设想的,而要想实现良序竞争,"看得见的手"就必须与"看不见的手"相辅相成,政府可以通过直接参与(作为做市商或作为货物和服务的买方或供应商)或间接参与(例如,通过监管、税收、补贴或其他措施)的方式来影响市场。所有类型的政府干预都有利弊。许多(如果不是大多数的话)干预可能会产生不可预见的后果。未能解决间接成本和可能的溢出效应或许会导致政策效力降低,并带来不必要的经济成本。然而,任由市场自行决定,市场不一定能为消费者、企业或政府带来最佳结果。为了解决这一问题,政府为市场和公司的运作建立了法律和体制框架。也就是说,它制定了决定企业和个人适当行为的规则和条例,以及设立了执行这些规则和条例所必需的机构。因此,市场不是独立于政府而存在的,政府与市场密不可分,政府在干预和塑造市场方面具有合法的作用。在波兰尼看来,不受监管的市场有可能摧毁社会,保护社会免受其破坏需要国家的持续监管干预,在这个过程中,国家逐步构建自由市场的体制框架。政府应更广泛地干预市场,以实现其他政策目标和纠正市场失灵。

　　金融市场最近的发展和经济衰退使公众对政府在市场中的作用有了新的认识,市场提供效率和稳定性的能力受到了质疑,世界各国政府最近对市场的干预力度超过了往年。比如在英国,政府寻求帮助将金融危机和经济衰退对消费者和企业的影响降至最低,并帮助经济复苏和确保未来的经济增长,干预的形式是在大型资本基础设施项目上的额外支出,如对创新和教育的投资。市场配置资源的状态决定了政府与市场需要结合。资源配置越是能够满足人们的需要,配置效率就会越高;反之,就会越低。而判断资源配置是不是处于最佳的状态主要有两个标准:效率和公平。效率和公平的原则是经济互动中应该遵循的原则。在效率原则这一方面,效率是指资源配置达到一种这样的状态,即对资源配置状态的任何改变,在不会使得任何人福利减少、境况变坏的情况下,使得一个人的福利增加、境况变好,这时资源配置就处于最佳状态,也就是经济学家们说的"帕累托最优"状态。"帕累托最优"状态是资源配置的理想状态,实际上,在市场中经常是一个人的效用增加以另一个人的效用减少来实现,对于这种情况就可以对受损者进行补偿,如果受损者在得到补偿以后受益者还是获利,那么就可以认为资源配置是有效率的。

　　从现代来说,效率不仅具有经济学的意义,还包括道德伦理的含义和人们的价值追求。不过人们在追求效率的过程中,往往强调的是效率的经济意义和市场作用,忽视道德伦理和人文价值的内在含义。在公平原则这一方面,评价市场资源配置的状态是不是好的,仅仅看是不是促进效率是不够的,还需要看公平的标准。而公平的标准是由科拉多·基尼根据洛伦兹曲线所定义的判断年收入分配公平程度的指标,是一个比例数值,在 0 和 1 之间。越靠近 1,社会就越不公平。要看市场资源配置的状态,就需要同时兼顾效率和公平的原则。也许市场本身是有效和稳定的,但市场在处理效率和公平问题上的结果往往可能是社会没有办法接受的,即太多的财富流向少数人,而大多数人仍处于温饱边缘。

　　同时,我们还需要反思,自由主义市场经济是不是真的能实现自由。

在西方,自由是一种受到人们普遍追求的美好价值,无论是 20 世纪主张加强国家干预的经济学家凯恩斯还是主张尽量减少国家干预的哈耶克,他们都自称是自由主义者。自由是现代政治哲学的核心理念之一。作为启蒙运动与现代性的产物,无论是当代的政治自由主义、公民共和主义还是其他政治哲学立场,都不可能取消"自由"的标签及其合法地位。[①] "自由主义"内容丰富,包括哲学自由主义、政治自由主义、经济自由主义、社会自由主义,后三者实际上都是哲学自由主义的体现。哲学自由主义从霍布斯、洛克到诺齐克等,大部分自由主义哲学家的立场是坚持个人主义,在他们看来,社会只是个人的简单加总,社会不是有机整体,并且认为社会的存在只是为了实现个人目的的手段。从本体论上看,个人是实实在在的存在,但社会仅仅是"逻辑上的虚构";从价值论上看,个人价值高于社会价值,社会价值只是为实现个人价值而存在的;从思维方式上看,个人在任何意义上都先于社会而存在,在进入社会之前,个体已经存在,他比社会更真实。[②] 政治自由主义的含义主要是资产阶级为争取自己在政治方面的政治权利,随着资产阶级革命的胜利,范围也不断扩大,从政治领域扩大到经济领域。资产阶级不仅要实现政治自由,还要实现经济领域内的自由主义,也就是私人可以在市场上自由追逐利益的自由权利,经济自由主义侧重于个人或者企业的经济活动自由,它的核心就是减少政府对经济的控制,实现经济自由和利润最大化。用马克思的话来表达就是,这一权利的实现是自私自利的权利的实现。

在这种自由下,人与人之间的关系是对立的,这种自由理论只会导致自由在形式上的满足和在实际上的丧失。对于个人来说,个人不是把他人看作自己自由的实现,而是看作自己自由的限制。而近代市民社会乃是个人自由的社会,充斥着一种把自私人追求个人利益的自由误认为或

---

① Kymlica W., *Contemporary Political Philosophy*, Oxford University Press, 2002, p208.

② 安东尼·阿巴拉斯特:《西方自由主义的兴衰》,吉林人民出版社 2004 年版,第 18—19 页。

者说幻想成为普遍性的先天人性的社会思潮。不得不承认,从政治自由、经济自由到社会自由,这是一种个人自由从消极过程转变为积极过程的转变。但是,在这样一个各方面都崇尚自由的时代,尤其是崇尚自由竞争的时代,真的会让市场主体——生产者、消费者或政府——摆脱"市场失灵"和"政府失灵"的现象吗?从理论上看,自由主义的落脚点都是"原子式个人",自由主义所理解的自由,是人作为孤立的、自我封闭的单子的自由。同时,柏林把自由分为两种,即"消极自由"和"积极自由"。所谓"消极自由",是指人们所免除的各种限制,包括良心自由、思想自由和言论自由等。所谓"积极自由",是指人们可以自由地去做的事情,主要体现为政治参与的自由。[①] 从斯密、罗尔斯到诺齐克等自由主义者,他们更加侧重于诉求程序公正,而人的"道德"、"情感"等都排除在外。在自由主义看来,自由的本质就是人们不受到强制的压迫,更多侧重于消极自由。这样的自由理念并没有预先承诺目标的善恶性,自由主义首先确保的目的是个人权利不受到干扰,如果有必要,才会顾及个人如何自主地运用这些权利,借用罗尔斯的术语,这两者之间体现的是一种"词典式排列"。也许许多温和的自由主义者以及自由主义的辩护者或同情者会声称,自由主义并非不讨论"善",并非不在乎"好生活"的重要意义,但这种自由实际上还是一种消极自由,也就是说,没有办法突破"个人不受政府或他人的非中立的不正义干涉"这一前提。以罗尔斯为代表的当代自由主义者,他们所提倡的是一种不涉及完备性学说的政治自由主义,也就是说,这种自由不是一般道德意义上的好生活,只是为保证公民不受压迫地追求自己的好生活。正如查尔斯·拉摩尔(Charles Larmore)所指出的那样,当代自由主义所强调的自由,仅仅是某种特定的、政治意义上的消极自由,它"只是一个政治观念,因此不必详尽论述自由的所有意义"。[②] 实际上,这样的自由是没有办法实现真正的自由的。现实也向我们展示了我们并没有实现真正的自由。

---

① 姚大志:《社群主义和共同体的限度》,《江苏社会科学》2013 年第 2 期。
② Charles L. , *Patterns of Moral Complexity*, Cambridge University Press, 1987, p47.

首先,对于在自由市场竞争中追求利润的生产者来说,自由竞争往往会产生垄断,一般生产者会被处于垄断地位的生产者剥夺公平自由的机会,并受到上下游产业链的阻碍。并且对于刚起步的单个生产者来说,如果正好处在买方市场的环境中,那么这个时候生产者也有可能会被"架空"。

其次,对于消费者来说,生产者的垄断可能使其失去选择的自由。尤其是在大数据背景下,杀熟事件频频被曝出,网络渗透力增强,消费者的很多自由实际上是非自由的"被锁定",比如我们去超市购物,实际上超市每件商品的摆放都是商家经过数据分析设计的。举个简单的例子来说,由于鸡蛋和牛奶是人们必备的食物,所以它们一般会放在超市的最里面,这样当人们要购买鸡蛋和牛奶的时候,就不得不穿过整个超市,在这个过程中,人们没准还会买其他的东西。而当人们买好了东西以后,到了收银台,收银台旁边还会摆放一些糖果和香烟。实际上这些商品的摆放是经过大量的商场实验才确定的最佳方案,这种在市场中存在的诱惑伎俩不仅在超市得到运用,在其他地方也随处可见。因此,在充满欺骗的自由市场经济的运行中,消费者面对更多的是被束缚和非理性消费。康德基于道德义务论指出,我们日常所认为的市场自由或消费自由并不是真正的自由,因为它仅仅满足我们事先并没有选择的各种欲望。[①] 市场经济中,人们之间的商品交易看似自由,但是,在人们接受市场规则的同时,便进入了"他律"规则的支配。"当我们他律地行动时,我们是为了某些外在于我们的给定的目的去行动,我们是自己所追求的各种目的的工具,而非目的的设定者。"[②] 在吸收康德观点的基础上,桑德尔提出,拥有自身不等同于可以把自身当成商品。尊重和使用是两种不同的重视模式,人不能被视作创收的工具和使用的对象。[③]

[①] 迈克尔·桑德尔:《公正:该如何做是好》,朱慧玲译,中信出版社 2012 年版,第 117 页。
[②] 迈克尔·桑德尔:《公正:该如何做是好》,朱慧玲译,中信出版社 2012 年版,第 122 页。
[③] 迈克尔·桑德尔:《金钱不能买什么:金钱与公正的正面交锋》,邓正来译,中信出版社 2013 年版,第 XVII 页。

最后，从政府方面考虑，随着全球化市场经济的形成，我们不是孤立的个体，每个国家的政府都不可能孤立存在，很多弱势地区的政府会更加容易受到强势地区的政府的政治和经济渗透而处于不利地位。因此，在自由市场经济环境下，我们也需要冷静地思考，当自由已经被市场"货币化"的时候，我们是不是真的自由？还只是自由的奴隶？Kai Gehring[①]指出，一些经济学家如席勒、克莱因等认为，经济自由的增长促进作用是以较低的生活满意度为代价的。其原因可能是由于更高的竞争、消费者的非理性决定或负面的市场外部性等所导致的。英国新黑格尔主义哲学家托马斯·格林、社会学家霍布豪斯、经济学家霍布森以及美国著名实用主义哲学家杜威等也曾指出，古典自由主义仅仅是从否定方面来理解自由，这种自由是消极自由，虽然这种自由是必要的，但是要想真正地实现自由，积极自由是必不可少的。桑德尔等社群主义者主张积极自由，也就是说，作为一种共享自治的自由，人们并不是独立式的、原子式的个体，自由也并不是免于政府的干涉，而应该是人们自觉地把自己看成是共同体的一部分，公民通过对政治共同体和公共善的认同，能够就公共事务进行具有道德意义上的讨论，并根据适当的善观念行动，当市场价值与公共善价值发生冲突的时候，要以公共善优先，国家也不能采取中立的态度，该管的还是要管。

二、政府最小化

随着产业资本逐渐取代商业资本，重商主义主张的国家干预政策已经开始不适应当时的经济形势。重商主义认为，要想获得金银，有两条途径：第一条途径就是对金银矿进行开采，但金银矿的开采总是有限的，不能无休止地开发；第二条途径就是对外贸易，这才是获得金银的主要来源。因此，要想更好地实现对外贸易，获得更多的金银，主张国家干预经济生活。重商主义为了实现自己的利益，要求国家给予各种支持，比如各

[①] Kai Gehring, Who Benefits from Economic Freedom? Unraveling the Effect of Economic Freedom on Subjective Well-Being, *World Development* (November 2003).

种对外贸易中的特权许可、关税制度、垄断等。毫无疑问,重商主义在历史上对于经济的发展起到过很大的作用,但是,由于重商主义毕竟是在封建社会后期由封建专制政府推行,随着产业资本逐渐取代商业资本,重商主义已经不再适应当时生产力的发展,它不但没有促进社会进一步发展,反而起着阻碍的作用。重商主义在西欧各国相继不同程度地破产,在这种情况下,重商主义理论也不再适应当时需求,一些思想家先后开始超越重商主义去探索国富民强的原因,这种活动的结果是古典政治经济学在17世纪中期的英国和法国产生。马克思认为:"古典政治经济学在英国从威廉·配第开始,到李嘉图结束,在法国从布阿吉尔贝尔开始,到西斯蒙第结束。"①马克思认为,奠定劳动价值论的基础是古典政治经济学在科学上的主要成就,并且古典政治经济学能够在不同程度上研究剩余价值的各种形式。以英国为例,威廉·配第的《赋税论》给当时的英国统治者提出了很多建议,即说明统治者们应如何处理合理征税的问题。配第的价值理论、分配理论、货币理论、分工和赋税理论等对于在他之后的经济学家,无论是赞同还是反对,都是从配第出发做的进一步研究。

经过100多年时间的发展,从配第到斯密,英国古典政治经济学家也经历了一个完整的过程,这是一个从最初萌芽到完整体系的过程。其间也出现了很多杰出的人物,比如洛克、诺思、大卫·休谟、斯图亚特等。洛克就认为,在"自然状态"下,人是自由的,在市场中是自由竞争的,市场主体拥有完全不能被剥夺的自然权利,政府的存在只是为了更好地保护个人的权利和财产,如果政府起不到这样的作用,那么人民就有权对政府进行推翻。洛克认为,有某些基本的权利,即使是政府都不能超越这些权利。以诺思为代表,他对重商主义理论进行了批判,并且指出无论是国内贸易还是国外贸易,国家都不应该进行干预,应该任其发展。这种政府最小化的思想为后来亚当·斯密所继承,并发展为"国家分工论"。在经济学说史上,无论是西方经济学家还是马克思主义经济学家,都给予亚当·

---

① 马克思、恩格斯:《马克思恩格斯全集》第13卷,人民出版社1962年版,第41页。

斯密非常重要的地位。马克思对斯密的经济学著作进行过详细的研究，他指出："在斯密那里，政治经济学已经发展为某种整体，它所包括的范围在一定程度上已经形成。"[1]斯密的经济自由主义思想和贸易理论思想不仅受到配第思想的影响，在很大程度上也受到重农主义思想的影响。在斯密所处的年代，英国已经形成了典型的资本主义社会结构，新兴的资产阶级实力获得增长，迫切需要改变传统的重商主义政策，自由竞争、自由放任的思想已经成为反对国家干预的新口号。

亚当·斯密的《国富论》一书与当时英国资产阶级的需要是相符合的。亚当·斯密在原则上也是反对国家干预经济的，他不仅反对重商主义，对重农主义也是批评的，他认为应该建立最明白而且单纯的自然自由制度。根据亚当·斯密的观点，政府的职能主要有三项："第一，保护社会，使其不受其他独立社会的侵犯。第二，尽可能保护社会上各个人，使其不受社会上任何其他人的侵害或压迫，这就是说，要设立严正的司法机关。第三，建设并维持某些公益事业及某些公共设施，这种事业与设施，在由大社会经营时，其利润常补偿所费而有余，但代由个人或少数人经营，就绝不能补偿所费。"[2]并且亚当·斯密认为，如果政府或者君主超过这些职能，那么必定会损害社会利益。斯密经济自由的思想不是凭空想象出来的，是在吸收英国的洛克、诺思、孟德维尔以及法国的重农学派等前人思想的基础上形成的。18世纪的休谟也提出市场自我调节的理论，他用货币数量理论不仅反对重商主义，也批评国家干预经济的政策。他认为，如果不均衡的现象出现了，那么，使这些现象得以矫正的因素，必然也同样会按事物的正常趋势来阻止其发生。

斯密在继承这些前人的基础上，系统论述了经济自由主义理论和政策，主张政府职能最小化。李嘉图作为英国古典政治经济学的完成者，在他那里达到顶峰。李嘉图认为，如果政府过多地干涉，那么就无法实现一

---

[1] 马克思、恩格斯：《马克思恩格斯全集》第26卷，人民出版社1973年版，第181页。
[2] 亚当·斯密：《国民财富的性质和原因的研究》下卷，郭大力、王亚南译，商务印书馆1981年版，第252—253页。

个国家的资本按最有利于社会的方式进行分配。李嘉图和斯密对于国家干预持一样的态度,即反对国家干预对外贸易,主张在国际上也能实现自由贸易,并建立起合理分工的世界经济秩序。总之,古典经济学不赞成政府干涉经济活动,认为政府的作用是充当私有财产和个人经济活动的"守夜人"。①

功利主义代表人物约翰·穆勒也坚持斯密论述的原则,并且穆勒对于是否需要国家干预做了更细致的说明。他说:"在其他时代,人们争论的问题是,政府应该如何组成,政府应该根据什么原则和规则行使权力。现在的问题是,政府的权力应伸展到哪些人类事物领域。"②穆勒从多个方面进行论证,他认为,国家的干预会对个人自由加以限制,并且政府职能的实施会对个人思想、言行等方面的独立性产生影响,政府职能会增加政府的工作和弊端,私人经营效率更高。因此,穆勒主张要实施自由放任的原则,这也在一定程度上反映了其民主的倾向。穆勒主张政府职能尽量最小化,并不是说不需要政府。功利主义哲学与洛克、斯密等的观念并不完全相同,斯密、洛克等强调自然秩序,但是功利主义哲学认为,为了促进社会福利,现状并非为上帝创造,需要政府加以干涉。比如教育行业、对儿童的保护、永久性盟约、利他行为等,都离不开政府的干预。新自由主义代表诺齐克也尝试着超越契约论和功利主义,提出自己的"最低限度的国家",他反对无政府主义,认为最低限度的国家是功能最多的国家。这种所谓的"最低限度的国家",其实是管的事情范围最少的国家,这个国家的基本功能就是对人们安全起着保护作用和强制履行契约。并且诺齐克认为,市场能够解决一切问题,市场机制不仅能够提高效率,还能促进公平,反对扩大国家功能,也反对再分配,因为这样会侵犯个人权利。对于诺齐克来说,理想的国家是一种没有政府(或有最小政府)的自然状态

---

① 李伟、华梦莲:《论经济学及其伦理框架》,《重庆科技学院院报(社会科学版)》2019 年第 5 期。

② 约翰·穆勒:《政治经济学原理》下卷,赵荣潜等译,商务印书馆 1991 年版,第 336 页。

("最低限度的国家")。[①] 诺齐克认为,"看不见的手"和"契约"这两种隐喻都是来自市场经济,"看不见的手"之所以看不见,是因为作为"自然而然的国家"是从自然状态中产生出来的,人们从来就存在于国家之中,市场也是自然而然地产生的,因此市场具有"自我完善"的功能,国家不需要对市场进行调节,主张政府最小化。

进入20世纪以后,芝加哥学派登上历史舞台,芝加哥学派在20世纪20年代形成,与当时的新奥地利学派、伦敦学派、弗赖堡学派同为新自由主义活动的中心,其学派捍卫的核心价值是新古典派经济学,相信市场机制和自由放任,他们的基本理论信条是,市场参与者是理性的,市场机制总体来讲是有效的、出清的,反对政府的过度干预。弗兰克·奈特、雅各布·维纳、亨利·赛门斯、亚伦·戴雷科特、西奥多·舒尔茨为该学派的早期重要代表人物。在第二次世界大战以后,芝加哥学派获得进一步的发展,以米尔顿·弗里德曼、乔治·斯蒂格勒、罗纳德·科斯等为代表,弗里德里希·哈耶克和詹姆斯·麦吉尔·布坎南为该学派重要的相关人物。当时的美国青年经济学者很多受到奈特的影响,并拥护自由经济的思想,主张实行自由放任计划,认为市场经济的成功运行离不开政府的责任,但政府的作用主要是为市场主体提供一个平等的竞争环境,而对于经济活动的核心部分,比如工资、物价以及投资决定等,政府不能过多地干预。

另外,以科斯、诺思等为代表的新制度经济学派主要是把组织问题或者制度问题作为自己的研究对象,试图通过研究产权结构和交易激励以及经济行为的影响来拓展新古典经济学的适用范围,他们要做的是如何进一步明晰产权,降低这种产权的交易费用。科斯定理是对庇古理论的回应,庇古认为,政府需要对经济活动进行干预,因为有外部性的存在,但是面对这个问题,科斯在"社会成本问题"中指出,这不是政府干预的理

---

① 罗伯特·诺齐克:《无政府、国家和乌托邦》,姚大志译,中国社会科学出版社2008年版,第10页。

由,因为一项行为,无论是得到帮助的那一方还是受到伤害的那一方,都是可以通过借助自由谈判这种方式来对这个外部性进行消除的,所以政府干预的问题很复杂,哪种方法更好取决于相对成本和收益。新制度经济学和新古典经济学在本质上是一致的,这些新自由主义经济学家认为:"应该受到谴责的是国家,而不是资本主义或市场经济。"[1]哈耶克提出了以自由市场为特色的新自由主义理论。哈耶克的新自由主义观点区别于以往的新自由主义之处在于:他是最彻底的新自由主义,他不赞成任何形式的国家干预,他所主张实行的是竞争性的、私人货币制度下的自由市场经济,反对计划经济。哈耶克把计划经济与封建主义和法西斯主义混合在一起,他认为,计划经济不仅在经济上会降低资源的配置效率,还会在政治上导致集权,最终走向通往奴役的道路。哈耶克也反对凯恩斯主义的经济政策,他认为,凯恩斯主义和货币主义的政策主张会破坏货币的中性。他还反对国家干预个人自由,主张从伦理学的角度出发,建立一种理想的、以私有制为基础的、法治的、公正的社会制度。

研究政治活动和政治制度的公共选择理论也是建立在新古典经济学的基本原理和方法研究之上的,公共选择理论得出的主要结论是政府失灵,以布坎南等为代表,他们认为,要想解决这个问题,只有通过宪政改革才能改善政府无效率的扩张。布坎南认为:"只有政治、集体、政府或国家活动的范围受到可强制执行的宪法约束,方可阻止此种过分的扩张。"[2]从布坎南的主观立场看,他有着根深蒂固的个人主义立场,崇尚个人自由至上,反对政府干预,反对集体意志。布坎南认为,集体化的政府想办的事情越来越多,但是所取得的成就越来越少。从布坎南对凯恩斯政策的强烈批评,到他对哈佛大学伯格森教授的福利函数的强烈反对,都表现出他极力维护资本主义市场经济的政策,布坎南创立的公共选择理论在学术界引起非常大的反响,当时与奥地利学派、芝加哥学派并列,成为新自

---

[1] 亨利·勒帕日:《美国新自由主义经济学》,李燕生、王文融译,北京大学出版社1985年版,第29—30页。

[2] 布坎南:《自由、市场与国家》,平新乔、莫扶民译,上海三联书店1989年版,第260页。

由主义经济学的三大流派之一。因此,以布坎南为代表的公共选择学派改革的主要目标还是没有涉及资本主义制度本身,实际上,大多数保守新自由主义经济学家本质上怀念的都是19世纪资本主义制度。

总的来说,自由意志论者根据强大的个人权利理论,反对政府家长式立法,比如政府强制公民戴安全帽或者系安全带,自由意志论认为,虽然系安全带或者戴安全帽是好事,但应该是公民自愿;反对道德式立法,即使政府会以某些行为彰显整个社会的道德价值来作为干涉的理由,但这也是违反自由权利的,比如为了推广道德上的立法而禁止同性恋的法律,自由意志论认为,同性恋这种行为没有侵犯任何人的权利,所以政府不应该立法禁止;反对税收相关的立法或者任何财富重新分配的政策,自由意志论认为,这种政策也是会侵犯人的权利的,这种观念在诺齐克理论中凸显。最后,自由意志论认为,只要个人和企业被允许拥有追求自己经济利益的最大自由,就会给市场中的每个人带来好处。当自由市场法则被每个国家所遵循的时候,就仿佛穿上了所谓的"金色紧身衣"。①"金色紧身衣"意味着政府减少对资本的管制。在这种信念下,新自由主义者试图拆除贸易、资本流动的障碍,消除政府对经济生活的干预。国家绝不能统治社会,支配自由个人如何处置他们的私有财产,规范自由市场经济,或者干涉上帝赋予的获取利润和积累个人财富的权利。国家主导的"社会工程"绝不能凌驾于企业和私人利益之上。它绝不能干预自由市场的"自然"机制,也不能以改善自由市场资本主义制造不平等的倾向为目标中立性是当代自由主义的一个典型特征。② 当代自由主义认为,正义原则不应该建立在各种善观念基础之上,虽然从个人的角度来说,个人所追求的美好生活理性本身是有意义的,但是政府对于这些美好事物的实现并没有应尽的义务,政府应该中立,甚至政府不应该干预人们的信仰、宗教、道

---

① Tommas Friedman, *The Lexus and the Olive Tree*, Farrar, Straus and Giroux, 1999, p86.

② Stephen Cowden, Gurnam Singh, Community Cohesion, Communitarianism and Neoliberalism, *Critical Social Policy* (October 2016).

德和哲学,也就是说,政府应该在各种善观念之间保持中立,对于人们自己的美好生活的实现既不促进也不阻碍。正如俞可平所认为的,在20世纪晚期资本全球化形势下,国家职能又开始弱化,这表现在国家对社会经济文化生活的干预日益减少、福利制度遇到严重危机等方面。[①]

自由主义中立性源于现代社会的一个普遍事实,即社会是多元的。在这样一个多元的社会,由于每个人自己的生活计划、未来期望、社会地位不同,使得每个人对于美好生活的图景以及要过怎样的生活都是不一样的。而面对这样的现状,国家对于个人秉持怎样的善观念应该保持中立的立场,如德沃金所认为的那样,政府的决定应该尽可能独立于任何一个特殊的、美好的生活观。但是,政府最小化或者无政府干预,真的是利大于弊吗?波兰尼曾通过对劳动力、土地和货币这三种虚拟商品的分析告诉我们,自发调节的市场是一种危险的幻想。他对当前流行的观点(即更大的政府将不可避免地导致不好的经济后果的思想)提出了挑战,对于波兰尼而言,一个实质性的政府对于控制各种虚拟商品是不可获取的,因此没有理由把新自由主义所认为的政府本质上是无效率的这一理论当真。许多新自由主义经济和社会政策的倡导者对市场力量释放所造成的社会崩溃和混乱的可能性和现状表示关切。

事实告诉我们,利并非大于弊。从2020年暴发的新冠疫情来看,在我国党和政府的统一部署和领导下,我国疫情在短短的几个月内就得到有效的控制,我国于2020年3月19日首次实现了新增本土确诊及疑似病例的零报告,被世界卫生组织高度评价"是一项了不起的成就"。[②] 面对突如其来的疫情,我国处置速度之快,充分发挥了政府的优势。而再看看美国,不仅疫情没有得到有效控制,反而扩大化,疫情形势严峻的同时政局也很混乱,并深陷多重危机。据约翰斯·霍普金斯大学的数据显示,美国在新一年的头10天里,新增确诊病例已逼近240万,死亡病例已超

[①] 俞可平:《权利政治与公益政治》,社会科学文献出版社2003年版,第287页。
[②] 央视网:《世卫组织总干事:"中国本土病例零新增是了不起的成就"》,2020年3月20日,http://news.cctv.com/2020/03/20/ART17gF0ZDRTIg3IZcF0GbYS200320.shtml。

过 2.7 万例。美国疫情越发不可控，加州医疗也不堪重负，医院系统处于极限，变异病毒的传播更是加剧了疫情的传染率。疫情、选举、抗议，美国乱得摇摇欲坠，美国所谓的"民主"、"权利"一时间也让世界人民哗然。在这种情况下，美国仍有很多民众认为政府不应该对此干预，因为他们觉得自己的权利是不容干涉的。对于美国的宪法在实践中已经变成权利优先论的现象，桑德尔曾在《民主的不满：美国在寻求一种公共哲学》一书中指出："个人权利的优先性、中立性的理想以及个人作为自由选择的、无负荷的自我的观念，共同构成了程序共和国的公共哲学。这三个相互联系的观念塑造了我们当前的宪政实践。"[1]

而与此同时，我国堪称稳定堡垒。在疫情期间，我国政府处理公共卫生危机的能力得到了世界人民的认可，并增长了我国人民对中央政府的信任度。德国《法兰克福评论报》曾指出，中国是少数几个能遏制住疫情的国家，中国将比以往任何时候都自信。也正是在这次疫情中，体现了政府角色的不可缺位，单一的市场经济体制是有局限性的，也没有办法适应复杂环境的变化，尤其是在公共资源的供给上。在经济稳定发展的时候，公共资源供给是服务市场经济发展的重要途径，但是在危机时期，市场主体的行为与社会公益性目标所倡导的行动会存在悖论。波兰尼也从道德层面和国家在经济中扮演的角色层面论证了市场要想更好地运行离不开政府这个积极的角色，如果政府的政策转向更多地依赖于市场自由竞争或者市场自发调节，那么一般的普通人必定会在这种压力下被迫承受高昂的代价，尤其是在公共物品这一块。政府在公共物品的供给上起着十分关键的作用，也是保障市场经济健康发展的核心力量。事实证明，要想让市场这只"看不见的手"更加有序运行，需要一个与之匹配的有为政府，一方面可以激发市场经济的活力，另一方面不能管制过多，更不能当"甩手掌柜"，要为市场创造一个良好的环境，避免"政府失灵"的现象产生。

---

[1] 迈克尔·桑德尔：《民主的不满：美国在寻求一种公共哲学》，曾纪茂译，江苏人民出版社 2008 年版，第 32 页。

三、契约原则

在市场经济条件下,契约是双方以平等的地位签订的,通过平等协商,明确各自的权利和义务,并尽量保证权利与义务对等。同时,契约的订立要以自由为前提,双方在不受干预和胁迫的情况下进行自由选择,即契约自由。[①] 契约化这种原则和形式是保障市场主体合法权益的保证。在商品经济领域,契约是商品交换的基础,是商品交换得以顺利进行的基本条件。[②] 社会契约的观念是一种更为宽泛的文化现象,是市场经济的特征和必然产物。契约文化所反映的是作为商品经济或者市场经济的法权关系、意志关系,也反映着整个市场经济社会的精神文化。在农业自然经济的社会,人们仍然处于一个宗法身份的时代,随着自然经济向商品经济的转变,人们也从宗法身份转向契约自由,这是一个必然进程,也是必然规律。传统的契约概念是一个经济意义上的概念,处在市场经济活动中的人们,需要通过契约或者合同的形式来订立规则,以追求个人利益的最大化。《辞海》对契约一词的解释是:"证明租赁、出卖、抵押等关系的文书。"与此同时,契约是人们在实践活动中,契约双方理性选择的产物,并且契约作为市场经济活动中人与人之间的一种根本性的交往规范,离不开伦理意蕴。比如,首先,契约的前提条件就是自由和平等,订立契约的主体双方必须是平等的主体;其次,订立契约必须包含自愿原则,不存在强迫或者不自愿的情况;最后就是合作以及互利,人们在经济活动中订立契约,目的就是实现彼此利益的最大化。从实质上看,市场经济是契约经济,契约原则是自由市场经济的特点。正是契约把生产者与消费者、消费者与消费者、生产者与生产者等联系起来,正是因为有了契约的存在,才使得为了满足市场需要而进行生产产品或提供服务成为可能。

在契约原则下,市场的公平正义秩序也显示出来。梅因曾精辟地说到,所有进步社会的运动,到此为止,是一个从身份到契约的运动。我们

---

① 夏明月、华梦莲:《儒商文化的基本特征》,《中国文化与管理》2019 年第 12 期。
② 夏明月、华梦莲:《儒商文化的基本特征》,《中国文化与管理》2019 年第 12 期。

所处的时代与以往的时代很大的区别就在于,现在的时代契约存在于各种社会关系中,不仅是市场经济中存在着契约原则,政治领域也是一样的,契约原则是一切社会共同体的基础。契约原则普遍地存在于我们的社会关系中,契约本质就是人们在契约原则下,自由地选择自己的行为,并对自己的选择负责。"正是通过契约,个人才能获得最充分的机会去发扬他的才干和使用他的财产。契约是扩大个人在资源利用方面自行处理权范围的主要法律手段。"[①]契约的前提是自由和平等,也正是在这种契约的精神下,市场经济得以发展。美国最高法院在1787年提出:"契约标志着社会在实现文明和繁荣方面获得的进步。"[②]

要想深刻了解契约文化与市场经济的关系,就需要先了解什么是契约文化,尤其是作为契约文化特定表现形式的社会契约论的思想。最早明确提出"契约"的是约公元前5世纪的智者学派安提丰,安提丰对城邦的法律和自然规则分开对待,他认为,法律是公民的契约,对公民的外在行为有约束,而自然规则是天赋的。安提丰否定城邦的法律,因为他觉得法律所确立为有益的事物损害了人们的自由,而自然所确立为有益的那些事情是自由的。但他反对的不是社会契约论本身,而是城邦法律的不平等现象。安提丰主张平等,这与后来社会契约论所主张的是一致的。马克思和恩格斯指出:"国家起源于人们相互间的契约,起源于社会契约论,这一观点就是伊壁鸠鲁最先提出来的。"[③]作为最早主张以自由和平等为基础的社会契约论思想家,伊壁鸠鲁认为,人们为了共同的利益制定法律,这种最初基于协议的法律就是自然法,它是契约的产物。后来人们在这个基础上建立了国家。罗马法学家西塞罗在伊壁鸠鲁思想的基础上进一步丰富了社会契约论的思想,他指出国家是人民的共同结合体的产物,国家的形成是建立在法律和权利的共同体协定的基础上的,因此,国家有义务保护公民的利益。卢克莱修是伊壁鸠鲁社会契约论的捍卫者。

---

① 伯纳德·施瓦茨:《美国法律史》,王军译,中国政法大学出版社1989年版,第22页。
② 伯纳德·施瓦茨:《美国法律史》,王军译,中国政法大学出版社1989年版,第125页。
③ 周辅成:《西方伦理学名著选辑》,商务印书馆1987年版,第33页。

卢克莱修指出,人类实际上是有两次契约的,第一次契约的制定,那个时候语言还没有产生,但是人们为了彼此之间更好地生活,就有很大一部分人遵守信约,这个信约也就是最初的契约。后来随着人类生产力不断的发展和人们的交往越来越多,语言开始形成,出现了帝王,也出现了富人和穷人,在这个过程中,人们不知道满足,在相互憎恨中争斗,最后人们为了实现安宁订立契约。卢克莱修反对国家权力是上天给予的,这一点在西方古代是比较早提出的,对后来社会契约论的形成有很大的影响。社会契约论这一思想的产生也离不开古希腊罗马的商业活动。人们在商品的交换过程中慢慢地把这一活动升华为一种解决国家和法律起源问题的讨论。社会契约论的思想一方面体现在哲学家的理性思维中,另一方面在宗教神话的故事中也有所体现。比如《圣经》分为《旧约》和《新约》,叶秀山认为:"中文的'约'字译得很好,《圣经》讲的是'神'和'人'立'约'。"[①]契约的根本精神就是互利,《圣经》中所包含的契约思想不是孤立的,是犹太人进行商品交换活动的产物。社会契约论的思想在17—18世纪获得了很大的发展,并形成比较系统的体系。总而言之,契约论作为一种社会政治理论,其起源可以追溯到古希腊、罗马法制度和斯多亚派,在16—17世纪后,契约论的思想对于欧美现代民族国家的形成和发展、一般公民意识和道德的确立和发展都起着很大的作用。

17—18世纪的商品经济已经发展到一定的程度,资产阶级为了反对封建统治,在继承和发展自然法和社会契约论思想的基础上,通过对商品经济中关于契约的观念进行融合和升华,最终系统化为社会契约论,以更好地促进商品经济的发展。近代比较完整地阐述社会契约论的思想家是格劳秀斯。格劳秀斯把法分为两种:一是自然法,二是意志法。他认为,自然法作为所有法律的依据,在自然法中所贯穿的保护个人财产和契约精神,是当时正在发展起来的商品经济关系的产物。格劳秀斯的"保护个人私有财产、共同遵守契约"的观念,正是这种商品经济关系所决定的法

---

① 叶秀山:《愉快的思》,辽宁教育出版社1996年版,第179页。

权关系或者意志关系的反映。但是,格劳秀斯认为,人们的力量是弱小的,是没有能力对自己进行保护的,这个时候需要君主来保护。因此,国家的权力远远超过个人的天赋权利,这也反映了他保守思想的一面,但是,他也主张君主的权力是社会契约论所赋予的,人们在某些情况下可以推翻君主,这从一定程度上反映了他所代表的立场,他站在新兴资产阶级的立场,反映新兴资产阶级的利益和要求。与格劳秀斯不同的是,作为自然法和社会契约论的另一位代表人物霍布斯,他提出不一样的观点,他认为,如果人们都按照自己的本性去生活,那么这种生活是不会倾向于过社会生活的。霍布斯认为,在国家形成以前,社会中的每个人都是自由的,并且每个人都在追求自己的利益。但是,因为没有一个公认的强权,所以会导致连续不断地战争。他说:"在没有公共权力的地方就没有法律,而没有法律的地方就无所谓不公正。暴力和欺诈是战争中两种主要的美德。"①

在这种情况下,为了摆脱这种困境,寻求人类的和平与安全,人类的理智就会提出一种条款,即自然法。在霍布斯那里,支撑契约论的东西是自然法。自然法的第一条原则是寻找和平,并尽所有手段保护自己。在第一条原则的基础上,第二条原则呼之欲出,那就是人们如果想要成功达到实现自我保存的目的,那么人们就必须自愿放弃占有一切的自然权利。但这种自愿行为的目的是自己的利益,如果有害于自己的本身利益,那么这种行为就是无效的。而放弃或者转让权利的表示就是契约,契约的力量在于人们所担心的毁约带来的后果。第三条自然法就是必须履行契约。守约是正义的源泉,正义就在于履行契约。霍布斯是一个绝对的君主主权论者。霍布斯设想了一种人人为敌的状态,但实际上他所描绘的这种状态的人本质上是资产阶级的人,这种人重视个人利益,却又敢于冒险和竞争,这种由富有进取和好斗性格的个人组成的社会必然是充满竞争的社会。在资本主义早期,社会中要想解决上述问题,就需要一个非常

---

① 霍布斯:《利维坦》,黎思复、黎廷弼译,商务印书馆1985年版,第96页。

强大的政治权威出面来调节,只有这样,才能实现社会的井然有序。正是在这种情况下,霍布斯把经济交换中缔结协议的行为推广到政治领域,资产阶级在转让他们自由的同时,换来了资本主义商品发展的外在良好秩序,这也实际上体现了契约精神。霍布斯为消除自然状态下存在的不确定性因素,实现"人为"的平等状态,主张权利的"绝对让渡"。

与早期的格劳秀斯和霍布斯所主张的君主制政体不一样,洛克支持资产阶级民主制度,不赞成君主专制制度。洛克所认为的自然状态与霍布斯的自然状态不一样,洛克的自然状态体现的是一种文明的秩序。洛克在《政府论》中所阐述的社会契约论主要包括三点:一是"人民同意"的原则;二是"政府有限"的原则;三是"关注个人自由权利"。洛克的社会契约论思想是当时资本主义市场经济发展的产物,商品经济的发展归根到底是双方的让渡和占有。社会契约论的集大成者是卢梭。卢梭所处的时代社会契约论的思想已经深入人心,市场经济得到很大的发展,自然经济受到很大的冲击。卢梭所主张的社会契约是共同体各个成员之间的公平约定。"它是合法的约定,因为它是以社会契约为基础的;它是公平的约定,因为它对一切人都是共同的;它是有益的约定,因为它除了公共的幸福而外就不能再有任何别的目的;它是稳定的约定,因为它有着公共的力量和最高权力作为保障。"[①]卢梭的社会契约论是民主共和制的,他用公益来表达个体意志与法律意志的一体性。洛克和卢梭都主张让渡部分权利,建立有限政府,确保契约平等和权利平等。康德在解释国家起源的时候,也提出社会契约论这一概念。但是他与洛克、卢梭不同的地方在于,康德这些概念仅仅是为了进行逻辑论证的假设。康德的论述使得社会契约论更富有实践理性的色彩。从霍布斯到洛克,从卢梭到康德,对国家合法性的论证逻辑都离不开社会契约论这一理论作为基础。霍布斯、洛克等的社会契约观点主张,人与人之间通过采取相互订立契约的方式,把部分自然权利转让给社会,由此保证生命、自由与财产的自然权利得到公

[①] 卢梭:《社会契约论》,何兆武译,商务印书馆1982年版,第24—25页。

正、公平的裁决，国家和政府也就相应产生了。18世纪的契约论发展得最为强盛，契约论的特征主要是它的理性主义和对正义的强调。19世纪之后，契约论遭到强烈的反对，以功利主义为代表开始取代契约论占据统治地位，还有强调理性主义与历史原则相结合的费希特和黑格尔，以及以胡果、萨维尼为代表的注重从历史角度研究法的形成的历史法学派。

直到20世纪70年代，以罗尔斯为代表开始恢复契约论在政治哲学中的地位。但是，罗尔斯的契约论与霍布斯、洛克、卢梭这些17—18世纪哲学家所构建的那种以"自然状态"为基础、以个人权利为本位的社会契约论有区别。虽然罗尔斯的伦理学构建方法仍然是西方社会契约论式的，但是罗尔斯对这种契约论进行了改造，通过"原初状态"理论的提出，试图将自由、平等理念与社会基本制度的分配正义相结合，这不仅使得其理论具有普遍理性的道义论特征，还有一种社会目的论特征。因此，罗尔斯的理论把过往那种消极的、带有浓厚自然主义色彩的社会契约论转化为一种具有积极解释功能的新社会契约论。但是，从根本上来看，罗尔斯的方法论还没有完全跳出西方社会契约论的方法论传统。

总之，社会契约论思想是市场经济发展的产物，同时市场经济在这种契约论下也得到更好的发展。契约伦理文化与宗法身份不一样，契约文化和原则强调个人是独立的个体和主体，独立主体之间是自由和平等的关系。契约文化作为一种根植于市场经济基础之上的文化形态，内涵丰富，充满生机。契约所秉持的精神是市场经济精神之魂，市场经济的核心要义就是契约精神。契约的合理性及其魅力就在于契约的自愿和互利原则。市场主体在相互交往前制定出权责明确的契约，承诺在交往过程中严格认真地订立契约，并把契约作为各方行动的基本准则。契约分为正式的和非正式的，但无论是正式契约还是非正式契约，对制定契约行为的双方都是具有约束力的。契约的签订建立在自愿、平等、互利合作的基础上，如果不满足上述基础，那么就是霸王条款，违背契约精神。同时，无论是对于企业还是个人来说，契约精神是其生命中的DNA，如果企业或个人不遵守所制定的契约，那么就相当于自毁信誉，因此，我们对于契约精神要秉持一种敬畏的态度,并用契约精神时刻鞭策自己。不能让契约在资本主义市场经济下成为一种"形式平等",不能从以个体主义为基础的契约关系出发去解释企业的社会责任,更不能让契约关系成为人与人之间的唯一纽带和基本人际关系,在这种契约关系下处理人与人之间关系的原则就是个人的经济利益最大化。如果这样的话,公共善就会被排斥在市场经济之外。

第二节 自由市场经济善观念

自由市场经济的特点使得自由市场经济善观念主要表现为个人权利的优先性、金钱的善取代道德的善、按自由竞争原则分配善。

一、个人权利的优先性

市场经济是一种以市场机制为基础调节的社会资源配置方式,通过借助经济利益,把市场主体联系在一起,形成一个市场主体互惠利益的场所。在市场经济下,每一个商品的生产者和经营者的身份都是独立的、平等的,拥有独立的法人资格,具有各自独立的经济利益,市场经济的一切活动也都是商品生产者和经营者自己的意志和权利的体现,他们具有这个自主权来追求各自的利益最大化。在这样一种动态经济和信息经济中,利益最大化规律是市场经济一个必不可少的经济规律。市场主体以市场和消费者为中心,通过改善技术、提高产品质量、降低成本等手段,求得市场竞争优势,获得各自的经济利益。市场主体都拥有自己独立的意志自由,自负盈亏,在市场优胜劣汰法则这个外在压力下,市场主体秉持着"没有做得最好,只有做得更好"的原则为实现自身利益最大化而竞争,经济利益是驱动他们扑向波涛汹涌的竞争大海的唯一动力。如斯密所认为的,市场中的人们会按照理性原则行事,个人不仅追求自己的利益,还追求利益最大化。斯密对这一原则进行了阐释,他认为,人的利己心和一生不满足想改善自身状况的愿望,是人们从事经济活动的动力。上述愿望是市场主体参与经济活动的目标,如果没有这个目标,那么市场主体就失去了参与市场经济活动的积极性,从而失去了参与市场竞争的前提和竞争的动力,市场机制也就无法对社会资源实行优化配置,更无从谈起是真正意义上的市场经济。

市场经济的自主性、平等性、竞争性、开放性、效益性等特点都要求市场主体行为的自主化和个人权利的优先性。因为在市场中竞争的个人,如果没有权利对自己的一切生产要素或者个人行为进行支配,那么就没有办法实现自己的目标,也没有办法实现资源的配置。因此,市场经济尊重市场主体的个人权利和自由。实践主体的主体性概念是马克思主义世界观理论的一块基石。在以往的自然经济下,人们的思想还是局限于比较小的范围内,对于个人的权利实践主体还没有办法表现出积极的、能动的精神。但是在市场经济下,突出主体性,尽可能调动人们的积极性,使得人们从一种人与人的依赖关系转变为对物的依赖。虽然人的独立性是以对物的依赖获得的,但是市场经济的内在规定性也使得人们成为独立自主的实践主体。最重要的是,在市场中的主体的特征除了具有平等性,还要求拥有自由性,如马克思所认为的,市场主体除了平等的规定以外,还要加上自由的规定。"尽管个人 A 需要个人 B 的商品,但他并不是用暴力去占有这个商品,反过来也一样,他们互相承认对方是所有者,是把自己的意志渗透到商品中去的人……谁都不用暴力占有他人的财产,每个人都是自愿地让出财产。"[1]更重要的是,市场主体对自己的商品拥有所有权,马克思认为,市场主体有权利支配自己的财产。他认为市场主体是从自身利益出发的,他们在市场中交换的目的是实现各自的利益,以实现自身利益最大化这个目标。但是,马克思也指出,这种自由由于是建立在资本主义统治之下的,因此,一个看似是以权利优先的社会实际上不但没有任何个人自由,反而人屈从于物的统治,彻底丧失任何的自由。

"权利"的概念一开始在古希腊城邦的时候还是没有的,那时更多的

---

[1] 马克思、恩格斯:《马克思恩格斯全集》第 46 卷上,人民出版社 1979 年版,第 195—196 页。

是"正义"的概念。在罗马法中,"正义"的概念慢慢地转向"权利"的概念,在中世纪以后,罗马法在欧洲得到复兴。通过阿奎那、苏尔雷兹、格劳秀斯等思想家对"justice"的阐释,近代"权利"的概念才慢慢得以形成,让人们从更多关注群体性价值开始转换到更多关注个人价值,为个人的独立意识以及自身利益的追求提供了基础。人权思想与自然法是一起成长的,拥有同样的哲学历程。自中世纪后期开始,伴随着文艺复兴、宗教改革、资产阶级思想启蒙运动的发展,出现了一大批以格劳秀斯、斯宾诺莎、霍布斯、洛克、孟德斯鸠、卢梭等为代表的古典自然法理论家,在进一步丰富自然法的基础上,形成了古典人权观。霍布斯、洛克等早期自由主义者几乎是把"自然状态"或者"自然人"作为自己理论的出发点,他们更加关注的对象是自然权利,这些理论共同的特点是把"正义"视为"自然的美德",要么是来自上帝,要么是人所天然具备的。但是,这一观点后来受到了休谟的怀疑。到了18世纪末,以边沁为代表的功利主义也对"自然权利"进行了质疑,并提出"最大多数人的最大幸福"原则。以边沁和穆勒为代表的功利主义哲学不仅为个人主义哲学提供了理论基础,也为经济合理性原则和效用最大化的计算提供了根据。新古典经济学家埃奇沃思、杰文斯、马歇尔等提出的个人效用函数把效用的计算具体化了,后来意大利经济学家帕累托提出疑问并用序数论代替。进入20世纪以后,希克斯和艾伦等对这种序数论做了进一步发展,于是后来功利主义"最大多数人的最大幸福"也就意味着个人效用依照序数论所揭示的法则进行排列组合从而实现个人效用最大化。权利是近代以来政治哲学的核心范畴之一,洛克、卢梭、穆勒、康德等古典政治哲学的代表人物几乎都把个人权利作为政治哲学的出发点。[①] 洛克认为,生命、自由和财产权是自然而然的权利,这种权利是与生俱来的、不证自明的。这种自然权利的理论后来从英国传到法国和美国的思想家那里,主要体现在法国《人权和公民权宣言》和美国《独立宣言》所宣告的普遍人权中。

---

① 李艳:《驳斥权利对善的优先性——桑德尔对罗尔斯批评的关键》,《社会科学辑刊》2008年第6期。

人权理论长期以来是自由主义理论的一个基本概念，近代西方从自然法到自然权利、从自然权利到人的权利理论经历了一个漫长的过程，自由主义理论是以权利为基石的，以罗尔斯、诺齐克、德沃金等为代表。罗尔斯认为，我们是自由且独立的自我，不受任何的、先定的道德的束缚，我们可以选择自己的目的。这种个人的概念和权利优先性的概念与中立性理想是联系在一起的。所谓中立性，就是基于个人权利的神圣不可侵犯性。诺齐克是这样说的："任何人都永远没有资格侵犯个人的权利，不管是出于什么理由。"[①]德沃金认为，所有的权利最终要体现在个人权利之中。"个人权利是个人手中的政治护身符。当由于某种原因，一个集体目标不足以证明可以否认个人希望是什么、享有什么和做什么时，不足以证明可以强加于个人某些损失或损害时，个人便享有权利。"[②]但是，实际上自由主义者强调的平等只是形式上的平等，不是实质上的平等。比如，奥地利经济学家路德维希·冯·米塞斯认为，人与人之间是不可能真正平等的，而且这种不平等的差距只会越来越大。

同时，自由主义这种个人权利至上思想的形式化、抽象化、片面化和人权价值普遍化也使得个人主义盛行。"个人主义"这一概念是由法国思想家托克维尔最先使用的。个人主义涉及一种价值体系，是一种有关人性的理论。个人主义的人权观强调个人利益至上。对于个人主义来说，个人利益是前提，如果没有个人利益，就没有公共利益。个人主义认为，只要个人按照个人意愿做出了选择，那么无论是对于个人还是对于社会来说都是有效率的。并且个人主义认为，个人人权优先于法律，个人权利有着绝对性和至上的地位，超越法律，不受法律的限制。这种个人主义经过自由主义思想家的不断补充和完善，成为近现代自由主义思想的核心。自由主义是以个人主义的思想为基础的，哈耶克和德沃金对于这种个人

---

① 迈克尔·H.莱斯诺夫：《二十世纪的政治哲学家》，冯克利译，商务印书馆2001年版，第328页。
② 罗纳德·德沃金：《认真对待权利》，信春鹰、吴玉章译，上海三联书店2008年版，第7页。

主义都给予了很高的评价。哈耶克认为，个人主义的基本特征就是把个人当作人来尊重，就是在他自己的范围内承认他的看法和趣味是至高无上的。① 德沃金也是从个人主义来理解人权主义，强调个人权利的重要性。安德鲁·肖特把个人主义分为两种不同的意义：一种是哈耶克的个人主义，他认为，哈耶克是高举个人主义的，哈耶克主张自然秩序在促进社会福祉方面比任何计划生产的秩序都更有效，而自然秩序的创造者是自由的个体，因此个人的自由和权利是非常重要的；第二种个人主义源于一种政治哲学，以洛克为代表，洛克认为，人在自然状态中是完全自由的，并且被赋予了一切自然权利，政府就是为保护人们的权利而存在的，洛克的这种个人主义观念对社会政策的制定也产生了很大的影响。斯蒂文·卢克斯对个人主义的语义史进行了整理，概括出六类个人主义：反对政府干预的经济个人主义、主张个人有权以自己的方式与上帝建立联系的宗教个人主义、将个人利益视为个人行为的唯一道德目标的伦理个人主义、主张知识的根源在于个人的认识论个人主义、主张根据关于个人的事实来解释社会的方法论个人主义、将个人作为自己需要和偏好的唯一理性创造者和利益的最好判断者的政治个人主义。

丹尼尔·沙拉汉通过对西方个人主义的形成和演化进行考察，也总结了三种比较有影响力的个人主义：占有性个人主义、主观个人主义以及浪漫个人主义。个人权利的优先性包括两层含义：一是所有的社会行为必须得到组成社会的理性个体的认可；二是社会相对于个人来说，仅仅是个人的简单加总。这也就在一定程度上蕴含着一种伦理价值观，即除了个人的意愿，不应该对社会决策附加其他任何道德规范。只有当公平和平等被社会中所有人要求的时候，这些道德规范才能与社会政策的议论相互关联。自由市场经济学家和政治家坚持认为，对个人利益的自由追求和财富创造与经济进步是息息相关的。但是，其实他们的言论过于夸大其词。当我们身处一个以功利和权利为基础的社会的时候，这种个人

---

① 哈耶克：《通往奴役之路》，王明毅、冯兴元译，中国社会科学出版社1997年版，第21页。

过分自主、社会责任的丧失已经产生难以挽回的社会后果。一方面,在经济领域,由于过分强调自由放任和自由竞争,造成效率与公平失衡,贫富差距分化厉害;另一方面,在伦理学领域,也危及人们公认的道德准绳,使得社会伦理规范成为形同虚设的东西。

在这种个人主义理论下,随着资本主义自由市场经济的扩张,市场主体越来越重视对个人利益的追逐,且无止无休。第二次世界大战让人们对任何形式的公共利益产生排斥感,由此更加崇拜个人权利本位主义的自由主义,与社会生活日益远离。Luís Francisco Carvalho 和 João Rodrigues[①] 指出,新自由主义思想作为基于市场的社会关系普遍化的基础,相应地渗透到几乎我们生活的方方面面。西方自由思想家在把世界、社会抽象为个体、个人的存在基础上,再把个人本性抽象为自私、原子式个人,个人主义私有权利和利己观念是西方经济自由思想的理论基础,以个人利益为核心是资本主义的伦理精神,经济自由逐渐成为资本主义社会的普遍现象。

但是实践证明,在这个社会中,我们取得的快速增长并不是环境可持续的和社会可持续的,我们并没有实现所有人的共同诉求,这在一定程度上是因为顽固的个人主义和市场原教旨主义腐化了集体意识。[②] Daniel Callahan[③] 认为,人类是群居动物,他们总是存在于其他人的网络中,存在于他们的社会制度和文化中。如果我们只把自己视为共存的社会原子,我们的本性就会被扭曲。而自由个人主义最大的弱点通常被认为是其最大的优点:避开了一套理解人类福祉及其未来的综合方法。但这需要一种武断的想象力,才能看出作为个人主义核心的自主原则,或者作为其意识形态保守的市场价值原则,如何能够提供任何有益的指导。并且只有

---

① Luís Francisco Carvalho, João Rodrigues, On Markets and Morality: Revisiting Fred Hirsch, *Review of Social Economy* (September 2006).
② 约瑟夫·E. 斯蒂格利茨:《自由市场的坠落》,李俊青、杨玲玲译,机械工业出版社2016年版,第275页。
③ Daniel Callahan, Individual Good and Common Good: A Communitarian Approach to Bioethics, *Perspectives in Biology and Medicine* (Autumn 2003).

当一个人相信某种形式的"看不见的手"将我们的个人物品塑造成一种共同物品时,这种观点才有可能成立。加拿大哲学家泰勒把自由主义的个人主义导致的一系列问题称为"现代性病症"。他指出,这种现代性病症大致有三种表现形式:第一种,信奉权利至上,这种个人主义导致"人们失去了宽广的目标,因为他们只关注他们的个人生活……换句话说,个人主义的阴暗面是把自我放在中心位置,它挫伤和限制了人们的生活,使之缺少意义,并对他人和社会漠不关心"。[①] 这进一步导致第二个病症,它涉及"目标的遮蔽",表现为"工具理性占据首要地位"。[②] 前面两种病症导致第三种病症的出现,即政治层面的严重后果,我们的选择受到严重的限制,也就是自由的丧失。"过分的现代自由和平等直接引向自我毁灭。"[③]

事实也证明,自私的个人主义和权利至上主义反而破坏了我们世世代代所形成的传统的社会组织形式和道德秩序。尤其是当国家发生地震、飓风、疫情等重大事件时,兼具自利和极大化这两个行事原则的理性经济人主体,在可以自主定价的权利优先性的理念下,会比较各项利益来满足自己的最大需要,使得自己的利益得到更大的提升,趁机涨价。一般情况下,经济主体会受到眼前利益的诱惑,放弃自己更长远、更重要的利益,这些行为通常是由一些低级愚蠢的诱惑造成的结果,这也是人性中没有办法治愈的弱点。而这种行为也受到了社群主义者桑德尔的批判,桑德尔围绕2004年由于查理飓风所引起的价格欺诈案例发表了自己的观点。首先,桑德尔认为,市场主张尊重个人自由,让个人有权利为自己所交易的东西定价,但这种自由市场并不是实质上的自由,而是一种变相欺诈。其次,桑德尔同意亚里士多德的观点,亚里士多德认为,公正就是让每个人得到他应该得到的东西,在他看来,这东西属不属于人们的应得,与我们究竟是在分配什么物品以及这个被分配物品的人的美德是息息相

[①] 泰勒:《可靠性伦理学》,载韩水法主编《社会正义是如何可能的:政治哲学在中国》,广州出版社2000年版,第12页。
[②] 泰勒:《可靠性伦理学》,载韩水法主编《社会正义是如何可能的:政治哲学在中国》,广州出版社2000年版,第12页。
[③] 江怡:《走向新世纪的西方哲学》,中国社会科学出版社1998年版,第709页。

关、紧密相连的。也就是说，市场分配到底公不公正，主要取决于两个因素：物品以及通过分配而因此得到这些物品的所有者。桑德尔认为，在灾难时期趁机涨价，是一个人得了不应该得到的东西，这是一种贪婪，贪婪是一种恶，会破坏公民的美德。最后，桑德尔认为，涨价行为还会破坏公民团结和腐蚀共同体。与以罗尔斯为代表的自由主义所强调的无干涉的自由、自我的决定和独立性的论点不一样的地方在于，桑德尔更强调自我的构成性和自我对现实的依赖性，更加看重积极权利，并且认为个人的自主性受到社群的制约。① 公共领域与私人领域之间没有明显的区别。私人领域是一个波动的社会结构，它本身几乎没有内在的内容。虽然有一个私人领域很重要，以防止公众压力的不当侵犯，并承认人类品位、价值观和生活方式的多样性，但什么是私人的将由社会决定。桑德尔认为，这种涨价行为过分强调自我的决定和自我的个性，随着不平等的增加，共同体的制度难以抵御市场力量的侵蚀，最终被瓦解。

　　资本主义私有制下，个人权利与公共善很多时候甚至在更多的情况下是存在悖论的，也就是说，两者不但没有统一，反而会背道而驰。首先，尽管个人权利和公共善都是对个人行为的规范性主张，但个人权利所主张的毕竟还是个人应该被允许自由地追求幸福，而并没有对个人应当追求何种幸福加以限定，在多数情况下，个人会受到自利倾向等多方面因素的影响。特别是个人追求自我幸福的途径或方法也未必就是利他的，或许是通过损害他人利益来获得的。个人所追求的仅仅是自身的私人利益或者是自身欲望的满足，而不是公共善，甚至在追求个人利益的过程中会以损害公共善为代价。其次，在自由市场经济下，人们信仰的是个人自由，人们认为，要想使得社会福利最大化，就必须实现个人自由最大化。但是实际上，自由市场经济的自由竞争并没有使普通生产者获得自由、公平、平等进入的机会，反而导致反竞争的垄断和产生类似垄断的机制，在这种垄断的背景下，除了少部分垄断者，大部分普通生产者丧失了个人自

---

① 俞可平：《社群主义》，中国社会科学出版社1998年版，第62页。

由发展的权利。此外,自由市场经济下的生产自由还会存在"大鱼吃小鱼"的情况,比如拥有核心技术的生产者相比生产加工者来说,前者所获的利润远远大于后者。生产领域是如此,消费领域又何尝不是如此呢?在充分自由竞争下,作为弱势的消费群体,面对的是一个企业或者整个市场,所做的选择都被经过分析,看似自由实际上并不自由,所有的选择都是以市场为导向的。例如,大数据技术的出现使得价格歧视更容易实现,消费者看似买到了"合理"价格的电影票,殊不知同一个电影院同一场次的电影票价格比其他人的要贵。尤其是在网络化和全球化背景下,人们的自由已经被"锁定"。比如,商场每件商品的摆设、我们所浏览的网页等实际上都是商家安排好的,所以我们的自由实际上是非自由的。因此,在自由市场的背景下,表面上看,人们似乎能够充分自由地去追求自己的幸福、实现自己的权利,但是,当自由已经被市场经济"利益化"的时候,我们不得不思考,我们的个人权利是真的很好地实现了吗?我们所处的社会是真的变好了吗?自由市场经济的理论逻辑和自由市场经济的运行实际上暴露了它的内在悖论,看似实现了个人权利,实际上并没有真正重视个人权利,一方面承诺"看不见的手"造福人类、促进繁荣,另一方面又造成贫富差距分化,使得社会公共善被忽视。

二、金钱的善取代道德的善

在经济学的帝国世界里,金钱可以对市场范围内的每一种资产进行定价,所有可以交易的货物和服务都有指定的价格,并且它们的价格都变成单维可比较的。市场可以对物品的价值进行评价,也可以破坏它所看中的任何其他价值。换句话说,金钱通约一切价值。在许多情况下,我们追求金钱并不是为了某个目的,而是因为把金钱当成了目的的一部分。[①] 但货币和资本不应该是经济活动的目标,而是达到更高目的的手段,经济活动的目标应该是实现公共善。这一目标不是一个新的概念,早在古代,

---

① 穆勒:《功利主义》,徐大建译,商务印书馆2019年版,第45页。

亚里士多德就对"oikonomia"和"chrematistike"这两个词进行了区分,前者是可持续管理家庭的艺术(经济是为了实现公共利益,金钱只是一种手段),后者是赚钱的艺术(经济是为了实现利益最大化,金钱和利润是其目标)。金钱本来就只是一种工具。在一个共同体利益经济中,提高每个人和自然的福祉才应该是底线。但是,随着市场经济的不断发展,金钱变成了一种不受条件限制的目标,从原则上是一种人们任何时候都能追求的目标。金钱给市场中的人们装上了一个无法停止的轮子,在日益满足人们物质生活的同时,由此也产生了人们现代生活常见的骚动不安。John Bellamy Foster[①]认为,在这个时代,一切都是可以争夺的,社会上的所有交易都将完全商品化、公司化和金融化,资金流入金融中心,并通过债务杠杆化为资本投机提供资金,人类交流本身就变成一种商品,而所有这些都是以自由市场社会的名义。斯蒂格利茨认为,我们构建的社会,物质主义战胜了道德承诺。[②] 它使人与人之间除了赤裸裸的利害关系,除了冷酷无情的"现金交易",就再也没有任何别的联系了。[③]

在资本主义自由市场经济下,金钱的作用远远超出我们的认知,很多我们在民主社会认为不可以出售的东西,金钱都可以买到,市场借助金钱这种媒介,侵犯人们的权利。比如,金钱可以购买在法律面前得到格外照顾的服务。虽然在法律面前人人平等被认为是最神圣的权利之一,但这种权利也不是有百分之百的保证,毫无疑问,穷人和富人在法律面前的地位是不一样的。富人可以借助更好的教育和信息,充分发挥在法律系统中的优势,把法律系统作为实现他们目标和野心的手段。最明显的区别就是,富人可以请更好的律师来作为实现他们目标和野心的手段,这样没有金钱或者能力请更好律师的穷人则处于被动地位。再如,金钱可以购买拥有言论自由者的额外权重的平台,金钱可以购买对公职选举的影响

---

① John Bellamy Foster, Capitalism Has Failed—What Next?, *Monthly Review* (February 2019).
② 约瑟夫·E. 斯蒂格利茨:《自由市场的坠落》,李俊青、杨玲玲译,机械工业出版社 2016 年版,第 274 页。
③ 马克思、恩格斯:《共产党宣言》,人民出版社 2014 年版,第 30 页。

力等。政治体制似乎更倾向于"一美元一票",而不是"一人一票"。① 大公司或者富人们会借助金钱的力量直接或者间接地增加自己的影响力。正如阿瑟·奥肯,他不是为在市场上赢得不平等的奖励而焦虑,他所担心的是经济上的剥夺。比如,金钱不仅决定谁能购买海滨公寓、汽车等,更重要的是,金钱能够剥夺购买房子、车子等的途径,这会产生更加严重的不平等。奥肯认为,要进行改革,要让这些对所有想要它们的人来说都能获得。因此,奥肯指出,让金钱作为通约一切价值的等价物这种观点是不可取的,有很多东西是不应该让金钱购买的,像个人应有的权利,就不能让金钱购买,反之,还应该用详尽的规则和制度对个人应有的权利进行保护,这样经济剥夺就结束了。当市场的这种价值观可以用来配置健康、教育、公共安全、环境以及其他社会物品的时候,也就意味着金钱成为所有价值的充分表现形式以及价值等价物,超越了客观事物的多样性,也正是金钱的这种特性,使得现代市场中的人们误把金钱当作目的。

在这样一个价值理性越来越被忽视的时代,工具理性越来越被重视。在理性化时代,效率越来越成为社会的标准,金钱的重要性越发被重视,曾经社会中的个人将社会或者家族的公共职位作为荣耀也都被利益和以金钱计算的谋生手段所代替。最为严重的是,价值观堕落到了极点:什么都可以做,而且不会被追究责任。② 可是如果我们面对身边的一切都可以用金钱来通约或者来衡量的话,我们会不会对这一切感到担忧呢?Luís Francisco Carvalho 和 João Rodrigues③ 认为,随着市场的不断扩张和相应的社会生活领域的商品化,这些现象对我们社会和道德产生了非常大的负面影响。一方面,在一个一切都可以用金钱来衡量的社会,潜台词是,金钱近年来变得如此强大,以至于金钱的影响力被推得太远了,随

---

① 约瑟夫·E. 斯蒂格利茨:《不平等的代价》,张子源译,机械工业出版社 2020 年版,第 XIII 页。
② 约瑟夫·E. 斯蒂格利茨:《不平等的代价》,张子源译,机械工业出版社 2020 年版,第 XII 页。
③ Luís Francisco Carvalho, João Rodrigues, On Markets and Morality: Revisiting Fred Hirsch, *Review of Social Economy* (September 2006).

着金钱买到的东西越来越多，那么不公平或者不平等的现象就会越来越多；另一方面，这不仅仅是公平的问题，还有就是这种价值观所带来的"腐败"问题，即市场带来的侵蚀性。

第一，人们生活中各种各样的东西都被明码标价，人们越来越在意价格，而忽视了其内在的品质。桑德尔在《金钱不能买什么》一书中就讨论了金钱不是万能的例子。例如，付钱给某人做你的朋友并不等同于友谊。在拍卖会上购买奥斯卡雕像与实际赢得是有区别的。而被你的同龄人选为杰出学院的成员是有价值的，因为它是买不到的，而好的价值是尊重的表现。书中讨论的一个例子是花钱猎杀犀牛。这些计划实际上作为保护机制受到了欢迎，因为如果猎杀犀牛的收益被分享，就会给当地社区一个强大的动力来打击非法狩猎。但这一论点超出了工具法则的可能性。该书认为，允许愿意为此付费的富人通过这种市场机制合法捕杀犀牛，从本质上来说是有问题的。基本的判断是，有些东西不应该被购买，不管有人愿意为它们付出多少。比如，有些家长如果孩子读书好就多给他们钱，随着时间的推移，孩子似乎忘记了读书的初心，而只知道学习成绩越好就越有钱。上述举例阐述了一个更为广泛的观点，那就是当生活中的一些物品尤其是教育、健康、家庭生活等被转化为可以用金钱来衡量的话，那么它们就会被贬低或者腐蚀。现在有越来越多的实验证据支持这样一种观点，即在没有价格或激励的情况下，亲社会行为可能会更多。这些争论对主流经济思想的影响有多大还没有定论，但它们不再被认为是奇特的，并且这些问题也不再仅仅是经济问题，更是道德问题。桑德尔通过一个个真实的案例告诉我们，市场异化了部分人的价值观，市场规则也未必是符合美德的。

我们中的许多人生活在一个高度经济化的世界里，在这个世界，个人身份和日常行为明显倾向于生产和消费营利性商品和服务。这种取向导致的极端消费主义往往与许多个人、社会和环境问题有关。就拿近期热点的代孕事件说起，所谓"你情我愿"的代孕事件表面上看是尊重个人自由和权利，是"你情我愿"的，并且代孕一事惠及买卖双方，各取所需，看起来是合理的,但真的是合理的吗?事实上,"你情我愿"根本就不存在。首先,从代孕妈妈的角度来看,她们是因为"穷"才有了"自愿",但这种"自愿"是真的自愿吗?事实上,这只是一种弱者的自愿,弱者的劳动是异化的,并且我们根本就没有一个客观的标准来判断是不是真的自愿。如约翰·米德克罗夫特(John Meadowcroft)所说,市场中进行的许多自愿交换事实上是建立在剥削和强迫的基础上的。[1] 同时,这种"你情我愿"的代孕也是在挑衅所有女性的"子宫自由",并且对女性进行物化。道德哲学家伊丽莎白·S.安德森(Elizabeth S. Anderson)认为,将代孕和孩子看作商品,是对女性和婴儿的"贬低"。[2] 其次,从婴儿的角度来考虑,乌克兰的一家代孕机构因为疫情的原因,没有办法把51名婴儿"交付"到51名客户手中,客户还以"携带病毒"为理由退单,无奈之下,代孕机构只能把这些婴儿放在一个房间里,在这里,婴儿也被商品化和被物化。把一种本不应该当作商品的东西当成商品,其实体现了我们对这个东西的价值判断,而这个价值判断会慢慢腐蚀掉这个东西。最后,这不仅仅是关乎女性和婴儿,更重要的是关乎全人类,如果这个世界是一个可以用钱买到任何东西的世界,那么人性的最后一点微光是不是也不存在,更谈不上良善生活的实现。那么,良善生活到底是什么呢?在公共生活和私人生活领域,市场到底应该扮演一个什么样的角色呢?"金钱律令"在哪些领域是不能进入的?这些问题都使得我们对市场进行一个重新的角色定位。比如,当免费的公共物品变成一种商品可以进行买卖的时候,这种公共物品的价值在我们的内心会不会受到贬低?当"金钱律令"渗透到人际关系中,使人与人之间的关系更多的是用金钱来衡量的时候,如礼物的货币化、雇来的朋友等,这些行为从经济学的视角来看,市场是按照自己的运行机制在运转,但实际上是"金钱律令"对"道德律令"的排挤,其背后蕴含的深层理论是自由主义者所体现的权利优先于善的理念,以及人绝对拥

---

[1] 约翰·米德克罗夫特:《市场的伦理》,王首贞译,复旦大学出版社2012年版,第9页。
[2] Elizabeth S. Anderson, Is Women's Labor a Commodity?, *Philosophy and Public Affairs* (February 1990).

有自身、国家在公民美德培养中应该保持中立态度的思想。

第二，市场经济不仅仅是一种机制，而且还蕴含着某种价值观，如果这些具有道德性质的物品或者公共物品可以允许在市场内进行买卖，那么我们人类社会的价值观以及用来调整这些物品的非市场规范都会被市场规范排挤出去。正如在桑德尔看来，当市场逻辑被扩展应用到物质商品以外的领域时，它必然要"进行道德买卖"，除非它想在不考虑它所满足的那些偏好的道德价值情形下盲目地使社会功利最大化。① 沃尔泽指出，每一种善的分配都应该是自主的，不应该越过自己的界限而侵入其他善的领域。对于"金钱律令"，沃尔泽认为，金钱只能在特定领域内起作用，并列举了一个不能用金钱购买的清单，如人口、政治权利和影响等14项内容应该是用钱买不到或者被禁止交易的。② 并且很多时候，我们经常认为腐败就是非法所得，每当人们提起"腐败"一词，自然而然想到的是公共权力的滥用，通过公共权力的使用来为私人利益服务。但是，本书中的腐败不是指通过借助公共权力来为私人利益谋福利，是指用一种较低的评价方式而没有用合适的评价方式来对待它，这就是本书"腐败"的含义。如果我们身边的一切物品都可以通过金钱来衡量的话，那么这也就意味着在一定程度上对我们身边的物品进行价值判断和衡量，而有些物品的内在价值是没有办法通过金钱来衡量的，一旦衡量便产生"腐败"。因此，到底什么情况下应该通过市场自由分配物品，而什么情况下不行，这背后隐藏更多的是一种价值问题，是一个如何评估某些社会行为的问题。

在经济学家眼中，经济学是一门价值中立的学科，是一门研究效率的学科，这门学科的价值在于帮助我们在面对各种社会抉择的时候能够理性思考，而不必去花心思讨论某种行为置于市场之中后的价值、意义和目的。但实际上光靠经济学和市场逻辑来思考公共利益是不够的，也不能

---

① 迈克尔·桑德尔：《金钱不能买什么》，邓正来译，中信出版社2012年版，第91页。
② 迈克尔·沃尔泽：《正义诸领域：为多元主义与平等一辩》，褚松燕译，译林出版社2002年版，第127—132页。

光靠这个决定什么时候以市场和金钱为标准、什么时候以其他价值为标准。对于这个问题,我们不仅要做经济学分析,更要进行道德层次的思考与斟酌。艾伦·布坎南、高蒂尔、蒂斯玛特等著名学者认为,"假如人类关系都变成市场关系,人类生活的价值就会降低"。[1] 因此主张为非市场形式留下一块独立的领地,尤其是不能忽视公共善的道德价值,通过公共善来阻止市场形式的无限扩张。

第三,在一个以金钱通约一切价值的市场社会里,人们所做出的努力都是为此奋斗。同样地,如果政策制定者或者经济学家都在以金钱或者GDP来衡量我们这个社会是不是一个良善社会的话,那么我们将驶向错误的目标。比如,当社会中大部分人感觉生活没有比以前好并且自己的情况也变得越来越差的时候,GDP却处于上升的状态,这是为什么呢?原因之一就是社会不公平在拉大,而这种情况在大多数国家发生。就拿2008年的美国来说,根据美国人口普查局数据显示:2008年美国的人均GDP比2000年上升大约10%,但是,实际上中产收入人群的收入却比2000年降低4%。因此,GDP不能作为衡量一切的标准。

同时,我们现在大部分经济增长是以环境恶化和自然资源损害为代价的,存在着很多负外部效应,而这些很多时候不一定会被计算在内。倘若市场交易都被金钱所左右,那么生态社会、生态美理念的建立就无从说起。我们需要的美好社会不是一个物欲横流的社会,我们需要的社会是一个良善的社会,在实现个人利益的时候,我们还需要考虑他人的利益。随着"金钱律令"与"道德律令"矛盾的冲突加剧,人们越来越陷入了善和金钱这两种选择的困局。但是我们知道,一个社会的发展,不仅仅是靠GDP来衡量的,我们不仅要关注个体发展的持续性或者经济总量的发展,还需要设计一套更加全面的衡量方法,关注资源的损耗程度、环境的恶化程度、代际的持续发展。幸福只是部分依赖物质商品,有些精神价值等方面不能被量化,一旦量化,那么在市场中的人们将会面临前所未有的

---

[1] 艾伦·布坎南:《伦理学、效率与市场》,廖申白、谢大京译,中国社会科学出版社1991年版,第143页。

道德风险。

三、按自由竞争原则分配善

"自由竞争"这一概念是很早之前就被经济学家所认可的一种非常理想的模式,斯密在《国富论》中也详细论述过。在斯密看来,高度理想的经济形式是自由竞争的结果,而这种理想形式的形成是其他任何一种竞争模式都做不到的。自由竞争这只"看不见的手"不仅能够实现资源配置,还能使资源得到合理、优化的配置。在这只"看不见的手"的作用下,市场主体会按照理性原则行事,个人不仅追求自己的利益,还追求利益最大化。同时,在斯密看来,在自由竞争条件下,按照自由竞争原则分配善会引导社会产品的分配趋于公平。后来追随斯密的人把这一原理做进一步发展,他们认为,只要在完全竞争条件下,就能实现"帕累托均衡",在"帕累托均衡"状态下,所有社会成员在经济生活中的福利就能达到最大化。但是,经济自由主义者也认为关于效率与公平之间不能兼得的观念是值得重视的。他们认为,市场的自由竞争确实会提高效率,但这种竞争也会加剧不平等,因此,经济学家主张通过某种方法(比如纳税)来促进平等,而这种方式会降低效率,因为效率和公平是很难做到兼顾的。实践证明,按自由竞争原则分配善是行不通的。

古典自由经济理论的思想在1929—1933年资本主义经济危机到来下宣布破产。凯恩斯在维持资本主义制度的前提下,对传统的经济学进行了批判,并提出应对危机的良方。凯恩斯以后的宏观经济学对"市场失灵"的研究,就是对自由市场所信奉的万能论的否定。市场的垄断和外部性、公共物品负效应以及马太效应等特点都表明,按照自由市场竞争原则分配善是不可行的,需要政府的适度干预,而不是完全自由竞争。对于这一批评,近些年来西方思想家也不断地提出疑问。古典经济学家倡导的经济自由在资本主义发展初期,对于反对封建专制、促进生产力的发展起到了一定的作用,但是,随着市场经济的不断发展,资本主义所固有的矛盾也不断加深和扩大。古典自由放任市场的弊端在这次经济危机中彻底暴露。"罗斯福新政"也通过实践证明了凯恩斯主义政策的有效性,凯恩斯主义政策随后成为资本主义主流经济学长达40余年。直到1965年以后,由于凯恩斯主义的宏观政策出现问题和两次石油危机,使得新自由主义成为资本主义国家的主流政策,尤其是在当时英国首相撒切尔夫人和美国总统里根的政策推动下,新自由主义经济理论盛行,并反对国家干预。新自由主义在完善古典自由主义理论的基础上,坚持市场机制理论,反对政府干预,并主张按自由竞争原则分配善。其研究学派主要包括以弗里德曼为代表的现代货币主义学派、以阿瑟·拉弗和保罗·罗伯茨为代表的供给学派、以卢卡斯为代表的理性预期学派、以哈耶克为代表的伦敦学派。经济学家弗里德曼主张自由市场模式会实现"帕累托最优"。他认为,在自由市场生活中,市场主体的所有交易是自由的、不受限制的,只要生产者和消费者都觉得他们从交易中受益,"帕累托最优"就会实现。也就是说,他们都认为,在市场中自由竞争原则将会促进效率的提升和实现资源的最优化配置,政府不应该加以干涉。哈耶克也主张自由平等竞争,反对国家干预和福利政策。总的来说,新自由主义理论强调"市场万能论"以及主张私有化、自由化和市场化。但是,按自由竞争原则分配善一方面满足了当时资本主义国家发展的需要,促进了生产力的提高,另一方面也带来了很多弊端。

第一,一个自由的市场并不代表一个公正的社会。在一个公正的社会中,所有人都应该广泛平等地获得过上富足的生活所必需的物质和社会条件。人们在讨论平等的时候,很容易把平等与福利、幸福等词语进行关联,实际上,这些词语中任何一个的实现都是相互促进的。关键的是,人们在这样一个社会中能不能够发挥自己的才能,以实现他们作为人的潜力,这些能力不仅仅是身体的、智力的,还需要包括社会、道德和精神等。就效率而言,不可否认的是,自由市场经济促进效率的提升,但很明显,一个公正的社会不仅需要物质条件,更需要一个好的社会条件,而社会条件是一个复杂的概念,包括社会尊重、团结和信任等内容,这种内容的关注度远远超过物质的繁荣。在这样一个社会,所有人不会因为种族、性别、阶级等各种因素而受到不平等的对待,但是,主张按自由竞争原则分配善是没有办法实现一个以社会公正为原则的公共善的社会的。Morabia Alfredo[①]认为,2020年出现的流行病更让人们聚焦于不公正的交叉方式,以及如何将负担的主要部分转移给低收入者、受歧视者、穷人和边缘化人群。这里没什么新鲜的。但是今天,由于快速的通信流,我们看到了不公正展现在我们面前。这些都不是暂时的问题,是结构性问题。作者认为,这种流行病是不公平的,因为获得保健直接取决于一个人的社会和经济地位,收入、教育、贫困、边缘化和歧视主要决定了谁将受害最深。史蒂芬·缪哈尔指出,处于资源被不公正分配的社会里,富人比穷人更有能力引导一种更为复杂的、令人兴奋的和有挑战性的生活,但使我们受益的正义却限制了我们引导的任何生活的善。[②] 史蒂芬·缪哈尔认为,市场经济中权利优先于善的原则使得贫富差距越来越大。富人变得越来越富,而其他人却面临着与美国梦不相称的困苦。美国社会最上层的0.1%的家庭所拥有的收入是社会底层90%家庭平均收入的220倍,财富分配甚至比收入分配更不平等,最富有的1%人群拥有的财富超过国家财富的1/3。[③] Joseph E. Stiglitz[④]认为,不平等不仅是一个道德问题,也是一个经济问题,我们为不平等付出了高昂的代价。随着极端的不平等,社会性质发生了根本性的变化。那些高层开始相信他们有权拥有他们所拥有的,这可能会导致破坏社会凝聚力的行为。那些被排除在繁荣之外的人开始对他们的政府和领导人抱有最坏的期望。信任被侵蚀,公民参与和共同目标感也被侵蚀。Joseph E. Stiglitz以美国为例,认为美国在几乎每一个领域都做出了牺牲其他国家的利益来帮助上层致富的决

[①] Morabia Alfredo,COVID-19:Health as a Common Good,*American Journal of Public Health*(August 2020).

[②] 史蒂芬·缪哈尔、亚当·斯威夫特:《自由主义者与社群主义者》,孙晓春译,吉林人民出版社2007年版,第329页。

[③] 约瑟夫·E.斯蒂格利茨:《不平等的代价》,张子源译,机械工业出版社2020年版,第2页。

[④] Joseph E. Stiglitz, *The Price of Inequality: How Today's Divided Society Endangers Our Future*, W. W. Norton & Company, 2012, p385.

定，比如从经济、法律和社会框架，教育系统及其融资方式，卫生系统，税法，到破产管理、公司治理、金融系统运作，再到反垄断法等。其中，最引人注目的是金融部门，它们中的一些人通过市场操纵、滥用信用卡、掠夺性贷款，将资金从收入金字塔的底部和中间转移到顶部来获取财富。垄断者也是如此，通过从原本的产出中收缩产出来赚钱，而不是通过扩大产出。尤其是在自由竞争下，贫富差距越来越大。自由竞争主张优胜劣汰、适者生存，主张效率优先于平等。

第二，按自由竞争原则分配善是没有办法实现可持续性的。可持续性发展也是人们的正义原则之一，不能只顾现在而不顾未来，或者只顾未来而不顾现在。按自由竞争原则分配善，只会促使消费主义和物质生产的无限制增长，而这一增长从本质上是无法实现代际公平的，这并不意味着公平与物质增长不相容，只是说公平与这种依赖于无休无止的增长的繁荣不相容。但是，也有人认为，由于技术变革的存在，所以对于未来的发展不能持有悲观的看法，也许现在由于自由发展所产生的资源枯竭、全球变暖等负面效应会被技术变革所抵消，因此在这种想法的作用下，没有充分理由来剥夺当代人的发展权利。但真的是这样吗？实际上，这种依靠技术来维护自己利益的借口，似乎只是纯粹利己主义的合理化。可持续发展所引起的公平问题与全球范围内所理解的平等问题是紧密相关的。后代应该要有机会获得社会和物质条件，过上至少与当代人同等水平的物质生活。

第三，新自由主义鼓吹全球一体化，但实际上是资本主义国家为其国际垄断资本在全球扩张所找的理由。新自由主义理念遵守按自由竞争原则分配善，由于不主张国家在调节收入分配中的作用，不仅使得国家内部贫富差距拉大，还使得一些拉美国家被迫开放市场，卷入全球化浪潮中，因此陷入严重的债务危机和经济危机。新自由主义政策虽然与发展中国家有一定的联系，但资本主义国家更多的是为了让其资本统治世界，而一些拉美国家盲目跟随，没有遵循自己国家的国情，最终成为资本主义国家的工具。综上所述，按自由竞争原则分配善是无法实现公共善的。

总之，自由市场经济善观念把自由放任的资本主义市场经济描写成一个最有效率又最为公正的王国，把资本主义私有制下所造成的两极分化、资本与劳动的对抗说成是呵护"等价交换"的市场原则，并认为这是正义的，实际上是通过这种形式掩盖资本主义剥削的真相。

第三节　自由市场善观念的局限性

在经济模型中，经济学家假设市场经济中人类行为的动机是单纯的、简单的和固执的，这样假设的目的是不让其模型受到道德情操等因素的干扰，这种人性的假设被大部分经济学家普遍接受。但现实生活中的人是个体性与社会性、发展阶段性与过程性相统一的个体存在，经济学家所研究的人不能够接受现实中人的挑战。在资本主义自由市场经济下，"经济人"不仅仅是一种假设，而且已经成为"事实上的人"，并把"自利"当作人的本性。西方主流经济学家的善观念也是建立在"经济人"假设的基础上，并把这种假设推广到政治伦理等领域，最终陷入荒唐的境地。在这种善观念的指导下，不仅无法实现社会公共善，还使得自由市场经济充满道德危机。

一、"经济人"假设及其局限性

"经济人"假设是当代经济学的一个基本假设，也是市场经济理论的基石，不少经济学说把"经济人"这个主体行为的动机用来论证市场经济体制的可行性和优越性，并把"经济人"的理论"假设"作为事实上的"全部真理"。但是，"经济人"假设真的可以像公共选择学派等经济学帝国主义者所理解的那样，不仅可以对诸多经济现象进行解释，还适用于分析各种社会现象和伦理问题、解决市场经济与公共善的关系问题吗？显然不能。

"经济人"两大特点为自私和理性。"经济人"的自利性表现为：(1)人是自私的，个人的经济行为仅仅依赖于个人利益的驱使；(2)个人经济活动的目的是实现个人效用、利润的最大化，也就是尽量以最少的成本换取最多的产出,或是以尽量低的花费获得尽量多的效用,一直到受到抑制为止。"经济人"的理性表现为:(1)个人知识储备的完备性,也就是说,个人在经济活动的过程中或者进行抉择的时候,个人大脑中对其所处环境的各个方面的知识是充分了解和熟悉的,其所了解的知识就算不是绝对完备,也至少是非常丰富;(2)个人的偏好体系是稳定的、有序的,理性排序是经济对个人偏好的起码要求;(3)个人拥有很强的计算能力,能计算出在各种备选方案中,哪个可达到其偏好尺度上的最高点。① 简言之,人在行动的时候,必然会把成本—收益分析考虑进来,也就是说,收益和成本两者都得兼顾,既注重收益,也关注成本,最好是在权衡两者的情况下,取得最大收益并将支付的成本降到最低。换句话说,他们用头脑为自己做出最好的决定。理智的人如果给他自由,他会做出理想的选择。假设一个理性的人认为,动作 A 会产生 X,动作 B 会产生 Y,如果 X 更可取,他会选择 A 而不是 B,选择 B 是不理智的。资本家系统假设消费者和生产者都在理性地寻求效用最大化。"经济人"假设认为,存在一种普遍的人性,即人的理性,这可以说是近代启蒙运动以来创立的科学体系的最为基础和普遍的论断。② 在西方思想史上,对于"经济人"假设的理论辩护,主要包括以下几个方面:

第一种是事实上的辩护,也就是认定经济活动都是从利己的动机出发的。"经济人"假设源于古典经济学兴起之初。"经济人"是斯密为人们在市场经济活动中的行为提供的人性基础和人性假设。斯密指出:"就像斯多葛派学者常常所说的,每个人首先和主要的是关心他自己;无论从哪个方面看,每个人都必定更适合和更有能力关心自己,而不是任何他人。"③斯密认为,自利是人的一种本能天性,快乐和痛苦是人自我满足的表现形式,这就是"每个人改善自身境况的一致的、经常的、不断的努

---

① 徐大同:《现代西方政治思想》,人民出版社 2003 年版,第 405—406 页。
② 夏明月、华梦莲:《儒商文化的基本特征》,《中国文化与管理》2019 年第 12 期。
③ 亚当·斯密:《道德情操论》,余涌译,中国社会科学出版社 2003 年版,第 247 页。

力"。[①] 在斯密看来,人的本性是自私的,经济活动中交换的产生与人的利己心密切相关,人都是利己的动物,经济活动中的个人按照利己心去追求最大的利益。那么问题来了,是否存在公共善呢? 对于这个问题,斯密通过借助"无形的手"来阐释这一困境,斯密认为,在每个人追求自己利益的同时不知不觉地也会促进社会利益。斯密的"理性经济人"假设的基本特性包括:(1)任何人在社会上都需要协助,这种协助在斯密看来就是交换,这种交换精神是社会建立的基石;(2)人类相互之间的交换不是对他人无条件的恩惠,而是出于人类自利心,协助也是建立在自利心之上;(3)社会因为每个人的自利而建成了商品交换市场机制,这种机制不仅满足了本人自利的需求,也满足了他人的需求。[②] 斯密的上述观点在经济学中被称为"经济人"假设。

第二种辩护是从经济学角度的辩护。经济学的基本假设与斯密对于人性的假设是一致的,也就是"人是自私的",用专业的话语就是"理性经济人"。因此,鉴于以上经济学对于人的本性的假设,把经济学研究的人称为"经济人"。"经济人"假设这一理论自诞生以来,不得不承认,逻辑前提所拥有的广泛并且深刻的、可供人们分析的能力是不可抹杀的。"科学管理之父"泰勒将"经济人"假设引入自己的科学管理理论中,并形成为后人所熟悉的"泰勒制"的企业管理原则,在这样的原则下,工人们被认为他们的积极性只受到财物和金钱的激励。贝克尔固守"经济人"信条,坚持用"经济人"假设来解决社会问题。理性经济人在经济学中也得到运用,李嘉图将数理方法运用到经济分析中,由于引入了边际的概念,"理性人"的理性性质就有了量的表示,即个人追求财富最大化可以直观地表示为对经济变量求极值。至此,"理性人"假说的内容被转化为"理性人的最大化":消费者追求效用最大化,生产者追求产出最大化或成本最小化。此后,瓦尔拉斯和帕累托分别发明了基数效用论和序数效用论,量化了"理

[①] 亚当·斯密:《国富论》上卷,郭大力、王亚南译,商务印书馆1972年版,第315页。
[②] 李伟、华梦莲:《论经济学及其伦理框架》,《重庆科技学院院报(社会科学版)》2019年第5期。

性人"的价值目标;希克斯指出了效用与货币收入之间的联系,并且用预算线与无差异曲线的切点确定最优消费组合,避免了可能涉及道德的价值判定。①

实证经济学和现代经济学也都是建立在"理性经济人"假设和"社会福利最大化"假设两个假设基础上的。古典经济学家和新古典经济学家极力将经济学变成一门科学,他们致力于将物理学、数学等自然科学的研究方法运用到经济学中,形成"经济人"假设,认为人总是理性地追求自己的最大化利益。② 为了在纷繁复杂的情况下分析经济现象,古典经济学采取了物理学中最常用的分析方法——隔离法,通过一系列的假定,排除了一切干扰因素,把个人从社会中抽象出来,得到了一个"理想类型"(ideal type)——经济人。③ 以"经济人"假设为基础,加里·贝克尔将"经济人"模式扩展到家庭、婚姻等非经济领域,将"经济人"假设作为人性的基本假设,用来说明人类的伦理行为,甚至用来说明动物行为,并构建了"经济学帝国主义",奥地利学派则将"经济人"假设进一步加深,将其变成极端的个体主义方法论。④ 以美国的卢卡斯、萨金特和华莱士等为代表的理性预期学派将这个"经济人"假设推至极端,这种假设的两个核心组成部分就是在理性的基础上实现自利和效益最大化。自利的假设并不是不利他,只是说利他行为既非必要也非充分。

第三种辩护是从人性论角度出发的,也就是说,假设人的本性就是自私的。这种假设在哲学和伦理学那里得到辩护。从霍布斯开始,英国经验论的哲学就从感觉论出发,把快乐即欲望的满足看作善,把人的基本欲望定义为"权力欲、财富欲、知识欲、荣誉欲",并将利益视为人性的根本。曼德维尔把这种人性与经济思想密切结合起来,并提出私恶即公益,他把人们的自利的经济动机,以及由此产生的贪婪、奢侈和傲慢这些恶行看作

---

① 李伟、华梦莲:《论经济学及其伦理框架》,《重庆科技学院院报(社会科学版)》2019 年第 5 期。
② 夏明月、华梦莲:《儒商文化的基本特征》,《中国文化与管理》2019 年第 12 期。
③ 杨立雄:《"个体主义"抑或"整体主义"》,《经济学家》2000 年第 1 期。
④ 夏明月、华梦莲:《儒商文化的基本特征》,《中国文化与管理》2019 年第 12 期。

促进经济发展的动力。对人性的这种见解在康德那里也得到了解释,康德也承认私利在人性中的地位。

第四种辩护是从伦理角度的辩护,那就是认为狭隘的私人利益本身就是一种美德。以边沁为代表的功利主义认为,人性的根本就是趋乐避苦,把个人的行为后果达到最大量的快乐就是善。1836年,穆勒在其发表的《政治经济学定义及研究这门学问的哲学方法》一文中对"经济人"也做了经典表述:把人看作必然是在现有知识水平上以最少劳动和最小生理节制获取最多必需品和奢侈品。但是,对于"经济人"这一假设我们到底应该如何正确看待呢?不可否认,"经济人"假设看见了个人利益以及个人对物质的需要对于社会发展和社会生产力的激励作用,在每个人都在追逐自己利益的同时,从一定程度上确实促进了社会进步。但是,我们对于这方面的肯定,并不意味着对于"经济人"假设给社会发展带来的弊端和局限性就可以视而不见,尤其是在20世纪八九十年代以后,新自由经济思想成为主流,"经济人"思想被解说为"人永远是功利最大化者","经济人"假设至少存在以下几点局限性:

第一,在"经济人"假设这一基础上,只看见经济绩效、物质需求在经济活动中的显著作用,而忽视精神需要的作用,把人看作"原子式"的个人,忽视人的其他精神需要。经济人是主流经济学的基本假设,在这样的假设前提下,每个市场经济活动中的经济人都会充分运用自己的理性实现利益最大化,而社会生产力也会因此获得充分发展,效率收益成为公共组织最基本的和最大的"善",经济绩效也是政治合法性的唯一武器。现代社会成为一个政治丰富的社会,在"经济人"假设的基础上,现代社会中市场主体的社会性被忽视,人的社会本性更多地被约化成为自私自利、相互竞争的原子化个体,市场主体也被约化成为冷淡的消费者和纯粹的经济人,每个人都沉溺其中无法自拔。曾经对于社会中的个人来说,社会或者家族的公共职位是最重要的,但是现如今,这些最重要的东西都被利益和金钱的谋生手段所替代。帕金森定律和拜金主义的盛行,社会责任被忽视,我们忘记了在追逐利益、实现资源配置最大化的同时,还有更需要关注的东西,那就是公共善,我们还需要关注内心的美德和社会的和谐美好。物质需求确实是精神需求的前提,如果一个人没有办法满足物质需求,就无从谈起精神需求,无论何时何地,人们都离不开物质需求的支撑。但我们不仅仅是自然人,我们还是社会人,是实践的、能动的主体,包含着丰富多彩的精神需求和美德需求,这也是我们区别于动物的地方。正如马克思所认为的那样,动物的生产与人的生产有很大的区别,动物只是在直接的肉体下进行生产,但人只有不受这种需要支配的时候才是真正的生产。德国经济学家李斯特就提出了"道德人"一说。美国学者福山也认为,个人的功利并不是人类行为的唯一动机,不顾廉耻地追求利益未必是经济动机的全部。因此,无论是物质需求还是精神需求,这两者我们都必须重视,而不是像泰勒"经济人"假设的那样金钱是工人们的唯一动力,除了金钱,还有其他很多心理和社会因素,也正是这个原因,泰勒的理论不久便被以马斯洛、麦格雷戈等为代表的行为科学派所取代。对于这种"经济人"假设,我们有必要质疑。按照斯密的逻辑,在自由市场上,通过"无形的手",可以实现公共利益,而且比人们有意追求公共利益的效果更好。但是事实上并没有,反而带来了道德危机和精神瘫痪。以凡勃仑、康芒斯、米切尔等为代表的制度学派发现了市场的缺陷,强调对人类制度的研究。新制度学派更是强调非市场因素对社会生活的影响,强调"制度扩大了理性人的福利"。[①] 相比"经济人"假设,"社会人"和"自我实现的人"理论更全面也更能从多方面解释人的本质和满足人的需求。

第二,"经济人"假设更多的是看见人的理性,忽视人的非理性。阿克洛夫和席勒认为,人的身上是具有动物精神的。凯恩斯也认为,市场主体并不是像古典经济学家所认为的那样会在"看不见的手"的作用下,完全理性地进行经济决策,古典理论并不包含动物精神,它认为人们完全是按照经济动机理性决策。但是,实际上也有很多经济行为是受到动物精神支配的。人们在追求经济利益的时候并不总是理性的,也有很多非经济

[①] 埃莉诺·奥斯特罗姆:《公共事物的治理之道:集体行动制度的演进》,余逊达、陈旭东译,上海译文出版社2012年版,第50页。

方面的动机，会受到人们观念和情感的影响，也就是动物精神。动物精神的具体表现是信心、公平、腐败和反社会行为、货币幻觉以及故事。① 很多经济学家认为，信心是理性的，但是信心的概念远远不止这些，信心还包括人们对未来的盲目预期，信心的真正含义是超越理性，人们在做决策的时候一般不会理性地处理这些信息，人们行动的依据往往是那些他们自己确信是正确的东西。正如"信心"一词的来源，它来源于拉丁文的 fido，也就是"我相信"的意思。比如，人们看见大家都在买房子，然后跟风买热潮就起来了，但是，人们在做出这个决策的时候并没有对自己的收入水平进行掂量，也没有考虑房价下跌和通货膨胀的危险，这个时候的人们实际上是非理性的。同样地，在金融市场中人们的这种行为更是明显，当人们有信心的时候会选择买进，当人们没有信心的时候会选择卖出。人们的行为决策就是处于这样一个信心满满和信心消退的循环之中。尤其是人们做出重大决策的时候，信心必不可少。如通用电气 CEO 杰克·韦尔奇所指出的那样，这些决策的做出"全凭直觉"。

　　同样地，拿公平这一因素来说，虽然经济学教科书一般被认为只是与经济相关，但是实际上通过对公平的研究表明，人们对公平的关注也是很多的，人们渴望公平，如果人们觉得不能公平行事，那么对于他们来说这会是一种侮辱。比如，人们对于那些发灾难财的企业会表示无法接受等。但这种公平并不是经济学中所论述的理性行为。关于腐败和欺诈，即使在一个健康的法治环境下，仍然会出现这种反社会行为。为什么会存在腐败和欺诈呢？这也是动物精神在起作用，因为市场并不会自动生产人们真正需要的东西，而是生产人们认为有需要并且愿意购买的东西。比如人们愿意为药品买单，市场就会生产药品，但是如果人们愿意为假药付钱，那么市场就会生产假药，而这种模式就带有欺诈和腐败的基因。接下来是货币幻觉，也就是人们缺乏对货币价值的理性认识。最后是故事思维，在人们的观念中，一般认为经济生活有喜剧模式和悲剧模式，而人们

---

　　① 乔治·阿克洛夫、罗伯特·席勒：《动物精神》，黄志强等译，中信出版社 2012 年版，第 214 页。

一般生活在喜剧模式中,也就是从 0 到 N 的模式。实际上,这两种模式都不是理性的。在《动物精神》一书中,作者用了大量的案例来说明上述五种因素才是人们行为的真实动机,并且这些因素无处不在。尤瓦尔·赫拉利在《人类简史》中指出,人的决策很多时候是不受自己的理性支配的,支配人们的往往是化学反应。比如人的脾气、性格等因素,是我们自己无法控制的,这些因素是大脑的一些化学反应在控制,人们自己也不知道是怎么回事,自己就是那样的一个人。心理学家也对此做过很多的研究,目前已经从行为描述又向前迈进了一步,与脑科进行结合,包括利用 MR 扫描去观察人们进行决策时脑区的哪些部分在活动,但这类研究目前还不是特别深。行为经济学的研究表明,人们的行为模式并不像理性经济人那样简单,人们身上的动物精神等各种情感不仅会影响人的决策,甚至会影响到整个社会经济的动荡不安,如经济危机等。凯恩斯也指出,理性经济人只有部分理性。就像他在书中所写的那样:"不论是在个人事务还是在政治和经济问题中,影响着将来的人的决策都不可能单纯取决于精确的数学期望值。"[①]

因此,对于理性这个问题的思考,我们还需要进一步反思市场主体是不是真的完全是理性的,事实上,非理性特征也是存在的。罗伯特·席勒认为,人往往是非理性的,经济学家所认为的"理性人"假设并不成立,而且由于非理性因素的存在,市场主体往往会做出不明智的行为,也就是愚蠢的行为。席勒在 20 世纪 80 年代就论证股票市场是非理性的,后来他通过对美国股市和房地产数据的分析,写出《非理性繁荣》一书,来说明在市场中投资主体的非理性行为即过分乐观导致资产价格的持续上涨。事实证明,股票市场上"笨蛋"领着"聪明人"走的行为也是普遍存在的。人的非理性特征会体现在人们做出的经济决策上,这种特征在市场经济中会被捕捉甚至会被放大,因此会产生对个人或者社会来说不理想的经济结果,从长远来看,会造成社会经济资源的大量浪费。在人们的生活中,

---

[①] 凯恩斯:《就业、利息和货币通论》,高鸿业译,商务印书馆 1999 年版,第 166 页。

由于存在着非理性的行为,这种人性的弱点往往也被厂商发现并利用,商家利用消费者身上的这种弱点来为自己获取最大利润空间。因此,普通人在参与市场经济活动的时候,往往会处于弱者的地位,被精明的商家所欺骗。比如,消费者会被健身房老板欺骗而购买对自己并不划算的健身卡,病人会由于非理性而把自己大部分资金浪费在没有效果的治疗上;我们由于难以拒绝高热量食物带来的诱惑而导致市场上这类食物大量出售,使得肥胖问题威胁人们的健康;我们由于总是相信好运会降临到自己身上,所以赌场生意兴隆;等等。这种由于人的非理性特征而使得市场失灵的例子在市场上无处不在,市场也许在我们做出决策的那一瞬间是真的满足了我们的需要,但是当我们付出行动冷静过后,我们仔细思考,这是一种真正对我们有利的理性需要吗?很显然,不是的。商家正是利用消费者这一弱点来谋取利益,市场竞争的压力使得自由市场经济充斥着操纵和欺骗行为,最终会使我们的社会生活一团糟,就更谈不上自动公益的实现了。

第三,"经济人"假设容易忽视道德伦理。这种理性经济人的假设也遭到了来自很多方面的批评,我们可以想象,当市场中每个利益主体都在追逐自己的利益,效益最大化这种计算如果是以效率为标准,就容易忽视道德伦理。比如,社会要在自然保护区或近郊住宅区修建一条轨道,如果根据效益最大化原则,那么最终轨道修建的地址取决于哪一个利益团体——自然保护者还是近郊居民——愿意出更多的钱。假设近郊居民愿意出 100 万元,而自然保护者愿意出 150 万元,在这种情况下,由于自然保护者能够给出近郊居民想要的补偿,并且双方都很满意,那么最终轨道修建在近郊住宅区。这种看似非常合理的方案,却忽视了"自然保护区本就应该受到保护"的道德伦理。从更加深层次的角度来说,效益主义很多时候被批评为受制于小部分的喜好,并且使得很多社会不公平现象被说成是合理的。这种效益主义的计算方法与 18—19 世纪边沁和穆勒等效益主义哲学家所提出的"最大多数人的最大幸福"的观点是一致的。可是,20 世纪的经济学家对于这种观点并不是很满意,于是早期的新古典主义经济学家杰文斯、埃奇沃思和马歇尔尝试着构造一项效益函数，用来解释个体在消费一种或一组物品时所得到的满足。后来经济学家希克斯和艾伦认为，度量效益的绝对值并不是很好的可取方法，因此提出一种相对序数式序列。包括后来的帕累托最优和经济学家提出的补偿原则，与自由市场的个人主义伦理是相辅相成的。不少经济学家对"经济人"假设进行过仔细的研究，由赫伯特·西蒙领导的卡内基—梅隆学派早期曾对"经济主体是理性的效益最大化追求者"这一观念提出过疑问。该学派指出，经济人所追求的最大化效益只是令自己满意的效益，而并不是最大的效益。比如，当经济主体面对一系列复杂的难题时，他们并不会采取最大化效益行动，往往采取稳健行动，以实现令自己满意的目标。人们是理性的，但人们的理性是有限度的。自由市场倡导者从进化论的角度对此进行反驳，他们认为，如果人们不是全然理性的，那么根据进化论，最终能够在市场中生存下来的市场主体只能是把效益最大化的目标作为其行事规则的人。但是，越来越多的事实证明，经济主体的行事方式与效益最大化的假设并不完全一致，尤其是在面对复杂和不确定因素的情况下。

第四，"经济人"假设把本属于人性中的道德感抽象掉了，对于隐藏在这两者背后的对立和冲突却没有足够的重视，这就很容易导致把个人利益的作用绝对化。事实上，我们都知道，个人利益与社会利益之间的关系是辩证统一的，既有对立的一面，也有统一的一面。当生产力发展到一定程度，人们都努力地为自己谋生时，社会利益必须以个人利益的实现为前提，在这一过程中，社会整体利益固然存在，但是必须以个人利益的差别性和特殊性为基础，在这一阶段，个人利益与社会利益是统一的。但是物极必反，如果个人在追逐自己利益的时候，不顾及他人利益，只考虑个人的利己心，那么就会破坏整个社会经济的协调发展。这种情况在私有制社会特别凸显，因此，斯密所提出的对个人利益的追求必然导致社会利益的实现在私有制社会是不可能发生的，只是一种美好的幻想。资本主义国家经济危机的不断出现迫使资产阶级运用国家机器不断地对经济生活进行调控，就是对这一幻想的证明。同时，斯密的"经济人"假设是以唯心主义历史观为基础的,他把"自私人"概念绝对化,并在此基础上引出经济关系,但实际上人性是不断变化、不断发展的,也是历史的。因此,对于"经济人"假设,我们需要从多角度去辩证地看待,而不是一味崇尚"经济人"假设,只有这样,才能把个人利益与社会利益、经济与道德更加有机地进行结合,成为一个真正全面发展的人。

总的来说,在自利的"经济人"理论下,市场所遵守的无情竞争的"丛林原则"给市场经济发展带来的危害已经引起了人们的重视。阿马蒂亚·森在《伦理学和经济学》一书中就指出,首先得承认,自利是很重要的动机,但是如果把自利作为人类的唯一动机,那么对公共行动的预期是不可能实现的。也就是说,"经济人"只能看作一种假设,不能看作事实上的人,更不能把"经济人"看作人的不变的全部本性。尤其是在建构公共善理论的时候,更不能把抽象的"经济人"作为公共善的前提。

二、"看不见的手"的盲目性

作为经济学文献中出现较多的比喻之一,斯密"看不见的手"理论为古典经济学和新古典经济学所推崇。该理论认为,如果每一个自由市场的主体都能够独立而又自由地与他人制定契约的话,那么社会福利就会增加,而任何对其干涉的行为都只会让社会福利减少。斯密在《国富论》中也指出,市场主体在为自己利益打算的同时,会受到一只"无形的手"的指引,促进社会利益。斯密在《道德情操论》一书中提及"无形的手"这一概念,指出在这里,"无形的手"是指在社会分工的体系下,富人的奢侈性消费具有波及效果,使其他人的收入也得以增长。也就是说,斯密在《道德情操论》和《国富论》中都提到过"看不见的手"。斯密承认个人利己心的合理性,由于经济活动中的主体都是自己利益的最佳判断者,因此经济活动中会有一只"看不见的手"引领着人们合理地利用手中的资源,自动地配置资源,创造出对社会福利意想不到的结果,从而产生一种使得私人利益与公共利益相协调的力量,这种力量在经济生活中具体表现为经济规律,作用是让经济实现均衡。在均衡的情况下,得出"最小政府"的逻辑结论,要想让"看不见的手"发挥其最大的功能,离不开政府"守夜人"的角色,也就是自由主义所推崇的"无形的手—自由放任"理论。斯密乐观地认为,"看不见的手"具有普适性和自发性,它不仅仅存在于某个国家或地区,它暗藏在所有人类行为的背后,并且这种自发性是自然而然地出现的。当然,斯密的观点是基于宗教信念多过逻辑论证。18世纪的宗教信念主张,如果人类不去打扰神圣的规则,自然秩序便是可以维持的。这种信念是现代自由放任经济学说的基石。简言之,斯密的自由经济思想是:人是理性的动物,是追求自我利益的,但是在每个人追求自我利益的同时也促进了社会利益。他认为,市场机制就像一只"看不见的手",引导市场主体去促进一种目标,而这种目标绝不是他个人所追求的东西。那么,什么是"看不见的手"呢?"看不见的手"是一种比喻,这种比喻使得我们相信,市场主体的自利、理性行为最终都将导致社会福利最大化。"看不见的手"长期以来被西方经济学所推崇,而且达到了一种神学的境界。

随着经济学的不断发展,现代的数学经济理论已经远远超过之前的数学经济理论,发展成为一整套逻辑完备的一般竞争均衡数学模型,并为福利经济学第一定理所论证,它阐述了在对偏好和技术的一些假设下的竞争价格机制,可以使得整个社会达到资源配置的帕累托最优解。这些定理表明,如果自由市场处于完全竞争的状态,并且合乎某些假设,帕累托最优就会实现。也就是认为,在"无形的手"的引导下,自由市场是最佳配置资源的方式。但是实际上,帕累托最优的不现实性也遭到了很多批判,有很多经济学家指出,实现帕累托最优的条件在现实中并不存在,要想实现帕累托最优,需要在完全竞争的条件下,但是完全竞争的条件经常会被各种复杂的因素(比如外部性、信息不完全等)破坏。即现实中的市场经济因为垄断、外部性、公共物品、信息不对称等各种因素的制约,往往在大多数情况下不能实现帕累托最优,所以经常会出现市场失灵与负和博弈的情况。另外,就算达到帕累托最优,也没有办法解决不公平问题和经济波动问题。这种"无形的手—自由放任"的假说存在着盲目性。

围绕"看不见的手"这一核心的问题,主要分为两大流派。一派是主张无条件的"看不见的手",其核心观点是,市场主体即生产者(或者企业家)和消费者都是理性的,如供给学派的鼻祖萨伊名言——供给与需求永远是匹配的,通过价格机制,市场一定可以出清,因此市场不会出现产能过剩的现象。而政府的角色定位应该就是产权和秩序的维护者,政府也会出现失灵现象,并且政府失灵现象比市场失灵现象还要严重,因此,即使市场失灵,政府也不能干预。另外一派是主张有条件的"看不见的手",主要以庇古、马斯格雷夫、阿罗、萨缪尔森、凯恩斯为代表,他们认为,国家的角色是市场失灵的矫正者,因为福利经济学第一定理的假设条件是非常严格的,实际上在现实生活中是难以成立的,所以会产生市场失灵的现象,而国家应该加以干涉。自 20 世纪 30 年代以来,凯恩斯革命对世界经济发展产生了深远的影响。凯恩斯认为,市场主体无论是投资者还是消费者,他们并不是理性的,而是非理性的,投资者身上具备一种动物精神,这种精神的存在使得投资者的投资忽高忽低,消费者的非理性也会导致过分储蓄,市场经济会出现有效需求不足的现象,因此需要政府干预市场经济,提升有效需求。一时间政府成为"万能之手",但是,随着政府行政垄断的不断扩张,也产生了一定的负面作用,出现政府失灵的现象。在 1980 年后,美国里根政府和英国撒切尔夫人都采用了弗里德曼的主张。新自由主义代表人物弗里德曼反对政府对市场的干预,旨在恢复市场活力,相信市场主体是理性的,不理性的市场主体一定是市场的失败者,并且会在优胜劣汰的机制下被淘汰,而理性的市场主体会在"看不见的手"的作用下自动实现公益。也有很多经济学家通过借助数学工具来论证市场的理性是如何实现市场的高效运作的。在金融领域,芝加哥大学金融学教授尤金·法玛指出股票市场和金融市场的有效性。这些 20 世纪 80 年代的新自由主义理论也促使了宏观经济领域理性预期学派的诞生,理性预期学派认为,市场主体无论是投资者还是消费者,都是非常理性的,无论政府采取什么措施,对于理性的市场主体来说都是没有效果的,因为最终政府在宏观方面的措施都会被理性的市场主体所采取的措施抵消掉。但是,理性的市场主体真的会在"看不见的手"的作用下自动实现公益吗？事实上，并没有。

  第一，在"看不见的手"理论的指导下并没有出现利益和谐的社会，反而社会经济增长出现停滞，债务积累、经济危机等现象频发，尤其是在20世纪30年代大萧条后，凯恩斯看见了"市场失灵"。也就是说，在纯粹的"看不见的手"的指导下是没有办法实现资源最佳配置的，瓦尔拉斯一般均衡也只是特例，并不是普遍现象，市场非均衡现象才是一种普遍性的存在。凯恩斯的经历非常丰富，经历了资本主义市场经济的大衰退时期、大动乱以及两次世界大战，第一次世界大战加速了英国的衰弱，美国的力量得到增强，然而这次世界大战并没有解决1914年之前出现的各种矛盾，反而给这些资本主义国家带来了一段长时间的经济危机。从1920年开始，英国的物价下跌，失业率呈上升趋势。1929年10月24日，著名的"黑色星期四"出现了，纽约股市暴跌，美国经济危机发生。美国的经济危机蔓延到欧洲，英国深受影响，德国经济也备受打击。1930年，凯恩斯被任命加入经济顾问委员会，以应对美国经济大萧条对英国的冲击。处于经济危机之下的凯恩斯没有走亚当·斯密的路线，为自由市场经济也就是"看不见的手"大唱赞歌，也没有像马歇尔那样不问政事，凯恩斯作为经济学家、政治家，试图帮助资本主义从萧条和危机中走出来，他面对这种经济情况，主张国家干预，反对市场自由放任，并认为国家干预这项政策是合乎伦理的。

  长期以来，除了以李斯特为代表的经济学家主张国家应该干预经济生活，19世纪末20世纪初大部分学者的观点是主张经济自由放任，认为政府的职能不能越过其应该有的范围，国家只需要担负亚当·斯密所说的三项职能，其他的就不应该干涉。但是，凯恩斯在20世纪20年代就明确表示"看不见的手"具有盲目性，需要国家干预。凯恩斯认为，经济健康是十分重要的，如果让"看不见的手"的原则来对经济进行左右的话，那么在几代人以后，一半的人口将成为另一半人的奴隶。[①] 1926年，凯恩斯发

---

  ① 罗伯特·斯基德尔斯基：《凯恩斯传》，相蓝欣、储英译，生活·读书·新知三联书店出版社2006年版，第386页。

表《自由放任主义的终结》一文,在该文中,凯恩斯对于自由放任主义的基础进行了批判。凯恩斯认为,社会利益与个人利益一定相互一致,这一点并没有根据。况且利己主义一般也不是开明的,当个人各自从事争取实现他自己的目的时,往往是过于愚昧,或过于脆弱;甚至连这方面的目的也难以实现。[①] 自亚当·斯密开始,古典学派就深信公共利益会在"看不见的手"的作用下自动实现。但是凯恩斯不赞成这种说法,因为利己主义并不会一直处于开明的状态,一旦丧失理性,就会对社会公共利益产生破坏作用。凯恩斯批判了自由放任的市场经济所导致的问题:"这个病叫作技术的失业。它的含义是:由于我们发现节约使用劳力的方法的速度远远超过了我们能为劳力开辟新用途的速度,因此造成了失业。"[②]实际上,这也是凯恩斯对萨伊定律的否定。自由市场经济中个体经济行为的独立性、自由性等特征,使得微观无序性随着经济规模的扩大而增强,"看不见的手"的盲目性又开始出现。比如2008年美国次贷危机引起的全球性金融危机、欧洲和美国发生的主权债务危机等。在"看不见的手"的作用下,经济并没有自动趋于均衡和可持续发展。

第二,在"看不见的手"的作用下,市场经济中存在形形色色的欺骗。这些欺骗的存在总体上对于我们人类社会的福利来说将会造成不利的影响,而这种不利影响的规模与宏观经济中储蓄不足和金融危机所造成的破坏力是可以相比的。市场中的欺骗无处不在,最常见的欺骗存在于广告和营销中,以及汽车、房地产、信用卡、食品、制药等多个领域。拿广告商来说,他们会为了更好地促进客户公司的销售,利用大众的信任和大众身上的某个弱点来进行心理欺骗,通过一种叙事性故事的讲述,让人们购买他们推销的产品。当广告商对人们的思维进行干预时,他们的目的达到了,但是大众的需求并没有被满足,大众已经处于被欺骗者的地位,甚至这种产品的售出会削减消费者的福利。故事的叙述与人们生活息息相关,如简·奥斯汀认为,如果人们之间没有故事的存在,那么还有什么意

---

① 凯恩斯:《劝说集》,蔡受百译,商务印书馆1962年版,第236页。
② 凯恩斯:《劝说集》,蔡受百译,商务印书馆1962年版,第273页。

思呢？当然，消费者对于广告商也会存在着怀疑，消费者知道广告商只是为了实现自己的利益来吸引消费者。但是随着科技的不断进步，广告商不仅会用故事的叙述来对人们进行欺骗，还会借助现代统计的方法对故事进行加工和制作，如在医学实验和经济学中充分运用数据一样，让人们误以为这不仅仅是故事，更多的是"科学"。事实证明，广告商的广告大部分是成功的，因为它使得消费者将自我代入广告情节中。在"看不见的手"的作用下，自由市场竞争是非常激烈的，厂商也很明白自己的首要目标，所以哪怕是通过欺骗对顾客的心理产生作用，广告商仍然不会停止他们的行为。不能否认，有些广告对人们是有帮助的，但是事实上，我们也看见有些广告是涉及欺骗行为的。利润存在的地方就会有欺骗。汽车、房子、信用卡、食品、制药等是人们开销的主要部分，在自由竞争的市场下，这一部分也存在着欺骗。销售员会使出魔术师的技巧来获取超额利润。在实现交易的每一个阶段，商家追逐利益的竞争过程就是看谁能在最大限度上利用我们的弱点，而消费者可能由于错误的关注点导致被欺骗。当然，也有人认为，除了外部性因素和导致收入的分配不公平之外，自由市场经济是最好的模式，在这种模式下，每个人都可以自由地进行选择，以实现伊甸园般的世界。但是，我们在看见自由市场经济带来利人利己的双赢模式的同时，也需要看见它带来的另外一面，那就是损人利己的、单方获利的市场模式，这是欺骗所在，也是"看不见的手"的盲目性。阿克洛夫和席勒认为，斯密这只"看不见的手"已经成为随时准备绊倒消费者的"看不见的脚"，自由市场经济在为我们带来福利的同时也带来了灾难。由于普遍存在的人性弱点，比如崇尚礼尚往来、对喜欢的人表现出善、不喜欢挑战权威、喜欢随大流、厌恶损失等，以及由于信息不对称，使得我们成为现实生活中各种各样的受骗者，也使得市场中频频出现"劣币驱逐良币"的现象，"看不见的手"的盲目性不断显现，大多数人活在了平静的绝望中。

第三，"看不见的手"在调节贫富分化和提高民众生存质量等方面并没有那么好的效果，也就是无法实现社会公益。在《道德情操论》中，斯密虽然提出通过"看不见的手"可以实现将基本生活资料分配给穷人，但问题是，穷人为得到这些生活资料的背后付出的努力相比地主来说实在是太多，而地主由于占有了大量的基本生活资料，根本就无需劳心劳力去满足自己的需求。因此，"看不见的手"表面上是实现了结果的均衡，但是实际上忽视了实现这一结果的不平等和不公正。另外，在《国富论》中，斯密看见了经济活动主体的自利活动会无形地促进社会利益和实现社会福利的提高，但是也没有区分不同的人的各自活动所具有的不同结果。他没有看见在资本主义私有制的条件下，工人和资本家所获得的东西是完全不一样的，工人获得的只是微薄的工资，但资本家获得的利润却是这些工资的很多倍。在"看不见的手"的作用下，必然会造成分配的不平等和贫富差距拉大的形势。在斯密那个时代是如此，到了现如今的社会，分配不平等也越来越受到关注。近年来，经济学文献将经济结果的决定因素分为两种：一种是不受人们控制的"环境"因素，另一种是个人可以控制的"努力"因素。如果前一个变量对结果不会有影响，那就相当于实现了机会平等。机会平等非常诱人，在自由市场经济下，主张机会平等，但这是不是意味着就会结果平等呢？实际上，在"看不见的手"的作用下，分配问题越来越突出，结果不平等对社会产生了很严重的后果，比如社会凝聚力缺失、犯罪率上升等现象，政治学家还发现，收入不平等与金钱在民主选举中的影响之间存在双向关系，其特征是"意识形态与财富不均共舞"。功利主义在这一方面受到强烈的抨击，用阿马蒂亚·森的话来说，就是功利主义只关注了个人效用的总和，它没有注重总效用在分配方面的问题，也没有关注不平等问题。要想实现结果平等，森建议把我们的关注点从罗尔斯那里所关注的初级产品（权利、机会、权力、收入和财富等）进阶到能力，从根据人们的表现可以获得的机会的角度来定义社会公平，森更加关注人们的可行性能力。另外，在完全竞争市场下，垄断是不会发生的，市场是能够出清的。但是，现实世界中的市场并非完全竞争的，这也就意味着当存在技术壁垒（如规模经济或范围经济）时，或存在法律壁垒（如知识产权保护）时，会出现垄断，逐步演化成赢家通吃的局面。垄断资本家获得的收益将会比一般资本家更大,最终导致资本聚集在少数人手中,而普通平民日渐贫穷。

市场收入的日益不平等引起了相当大的关注,尤其是一些以自由市场意识形态为主导的发达国家,可支配收入的不平等日益加剧,市场结果的不平等也越发严重。人们以为当一个国家的人民整体变得更加富裕的时候,一定会将收入中的更大一部分用来帮助贫困者,但事实并不是这样,对于公平的不断尝试往往会在一定程度上损害应有的激励水平和效率水平,一条鸿沟横在富人和穷人之间。当穷人还在时刻担心自己孩子上学的昂贵费用、家庭成员之间的大病医疗以及他们退休以后的生活安排的时候,富人却在讨论如何避税、买什么样的私人飞机。虽然富人很有钱,但他们同样担心自己会破产,不过这注定是一个很漫长的过程,并且很少发生。托马斯·皮凯蒂(Thomas Piketty)在其著作《21世纪资本论》中指出:"从1977年到2007年,我们发现最富有的10%占据了增长的3/4。"[1] George Monbiot[2] 认为,进入21世纪不到20年,世界陷入了经济停滞、金融化和人类历史上最极端的不平等,伴随着大规模失业和就业不足、不稳定、贫困、饥饿、产出和生命的浪费,在这一点上,我们只能称之为全球生态"死亡螺旋"。John Bellamy Foster[3] 认为,近几十年来,世界上每个地区的不平等都在急速加剧。比如,42位亿万富翁现在拥有的财富相当于37亿最贫困人口的财富总和。[4] 美国三位最富有的人——杰夫·贝索斯、比尔·盖茨和沃伦·巴菲特——拥有的财富超过美国人口

---

[1] Thomas Piketty, *Capital in the Twenty-First Century*, Belknap Press of Harvard University Press, 2014, p297.

[2] George Monbiot, The Earth Is in a Death Spiral. It Will Take Radical Action to Save Us, https://bravenweurope.com/george-monbiot-the-earth-is-in-a-death-spiral-it-will-take-radical-action-to-save-us.

[3] John Bellamy Foster, Capitalism Has Failed—What Next?, *Monthly Review* (February 2019).

[4] *The Guardian*, Inequality gap widens as 42 people hold same wealth as 3.7bn poorest, https://www.theguardian.com/inequality/2018/jan/22/inequality-gap-widens-as-42-people-hold-same-wealth-as-37bn-poorest.

的一半,"亿万富翁阶层"继续以有史以来最快的速度"与我们其他人脱节"。① 尽管经济学家致力于解决贫富之间日益扩大的经济差距,但其他社会科学家(如社会学家)指出,在此期间,一个关键结构性不公正问题——通过增加"金融资本"来加深"社会资本"(如社会网络、互惠规范和可信度)的殖民化——在世界许多地方普遍存在。自20世纪80年代以来,一种被称为"金融化"的新经济进程从结构上改变了全球经济体系,导致收入和财富的巨大差异。它还使无数普通人容易受到各种形式的债务困扰,同时在全球范围内破坏环境。日益加剧的经济不平等,使社会成员之间的互惠变得越来越困难。经济资源的缺乏使得拥有财富的人不太可能与没有财富的人对等。从鸟瞰的角度来看,社会资本与经济资本(尤其是金融资本)之间似乎建立了一种不幸的辩证关系。

虽然社会资本使一个社会有可能建立自己的经济体系和金融资本,但日益加剧的经济不平等矛盾地摧毁了它自己的基础——社会资本。从批判的角度来看,日益加剧的经济不平等,特别是过度的金融不平等,不得不成为市场经济的一个重要的社会伦理问题。在这样的假设前提下,个人效率、收益成为最基本的和最大的"善",公共利益被忽视。在"经济人"假设的基础上,经济行为的伦理问题和行为规范问题不仅被忽视,现代社会中的市场主体也都被约化成为一个个冷漠的消费者和纯粹的经济人,人性中很多好的东西不见了,只见物性。被视为有机联系的社会人成为本性上自私自利、相互竞争的原子化个体,效率和功用高于终极关怀的目标或结果。但经济发展毕竟不是一种终极价值,如何协调经济发展与其他价值目标、以人为本来发展经济,对于解决目前市场经济活动中出现的由于市场主体盲目追求利润最大化而导致的贫富差距问题也是非常具有借鉴意义的。

第四,从实践理念上看,面临着很多困境,尤其是在公共领域。"看不

---

① *The Guardian*, Bill Gates, Jeff Bezos and Warren Buffett are wealthier than poorest half of US, https://www.theguardian.com/business/2017/nov/08/bill-gates-jeff-bezos-warren-buffett-wealthier-than-poorest-half-of-us.

见的手"不能自觉建立和实现人类社会所需要的公共伦理目标。首先,人们在"看不见的手"的指引下,虽然会激活个人的创造力和能动性,但是也会使得人们对公共精神的建设有很多不足。在自由放任的大环境下,人们的个人利益会得到不断的追求,个人精神也可能会得到过分的张扬,自我中心主义泛滥,人们越来越满足于物质方面的追求,成为消费的奴隶,但是,这种个人精神并不能满足整个社会整体层面的需求,无法实现真正的公共精神。在自由放任的环境下,整个社会将面临一种"强者越强,弱者越弱"的状态,而强者会充分利用自己的优势掠夺弱者的资源,不仅是在国家内部,这种不公平的地位也会对世界经济均衡提出挑战,并且由于经济地位等各方面的不均衡,其社会价值观也必然会分裂,尤其是公平价值观。在"看不见的手"的指引下,整个社会无法处于一个公平的社会环境中。

其次,在"看不见的手"的自由放任思想的指导下,公共产品会陷入严重的困境,作为市场主体的生产者没有动力去生产更多的公共产品,他们的行动更多遵循的原则是私人成本等于私人边际收益,而这也就会导致公共产品严重供给不足。新自由主义认为,很多公共物品比如交通、电信、水利、电力等可以由市场来提供,但是实际上,很多国家公共服务的私有化并没有达到预期的效果。比如英国的电力、俄罗斯的石油等被认为是改革不成功的典型案例,不可否认,也有改革成功的案例。在公共交通、环境污染、教育卫生等问题不断出现的情况下,人们所需要的公共产品和公共服务越来越多,而在市场机制中的市场主体更多的是在私人领域实现自己的利益最大化,在公共服务领域则是抱着"搭便车"的态度,不可能为人们提供全部的公共产品。按照新自由主义的设想,引入市场完全竞争以后,会消除自然垄断。但是实际上,很多企业为了自身眼前利益,往往有意识地破坏公平竞争的准则,大大增加竞争的成本,给社会带来一定的损失。经济学家约翰·纳什证明了"人们之间的理性结果不是整体利益最大化,而是整体皆输"的结局,也就是说,"利己之心没有办法结出共赢之果"。淡水学派的代表人物之一阿克洛夫认为,由于市场双方存在信息不对称的情况，所以市场往往是失灵的。在这一点上，迈克尔·斯宾塞和约瑟夫·斯蒂格利茨与阿克洛夫是一致的，都认为信息不对称会导致市场失灵。马克思对自由放任的市场也进行了严厉的批判，马克思认为，由于市场中的投资主体和资本所有者是非理性的，并且他们会为了追逐剩余价值的最大化而不惜一切代价进行投资，所以自由放任的市场是没有办法实现公益的，并且注定会爆发经济危机。因此，市场经济必然最终会被更高级的制度安排所取代。

最后，人的理性在创造新的活动和解决暴露出来的问题这两方面可以发挥重要的作用，但由于环境是不可逆的，因此人的理性不能解决由于人们对自然界复杂系统的破坏而带来的危险和威胁，如果个人利益与自然环境之间的关系持续失衡的话，世界将难以得到持续的发展。尽管我们对于环境遭到破坏的问题日益关注，但是自由市场机制并没有完全满足我们在这方面的偏好。比如，企业在生产过程中所带来的"外部性"的东西是不会在市场价格中得到体现的。对于有些在生产过程中会给社会带来环境污染的企业，企业生产者知道市场机制不会强迫它们把社会环境成本算在它们自身成本之内，由于这些"外部性"的成本不会反映在企业自己的成本里面，所以企业在理性地计算得失后，并不会想要制止污染，而是继续使用污染严重的方法来生产，因为这样做的成本比它们转向使用较少污染的生产方式所需要的成本要低。完全自由市场经济这只"看不见的手"只是在理论上可以导致通过市场表现的那些偏好得到最优化的满足。

总之，如上所述，"看不见的手"的缺陷在于这一理论具有短视性，虽然自由主义理论本身已经在不断地完善和丰富之中，也经历了从古典自由主义到新古典自由主义的转变，并且公平因素也会加入进来，把"有形的手"与"无形的手"进行有机结合，也只有这样，自由主义与社会才能更好地形成一个和谐的关系，才能真正体现自由的本质和避免盲目性。总之，亚当·斯密"看不见的手"在受人瞩目的同时，也存在很多不足，遭到过许多学者的批判。

三、自由市场经济的道德危机

自由市场经济的成功和失败都可以通过它对人的理解来解释。一方面,自由市场经济在生产上的巨大成功来自它基于"利己"人性的原则,市场主体被动物的灵魂和自私的欲望所驱使,该系统提供许多激励给那些以利益最大化为目标的人。根据亚当·斯密的观点,自私自利是人类本性的一部分,如果自私的个人可以自己做决定,那么他们会做对自己最好的决定。如果我们简单地让每个人行动,市场机制决定生产什么和生产多少基于他或她的"私利",那么个人将会使得商品需求和供应达到最佳数量,为他们的自身利益服务。因此,由自身利益驱动的供求关系就像一只"看不见的手"推动市场机制向高效生产和消费方向发展,亚当·斯密在自私人性的基础上建立了供求理论。在上述原则的指导下,在自由市场经济中,市场通过对人们自利人性的成功运用,实现了相比其他经济体系更为有效的方式来利用有限的资源。另一方面,失败的自由市场体系缺乏道德原则来平衡市场中不负责任和非理性的行为。市场经济带来的现代化深深地影响着人类的生活,无论是西方还是东方,都面临着一个共同的问题,那就是市场进程中出现的道德危机问题。

第一,缺乏对道德和精神自我的理解是市场中出现道德危机的原因之一,并且在西方,道德危机的出现不是一蹴而就的,其理论来源可以追溯到启蒙运动。启蒙运动是一个将人类思想从黑暗时代的教堂枷锁中解放出来的项目,"什么是启蒙运动?",伊曼努尔·康德描述了启蒙仅仅是运用自己智慧的自由。启蒙思想家认为,人类通常是善良和完全理性的。因此,他们应该塑造自己的命运,而不是受缚于教堂的教义。思想家们最终成功地为人类思想赢得了自由,他们的胜利帮助消除了欧洲的黑暗,代之以人类思想的光明。正如历史学家彼得·盖伊断言的那样,启蒙运动突破了传统"神圣的圈子"。对于启蒙思想家来说,既然"上帝已经死了",就不需要上帝启示的道德了。然而,正如康德所强烈阐述的,即使没有上帝,仍然有可能通过推理达到道德原则。因此,启蒙运动是一个没有上帝的道德工程。既然"上帝已经死了",就没有必要以来世的天堂为目标。我们别无选择,只能建立一个人间天堂。在这方面,自由资本主义经济系统被视为实现这一目标的一个很好的工具。启蒙运动也为个人重新定义了生活的目的和意义,它让人们可以做他们认为最好的事情,主要目的是不再取悦上帝;相反,它满足了动物的欲望和灵魂,启蒙思想家拒绝成为上帝的仆人,他们把人类变成了宇宙的主人。最终目的是获得对自然的控制,而不是和谐地生活在一起。道德标准不再是神圣的启示而是效用。

启蒙运动在解放了人类的同时,产生了一种"破坏性技术"、不可持续的消费文化以及许多危机,而这与自由市场经济的道德失败也是分不开的。以2008年危机为例,它本质上就是道德危机。2008年金融危机是自由市场疯狂的最好例子,疯狂是因为市场参与者遵循他们贪婪的本性来最大化他们的短期利益。自由市场经济对人类理性的局限性视而不见,这种局限性经常导致泡沫和泡沫破裂。正如在那次金融危机中看到的那样,亚当·斯密所认为的这只"看不见的手"没有道德指南针可能就会变成一只"偷东西的手",事实上,完美金融海啸的条件是由自由市场的不道德行为形成的。资本主义企业家为了利润最大化,把人性中的贪婪元素推了出来。这动物的灵魂受到诱惑,为了获得更大的快乐而进行更多的消费,市场中的参与者被给予了很大的激励来追求他们在市场中的短期利益。尽管他们所做的是合法的,但这显然是不道德的。比如,在2008年危机后,美国及全世界的上百万百姓失去工作,沦为贫困人口,同时人们产生了更多的恐惧和焦虑,社会也出现了道德危机。西斯蒙第认为,资本主义的经济危机不是偶然的,而是资本主义内在矛盾的结果。2008年的危机是资本主义第一次面临如此严重的危机,虽然在过去的40多年里已经发生了100多次危机,但这次危机是历史性的。几年后,我们似乎正在从2008年的金融危机中复苏,却没有意识到它的根源。2008年的经济危机再次表明,资本主义制度是以贪婪和攫取为动机的,它与道德是背道而驰的。这不仅仅是一次经济危机,更是一次道德危机。就像任何其他疾病,真正的治疗办法是解决其根源问题而不是缓解其症状,有时用普通药物暂时缓解可能会给病人一个错误的信号，使病情长期恶化。事实上，我们部分是思维机器，部分是利己主义者，部分是情感动物。我们也有道德和精神层面。任何与人类行为相关的理论和模型都应该包括这种全面理解。在这方面，成功的自由市场体系源于对动物、理性情感和自我中心的理解，而失败则来自它缺乏对道德和精神自我的理解。

第二，人性中固有弱点的存在是道德危机出现的原因之一。人们在做出选择的时候，内心会面临两难：一种是真正对我们有利的偏好选择，另一种是我们实际选择的不良嗜好。主流经济学往往假定人们都知道自己想要的是什么，所以对这种区分持忽视的态度。但由于人性是有弱点的，比如非理性、心理容易被人操控等，人们在面临选择的时候，往往会在欺骗性行为的诱导下做出对自己不利的选择，却不自知。也许人们在99％的时间里很谨慎，但是只要在1％的时间里挥金如土，那么商家就会非常敏锐地充分利用这1％的机会来使得消费者个人的财务入不敷出。市场中一些聪明的欺骗者一旦发现人们的弱点，就会马上采取欺骗的行动，为自己赚取超额利润。同时，市场中的欺骗者不仅会利用人性弱点进行获利，还会利用一些误导性甚至是错误的信息来对人们进行欺骗。通常，这种方式在金融市场尤为明显。在复杂的金融市场中，存在着很多通过对会计报表进行修改并对信用评级进行操纵，从而传递出误导顾客的信息，使得顾客高估金融产品的价值。在这种情况下，消费者很明白自己需要的是什么，但是欺骗者通过误导的方式来使得消费者购买，让他们觉得买到了对的产品和得到了自己想要的东西，但是实际上却不值得。在自由市场经济中，人们不仅可以自由地选择，还可以自由地设局欺骗市场中的交易对象。在这种骗局中，信誉被透支。但是，只要这种交易能够让人获利，那么这种交易就不会消失，这是由欺骗均衡的本质决定的。在斯密看来，这样实现的经济均衡依然是最优的。但是实际上，这样的最优只是对于我们的不良嗜好的最优满足，自由市场经济在给我们带来真正需要的东西的同时，也会带来很多迎合我们弱点的东西。并且，这样的均衡从长期来看会给人们带来很多麻烦，尤其是道德危机。

第三,市场中信息不对称是造成道德危机出现的原因之一。我们身处在一个信息化的社会,在市场经济生活中,谁掌握的信息越多,就越有利于市场主体做出正确的决定。但是,由于市场主体在认知水平、获取信息等方面存在着很大的差异,并且由于社会分工越来越细和私人信息的大量存在,因此信息不对称现象普遍存在,也容易导致道德风险。诸如阿克洛夫、罗斯柴尔德、斯蒂格利茨、威尔逊以及皮特克等经济学家认为,当市场出现信息不对称的时候是非常容易导致道德风险的。比如,拿市场中的消费者和销售者来说,也就是买者和卖者,由于存在信息不对称的因素,往往会使得消费者做出不利于自己的选择,出现花高价买到次品或花钱买到坏品的现象。再如,如果汽车故障严重,需要 400 元维修费用,如果汽车故障轻微,那么就只需要 200 元维修费用,但是因为车主他本身对于车子的情况是不了解的,所以这中间就会存在信息不对称的情况,这样维修站老板很容易说谎,而理性、追求利益最大化的维修站老板所面对的就是自由市场经济的"道德危机",他们有非常强烈的动机去说谎。

换个角度来说,也正是因为信息不对称和道德风险的存在,使得商家不愿意接受退货,由于商家不能确定货物售出后的真实使用情况,也就没有办法做出判断到底是商品质量的问题还是消费者的故意破坏,因此,商家在面对退款要求的时候总是不愿意直接接受。同时,市场机制分配的物品和非市场机制分配的物品实际上属于不同种类的范畴。比如,如果让市场机制来决定宝马汽车归谁所有,那么这似乎是人们可以接受的,但是,如果让市场机制来对肾脏和心脏等进行分配,那么这就会引发更大的道德危机,因为无论对谁来说,不管是不是付得起手术费用,每个人都应该有生存的权利。总之,由于信息不对称的现象在市场中时常发生,并且由于信息不对称往往伴随道德风险和逆向选择,因此容易出现"劣币驱逐良币"的现象和市场失灵的现象。而要想建立良好的市场环境,离不开消费者、销售者、政府、社会等多方努力,才能减轻由于信息不对称所造成的道德危机。

虽然自由市场经济创造的财富和繁荣比指令性经济更多,但它被描绘成一种制度,在这种制度中,一个人剥削另一个人,利润动机是唯一的价值,金钱规则优于一切,它使世界成为各种残酷不公正的地方。市场体系被认为是对现代社会物质方面的滋养和负责,但是,它也被指责为促进和允许自私贪婪的表达。它被指控鼓励欺诈行为,它被谴责通过广告、欺诈或其他方式降低公众的品位,导致他们要求实际上有害和退化的产品和服务。这个系统对环境的破坏负有责任,它被指责破坏了工人的自尊,在社会中产生了深刻的异化、沮丧和绝望,以及普遍的不安和焦虑。资本主义国家特有的收入不平等被指责为邪恶,其后果对社会有害,这种不平等被谴责为市场体系根本不公正的例证,它被认为是经济压迫和剥削的表现。自由市场经济在给人们带来繁荣的同时,也引发了一系列道德危机和公共利益被人们忽视的危机。而面对市场中存在的形形色色的欺骗,我们要做的是保护自己。总之,市场经济本身是不能分辨善恶的,不存在会自动产生利他占有主导地位的道德机制,市场经济机制主要是靠驱动个体利益得以运行的,市场经济关注的是资源如何才能实现最佳配置,而对资源的可持续性却缺少关注。这也造成了现如今的"生态伦理"问题。市场经济中的"经济人"都在追求利润最大化,盲目开采,对自然资源没有保护好。而对于市场经济中出现的道德危机、信任缺失等问题,如果人们不给予足够的重视,那么市场经济也没有办法得到一个可持续的发展。市场经济当然要求讲效率,但是不能为效率而唯效率,不能为了物质而把道德、诚信等抛弃,利益是把"双刃剑",身处在市场经济中的活动主体要坚守底线。桑德尔曾对经济学者提出忠告,市场经济活动并不是"价值中立"的。换言之,市场经济活动所涉及的深层价值值得经济学家关注道德哲学和政治哲学,也就是说,在市场经济活动中,道德应该值得重视,道德是人类社会的基础。道德对经济主体的活动行为具有调节作用,帮助经济主体建立彼此间的信任,减少交易成本,降低市场经济风险。一个有道德的市场离不开"有良好道德的人",在"资本"的冲动与"诚信"之间建立起一座桥梁,使得两者有机结合。

第五章　我国社会主义市场经济与公共善的内在契合

公共善并不是自动生成的,或是个人利益追求的自动结果,否则就不能很好地解决目前市场泛化现象,以及贫富差距等缺乏对公共善考虑的问题。公共善的实行要靠市场参与者的道德、市场机制的约束以及制度的建构。我国在社会主义市场经济下,把社会主义的本质与公共善相结合,把社会主义基本经济制度与市场经济相结合,把共同富裕作为社会主义市场经济价值目标,以及全民共享、全面共享理念的形成等,都使我国社会主义市场经济公共善可能得以实现。

第一节　社会主义的本质与公共善

社会主义本质理论所体现的基本思想,不仅为公共善的实现提供物质基础,也体现了公共善的基本理念,对实现中国式现代化具有重要的时代价值。

一、社会主义本质

"社会主义"这个词语最初由拉丁文发源而来,"社会主义"将社会看作一个整体,通过社会这个整体来保障对产品和资本的控制与拥有,因此,"社会主义"作为经济社会学思想的典型代表,其以公众利益作为自身追求的目的进行分配和管理。对于"社会主义"一词的最初使用,以下三种说法最为主流:第一种说法认为,1753年,安塞尔姆·德辛这位德国神学家在与他人进行论战时,提出了社会主义者,即那些遵从自然规律的人;第二种说法认为,意大利的传教士才是最先使用"社会主义"的人,最初他们秉持着社会主义为上帝安排的传说制度,但是,随着他们与无产阶级运动产生的交往和联系,他们将"社会主义"赋予了一定的政治意义;第三种说法认为,《合作》和《环球》这两本欧文与圣西门主义的杂志在19世纪20-30年代提出"社会主义",这种空想"社会主义"体现了集体主义的理想。在上述三种说法中,第三种说法相较于前两种来说更加具有普遍性。19世纪40年代,"社会主义"一词作为一个新兴名词流行起来。1842年10月15日以及1843年,马克思在《共产主义和奥格斯堡》、恩格斯在《大陆上社会改革运动的进展》中不仅第一次使用"社会主义"一词,并且将科学含义赋予了"社会主义"。但值得注意的是,在此时期,社会主义和共产主义被当作同义词来使用。如今,人们通常将社会主义作为与资本主义相对立并用来取代资本主义的社会制度来使用。世界社会影响颇深的主要有三大流派:国家社会主义、科学社会主义、民主社会主义。科学社会主义与国家社会主义、民主社会主义不一样,科学社会主义在工业革命和法国大革命之后丰富起来,科学社会主义是共产主义,共产主义因为其直指阶级社会的根源——私有制,所以也就超越了一切社会主义。那么,马克思、恩格斯眼中的社会主义又是什么样子的呢?马克思、恩格斯从来没有使用社会主义本质这个概念,但是通过马克思、恩格斯的著作来看,他们关于社会主义本质的观点实际上也是非常清楚的。马克思于1818年出生,1841年获得哲学博士学位,1842年在《莱茵报》工作,负责关于各种社会和经济问题的社论,1844年认识恩格斯,直到他们合作《德意志意识形态》,该书的创作从1845年秋持续至1846年5月。在该书中,唯物史观被首次且详细地阐述出来。马克思和恩格斯通过唯物史观,科学地论证了资本主义被社会主义所取代,以及社会主义的本质。两人认为,所有的社会生活从本质来看都是实践的,实践活动不仅能够改变环境,同时还能够改变人的自身。随着生产力的发展出现了分工,但也正是非自愿的分工导致异化劳动的出现，从而产生私有制和阶级。因此，要想消灭私有制和消灭异化劳动，就要消灭非自愿分工，而这与生产力的高度发达是分不开的。到后来 1848 年《共产党宣言》中提出"人的自由发展"，这一著作的问世也是科学社会主义诞生的标志。《资本论》的出现，可以说是共产主义理想在未来社会的具体化。在这些著作中都充分展示了马克思和恩格斯对于社会主义本质的观点。从广义上来看，马克思和恩格斯所说的社会主义即是全部的马克思主义；从狭义上来看，社会主义是作为马克思主义的组成部分，是社会主义的理论和实践。

人们通常认为，十月革命的一声炮响给中国送来了马克思列宁主义，事实上，"社会主义"一词早在 19 世纪 70 年代西学东渐的时候就传入我国。梁启超于 1902 年出版的《新民丛报》从第 18 期开始就把"社会主义"一词引入我国书刊中，梁启超是最早把社会主义学说引入中国的人，李大钊是第一位在我国传播科学社会主义学说的人。那么，我国为什么选择社会主义呢？首先，这是我国历史的选择。我国的社会主义是在半殖民地半封建的基础上建立起来的，古代时期，我们国家经历了马克思分析的那几种社会形态，但是后来受各种因素的影响，我国资本主义经济的发展并不是很顺利，虽然这期间有不少爱国志士想通过改良发展资本主义，但是最后都失败了，后来是共产党领导中国人民进行的艰苦卓绝的革命斗争才带领中国人民赢得了最后的胜利，实现了社会主义在中国的发展，并建立了新中国，历史选择了社会主义。其次，这是中国共产党的性质使然。1921 年一大的召开，宣告中国共产党的成立。自中国共产党成立的那天起，就开始为实现社会主义、共产主义而奋斗不已。最后，选择社会主义也是顺应民心。我党自诞生那天起就联系人民群众，因此，党的呼唤也是人民群众的心声。中国共产党自诞生起就受到帝国主义和官僚主义的压迫，要想跳出火海，社会主义就成为人人的追求。因此，社会主义是我国的必然选择之路。

毛泽东立足于我国当时的国情，艰难地探索社会主义的本质，可以这么说，毛泽东是我国社会主义道路的探索先驱者。虽然探索的过程存在艰难险阻,但是毛泽东通过不断地实践活动,在实践活动过程中逐步加深了对于社会主义本质的认识,这可以说是我国能够在社会主义初期走向正确发展方向的重要因素之一。在这期间,既有丰富的历史经验可借鉴,也有深刻的历史教训。1949年新中国成立,1956年三大改造完成,在此期间,毛泽东对我国道路进行了探索,而提出的社会基本矛盾学说可以看作毛泽东对社会主义本质认识的起点,两大基本矛盾的提出可以说是探索社会主义本质的基础。认识社会主义本质的核心在于对解放和发展生产力的认识,要想解决两大矛盾,生产力的发展是十分必要的。如果生产力得不到发展,那么就没有办法真正地实现社会主义。毛泽东对社会主义的认识是比较全面的,其注重生产力发展、消除两极分化、共同富裕等思想为后来的共产党人,尤其是以邓小平为核心的第二代领导集体,提供了宝贵的借鉴意见。

  邓小平对社会主义的本质问题特别重视,邓小平的"贫穷不是社会主义"与马克思所提出的"在高度发达的生产力基础上建设社会主义"的思想是一脉相承的,邓小平指出:"社会主义的本质是解放生产力、发展生产力、消灭剥削、消除两极分化,最终达到共同富裕。"[1]正是邓小平对于社会主义本质的正确定位和提出的一系列重大的理论突破,使得全国人民向小康社会又迈进了一步。邓小平坚持唯物史观,立足于实践,在充分结合我国社会主义初级阶段国情的基础上,在合目的性与合规律性中探索社会主义的本质,尤其是合目的性。邓小平的社会主义本质论从空想主义拉回到现实中来,超越了传统社会主义理论的误区,为我国建设提供了科学理论的指导。邓小平对社会主义本质的内容作了新的概括,也让我们对社会主义的要领进行了更深层次的把握。同时,社会主义本质理论所体现的基本思想,不仅为公共善的实现提供物质基础,也体现了公共善的基本理念,对于促进中国特色社会主义的发展仍然具有重要的时代价值。

---

[1] 《邓小平文选》第三卷,人民出版社1993年版,第373页。

随着社会主义在中国的蓬勃发展,"中国溃败论"等理论都不攻自破。习近平新时代中国特色社会主义思想的形成、发展和指导党和国家事业发生历史性变革、取得历史性成就的生动实践,中国特色社会主义道路越走越宽广,使世界上正视和相信马克思主义和社会主义的人多了起来。[①]在全面建设小康社会进程中,我们要坚持社会主义本质所体现的基本思想,实现真正的社会公平、公正,始终是社会主义的基本价值追求。

二、社会主义市场经济特征

社会主义市场经济体制是市场在国家宏观调控下对资源配置起基础性作用的一种经济体制,它是社会主义基本制度与市场经济的结合。[②]社会主义市场经济的特征可以体现为以下两个方面:一是强调生产关系的"社会主义";二是生产力的"市场经济"。倘若任意抛弃两者,那么改革会走向失败。社会主义市场经济是一个完整的概念,这意味着在继续坚持市场经济发展的同时,需要强调国家的宏观调控作用,而且这是十分必要的。不受约束的市场是无法良好运行的,而为了让市场以应有的方式运行,就必须有适当的政府调控。我国社会主义市场经济能够有效地发挥计划和市场这两种经济手段的长处,能够有效地使个人与国家的当前利益和长远利益、整体利益与局部利益相结合。

大部分西方自由主义经济理论者认为,社会主义经济制度与市场经济不能结合。在西方自由主义经济理论家看来,市场经济和社会主义只能两者取其一。但是,也有人认为,无论是计划经济还是市场经济都是一种手段,社会主义与市场经济并非矛盾关系,上述两者是可以融合的。社会主义的目的也不是在于实现公有制,把目的和手段混淆是不正确的。此外,市场是中性的,市场经济不是资本主义的特征,其特征是私有制。同时,市场不是与资本主义紧密联系,反而是与工业制度紧密联系,因此,

---

① 中共中央宣传部:《习近平新时代中国特色社会主义思想三十讲》,学习出版社 2018 年版,第 27 页。

② 伍装:《社会主义经济理论》,上海财经大学出版社 2012 年版,第 131 页。

只要是工业制度,必然选择市场。而我国也用实际行动证明了社会主义与市场经济是可以进行很好的有机结合的。从宏观上来看,社会主义是目前最能体现广大人民群众根本利益的和最有助于实现共同富裕的,而市场经济也是目前最能激发劳动者积极性并促进生产力发展的经济体制,因此这两者的结合不仅可以促进经济发展,还可以发挥社会主义制度的优越性。最后,实行市场经济可以促进市场资源配置,进而更好地促进社会主义经济的社会化、市场化与现代化发展。现实世界中,社会主义本质的内在要求体现为将社会主义经济制度与市场经济有机结合起来,两者结合还能产生出一种具有生机、活力的经济体制。具体来说,关于经济运行机制,既要继续坚持市场经济改革,同时也要坚持国家的宏观调控作用。关于所有制结构,既要坚持以公有制为主体,又要坚持多种所有制共同发展,在分配关系上,要实现共同富裕。

社会主义市场经济下,社会主义基本制度与市场经济的结合超越了资本主义市场经济的局限,达到了"1+1＞2"的优势,不仅发挥了市场经济的优势,而且使公共善得以实现。在社会主义制度下发展市场经济,是我国特色社会主义经济制度最鲜明的特点。习近平总书记在十九届四中全会上指出,要把社会主义制度与市场经济有机结合起来,不断解放和发展社会生产力。[①] 自1978年底党的十一届三中全会开启我国改革开放以来,我国市场关系快速发展,市场经济因素也在不断积累和壮大,对于改革开放十几年的理论概括和总结,形成了社会主义市场经济理论,并于1992年10月党的十四大得到最终的肯定,后社会主义市场经济理论得到不断丰富和完善。我国的社会主义市场经济区别于自由主义市场经济,相较于自由主义市场经济,社会主义市场经济将宏观调控摆在了更为重要的位置。例如,将以公有制为主体、按劳分配以及共同富裕作为调节手段,以实现最大限度的社会范围内平等,公平和共同富裕、公共善是社会主义追求的目标,也是社会主义的伦理基础。习近平总书记在十九届

---

① 《中国共产党第十九届中央委员会第四次全体会议公报》,求是网,http://www.qstheory.cn/yaowen/2019-10/31/c_1125178191.html。

五中全会上明确指出,坚持把实现好、维护好、发展好最广大人民根本利益作为发展的出发点和落脚点,尽力而为、量力而行,健全基本公共服务体系,完善共建共治共享的社会治理制度,扎实推动共同富裕。① 这与我国社会主义的本质是契合的。资本主义自由市场经济是以私有制为基础的,不管其社会福利程度如何高,必然会导致一部分人资本的无限扩张,一部分人贫穷潦倒,最终结果是造成两极分化。同时,自由市场经济秉持的理念是以保护私人利益为目的,崇尚个人主义文化以及个人的自由和平等,因此,公共善的理念被自由市场经济所排挤。而我国社会主义市场经济是以公有制为主体,在促进经济效率发展的同时,必然会保证社会公平,先富带后富,实现共同富裕,促进公共善的实现。一个和谐的社会,就应该是最大范围地满足其所有成员的最大利益,最大限度地促进社会共同利益,控制贫富差距在最小范围内,进而使全部社会成员的利益与生活得到更进一步的提升。

社会主义市场经济下,离不开国家的宏观调控作用,以防止在经济领域资产阶级自由化。而防止在经济领域资产阶级自由化,就是要防止经济的变质。经济建筑决定上层建筑,如果经济领域变质,那么对政治领域也会产生影响。坚持社会主义市场经济需要与新自由主义的一点论划清界限,即反对政府对市场的干预。新自由主义的核心论点是市场化、自由化、私有化,反对公有制和否定社会主义,也否定国家干预。而这种论点必然会导致贫富分化,无法实现共同富裕。事实证明,新自由主义的观点无法带给发展中国家的人民群众真正的幸福。比如,20世纪90年代一些国家实行自由化、私有化出现了问题。新自由主义的目标没有实现,既没有带来经济快速增长,也没有消除贫困;反之,在新自由主义霸权的年代,贫富分化严重,经济危机和金融危机成为流行病。资本主义经济危机和金融危机的产生,并不意味着新自由主义的结束,因为一旦经济形势好转,还是会重新出现。而我国在世界经济大动荡的过程中,通过不断调

---

① 《中国共产党第十九届中央委员会第五次全体会议公报》,共产党员网,https://www.12371.cn/2020/10/29/VIDE1603974120804388.shtml。

整,在面对经济危机的同时,我国政府为社会稳定采取了重大措施,也取得了很好的效果,这也再一次论证了国家宏观调控的重要性。新自由主义关于市场万能神话是不可能实现的。当然,政府对经济的调控也不能干预太多,政府参与要适度,并尽量按照市场的原则,同时需要考虑公共利益。此外,还要有健全的法制和民主的监督,对政府行为进行监管,这样可以在一定程度上防止权力资本化、市场化,才能更好地实现社会主义市场经济的发展,也更加有利于平衡好政府与市场的关系。同时,社会主义市场经济要以社会公正为原则导向,不能仅仅考虑市场效率,要加强对社会公正、公共利益等的维护。

不得不承认,市场在20世纪特别是在第二次世界大战以后爆发出巨大的能量,世界物质财富以几何级数增长。马克思认为:"资产阶级在它的不到一百年的阶级统治中所创造的生产力,比过去一切世代创造的生产力还要多,还要大。"[1]人类社会的财富以超凡的速度累加,即使把过去几千年的财富相加,也没有办法与今天的经济成就相比。随着财富的增长也带来了巨大的问题,特别是对于公共利益的促进并没有显著效果,相反,贫富差距更加悬殊,失业人数也有增无减。世界财富和社会资源的配置权利掌握在了少数人的手中,这些少数人在市场经济这个巨大的竞技场中脱颖而出,而多数人被远远甩在身后。在市场效率得到显著提升的同时,社会公正却出现了不可逾越的鸿沟。面对这种情形,社会公正的原则导向迫在眉睫,不能被忽视。财富是共享的,不是独享的,只有让市场经济中每个成员都成为社会发展的受益者,只有让公共善理念融入市场经济理论中,在分配正义的基础上,把社会财富的差别限制在一定程度内,社会的互利合作系统才能得以维持,载满财富的这趟市场经济列车也才能顺利行进,从而更好地实现社会公正,更好地促进社会主义市场经济的发展。

---

[1] 马克思、恩格斯:《共产党宣言》,人民出版社2014年版,第32页。

三、社会主义市场经济价值目标：共同富裕

习近平总书记指出:"在我国社会主义制度下,既要不断解放和发展生产力,不断创造和积累社会财富,又要防止两极分化,切实推动人的全面发展、全体人民共同富裕取得更为明显的实质性进展。""这是一个长期的历史过程,我们要创造条件、完善制度,稳步朝着这个目标迈进。"[1]共同富裕是社会主义市场经济价值目标,也是马克思主义经典作家和我国共产党人一直追求的目标。在我国社会主义建设探索初期,实行的是计划经济体制,在当时落后的社会生产力和生产关系条件下,没有办法实现马克思所论述的"各尽所能,按需分配"的社会。而在这种计划经济体制下,我国的生产力发展受到了极大的束缚,经济发展也面临着困境。这不仅与马克思主义的理论预设有差距,也与人民的心理期望有差距。在这种情况下,邓小平同志指出:"社会主义是共产主义的第一阶段。落后国家建设社会主义,在开始的一段很长时间内生产力水平不如发达的资本主义国家,不可能完全消灭贫穷。所以,社会主义必须大力发展生产力,逐步消灭贫穷,不断提高人民的生活水平。"[2]因此,我国逐步将市场经济引入社会主义建设之中,而公有制和共同富裕是经济体制改革所要遵从的两个原则。经过1979—1992年这些年的探索和实践,于1992年党的十四大提出,社会主义的经济体制的目标是确立社会主义市场经济体制,也明确了社会主义的本质就是解放生产力、发展生产力、消灭剥削、消除两极分化,最终实现共同富裕。[3] 但是,邓小平的共同富裕的思想不是空洞的。首先,邓小平主张共同富裕是社会主义的优越性,贫穷不是社会主义,共同富裕不仅仅是指物质上的富裕,还包括人们精神上的各个方面。比如邓小平在1983年视察江苏等地,回到北京后总结:吃、穿、用的问题解决,人民基本生活有保证;住房问题和就业问题解决,城镇基本上没有

---

[1] 习近平:《正确认识和把握我国发展重大理论和实践问题》,《求是》2022年第10期。
[2] 《邓小平文选》第三卷,人民出版社1993年版,第10页。
[3] 《邓小平文选》第三卷,人民出版社1993年版,第373页。

待业劳动者，人不外流；中小学教育普及，教育、文化、体育和其他公共福利事业得到安排，人们的精神面貌就会改观，犯罪就会减少。[①] 可见，邓小平的共同富裕不仅仅停留在物质层面，也包括精神等各个方面。"仓廪实而知礼节，衣食足而知荣辱。"只有物质生活好了，精神生活才能富裕起来。其次，共同富裕的主体是中国特色社会主义国家内部的全体人民，与资本主义国家所指的主体有着本质的区别，邓小平所说的共同富裕是工人和农民一起的共同富裕，不是少数人的富裕。最后，共同富裕不是一下就能实现的，应该分阶段实现，需要通过不平衡发展战略来实现。实现共同富裕的过程是漫长的，需要分阶段逐步实现，不是一蹴而就的。最关键的是，邓小平澄清了"市场"和"计划"的阶级属性问题。在我国，由于受特殊时期的影响，20世纪70年代生产力水平大幅下降，社会主义建设没有以生产力的提高为标准，而是以阶级斗争为指导。后来，经过真理标准问题大讨论以后，得出实践是检验真理的唯一标准，1978年党的十一届三中全会决定实施改革开放，邓小平也被称为改革开放的总设计师。

改革开放使得社会主义与市场经济相结合，我国在经历特殊时期后，重新审视市场经济，运用市场经济配置资源，但是在整个过程中具有社会主义的特点。在计划经济体制下，人们发现命令经济不仅没有办法提升效率，而且还饿着肚子，没有办法实现共同富裕。当时以邓小平为核心的党中央一直在思考以下问题：如何建设社会主义？生产力对于社会主义的意义是什么？马克思也注意到了资本主义与市场经济的关系，但是马克思并没有指出市场经济只能在资本主义制度内部运行，资本主义可以有计划，社会主义也可以有市场，计划和市场都是手段。邓小平指出，资本主义与社会主义的区别不在于是否有市场，只要符合"三个有利于"的标准都是可以用的，只要对生产力有用就可以用。因此，社会主义选择与市场经济相结合，是历史的选择，也是符合人民群众利益的选择。市场经济是以利益为激励机制的，在协调人类行为的过程中，实现资源的优化配

---

① 《邓小平文选》第二卷，人民出版社1993年版，第24—25页。

置。市场经济增强了人的自由独立性,促进优胜劣汰,但是,我国社会主义市场经济在促进效率提升的同时,也有自身的优势,即实现共同富裕。

我国社会主义市场经济的发展不同于资本主义市场经济,我国一直坚持着共同富裕原则。市场经济的资本主义运用模式偏离了共同富裕,集中体现在"个人利益和社会利益的矛盾","因而在扬弃市场经济这种历史产物之前就必须首先扬弃资本主义的社会条件"。[1] 因此,我国的市场经济不同于资本主义的市场经济,我国社会主义市场经济将市场的资本主义条件转化为社会主义条件,也被称为社会主义市场经济体制。贫富差距拉大是马克思批判资本主义市场经济的重要原因,体现为两个方面:一是财富积累;二是越发严重的劳动者贫困。这两者之间无法达到平衡。而在这个问题上,我国社会主义市场经济在吸取市场经济共性的同时,把我国社会主义核心价值观、集体主义价值观等融入进来,不仅消除了传统资本主义市场经济的个人主义的弊端,也将儒家"群体本位"的思想融入市场经济文化中,有效地化解了个人利益与集体利益的矛盾。同时,我国社会主义的制度属性也要求社会主义政治权力以共同富裕为目标。社会主义既不是平均主义,也不是两极分化。共同富裕是社会主义的本质,也是中国特色社会主义市场经济成功之路的关键。

相较于资本主义制度,社会主义制度的优越性体现为其最终目标是实现共同富裕,这也是社会主义区别于资本主义和其他一切剥削制度的重要标志。在社会主义市场经济阶段,坚持共同富裕的道路等同于坚持改革开放,而不是资本主义"少数人富裕"的道路。习近平总书记认为,我们追求的发展道路必须是以人民利益至上,我们追求的富裕也是全体人民共同的富裕。习近平总书记的扶贫开发理论是新时代实现共同富裕的体现。党的十九届四中全会强调:"坚持以人民为中心的发展思想,不断

---

[1] 刘荣军:《财富、人与历史——马克思财富理论的哲学意蕴与现实意义》,人民出版社2009年版,第410页。

保障和改善民生、增进人民福祉，走共同富裕道路的显著优势。"①党的十九届五中全会强调："全党全国各族人民要再接再厉、一鼓作气，确保如期打赢脱贫攻坚战，确保如期全面建成小康社会、实现第一个百年奋斗目标，为开启全面建设社会主义现代化国家新征程奠定坚实基础。"②新时代的共同富裕，不单单指要解放和发展生产力，同时还要坚持共享发展、实现公平正义，强调物质富裕与精神富裕并重。共同富裕不是少数人的富裕，也不是整齐划一的平均主义。共同富裕是社会主义的本质要求，是中国式现代化的重要特征，要坚持以人民为中心的发展思想，在高质量发展中促进共同富裕。③ 在中国新的发展阶段，只有更加重视共同富裕，才能完整、准确且全面地贯彻新发展理念。

改革开放近几十年以来，我国经济实力和生产力水平显著提升，生产力水平的提升奠定了共同富裕坚实的基础。新时代的共同富裕理论更加兼顾效率和公平，并根植于中国特色社会主义的伟大实践，共同富裕是我党必须坚持和践行的重要价值理念。新时代的共同富裕理论对于丰富和发展马克思主义的共同富裕理论，以及调动人民群众的积极性、创造性等都具有非常重要的现实意义，"一个都不能少"的共同富裕才是真正的富裕。同时，防止两极分化的原因主要有三点：一是与社会主义目的背道而驰；二是与社会主义的本质和特征不相符；三是出现两极分化，这也就在一定程度上意味着改革失败。因此，要让社会主义制度下的市场经济的优越性体现出来，就必须坚持共同富裕的道路，一方面毫不间断地促进发展，另一方面也不能忽视社会的公平正义，这就意味着不仅要做大蛋糕，还要分好蛋糕。尤其是我国现在已经进入"民生经济"时代，即以民生改善为政策和以市场逻辑为主线的时代，还要面临着如何跳出"均富导致均

---

① 《中国共产党第十九届中央委员会第四次全体会议公报》，求是网，http://www.qstheory.cn/yaowen/2019-10/31/c_1125178191.html。
② 《中国共产党第十九届中央委员会第五次全体会议公报》，共产党员网，https://www.12371.cn/2020/10/29/VIDE1603974120804388.shtml。
③ 《如何促进共同富裕，习近平这样阐释》，中国共产党新闻网，http://cpc.people.com.cn/n1/2021/0820/c164113-32201058.html。

贫"的"索维尔陷阱",因此,分好这块蛋糕显得格外重要。

第二节　社会主义基本经济制度的确立与公共善

习近平总书记指出:"历史和现实都告诉我们,只要坚持和完善中国特色社会主义制度、推进国家治理体系和治理能力现代化,善于运用制度力量应对风险挑战冲击,我们就一定能够经受住一次次压力测试,不断化危为机、浴火重生。"[①]十九届四中全会明确把制度建设作为国家治理能力现代化的重要战略,这是我国制度优势转化为治理能力现代化的重要步骤。而我国基本经济制度与资本主义私有制经济不一样,我国基本经济制度的确立也建立在遵循唯物史观的基础上,社会基本经济制度的善标准不仅在于促进生产力的发展,还能最终体现人民利益和社会公共善。

一、公有制与市场经济相结合

中国坚持的是社会主义市场经济道路,坚持公有制与市场经济相结合。党的十八大以来,以习近平同志为核心的党中央运筹帷幄,从反腐倡廉、精准扶贫到深化改革全面进行,治国理政出现全面格局,整个国家无论是政治实力还是经济实力都上了一个新的大台阶。目前,中国已经成为世界第二大经济体、世界经济增长的第一引擎,并且在加大精准扶贫力度的基础上,消除了很多贫困,创造了世界上最大的中产阶层。中国的发展走的是一条和平的道路,秉持的价值理念是集体主义价值理念,而不是西方资本主义以个人本位为核心的价值观,个人本位的核心价值观会长期压制牺牲、美德等价值观。在全球化的过程中,中国一直都积极地融入其中,但中国的经济全球化不是"西方化"。中国不会纳入资本主义的轨道,而是坚定不移地走社会主义道路,并且利用社会主义公有制所体现的资本主义制度不具备的优势,防止中国出现西方一些国家因为新自由主

[①] 习近平:《习近平谈治国理政》第四卷,外文出版社2022年版,第102—103页。

义导致的全球化缺陷和市场失灵等问题。中国特色社会主义市场经济与生产力发展的时代需要是相符合的,其优越性随着社会化大生产进程越发明显。中国通过坚持社会主义,最终超越资本主义。中国所走的路是一条适合自己国情的路,始终坚持以人民利益为中心,坚持社会公平正义,公有制与市场经济相结合,让不同阶层的人都共享市场经济的成果。

与此形成鲜明对比的是,近年来,西方国家市场经济显现出自由化、私有化及市场化的特性,其中,追求利润最大化可以看作西方国家市场化的最终目的,该目的所展现出来的即是在市场竞争中贯彻弱肉强食、胜者为王的丛林法则。在这种思想的主导下,使不少西方国家获得了大量的财富,但是与此同时,西方国家乱象也频频出现,尤其是在特朗普当选美国总统后一系列政策引发的巨大争论,全球经济的不稳定性因为英国公投脱离欧盟而加剧,西方世界中的国家正在不停地经历金融危机、债务危机、福利危机等。在这些国家的内部也没有真正建立起公平的分配制度,财富的成果只是为极少数富裕阶层所垄断和享有,而大部分百姓陷于贫困之中,贫富差距拉大、社会分化对立危机、贫困人口飙升等现象频发。自一个世纪前第一个镀金时代以来,我们还没有目睹过如此极端的财富和权力集中水平。[①] 在西方国家,推行的是广泛的新自由经济政策,并把这种经济政策全球化,造成很多发展中国家的经济命脉被西方资本所控制,成为西方的附庸。

习近平总书记指出:"中国特色社会主义制度是当代中国发展进步的根本制度保障,是具有鲜明特色、明显制度优势、强大自我完善能力的先进制度。"[②]中国经济这些年的迅速发展离不开中国特色社会主义一系列制度安排,而西方国家的制度安排显然没有做到这一点,尤其是在经济制度安排上,大部分西方国家奉行的是自由放任的市场经济,这种经济政策

---

① *The Guardian*, Bill Gates, Jeff Bezos and Warren Buffett are wealthier than poorest half of US, https://www.theguardian.com/business/2017/nov/08/bill-gates-jeff-bezos-warren-buffett-wealthier-than-poorest-half-of-us.
② 《庆祝中国共产党成立 95 周年大会上的讲话》,新华网,http://www.xinhuanet.com/politics/2016-07/01/c_1119150660.htm。

并没有使得西方国家维持社会稳定,反而使得百姓生活水平停滞不前,贫富差距拉大。而中国特色社会主义市场经济的优势在于,其不仅可以单纯地实现市场资源最优化配置,还能最大限度地通过社会主义来保证公平正义。这个制度安排不仅是对西方资本主义自由经济模式的超越,还创造了中国奇迹,实现了大多数人民生活水平的提高。同时,中国共产党与西方国家党派不同的是,它是一个"整体利益党",是全心全意为人民服务的党,西方的政党是"部分利益党",这一本质区别也就决定了西方国家不同利益之间、不同团体之间、不同社会阶层之间矛盾的激化。相比之下,中国在世界范围内以一个人口大国存在,从局部来说,在经济发展的漫长过程中存在着不平衡,但是从整体来说,中国却实现了前所未有的社会稳定,这得益于中国在结合自己国情的基础上,通过自己的探索和实践,建立起国家与社会的良性互动。随着市场经济的不断发展,在中国制度的安排下,从国家和人民的整体利益出发,中国经济从没有像今天一样这么有活力,中国的政治、经济、社会等各个方面都发生着日新月异的变化。中国人对自己的制度也更加有了自信,但中国制度的优越性不是仅靠效率来证明的,因为强大和效率本来就是一个优秀制度的基本要求,中国制度的优越性最重要的体现点是"公平"二字。中国的制度与西方的资本主义私有制不一样,更重要的是"公",也就是制度的公共性。

我国自古以来就提倡"天下为公"的思想,虽然在古代中国因为长期受到皇权、父权等因素的影响,没有成为一个真正的制度,但是这种理想也让中国的制度在正确的轨道上运行。在改革开放前30年,中国基本消灭了私有制,逐渐用公有制的生产关系(包括全民所有制和集体所有制)涵盖了所有经济体。但是,从1958年到"文化大革命"时期,由于没有根据生产力的实际情况,而片面追求生产资料所有制的公有化程度,使得我国经济发展陷入困境,并为此也付出了很大的代价。在"文化大革命"结束以后,中国共产党迅速纠正了这个错误,从1978年十一届三中全会开始,中国共产党逐步对生产关系进行调整,实行以公有制为主导的多种经济成分共同发展的社会主义初级阶段的生产关系,1987年中共十三大正式提出社会主义初级阶段理论,这个调整,如果仅从公有化的程度来看,表面上是一种退步,实际上是一种前进,因为只有符合生产力的生产关系才能更好地促进生产力的发展,这也就是马克思所说的唯物辩证法的螺旋式上升,这个调整是符合社会主义的,也是符合中国国情的。党的十五大报告根据我国社会主义性质和初级阶段的国情,明确提出了社会主义初级阶段基本经济制度是"公有制为主体、多种所有制经济共同发展"。[①] 党的十六大不仅坚持了十五大对基本经济制度的正确论断,而且就如何坚持和完善这一基本经济制度提出了三条明确的要求:第一,必须毫不动摇地巩固和发展公有制经济;第二,必须毫不动摇地鼓励、支持和引导非公有制经济发展;第三,坚持公有制为主体,促进非公有制经济发展,统一于社会主义现代化建设的进程中,不能把这两者对立起来。[②] 党的十七大报告更进一步强调了坚持和完善这一基本经济制度,必须"毫不动摇地巩固和发展公有制经济,毫不动摇地鼓励、支持、引导非公有制经济发展,坚持平等保护物权,形成各种所有制经济平等竞争、相互促进新格局"。[③] 十九届四中全会把制度建设作为我国治理能力现代化的重要手段,明确了公有制为主体、多种所有制经济共同发展。党的二十大提出构建高水平社会主义市场经济体制。总的来说,中国共产党成立以来,人民性制度这个前所未有的制度被建立起来,中国共产党通过各种手段和方式使人民性制度保持与时俱进。制度体现出来的平等性也被中国共产党所重视,从革命到建立新中国,中国共产党在根本上使得各民族与阶级间的不平等被取消。可以这么说,自新中国成立到目前,使人们走向平等、平等发展是中国国家制度最大的、最为突出的特征,公共性和平等性是中国制度的最大优势。

[①] 江泽民:《高举邓小平理论的伟大旗帜,把建设有中国特色的社会主义全面推向二十一世纪》,《求是》1997 年第 18 期。
[②] 江泽民:《全面建设小康社会,开创中国特色社会主义事业新局面》,人民出版社 2002 年版,第 25 页。
[③] 胡锦涛:《高举中国特色社会主义伟大旗帜,为夺取全面建设小康社会新胜利而奋斗》,人民出版社 2007 年版,第 25 页。

自新中国成立 70 多年以来，中国经济在特色社会主义道路上日趋稳定、成熟。世界上越来越多的人看见了中国经济的繁荣，中国特色社会主义模式的成功离不开马克思主义中国化的不断推进，在此过程中，我国领导人在吸收和借鉴中西方优秀成果的基础上，指导中国实践，由此马克思主义中国化也得到了再综合和创新。我国根据本国国情，在借鉴马克思恩格斯理论的基础上，走出一条适合自己国情的道路。但是，维护好这种公共性和平等性也是中国共产党的最大挑战，尤其是在经济全球化的市场经济大浪潮中。我国土地幅员辽阔，各个地域的自然条件和资源条件各不相同，这就使得我国各个不同区域之间存在着一定的发展不平衡的问题，导致区域与区域的贫富差距较大。虽然整体来说，随着改革开放的不断深入，经济高速发展，人们的生活水平也普遍提高，但是仍有一部分人相对来说收益水平不高，形成规模的"贫困群体"，城乡之间、行业之间、区域之间、阶层之间还存在着贫富差距，这些是在市场进程中所面临的困境。正确认识和面对当前我国经济发展中所面临的问题，保持一种高度的警觉性并采取适当的措施也是有必要的。在我国，公有制下的市场经济不仅要强调效率、重视效率，更要注重公平，科学地把握公平与效率的关系，实现共同富裕的最终目标，要让市场经济与公有制进行有机结合。西方经济学者一般过分强调效率或公平的一端。阿瑟·奥肯认为："平等和效率之间的取舍是我们社会经济中的最重大取舍，我们在许许多多的社会政策领域受着它的困扰，我们不能同时既烤出生产效率的烧饼又平等地分享它。"[1]"为了效率就要牺牲某些平等，并且为了平等就要牺牲某些效率。"[2]奥肯的意思是平等和效率不能兼得，是替代关系。总的来说，无论是倾向以效率为准还是倾向于把公平放在首位的观点都是片面的。在我国制度下，公平与效率是辩证统一的，并不是替代的关系。中国制度的优势不是天然的，不仅吸取了前人的智慧和结晶，也需要当代中国共产党人的努力发扬和全国人民的共同努力。

---

[1] 阿瑟·奥肯：《平等与效率》，王奔洲译，华夏出版社 1999 年版，第 80 页。
[2] 阿瑟·奥肯：《平等与效率》，王奔洲译，华夏出版社 1999 年版，第 80 页。

二、按劳分配为主体、多种分配方式并存

我国坚持按劳分配为主体、多种分配方式并存。从经济发展的角度来看,分配问题不仅仅是公平问题,也是增长问题。一个分配体系是否公正合理,也是社会能否保证稳定有序运转的重要因素。纵观我国收入分配政策的演进历程,我国收入分配政策也是随着我国每个阶段的主要矛盾的变化而变化的。1958—1978年,我国在此期间的主要矛盾是新中国刚成立不久,面临着"一穷二白"的矛盾,分配制度主要是以平均分配为特点,这种收入分配制度表面上看起来十分公平,但是在执行过程中由于过于注重平均,制约了人们在生产过程中的积极性,阻碍了经济快速发展。1979—1992年,随着"平均主义"抑制劳动者积极性、生产效率低下现象的产生,我国开始引入市场机制,实行"各尽所能,按劳分配"的收入分配制度。1992年10月,在继承党的十三大收入分配理论成果的基础上,党的十四大报告明确提出:"在分配制度上,以按劳分配为主体,其他分配方式为补充,兼顾效率与公平。运用包括市场在内的各种调节手段,既鼓励先进,促进效率,合理拉开收入差距,又防止两极分化,逐步实现共同富裕。"[①]在这样的分配制度下,城乡居民收入增幅明显提高。1993—2006年,正是我国经济社会的快速转型时期,在此期间,好的方面是生产力处于迅速提高阶段,另一方面是收入差距明显,在社会分配中出现很多垄断性收入、灰色收入等。面对这种现象的产生,我党在十六大上提出:"确立劳动、资本、技术和管理等生产要素按贡献参与分配的原则,并将'效率优先,兼顾公平'解释为'初次分配注重效率,发挥市场的作用,鼓励一部分人通过诚实劳动、合法经营先富起来。再分配注重公平,加强政府对收入分配的调节职能,调节差距过大的收入'。"[②]为构建公平与效率兼顾的收入制度,2007年十七大提出"初次分配和再分配都要处理好效率与公平的关系,再分配要更加注重公平",十八大提出"实现发展成果由人民共

---

① 《中国共产党第十四次全国代表大会文件汇编》,人民出版社1992年版,第23页。
② 《中国共产党第十六次全国代表大会文件汇编》,人民出版社1992年版,第27—28页。

享,必须深化收入分配制度改革",十九大提出"必须坚持和完善我国社会主义基本经济制度和分配制度",十九届四中全会"把制度建设作为国家治理能力现代化的重要战略,明确了公有制为主体、多种所有制经济共同发展,按劳分配为主体、多种分配方式并存,社会主义市场经济体制等社会主义基本经济制度"。[1] 2021 年 8 月 17 日的中央财经会议,高层已经将分配问题提高到前所未有的高度,并提出初次分配、再分配和第三次分配的总分配体系。党的二十大报告明确了第三次分配作为基础性制度建设的重要性,强调为了更好地实现共同富裕、推进中国式现代化,必须"坚持按劳分配为主体、多种分配方式并存,构建初次分配、再分配、第三次分配协调配套的制度体系"。[2] 这些分配方式的转变实际上反映了我国对经济形势的判断和相应收入分配政策导向的重大转变。总之,我国收入分配政策从新中国成立初期的"注重公平,平均主义",转变为改革开放后的"效率优先,兼顾公平",再过渡到 21 世纪的"重视公平,改善民生",走的是一条螺旋式上升的道路。

推动收入分配改革任务不仅具有艰巨性,还具有复杂性。各种分配政策要体现政策力度的差异化,而要使得我国个人收入分配制度朝着更加合理有序、保障公平的方向发展,更加贴近"发展为了人民、发展依靠人民、发展成果由人民共享"的发展理念,就必须在初次分配中更加注重有效保障劳动者的利益,在再次分配中更加注重建立完善的社会保障体系。当今社会表明,一个国家如果能够建构一个最大化人民福祉并充分发挥经济潜力的分配体系,是很有必要的。从全球化的角度来看,随着数字经济的发展、信息技术革命的推动,全球范围内的贫富分化也越来越突出。而我国对于"不平衡"、"不充分"的发展高度重视,通过不断完善分配政策和长期的扶贫工程,阶层之间的贫富分化得到一定的改善。尤其是近几年来,我国在平衡分配方面有目共睹,以全民社会保障体系为例,自改革

---

[1] 郝云:《论我国基本经济制度建设的效率与公平》,《云梦学刊》2020 年第 5 期。
[2] 习近平:《高举中国特色社会主义伟大旗帜 为全面建设社会主义现代化国家而团结奋斗——在中国共产党第二十次全国代表大会上的报告》,《人民日报》2022 年 10 月 26 日。

开放以来,我国社会保障体系有了长足的发展,涵盖各类基本需求的社会保障制度体系基本形成,全民社会保障体系于短短几年内已经在全国基本建立。

分配制度改革的核心是公平分配。如果分配制度不公平,那么会在很大程度上影响社会制度优越性的发挥。习近平总书记在十九届五中全会上指出:"改善人民生活品质,提高社会建设水平。坚持把实现好、维护好、发展好最广大人民根本利益作为发展的出发点和落脚点。"① 从总体上来看,我国居民收入目前处于快速增长的全面小康的过程中。而在建设小康社会的过程中,收入分配关系需要逐步理顺,让广大人民共享经济发展的成果。因为收入分配不仅仅是一个经济问题,有时候也是一个社会问题。当收入分配过于不均匀的时候,也就是超越社会承受力的时候,不仅会对社会经济的发展起到阻碍的作用,还会对整个社会的和谐环境起到强大的破坏作用。在以私有制为基础的所有制条件下,财产的占有关系是不合理的,不仅劳动人民的利益不能得到真正实现,与资本家阶级集团的利益存在着尖锐的对立冲突,而且各资本家集团之间也存在着根本的对立冲突,此时分配制度就失去了真正公正性的基础,并且由于失去了激励因素,所以必定是缺乏效率的。② 并且西方世界一些政府在考虑劳资关系时主要从雇主的角度出发,采取事后调节,而我国社会主义政府从人民的角度出发,不是中性的政府角色,是站在雇员的角度,主要在事前通过积极主动的措施来协调劳资关系或者劳动关系。最关键的是,我国在社会主义条件下,社会主义公有制决定了实行按劳分配为主体的分配制度。在社会主义初级阶段,坚持按劳分配为主体、多种分配方式并存的制度,该制度的优越性就在于,它的分配不包括私人资本的因素,在资本公有的前提下,避免了资本和劳动者的地位不平等问题。坚持按劳分配为主体,能够保证公有制主体地位,能够保证公有制最终实现,能够体

---

① 《中国共产党第十九届中央委员会第五次全体会议公报》,共产党员网,https://www.12371.cn/2020/10/29/VIDE1603974120804388.shtml。

② 郝云:《论我国基本经济制度建设的效率与公平》,《云梦学刊》2020年第5期。

现与我国社会主义初级阶段相符合的基本经济制度,能够体现我国社会主义的国家性质,能够有效使我国朝着共同富裕的目标前进。当然,按劳分配并不意味着都是平等的,由于劳动者的个人禀赋和家庭负担等因素势必会造成收入分配差距。因此,江泽民指出:"确立劳动、资本、技术和管理等生产要素按贡献参与分配的原则。完善按劳分配为主体、多种分配方式并存的分配制度。"[①]这一原则的提出,不仅可以让分配反作用于生产,还可以调动人民的积极性,使得资源实现更好地配置。这种强调多种分配方式并存并不会影响坚持按劳分配为主体的原则。

在收入分配中,效率和公平的原则一直是人们十分关注的问题,即做蛋糕和分蛋糕的问题。在长期的社会实践中,人们越来越意识到贫穷不是社会主义,共同富裕才是我们的目标。因此,当经济发展到更高的阶段以后,公平的因素会考虑更多,以防止收入悬殊,如果收入差距过大,必定会引发严重的社会问题,陷入所谓的中等收入陷阱。在社会主义分配的客观经济规律作用下,搞好个人收入分配,对调动劳动者积极性起着十分关键的作用,因此需要兼顾效率和公平,再分配更加注重公平。只有这样,改革发展的成果才能真正地让人民共享。当前我国正处于改革的攻坚期,分配制度的改革需要有长远和宏观的眼光,不仅要注重效率提升,更要注重公平的价值标准,这样才能真正发挥社会主义分配制度的优势,真正提升我国治理能力的现代化水平。尤其是我国在实现了第一个百年目标"小康社会"以后,现在正朝着"共同富裕"迈进。相比第一个"快速做大蛋糕",如何实现"公平分配蛋糕"就显得格外重要,也更加具有挑战性和复杂性。如果在分配问题上稍有不慎,那么就有可能激化社会矛盾,不仅不会改善收入和财富结构,反而会让第一阶段的成果付之东流。

三、社会主义市场经济体制与公共善

社会主义基本经济制度是从中国的实际出发,真正将社会主义市场

[①] 江泽民:《全面建设小康社会,开创中国特色社会主义事业新局面》,《人民日报》2002年11月18日。

经济体制与公共善进行了有机融合。改革开放以前,一般认为社会主义的经济制度仅仅由公有制经济构成,即便是对于非公有制经济的发展也只是权宜之计。可以看出,因为对基本国情的看法及认识与社会主义初级阶段的实际情况不符,所以在所有制变革的问题上出现了一定的偏差。在改革开放后,十一届三中全会提出,坚决实行按经济规律办事,并注重价值规律的作用;党的十二大提出,发挥市场在资源配置中的辅助作用,劳动者的个体经济是公有制经济的必要补充。由此可见,市场在经济发展中起到的主要是调节作用,是对计划经济的计划生产和经济流通的相应补充。经过20世纪80年代的实践发展,党的十二届三中全会通过《中共中央关于经济体制改革的决定》,第一次明确提出了社会主义有计划的商品经济理论,标志着中国对于社会主义市场问题认识的一次重大突破。党的十四大报告首次提出,我国经济体制改革的目标是建立社会主义市场经济体制,就是要使市场在社会主义国家宏观调控下对资源配置起基础性作用。党的十五大在深刻总结改革开放以来所有制改革经验的基础上,第一次明确提出,公有制为主体、多种所有制经济共同发展是我国社会主义初级阶段的一项基本经济制度,非公有制经济是我国社会主义市场经济的重要组成部分。十八届三中全会提出,"看得见的手"完全从微观经济领域退出,让市场在资源配置中起决定性作用,抓住了问题的"牛鼻子",为转变政府职能提供了理论基础,也是解决中国现实经济问题的根本。市场在资源配置中的作用由"基础性"向"决定性"转变,是对社会主义市场经济理论的创新,是对中国特色社会主义市场经济内涵"质"的提升,也是未来深化经济体制改革的基本方针。十九届四中全会确立了社会主义市场经济体制为我国基本经济制度的重要组成部分。党的二十大指出,充分发挥市场在资源配置中的决定性作用,更好地发挥政府作用。政府与市场的关系的明晰化,对于我国社会主义市场经济的发展具有更好的促进作用。通过实践表明,这种融合具有强大的先进性与优越性,两者相融合,除了能够解放和发展生产力之外,还能够真真切切地改善人民群众的生活,实现公共善。

当然，我们也要看到，实现公有制与市场经济相结合是一项长期的、复杂的任务，面临着很多的困难。必须承认的是，虽然我国将市场经济引入社会主义公有制，并且两者之间有效融合产生了巨大的生产力，但这两者之间并不是完全和谐一致的，还存在一定的矛盾与冲突。虽然两者结合展现出来一定的问题，但是不能因此否认市场经济，不能因此否认公有制在社会主义市场经济中的地位。社会主义公有制经济存在的目的及意义是消灭剥削与两极分化，实现社会最大范围与最大限度公平，由此可见，公有制经济不能被否定，因为否定公有制经济就意味着否定了社会主义市场经济的最终目标与客观基础的正确性。由此，我国发展社会主义市场经济的主要目的，不仅是单纯地将公有制与市场经济结合，而是要发展公有制的优越性同时加上市场机制的作用。通过我国长期经济改革的成功实践证明，这两者的有效融合对我国经济与社会发展具有重大意义，并且有些结合是完全有可能的。

我国由计划经济体制向社会主义市场经济体制的转变，实现市场调节与政府调节相结合，这是一个由集中到分散、由管制到自由化的转变过程，这是对传统高度集中的计划经济体制的根本否定。我国自改革开放以来的巨大成就表明，如果构建的社会主义市场体系不完整、机制不健全、不统一、不开放、竞争没有秩序，那么就不能够为建立、完善社会主义市场经济体制提供帮助；相反，社会主义市场体系能够给国民经济的运行提高效率，为我国资源配置提供重要帮助，对我国民生的保障、和谐社会与国家的建立具有积极意义。因此，不仅要坚定社会主义市场经济改革取向，更要在坚定的基础上完善社会主义市场体系，坚持和完善能够促进我国又好又快地走向国家经济繁荣富强之路。而在我国经济体制改革和经济发展的过程中，在市场经济充分发挥作用的同时，充分发挥政府的作用也有重要的意义。美国著名政治经济学家查尔斯·林德布罗姆指出："政府与市场的关系既是政治学又是经济学的核心问题，一个政府同另一个政府的最大不同,在于市场取代政府或政府取代市场的程度。"①在当前经济全球化浪潮中,对于政府和市场来说,要想通过完全的政府或者完全的市场来对资源进行合理且有效的配置是不现实的。因此,真正配置资源的形式不是完全依靠政府或市场,而是通过一定努力将政府与市场相结合,将这两种稀缺资源的制度进行合理的再配置,通过政府和市场的共同作用来实现整个社会或国家的效用最大化。因此,所谓资源配置最为理智的抉择,不是单纯依靠市场调节,也不是追求完美的政府干预,而是在不断探索中寻求政府与市场的最佳结合点。

对于中国来说,作为一个发展中国家,中国的市场经济发展程度还没有那么成熟,市场失灵的范围比较广,市场主体为个人利益损害集体利益的行为也存在。虽然相比传统经济来说,市场在信息传递方面具有不可比拟的优势,也能更加有效地配置资源,但市场并不是万能的,由于市场的局限性,比如外部性、垄断、公共物品、分配问题、信息不完全等因素也会导致资源配置的低效率。同时,市场调节存在盲目性,市场主体由于缺乏足够的信息来把握整体变化趋势,往往在利益的驱使下,看见某种商品价格高、有利可图,就一哄而上,这种盲目的经营决策不仅浪费资源,造成宏观经济无序波动,还会造成对集体利益的损害。因此,需要把政府调节与市场调节有机结合。我国现在处于改革的攻坚期,各个社会领域的矛盾也在加剧,没有一个强有力的政府,社会稳定是无法实现的,并且公有制经济的存在也离不开政府有效行使其职能。因此,中国现代化需要的是充分履行其职能的强政府。政府可以通过各种手段对经济进行干预,但是政府干预也必须考虑成本收益,并且政府干预经济主要是在市场失灵的领域,目的是整个国家经济的健康发展和社会公共善的实现。在当前经济全球化的时代,完全经济自由放任的国家少之又少,我国由于社会主义市场经济体制赖以建立的所有制基础不同,因此国家宏观调控的力度也不一样。正如邓小平同志多次将社会主义与资本主义进行比较,社

---

① 查尔斯·林德布罗姆:《政治与市场:世界的政治—经济制度》,王逸舟译,上海人民出版社1994年版,第1页。

会主义的优越性在于其能够有效做到全国一盘棋,并且集中力量,保证重点。改革的方向只有把市场与政府进行有效结合,才能真正实现社会公共善和共同富裕。

第三节　共享发展理念诠释的公共善原则

共享发展从字面理解,包括两层含义,即共享和发展。也就是说,有两种目标,即注重经济发展和共享,两者是有机统一的关系,是全面共享、全民共享、共建共享和渐近共享的统一。在共享发展的理念下,实现公共善与个人善的有机结合,实现真正的全民共享,让人民受益。

一、经济目标和社会目标

"共享"一词有着悠久的历史。在人类文明出现之前,动物之间的分工与合作就可以看作一种共享。而整个人类文明的发展史,共享的理念和行为也是一直存在,从一开始的生存本能到追求更好的生活水平和生活质量,共享的理念一直贯穿其中。尤其是近年来,随着互联网和物联网的发展,同时伴随着资源的过度浪费和无节制的消费现象的出现,共享经济时代应运而生。我国自古以来就很重视共享的观念,以儒家鼻祖孔子的"博施于民而能济众"为代表就是一种共享理念,到后来的孟子与齐王对话"不若与众"以及墨家的"兼相爱,交相利"等都包含着共享的伦理意蕴。习近平共享发展理念的法治思想也源于我国传统文化中的"大同"理想及法治实践,源于马克思主义"人的自由发展"思想及法治实践,源于社会主义中国实现共同富裕的思想及法治实践。[1] 西方经济伦理思想也不乏有很多哲学家主张共享。柏拉图在《理想国》一书中指出,城邦里的人民共同分享物品,只有这样,国家才能和谐。到后来诸如圣西门和欧文等空想社会主义者也赞同消灭私有制,实现共享的社会。法国哲学家卢梭

---

[1] 《习近平共享发展理念的法治内涵、法治源流及法治实现》,中国共产党新闻网,http://theory.people.com.cn/n1/2018/0116/c40531-29767551.html。

也提出过这种观点,他在《社会契约论》一书中明确提出自己的"共同体"观点。伦理学家约翰·罗尔斯提出著名的"两个原则",以这两个原则作为基础,为更好地实现共享,还提出福利国家政策作为保证。现今社会,随着计算机和互联网的出现,人类一跃跨进信息时代,在全民互联的背景下,共享的内容越来越丰富,人们不再局限于实物,信息、数据、技能等都在互联网世界进行分享。因此,共享理念从古至今一直存在,只是由于技术发展的不同,共享的内容和表现形式不一样。

如今,共享经济发展继往开来,引领出一个新时代。早在80多年前,凯恩斯就曾做出过设想,在未来的世界,人会在协同共享的模式下从事人类活动,以追求和实现超然于世的目标。而随着共享经济的到来,这位经济学家的预设也成为现实:旧金山街头的年轻人正在用手机呼叫一辆Uber;"TaskRabbit"为你带来相关技能服务;等等。世界正处于飞速变化之中,共享经济已经渗透到人们生活的各个方面:驾驶的共享经济网约车与共享单车,房屋的共享经济房屋短租,学习的共享经济慕课,创意的共享经济创客空间等。正如著名未来学家、经济学家杰里米·里夫金认为,21世纪人类社会的主导形态归属于共享经济时代。由于共享的积极象征意义、创新数字技术的吸引力以及快速增长的共享活动,许多组织渴望将自己置于共享经济的"大帐篷"之下。"共享经济"一词来源于分享经济,都是源自一个英文词语"sharing economy"。共享经济如果从消费层面来看,就是协同消费。英国学者瑞奇·柏慈曼和卢·罗格斯在其著作《我的就是你的》中提出了"协同消费"与互联网时代的交融性,并且列举了共享经济的相关例子,意在表明传统的商业模式将会逐步被"协同消费"所改变,甚至被打破,"协同消费"使消费的对象及方式被重新定义。共享经济使得"协同消费"更显效果,共享经济不仅能够使人们获益,更能够使提供网络分享平台的服务商获益,逐步变成一个新的推动经济发展的经济增长点。毫无疑问,共享经济的到来,将会促进一大批新兴行业诞生,给予经济社会、交易市场更大的创新活力。从商业模式上来定义共享经济的实践形式,最早、最典型的代表是美国的优步公司(Uber)。在优步公司成立之前,人们的短程出行方式除了走路之外,更多的是乘坐公共交通工具,例如公交汽车和出租车。优步诞生之后,使人们的出行方式发生了翻天覆地的改变,以往那种乘客需要招手、需要被动等待公交汽车和出租车的模式被打破。人们通过智能手机上的优步软件,能够主动地呼叫出租车和网约车,这大大提高了人们出行的便捷性,同时使城市中闲置的汽车资源得到充分的运用。优步的出现,不仅打破了出租车企业的垄断,还使得出租车和网约车在相互竞争的过程中提高自身的服务水平,以更好地满足消费者的需求。

共享经济这种商业模式最大的特点不在于其是通过互联网来发生作用,而是能够将人们的闲置资源的使用权让渡给其他人。通过共享经济,人们的闲置资源可以得到最大的利用,这不仅能够减少自身诸如保存、维护成本,还能够获得额外收益,可以这么说,共享经济使得人们在分享自身闲置资源的同时创造一定的社会价值。共享经济的最初概念最早是在美国提出的,目前共享已经成为一种全球现象,这不仅是因为平台扩展到其他国家,更是因为共享的理念已经在世界各地流行开来。共享平台在世界各地遍地开花,但是在今天的共享经济发展过程中,中国毫无疑问是将共享经济这种商业模式发挥得最好的几个国家之一。我国在 2016 年《中国分享经济发展报告》中指出,所谓分享经济,就是充分利用互联网的技术,整合大量分散的闲置资源,满足多样化需求的经济活动总和。[①] 多种共享经济的模式和业态不断出现,分享的资源也不局限于闲置资源,我国对于共享经济的概念正在不断修订,并在 2018 年《中国分享经济发展报告》中对共享经济提出了三个方面的鉴别标准:基于互联网的智能化资源配置、大众参与、使用权分享。[②] 通过报告,就能够区分电子商务、租赁和共享经济,并能够看出共享经济自身的独特性。通过人们对共享经济

[①] 国家信息中心信息化研究部、中国互联网协会分享经济工作委员会:《中国分享经济发展报告》,2016 年。

[②] 国家信息中心信息化研究部、中国互联网协会分享经济工作委员会:《中国分享经济发展报告》,2018 年。

的不断探索、创新以及运用,共享经济的核心要义不断显现出来——网络化配置资源。为什么网络化配置会引起如此大的变化呢?熊彼特在他的创新理论中曾指出,所谓创新,就是指生产要素的重新组合,每一种组合都可以带来一种创新。

从经济学的角度来看,共享经济需要机构或个体将自己的闲置资源共享出来,以实现使用权的相互交易与转换,并且共享经济的发生还需要相关第三方的互联网平台作为技术支持。首先,共享经济是基于陌生社群成员之间彼此信任而发展起来的商业模式,陌生人之间的相互信任是其网络平台运作的基础。互联网时代,社会信任关系也有着深刻的变化。在传统社会,人们只是把身边熟悉的人作为自己生活中能够信任的对象,但是现代经济出现以后,人们慢慢地转变自己的信任关系,从"熟人信任"到"机构和品牌信任",到现在的共享经济时代,人们又从"品牌信任"到"口碑和评分信任"。"口碑和评分信任"对人们的影响越来越大,正是Uber、Airbnb等共享经济企业能够发挥作用并产生积极效益的社会信用基础。因此,共享经济需要诚信伦理,不断强化个体之间的分享、合作、社交和忠诚度,第三方网络平台需要建立内部与外部监督体系来使得共享经济参与者促进信用评价体系的建立。其次,共享经济的持续健康发展急需引入诚信机制。共享经济的发展引人注目,因此众多资本进入共享经济领域,形成了较大的风口。在共享经济发展的短短几年,越来越多的创业人士将自身的精力和资金投入该领域,例如,共享充电宝、共享汽车等多种多样的衍生共享经济产品。虽然这些产品本质上是租赁产品,但企业对外宣称这些是依托共享经济而生的产物,而人民大众仍生活在"共享"美好愿景的欺骗下。因此,共享经济治理挑战加大,急需引入诚信机制。我国在十九大报告中明确指出,要推进诚信化和志愿服务制度化,国民经济"十二五"规划进一步提出"加快社会信用体系建设",以共享经济为代表的新业态的持续发展,对社会信用体系提出更高的要求,应运用大数据等技术来帮助我国信用体系更加完善,使我国征信系统更好地服务于人民群众的日常生活和社会发展。最后,共享经济创新性的评价系统也能为我国建立诚信社会服务。《纽约时报》专栏作家托马斯·弗里德曼称赞:"空中食宿真正的创新——'信任'的平台,每个人不仅能看见其他人的身份,还能评价这些房东或者客人到底是好、是坏还是马马虎虎。这意味着每个使用该系统的人可以很快完成相关'评价',让使用该系统的其他人看到。"[1]共享经济并不是最早使用评分手段来指导行为的,它们的信任体系建立在 Netflix、Yelp 等其他公司所使用的评分和推荐之上,但是由于在共享经济领域评分系统无处不在,因此评价系统的用处已经成为软件开发行业的信仰。对于共享经济来说,评价系统在一定程度上解决了信任的问题,人们可以根据网上信息和其他人的评价来建立人与人之间的信任关系,实现信任在平台上陌生人之间的交换。

共享经济作为一种全新的社会组织方式,不仅能够改变人们固有的观念,将人们的占有理念转变为共享理念,还能够改变商品的使用方式,将个人闲置物品的占有权转变为他人的使用权。最重要的是,共享经济所体现出来的信用理念将会深深植入人们的思维中,因为只有双方相互信任,才能够使共享经济成功地运转起来,失去了信任,将会导致共享经济崩溃,其闲置资源合理配置的美好愿望也就荡然无存了。

从社会利益分配的角度来看,共享经济是一种以共同发展作为伦理基础的新型经济模式,是一种建立在人与人之间利益基础上的经济伦理关系。[2] 共享经济的公正伦理理念根植于共享经济的内涵范畴和学术理论之中,在共享经济时代,更多的人参与进来,富裕起来,共享经济平等的准入门槛和自由退出机制让更广大的社会民众参与市场活动,也为大众提供更大的自由和话语权。党的二十大报告指出,"共享发展注重的是解决社会公平正义问题"[3],要"让现代化建设成果更多更公平惠及全体人民"[4]。共享是中国特色社会主义的本质要求,它不能建立在追求绝对平

---

[1] 汤姆·斯利:《共享经济没有告诉你的事》,涂颀译,江西人民出版社 2017 年版,第 1 页。
[2] 夏明月、李伟:《共享经济和"一带一路"的伦理学解读》,《伦理学研究》2018 年第 1 期。
[3] 习近平:《论把握新发展阶段、贯彻新发展理念、构建新发展格局》,中央文献出版社 2021 年版,第 42 页。
[4] 《习近平著作选读》第 1 卷,人民出版社 2023 年版,第 22 页。

等的空中楼阁之上,而只能建立在全体人民共同奋斗、经济社会发展的基础之上。① 首先,共享经济离不开大众的参与,共享经济的发展提供了平等的发展机会。罗尔斯在《正义论》中强调在无知之幕下,社会中的各种资源在机会公平的前提下向所有人开放。共享经济的发展使得任何一个普通人都可能获取难得的资源,人们通过共享经济能够实现角色的转化,如普通的上班族转化为"微创业者",更好地主宰自己的生活。因为有了共享经济,我们可以更加自由地听命于自己,工作模式也更加灵活。在这种模式下,人们不再那么依赖雇主,能够使他们获得收入、商品和服务的渠道多样化。② 比如,我们可以在共享经济的网站创立自己的企业,还可以成为一个无私的投资者,共享经济有助于把人们团结在一起,每个人将获得平等发展的机会。从这个意义上讲,共享经济对于促进社会公正有着重要的作用。其次,通过共享经济,更多的人包括低收入人群获得某些资源的成本相对降低了,并且也更加容易获得某些资源。有人认为,低收入人群因为受到技术或者其他方面的限制,在现实中没有办法真正实现共享,但是,如果从长远的视角来看,共享经济因其创新性能够使得更多的共享产业出现,从而带动新的经济发展,共享经济引起的经济总量的增加,最终通过各种途径使得不同阶层的群体获益。也有学者认为,"新经济"将代替"旧经济",并且最好的技术和管理实践会扩散开来,最终使得更多的群众在财富的生产过程中获益。正如凯恩斯所认为的那样,人们都愿意将自身的精力投入更多的非经济类活动中去,凯恩斯期待着这样一个时代的到来,在那个时代,人们不再生活在苦难和拜金主义的价值观中,而是关注生活的艺术。杰里米·里夫金指出:"结果是,市场上的'交换价值'正逐渐被协同共享下的'共享价值'替代。当产消者在协同分享中分享自己的商品和服务时,市场经济中的交换法则与社会就越发不相

---

① 董振华:《共享发展理念的马克思主义世界观方法探析》,《哲学研究》2016 年第 6 期。
② Juliet Schor, Debating the Sharing Economy, *Journal of Self-Governance and Management Economics* (October 2014).

关了。"①

　　从社会互利伦理的角度来看,共享经济为何在中国能够如此快速发展,这与中国人乐于分享的传统美德密不可分,时空限制被互联网打破,资源被人们共享,人们通过诸如大数据等技术手段所建立的互利制度体系,一方面能够让人们传承中华美德,另一方面还可以提升生活品质。首先,"利他"理念是共享经济模式最为明显的特征之一。其实,人的本性是"利己"还是"利他",是数百年以来困扰先哲的问题,而关于利他主义的问题也是争议不少。共享经济通过与他人共享闲置资源的使用权,这内含了利他属性,但并不意味着共享经济对利己的传统经济人的根本否定,而是在某种程度上对利己主义的内涵更进一步的拓展与深化。可以这么说,共享经济所带来的时代是一个能够使得合作产生共赢的时代,正如马克思所认为的"社会人",人不是孤立的个体,如果在这个时代,单个人还只是仅仅追求狭隘的"利己"行为,是没法实现个人成功和社会总福利的,只有在互利共赢之中才能推动社会资源更加有效地利用进而实现自我价值,利他、奉献等是共享经济模式下支持各方参与的理念。在利他行为的经济学探索中,相关学者将其分为亲缘利他、互惠利他和纯粹利他三种形式。② 而共享经济模式主要是互惠利他。其次,在共享经济模式下,资源的私人占有已经不再是消费者的主流趋势,更加注重的是资源使用过程中获得的效用。通过对使用权进行分割,资源可以被公众共同享用,实现互利。共享经济的出现实现了从私有到公用,共享平台是共享经济模式下天然形成的"公地",人人都可以使用,人人都可以参与。"公地"本属于西方经济学中公用资源的范畴,传统经济学认为,"公地"作为一项公有财产,由于没有排他性,因此会导致资源过度使用,以至于最后使得资源枯竭,但是在共享经济模式下的"公地"是把闲置资源拿出来与人们一起分享,通过多边平台接入,有社会监管部门维护和监督以及保证交易的公

---

① 杰里米·里夫金:《零边际成本社会》,赛迪研究院专家组译,中信出版社2017年版,第22页。
② 叶航:《利他行为的经济学解释》,《经济学家》2005年第3期。

正,不仅可以实现资源最大化使用,还可以使得人人共享,有效避免西方"公地"悲剧。最后,共享经济因为其自身特有的分布方式、协同与横向对等交易模式,可以改善市场失灵的信息不对称问题和降低负外部性,以更好地实现互利原则。斯密提出"看不见的手"想要说明市场运行是自发调节的,而不是外在干预,人的意识无法决定或者改变市场规律的运行。但是斯密以后,放任的自由市场经济无法保证经济活动的展开,帕累托最优也没法达到,市场失灵现象频发。同时,由于市场信息不对称导致的道德风险和逆向选择的出现,都对市场经济产生巨大冲击。但是,共享经济借助云计算、大数据、物联网等技术对供需双方都会提供一个平台,通过该平台双方能够看见相关信息,例如使用感受与评价等,这样展现出相当高的信息透明度,能够有效地缓解因为道德风险产生的相关问题,如逆向选择问题。由此可见,共享经济在一定程度上能够使供需双方得到双赢,相互满足自身对于闲置物品处理与使用的需求。再拿负外部性来说,由于共享交通技术的出现,使得负外部性减少,共享经济所有权让位于使用权,人们在不开车的前提下也可以使用车子。有研究表明,如果共享技术得到充分合理的运用,不仅会降低能源消耗,还会缓解交通拥堵以及减少车辆事故。总之,共享经济对于负外部性有极大的贡献,不仅可以弥补市场失灵,还可以促进经济绿色可持续发展,如习近平总书记提出的"生态经济"。共享经济促使人们在竞争与合作的交易中实现互利,同时在宏观上促进社会经济活动创造举足轻重的价值。

二、效率与公平

在生产力还不是很发达的阶段,效率与公平之间的矛盾并不是很突出,共享经济的作用也没有得到凸显。在农业时代,人们的生活方式是很有规律的,日出而作,日落而息;在工业时代,有了机器,有了规模化的生产,人们的生活不再是日出而作,日落而息,更多的是朝九晚五,并且还有周末的闲暇时光;随着经济的不断发展,互联网时代到来,人与人之间的联系变得频繁起来,人们很多时候通过一部手机或者一台电脑就可以进行互动，网络也成为人们普遍生活的一种方式；随着大数据时代的到来，时空的局限性被打破，人们几乎都是处于一种随时在线、及时沟通的状态。这是最美好的时代，也是最糟糕的时代。互联网时代，对有些企业来说是一次难得把握的时机，但是对另外一些企业或者个体来说，很难去适应新变化，在社会变革的潮流中迅速走向衰落。无论时代是好是坏，我们不得不承认，当前生产力变革确实改变着人类社会，把很多不可能变为可能，资源也被迅速重组，得到更加充分的利用。共享经济在这个时候应运而生。共享协作不仅仅是人类，有些动物也有这种本能，比如瑞奇·柏慈曼和卢·罗格斯在其合作的《我的就是你的》一书中就列举了海豚为猎捕食物而采取共享合作的案例。同样地，我们人类在远古时代也是群居动物，由于当时生产力不够发达，通过集体合作与共享，让当时的人类更容易生存。他们通过分享食物、一起搭建房屋和收获庄稼来实现生存。其实，在100多年前，就有人登报要把自己的闲置物品进行出租，这可以看作共享经济的一种初级表现形式，但是由于当时生产力还不够发达，交易时效性等各个方面得不到保证。

后来随着PC互联网时代的到来，信息发布便利了，生产成本也降低了，共享经济的作用越来越突出。在共享经济的早期，人们并不是将共享作为商业目的，而是依据自身的兴趣和社会公益来创造产品与服务，这就是所谓的"共享经济1.0"时代。随着人们对共享经济理解的不断加深，逐渐将移动端设备（诸如智能手机）与互联网相结合，产生了很多新的技术、应用和商业模式。在传统的互联网时期，用户处于被动地位，但是现如今，线上的人不仅仅是消费者，也是决策者、参与者。移动互联网的发展大大提升了效率，"共享经济2.0"时代随之而来，这个时代也是闲置资源通过共享经济大量涌动的时代，人们借助第三方网络服务平台，能够将自己的闲置资源共享出去，以取得相应的回报。在这个时代，人们几乎脱离了时间与空间的限制，随时随地与人分享自身的闲置资源。可以这么说，"共享经济2.0"时代是一个没有中心的时代，每个人都可以通过互联网与网络平台分享自己的闲置资源，所有人都可以参与进来，零散的各种资源通过移动互联网平台得到整合,人们可交易的对象也越来越广。"互联网＋"时代的到来在慢慢地改变并影响多个行业,再加上物联网、大数据、云计算和移动互联网技术,1加1不再等于2。随着共享经济与"互联网＋"的深入融合,共享经济正在颠覆许多传统的行业与商业模式,效率也不断得到提升。在共享经济的模式下,每个人都是参与者,共享经济的诞生使人们对美好生活的向往又迈进了一步。

"共享经济2.0"在互联网框架内蓬勃发展,但这种发展也不是无序的,而是以共享与平等的核心价值观作为发展导向,让人们在享受效率提升所带来的美好生活的同时,也让人们处在一种公平、共赢的环境中。人类社会在很长一段时间是不敢共享的,在日常生活中,人们对于共享总是持有一种很谨慎的态度,因为人们担心共享的行为会损害自己的利益。但是现如今,我们正在重视分享的社会价值,比如越来越多的人用滴滴出行打车,或者通过途家民宿住在当地人家里,共享经济越来越渗入人们的生活中。人们也越来越相信,通过对社会资源的共享,个人利益和社会利益可以得到一个很好的平衡点。在过去,社会利益遭受到的最大批评就是社会利益的实现会牺牲个人利益,公共善的实现是以个人善的牺牲为代价的。但是今天的人们会发现,共享经济这种"合作消费"的模式不仅可以维护个人利益,也可以促进社会利益,共享经济的目的是共享,但提高效率是它的核心精神。正如杰里米·里夫金所评论的那样,协同共享下的共享经济作为一种崭新的经济模式,使人们可以在互联网上共享能源、信息和食物,"交换价值"被"共享价值"代替,人类进入新纪元。

在这样的一个互联网时代,信息共享使得整个世界的知识结构扁平化。很多非专业人士能够通过互联网寻找到自己想要的资料或资源,这能够大大地减少非专业人士查找相关资料的时间成本、技术成本和创新成本。互联网时代使得信息共享变为可能,也能够有力地促进国家"大众创业,万众创新"的宏伟目标的实现。共享经济带来人们就业的变化,人们通过互联网与共享经济的思维模式,找到适合自己的创业路径,搭上共享经济的顺风车,实现更加灵活的就业方式选择。在共享经济时代,人们都可以通过自身的努力、勤劳、拼搏致富，人们都能够在平等的条件下实现自己的梦想，这不仅可以促进经济发展，还可以提高人民群众的积极性。比如通过滴滴出行，每个人都有机会变成一名共享汽车司机；同样地，通过蚂蚁短租，每个人都有机会变成他人的房东。共享经济时代的来临，"小众"的创业创新模式向"大众"模式转变，在促进效率提升的同时，人们在这样一种公平、自由的氛围中也可以更加轻松地工作，探索新的领域。

但是，共享经济的模式在实现公平与效率相结合的同时，人们也在思考这么一个问题：共享经济会不会导致互联网平台垄断发展？科斯认为，节约交易成本是社会组织存在的原因之一。去中心化是共享经济平台的主要特点，去中心化的目的之一也是节省交易成本。但是也存在一个问题，就是去中心化的边界在哪里？"共享经济2.0"时代到底会不会通往一个美好的世界？如果每个行业都分别集中到某一个大的平台，那么会不会反而在促进效率提升的同时产生更多不公平的现象？是不是会加剧马太效应？是不是也会产生更多的平台垄断呢？是不是真的如杰里米·里夫金所说的那样，共享经济会代替资本主义呢？共享经济真的能改变资本主义的版图吗？共享经济就目前来说，大部分把自己产品拿出来分享的是中等阶级，分享对象也是中等阶级或者中下层阶级。而实际上，富人阶级很少愿意把自己的东西拿出来分享，富人与穷人之间的阶级差距并没有变小。

当然，不管问题如何存在，共享经济已经成为不可抵挡的时代潮流，我们要充分发挥其优势。尤其是新冠疫情的突然来袭，给我们国家带来了巨大的挑战，很多企业出现现金流/资金链断裂，在营业收入几乎为零的情况下，还需要支付各种成本，收入与支出的不平衡使得企业产生大量的债务。在这样的情况下，我国首先秉持着"生命至上，健康第一，防疫为先，剩者为王"的理念，其次坚定信心，乐观的心情比什么都重要，最后也是很重要的一点，就是优化运营方式，实现共享化、精准化运作。在特殊时期，企业在用工方面实现"员工共享"，这是共享经济的新思路，一方面有些企业承受着给闲置员工支付工资的压力,另一方面一些员工网上购物需求猛增,出现大量短缺,因此"共享员工"应运而生。实际上,盒马鲜生、云海肴等餐饮品牌很早就开始了员工共享,后来持续不断地有各种企业加盟进来。通过员工共享、员工合作,不仅可以共同抗击疫情,缓解企业成本压力,还可以促进经济发展,合理解决待岗人员收入问题,真正实现互利共赢、效率与公平的统一。

三、公共善与个人善相结合

有了共享经济,人们深深地感受到了"我的就是你的"这句话的深刻意蕴。习近平总书记也强调坚持共享发展,发展成果由人民共享,使全体人民在共建共享发展中有更多获得感。共享经济是新经济的主要组成部分之一,其正在以一种大规模且极快速度渗入不同领域中去,几乎超出了所有人的想象。共享经济依托人工智能、大数据分析等科学技术,这些科学技术对于共享经济的发展是不可或缺的。

然而,现代很多共享经济过多地注重网络化资源配置效率问题,而脱离大众化的本质,也忽视了分享。史蒂文·希尔认为,这根本不是什么"共享",这只是原始的、赤裸裸的资本主义。[1] 越来越多的人盯上了共享经济这个风口,这也意味着大量的项目被投入共享经济领域,人们都希望搭上共享经济的顺风车,追逐浪潮获得巨额的资本回报,在市场中出现各种"花样分享"。史蒂文·希尔在《经济奇点》一书中指出:"这就是新经济:被承包、被迫成为自由职业者、被共享、被自动化、被'优步'、被'1099'。"[2]2017年下半年以来,打着"共享"的名义,一些竞争失败的共享单车慢慢退出市场,用户押金问题引起广泛关注。Airbnb 在这次浪潮中实际上也是"货币化"人们的生活和孤独,它的投资者注入了大量资金,为了使自己的资金得到回笼,别无选择,只能在尽可能多的城市进行规模经营。目标被替换,共享被抛在脑后,它把房东变得专业化后,使得一部分

---

[1] 史蒂文·希尔:《经济奇点》,苏京春译,中信出版社2017年版,第98页。
[2] 史蒂文·希尔:《经济奇点》,苏京春译,中信出版社2017年版,第22页。

靠租房的家庭失去了住处或者需要更高的价格，不仅对社区居民的生活质量造成影响，还对当地旅游业造成很大的破坏。问题不仅仅是这些，更重要的是导致一个严重的问题：社会贫富差距持续扩大。以共享汽车为例，由于某些共享汽车巨头的技术、资本和人力资源比其他共享汽车公司更好，那么在共享汽车的竞争中，就会形成某些共享汽车巨头垄断的情况。这些巨头对外声称自己是为乘客与司机之间提供平台服务，但是对于司机或者乘客来说，这些巨头也应该对自己负有相应的责任，例如对司机负有购买保险责任，对乘客负有生命安全责任，而不只是单纯的平台提供商。然而，它们甚至想方设法通过各种途径进行避税。这些涉及诸多公共资源的使用、社会、公德、秩序、政府角色期待、"共享面包屑经济"等很多问题现在成为舆论的热点，模仿甚至跟风等现象不一而足。

随着共享经济的不断发展，"共享"的价值观被抛在脑后，大多只是注重经济资源的利用效率，市场、共享与社会公益没有得到很好的结合，许多在共享名目下追求经济理性的逻辑忽视了伦理目标，反而创造了一个更加不平等和动荡的未来，用马克思主义的话来说就是创造了一个巨大的"剩余价值驱动的蓄水池"。因此，共享经济的发展要想实现个人目标与社会目标、公共善与个人善相结合，需要采取多方面措施对共享经济的发展过程进行规范和制约。

第一，共享经济作为一种新一轮科技革命催生的新模式，是典型的信用经济，与完善的社会信用体系密不可分。目前，我国社会信用体系取得一定的成果，但是同共享经济的快速发展相比，社会信用体系任重而道远。共享经济在我国的快速发展引发了一些诚信问题，这些问题的产生从侧面显示提升我国信用保障体系是当前的重中之重。在一些社会信用体系相对发达的国家，健全的社会信用体系为共享经济的发展发挥了重大的推动作用。比如，从20世纪20年代开始，美国就已经将建设信用体系放在一个比较重要的位置，形成一定的标准体系。而相比美国来说，我国信用体系还不够完善，相关制度也不够健全，这为非商业活动的"灰色地带"提供了空间。面对这种形势，我国政府面临着"转型＋重建"的双重任务,形成以政府为主导、多种力量共同参与的信用建设和保障体系,这样才可以更好地提高全社会诚信水平,成为以信用为纽带来沟通人民大众的"总窗口"和"总枢纽",共享的质量和数量都会得到大幅度的提升。同时,企业可以通过建设平台用户信用评价和保障体系,比如通过绑定身份证和银行卡等个人信息来保证交易双方相互透明和信息透明,服务信用的具体数值也可以通过服务分来体现。例如,当前滴滴出行已经在使用服务分来实现智能派单,对于那些服务分较高的专车司机,智能派单系统将会优先对这些司机进行派单。此外,以共享经济为主的企业还能够积极地与相关征信机构进行合作,以增加征信机构的服务对象与服务范围。例如,共享汽车企业可以将旗下司机和乘客的诚信信息提交给征信机构,这将有利于突破线上与线下的征信壁垒,有利于信用中国的建设。共享经济企业还可以与保险机构合作,为交易双方提供保障,比如小猪短租与众安保险合作、名医主刀与银联合作等,都可以更好地促进共享经济平台企业的发展。

第二,通过社会信用服务机构客观、公正、独立地开展社会信用状况的评价,有助于共享经济市场建设的识别和定价。要想加快信用建设,应充分发挥第三方信用机构对全社会信用建设的推动、约束和激励作用。第三方社会信用服务机构的建设,可以帮助共享经济在产品创新、服务优化、模式探索方面发挥重要作用。天然、丰富的信用场景是信用服务机构自身的特点之一,特别是随着共享经济不断深入人们的工作生活中,相当一部分共享平台逐渐引入信用中介评分,这样,社会信用服务机构在发挥自身特点的基础上,使得不守信者处处受限,使其规范自身行为。总的来说,一方面,快速发展的共享经济在影响社会的同时,也对我国社会信用体系提出更新、更高的要求;另一方面,共享经济和信用体系双向促进的作用非常凸显,共享经济的发展为信用体系的建设提供数据进而技术的支撑。

第三,在传统的经济模式下,无论是公司还是个体户的准入都需要接受工商部门等的严格检查,但是,共享经济的模式在一定程度上打破了这种现象。共享平台作为撮合双方的交易者,自然会受到有关部门的监管和审查,但是,受共享平台主导的分享资源供给方却不受国家的统一监管,其准入条件由共享平台决定。而由于共享经济模式强调和注重规模化,因此共享经济平台为确保自己的规模化和效益化,往往会降低门槛,这对于消费者的权益保护来讲是不合理的,并且也在一定程度上违背了法律框架。同时,共享经济中也存在一定的人们之间的交换,而这种交换是非正式的,从一定程度上来说,这种交换不在商业监管范围之内,例如,食品安全局并不会介入邻居将他的糖果赠与我这件事情中。因此,这就为非正规商业的"灰色地带"提供了一个空间,而这些非正规的商业活动在许多城市恰好是日常生活的一部分,所以有必要对共享经济模式中的资源供给方设置具有法律效力的准入制度,并且加强对"灰色地带"的监管,只有这样,才能保障消费者权益,促进市场经济的良性发展,实现公共善。

第四,共享经济的发展应与分配公正相结合,分配问题是自人类社会有组织以来就存在的,无论哪个国家、哪个社会、哪个历史阶段都是普遍存在的。习近平总书记指出:"人民对美好生活的向往,就是我们党的奋斗目标。"①在共享经济时代,面对人民日益增长的美好生活需要,未来一个时期,努力解决人民最现实的利益分配问题,将成为我国共享经济社会发展的一个重要任务。一是通过互联网重构组织的管理方法和业务模式,将财富收入分配权尽量转移给财富的创造者和生产者,从而充分调动他们的积极性和创造性。比如 Uber、滴滴出行这种共享经济公司是基于互联网对信息管理的通透性,重构公司运营模式,这种重构不是简单地为提升效率而重构,重要的是重构运营中的收入分配关系。剔除之前因为特权或者强权所产生的基于各自利益的分配选择,使得低收入人群的实际收入增加,将一些特权阶级的某些收入直接去掉,这在一定程度上可以为穷人和富人之间的直接收入分配进行一定的弥补,缩小他们之间的差

---

① 习近平:《习近平谈治国理政》第一卷,外文出版社 2018 年版,第 4 页。

距。通过构建一种"去中心化、去组织化"的新商业模式体系，在劳动收入的初次分配中解决收入不平等问题，最终从根源上消除财富收入不平等问题。二是共享人力资源促进分配公正。从传统的收入分配结构来看，一般来说，都是固定的上班族，收入来源大部分是靠自己的工资，一旦遇到经济不好的情况或者企业裁员的情况，就会带来极大的破坏力，进而影响整个国民经济的发展。综观欧美一些国家，接近 1/3 的劳动者属于自雇型劳动者，从软件工程师到销售人员等，遍布各个行业，这样在经济困难的时候，便可以有充足的赚钱机会来养家。伴随着共享经济时代的到来，促进人力资源的共享在就业灵活度和收入满意度上都可以优于传统的经济模式。借助共享平台，有一技之长的行家都可以寻找到适合自己的收入渠道，进而形成一个帕累托改进的、共生共赢的格局，为社会收入分配结构的优化起到推进作用。

总之，共享经济实践引领着"大众创业，万众创新"的浪潮，是我国推进可持续发展的必由之路，我国的共享是全民参与、全面共享、全民共享，而不是少数人参与、单一共享、少数人共享，这也就从本质上区别于资本主义制度下的少数人共享。在"共享经济 2.0"时代，在面对共享经济的发展所带来的机遇和挑战的同时，要想真正实现互利共赢，仍需要不断完善社会信用共享体系，促进共享经济与分配公正相结合，以及采取修缮相关法律制度等举措，使得共享经济的市场价值与伦理价值紧密结合，实现公共善与个人善相结合，实现真正的全民共享，让人民受益。

第六章 社会主义市场经济公共善实现的问题及解决方案

我党在深刻总结国内外正、反两方面发展经验的基础上,从我国社会主义初级阶段的国情出发,冲破传统思想和体制的桎梏,实现了从高度集中的计划经济体制向社会主义市场经济体制的转变。实践证明,在社会主义条件下搞市场经济,符合中国国情,不仅有利于社会生产力的提高,还有利于人民生活水平的提高。但是不得不承认,我国在市场经济建设中也存在着很多问题,比如公民的公共善意识有待加强、个人善的社会保障体系不健全、市场经济体制有待完善等,而这些问题的存在都是需要我们解决的。

第一节 我国市场经济建设中公共善实现的问题

在我国,随着市场经济的发展,虽然人的主体性得到前所未有的解放,但是也要看见,很多物化逻辑慢慢地渗透到了人们的价值观中,而这种对逐利性行为的过分追崇导致人与人之间、人与社会之间的隔离化,人们的公共性取向逐渐内卷,停滞不前,人们对于社会公共善的认同也慢慢忽视。

一、公民的公共善意识有待加强

社会主义市场经济激发了市场主体的积极性,提高了生产力,但是由于不同利益主体形成的多元利益格局给实现社会主义核心价值认同也带来了一些困境。市场经济是利益经济,在市场经济体制下,市场主体以"理性经济人"的身份在市场上进行平等竞争,每个理性经济人的第一要求就是实现每个独立的市场主体的利益最大化。在我国社会主义制度下,我国通过经济改革,经济建设和社会发展都取得了很大的成就,市场经济的新秩序也逐步完善。社会主义的经济人虽然与亚当·斯密所提倡的资本主义制度下的经济人不是画等号,但是由于传统企业道德体系在市场激烈的竞争下被打破,还没有建立起全新的市场道德体系,加上市场的优胜劣汰机制,一些企业和个体为了能够在竞争中更好地生存下去,把私人利益当作经济活动的核心追求目标,在追求自身利益的过程中不注重社会影响,甚至是损人利益,集体意识薄弱,不惜做出损害集体的事情。比如,20 世纪 90 年代山西朔州特大假酒事件、21 世纪初三鹿奶粉事件和苏丹红事件等引起社会关注的企业不道德事件。食物、药品都是人们生活中必不可少的物资,也是人命关天的大事,但是一些企业公共善意识薄弱,为了实现个人利益最大化,不顾他人的生命。这些事件表明,一些市场经济主体为了实现个人利益最大化,选择的价值并不是社会主义核心价值理念,不是社会责任,不是集体利益,在他们的价值观里最主要的是金钱,在金钱的面前,他们失去了基本的道德底线和道德荣辱感。

物化逻辑对于私利性过度强化,在资本逻辑普遍化的视域下,人与人之间的关系被异化,异化成"物"的关系,人的本质也由"物"决定。对经济利益的追求成为市场经济背景下人满足自己利益最大化的存在方式。也许从短期来看是获利的,但是,企业的这种违法违规行为并没有让它们获得长远的利益,反而这种行为不仅影响它们的形象,还让它们陷入困境,也容易引起社会动荡。同时,这种物化逻辑还催生了消费主义、拜金主义、享乐主义等社会思潮。人们更多的是追求对经济利益和物质利益的享受,而忽视了对公共善的追求。

经济学中有帕累托最优的概念,随着内卷化现象的产生,出现了帕累托劣化的现象。就拿职场中员工加班来举例,比如有一天一个人开始加班,然后慢慢地所有人都加班了,于是加班时间就变成了人们的上班时间,在这个过程中,人们丧失了自己的休息时间,并且效率也不一定高,整个过程下来反而得不偿失。当前我国正处于社会转型时期,伴随着改革开放的不断深入,虽然生产力提高了,人们的物质生活水平提高了,但是我们也不得不承认,与此同时部分人的道德责任、社会责任、公共善理念正在慢慢减弱,而这些精神美德的丢失从长远来看对于社会发展是不利的。现在的社会已经不是一个仅仅需要效率的社会,更是一个需要美德的社会,如果失去了美德这一伦理因素,那么这个社会是没有办法实现公平正义的,也就无从谈起良好社会。

资本主义新自由价值观随着我国多元化的市场利益主体的出现存在一种寻找一切机会渗透的趋势。1974—1975年,西方国家出现了"滞胀形式"的新式经济危机现象,就算是凯恩斯主义干预政策也束手无策。1978年,美国经济学家罗斯·弗里德曼和米尔顿·弗里德曼出版了《自由选择》,抨击凯恩斯主义政策,试图解决经济危机。在这个被认为是标志性经济思想之后,又相继出现了诸如弗里德曼提出的"货币主义"政策、卢卡斯提出的"理性预期"理论,还有供给学派理论,这些思潮在西方被称为"新自由主义"思潮。新自由主义思潮从狭义上来讲,主要是指以哈耶克为代表的新自由主义,广义上的新自由主义除了哈耶克的新自由主义之外,还包括以弗里德曼为代表的货币学派、以科斯为代表的新制度经济学派、以布坎南为代表的公共选择学派、以卢卡斯为代表的理性预期学派、以拉弗和费尔德斯坦为代表的供给学派。这些人推崇萨伊、斯密等的自由经济主张,大力宣扬自由化、私有化、市场化;在政治理论方面宣扬反对公有制和社会主义;在战略和政策方面宣扬全球一体化需要被超级大国所主导。他们反对凯恩斯主义,因此西方学界又称之为"凯恩斯革命"。

一段时间内,新自由主义在世界各地蔓延,包括对我国公民思想的渗透。新自由主义的"美丽新世界"看起来是美妙和谐无比的,在这个世界里,自由比平等重要,效率比公平重要,个人善比公共善重要。而通向那里的道路就是自由市场经济。在20世纪80年代,新自由主义经济学思想和理论受到美国里根政府和英国撒切尔夫人的推崇,这种政策体现在市场不应该被政府过多干预,倡导最小化政府功能,希望市场被放任自由,经济体制逐步走向私有化。但是,这种经济政策的结果并没有实现弗里德曼所主张的"美丽新世界"。通过历史事实可以发现,新自由主义披着学术自由的外衣,但内在实质上还是一种具有浓烈色彩的意识形态工具。而在全球经济一体化的背景下,西方国家用各种手段对其他国家进行经济和文化等的渗透。比如,美国就总想向全世界推销自己的价值观念和理念,但是实际上这些思想意识并不适合其他国家。在我国建立社会主义市场经济体制之后,资本主义新自由主义鼓吹的私有化、民主化和市场化的理论曾一度盛行,并且资本主义还把其民主政治、资本主义平等自由的价值观念鼓吹为"普世价值",这些价值观念当时在国内也受到一些人的推崇。

虽然我国对这种"普世价值"进行了强烈的批判,但是由于社会主义市场经济也具有市场经济的一般特征,比如经济人的利益最大化要求等,因此给新自由主义价值观的渗透有了可乘之机。虽然西方国家希望它们所认同的"普世价值"能够应用在我国,但是,它们所说的"普世价值"就是正确的吗?例如,2020年发生的美国警察枪杀黑人事件以及美国不顾国民生命安全提倡不戴口罩等行为,都反映出美国在自由、平等、人权等"普世价值"履行上存在很大问题,存在双标。在《资本论》中,马克思多次提出,资本主义市场主体平等自由交换实际上只是一种形式的平等,马克思通过对资本主义剩余价值的研究,深刻揭示出资本主义实质上的不平等。但是,作为一种客观的经济形式的市场经济,无论是社会主义市场经济还是资本主义市场经济,都无法脱离市场经济的一般特征而存在,这也对我国实现社会主义核心价值认同、公共善观念的形成有阻碍作用。我国自古以来传统伦理道德就十分重视公共利益、公共善,主张以公利为本,把公共利益放在个人利益之上。孔子在《论语》中就指出,如果个人只是依据个人的利益行动,最终的结果就是会引起更多人的不满,但是如果人们做事建立在公共利益之上,就会受到大家的尊重。孟子也认为,"上下交征利而国危矣"。古人对于个人利益与国家利益价值观的思考，虽然以一种朴素的方式展现在人们面前，但是对于当前我国建立社会主义市场经济体制还是具有不可忽视的现实指导意义。特别是随着个人利益在市场经济中不断被认可和重视，人们对个人利益的追求的积极性也被调动起来，强化了个体意识，目前国内有些人对于自由市场经济的效能神话般迷信，并且树立了错误的价值观，比如拜金主义、个人利益至上等，凡事都要与利益、金钱、市场联系在一起，当个人利益与社会利益冲突的时候，只顾个人利益，在利益最大化原则的支配下行动，牺牲社会利益来保护自身利益。而这样的观念使得集体主义原则受到挑战。

我国已经进入一个利益不断分化的社会，多元利益主体的利益要求对核心价值观的思想认同具有解构的作用。随着利益不断扩大导致贫富分化的出现，人们之间的利益冲突和对立也在不断加强，为一些边缘的价值观念的滋生提供了发展空间。虽然经济基础决定上层建筑，但是上层建筑相对于经济基础来说还是具有一定独立性的。因此，一些边缘的价值观念往往有机可乘，这种观念一般被人们忽视但是又很活跃。比如，21世纪，伴随着互联网的出现，人们在网络社会中以网络人身份进行交往，这种网络人身份显现出自由、平等的价值观念。同时，多元利益主体的不同诉求发展到一定阶段很有可能形成多元利益集团。这种集团出于自身利益需求，会有不同的利益诉求，一旦它们觉得自己的需求没有被满足，就会发生社会群体事件。这种多元利益集团实际上还是从自己集团内部的利益出发，而不顾及整个社会的利益。这些问题的存在，表示我国一些公民的公共善意识比较薄弱，还没有形成对社会主义核心价值观的真正认同。真正的认同不仅包括利益的认同，更重要的是思想的认同，是从内而外的，由内化体现在外化。加强公民的公共善意识，提高公民的道德素养，对于我国社会主义市场经济体制的建立与完善以及和谐社会的建设有着不可忽视的作用。我国目前还处于社会主义初级阶段，要想把我国建设成富强民主的国家，还有一段很长的路要走，因此必须坚决反对那种个人主义至上的价值观、原子化的生存方式以及工具理性价值观，要把集体意识、公共善精神真正融入人们的内心及日常生活中去,只有这样,社会主义市场经济才能健康可持续发展。

二、个人善的社会保障体系不健全

工业革命、社会大生产不仅带来了经济社会的快速发展,还带来了现代社会保障制度。该保障制度能够在一定程度上解决贫困、失业、养老、医疗等现代社会存在的一系列社会不公问题,是一种使得市场经济运行更为稳定、和谐与安全的制度体系。自20世纪以来,西方世界的各大经济学派都对社会保障相关问题进行了一定程度的探讨。最早对社会保障进行经济学研究的学派是福利经济学。1920年,庇古撰写的《福利经济学》一书问世,是福利经济学诞生的标志。可以将以下两个方面看作福利经济学的主要内容:一是对于竞争市场有效性例外的论证;二是对于市场失灵,政府可以进行有效矫正,并在此基础上实现福利最大化。庇古提出两个福利基本命题:国民收入的增加能够促进经济福利的增加;同时国民收入分配越均等化,社会经济福利就越大。上述为庇古提出的社会福利增加的两条途径。也正是根据第二条途径,庇古认为,政府要向富人征税,然后向穷人发放失业津贴、社会救济等,穷人通过这些收入的转移能够有效地增加自己的实际所得。庇古通过相关理论的分析,在此基础上,为了社会保障计划的有效实施进一步提出一系列准则,比如要资源转移、防止懒惰和浪费、反对实行无条件的补贴等。

第二次世界大战之后,福利经济学又进入一个新的发展时期,形成了以诸多经济学家及其理论为代表的新福利经济学,包括帕累托、卡尔多、希克斯、勒纳以及萨缪尔森。社会福利函数、社会选择理论是新福利经济学的主要贡献,新福利经济学还对市场失灵、政府作用做了一定的研究。除了新福利经济学之外,瑞典学派同样赞成通过征收累进所得税、转移支付等方法,来解决收入分配不均的问题。瑞典学派这一点在理论上与福利经济学是很相似的,并且将理论运用到了现实世界的实践中去。世界上第一个积极推行宏观经济政策的国家瑞典,通过瑞典福利模式成为一个独树一帜的福利国家,即通过国家干预来实现收入均等与充分就业。瑞典学派认为,要想拥有一个理想的社会,那么社会成员都应该拥有福利,并且人人都得到幸福,因此,国家应当承担起收入再分配、公共物品供给等方面的责任。1929—1933年经济大萧条使得大众认识到,只有政府作为组织者才有能力实行包括失业保障在内的社会保障制度。凯恩斯在其《就业、利息和货币通论》一书中就社会保障、消除贫困、累进税等问题提出政策意见。1934年,罗斯福提出社会保障理论,即"安全保障社会化",罗斯福政府认为,所有人应该享有安全保障权利,以免陷入各种困境,并且社会保障资金应该取之于民,用之于民。社会保障制度是社会发展到一定阶段的必然产物,关于社会保障的相关探讨在马克思主义经典中论述也相当多。马克思在《哥达纲领批判》和《资本论》中都论述过社会保障资金的必要性,明确了社会保障基金的实现需要借助国民收入的分配与再分配来建立。并且,从马克思的著作中不难看出,人是马克思主义的出发点,要想实现人的全面发展和满足人的一般的社会需要,离不开社会保障。

  社会保障制度具有很长的历史。社会保障制度诞生初期,它是人自我保全意识以及社会互助美德的体现。当社会成员因为失业、疾病、伤残等原因没有办法维持基本生活的时候,就需要政府出面,以维持他们的最低生活水平。伴随着经济的快速发展,社会保障制度内涵和外延与以前存在差异,都进行了相应的丰富和扩展。在现代,社会保障制度除了互助以及对于人们最低生活的保障之外,更多的是对人们福利的不断提升。社会保障制度正在通过各种各样的手段,使得人们能够过上一种更加幸福、健康的生活。尽管各个国家的社会保障制度各有特点,但是一般来说,社会保障是国家面向全体国民依法实施的、具有经济福利性的各项生活保障措施的统称。社会保障体系在中国由基础保障和补充保障组成,前者包括社会保险、救济与福利,后者包括商业保险与慈善机构等。社会保障制度的核心是社会保险,最低目标是社会救助,增加人们生活福利的是社会福利。市场经济可以通过社会保障来使得其竞争机制更容易发挥作用,并且能够有效缓解社会不公及其引起的相关问题,还可以为市场经济持续稳定发展创造条件。

我国从 1933 年开始,社会保障制度就进入全面改革阶段,到后来对社会保障的认识进一步深化。2006 年党的十六届六中全会从构建社会主义和谐社会的战略高度,明确提出到 2020 年建立覆盖全民的社会保障体系。2007 年党的十七大报告再次提出加快建立覆盖城乡居民的社会保障体系[①],这标志着中国社会保障制度进入一个新的阶段。在十九大报告中,习近平总书记也指出了应该加强社会保障体系建设,全面建成覆盖全民、城乡统筹、权责清晰、保障适度、可持续的多层次社会保障体系。[②] 我国社会治理体系更加完善,社会大局保持稳定,国家安全全面加强。经过几十年的探索,我国社会保障工作在改革发展和制度创新上取得了一定的成就,比如建立了统一的企业职工基本养老保险制度、城镇失业保险制度、城市居民最低生活保障等,这些制度的设计在一定程度上维护了个人善。

但是,个人善的保障体系仍是不健全的,还有一段很长的路要走。比如,我国社会保障体系分割过度,形成了"碎片化"的社会保险体系。而这种制度的碎片化和多元化,不仅不利于社会融合,还难以实现社会公平正义。再如,到目前为止,社会安全网还存在一定的不足和缺陷。此外,社会救助制度也存在一些问题,例如,还没有充分地考虑到贫困人口的真正需求,甚至在有些农村地区,贫困救助制度还没有真正建立起来。在社会保险制度这方面,还有很多城市劳动者没有被基本养老保险覆盖,因病致贫的现象也存在,老年护理制度需要与我国人口老龄化的特点相适应,特别是需要将福利制度提上日程……上述问题的存在,都表明我国社会保障体系还需要进一步完善,多层次的社会保障体系还没有真正建立。早

---

① 《高举中国特色社会主义伟大旗帜,为夺取全面建设小康社会新胜利而奋斗》,China Daily,https://www.chinadaily.com.cn/hqzg/2007-10/25/content_6205616.htm。
② 《习近平提出,提高保障和改善民生水平,加强和创新社会治理》,中华人民共和国中央人民政府,http://www.gov.cn/zhuanti/2017-10/18/content_5232656.htm。

在20世纪90年代,世界银行就对多层次的社会保障体系进行了肯定,认为这可以有效保障人民生活。

我国也汲取了他国的经验,但是,社会保障制度的完善还面临很多困难。首先,地区发展不平衡阻碍了统一的社会保障体系的完成,我国城乡由于二元结构导致两者之间存在一定的差距。在这二元结构的背景下,统一的社会保障制度很难迅速有效地确立。其次,我国还未建立完备的资金供应体系,还需要承担一些相当大金额的历史债务。最后,社会保障制度也因为某些认识误区而无法进一步完善,这些误区不仅包括认识不清社会保障的相关功能,还存在着将社会保障作为经济政策补充措施的倾向,以及对商业保险寄予厚望等。总之,上述问题的存在,阻碍了我国对于个人善的保障体系的完善,也阻碍了社会公共善的实现。当个人善的社会保障体系不够健全的时候,市场主体在面对个人利益与集体利益冲突时,更容易为了实现个人利益而损害集体利益和社会公共善。因此,要想使个人善得到更好的保障,放眼于未来,我国不仅应该积极加大社会保障的覆盖面,还应该对各个社会保障制度做进一步的完善,加大对这一块的财政投入,推动社会福利事业的发展。也只有这样,才能真正实现可持续发展和真正让人民享受改革开放的成果。

三、市场经济体制有待完善

经过几十年的市场体系建设的实践,我国市场体系已经基本形成,并且在经济中发挥着越来越重要的作用。但还是存在不完善的地方:

一是并未实现非常完备的市场规则。比如在一些与公共利益密切相关的领域,如煤炭、冶金等领域,仍然存在着利用效率低、能耗高、安全隐患突出的问题;非公有制经济过分强调效率优先,忽视公平,导致"资强劳弱"的局面。

二是市场分割和封锁问题依然存在。比如一些地方政府为了自己的地方利益,通过手中的"立法"、"执法"权力滥用行政权力,对于外地企业的产品提高进入本地的门槛,运用多重检验的方法阻碍外地企业的产品进入，并且制定某些对本地产业、产品、技术标准、认证方面等有利的措施和制度。

三是执法机制不够健全，对违规者缺乏有效的惩治措施。我国在具体行政行为的实施过程中，不少表现为无法可依，有些地方用人治代替法治。少数执法人员还知法犯法，甚至充当"黑势力"的保护伞。此外，并未形成非常完善的执法监督体系，特别是存在多部门交叉管理的情况，还出现了重复执法的相关问题，一些监管人员与不法者站在同一立场，甚至拦截举报，对于违规一些监管部门也只是采取罚款了事，并没有真正惩治。

四是规范企业竞争行为的有效机制还没有形成，目前市场存在着恶性竞争问题。比如通过恶意降价、商业贿赂、倾销等行为打击竞争对手，并使得对手的合理利益受到损害。

五是市场秩序仍然需要改善，市场上还存在大量的失信行为。市场主体更多的是把诚信当作一种工具，而不是目的，诚信这种美德还没有内化，也没有形成诚实守信的社会环境。有些市场主体丧失道德底线，比如早前曝光的地沟油、美容猪蹄子、香精包子等影响较大的食品安全事件；还没有形成信息共享机制，没有真正地贯彻全面共享、全民共享、共建共享和渐进共享的统一，信息不对称的现象依然严重；还没有形成有效的信用监管体系，市场经济偶尔也会处于无序状态，缺乏公正性和独立性。

六是由于诸多因素的存在，使得社会主义市场经济在发展过程中出现较大的贫富差距。虽然我国政府采取了一系列政策来促使发展成果让更多人共享，比如通过西部大开发、东北老工业振兴和中部崛起等战略，社会主义新农村建设和扶贫战略，以及建设覆盖全社会的社会保障体系，还有利用税收杠杆对收入进行调节等措施，但是，由于资本、人力、个人努力、资源、权力等各种差异因素，也使得贫富差距拉大。比如对于劳动者权利的保护相对来说还是有限的，并且穷人由于资金等限制投资到孩子身上的资源就更加不足，而富人的后代的资源却很充足，也接受很好的教育，继续保持在高层。这样看来，社会阶层无法实现自由流动，使得"富者越富，穷者越穷"，长此以往会造成贫富阶层固化现象，最终转变为巨大的贫富差距问题。贫富差距过大会继续加剧马太效应，使得社会阶层固化陷入一种恶性循环中，造成社会和人的活力消失，减少创新能力，更可怕的是将会阻碍一个国家和社会的正常发展能力。

七是把原本作为工具和手段的市场经济当做终极目的，忽视了社会主义市场经济的初心，也就是民生问题。如果单纯是以市场经济为目的，那么企业就会将企业利润作为第一目的不断地对员工进行压迫，比如996、007等时间上的施压以及对收入的压缩，对于这些员工来说，他们没有办法真正享受共享经济的成果。同样，对于医疗、教育、城市防灾等"里子"工程也缺乏积极性，而更多的是"面子"工程。以上这些问题的产生，不仅会给经济发展带来损害，对于整个社会发展来说也都是不利的。虽然我国在建立社会主义市场经济体制的过程中取得了举世瞩目的成就，但由于我国市场经济在发展程度上还不是很完善，法制等各个方面也不是非常健全，加上资本主义一些腐朽东西的渗入，给一些人有了钻空子的机会。从以上分析中可以看出，我国市场经济体制仍然需要进一步完善。

我们必须全面贯彻十六大提出的"两个毫不动摇"的方针，必须坚持公有制主体地位，以增强国有经济作用为前提，在市场竞争中使得各种经济成分都能够完全展示出自身的优势，并取得一定的效果。最终使得国有经济与各种经济成分在共同进步的状态下促进我国经济发展。我国有一部分人对"两个毫不动摇"存在着片面的理解，鼓吹"以私有制为主体"，对发展非公有制经济情有独钟，认为公有制经济对经济发展起着阻碍作用。对于诸如此类的言论，都不符合"两个毫不动摇"的方针。我国社会主义初级阶段的基本经济制度和生产力发展要求决定了我国必须坚持多样化的公有制实现形式，不应该鼓吹改变公有制，而是应该在坚持公有制的基础上，改变过去那种存在发展困境的计划经济体制，根据非公有制经济的具体情况，凡是适合社会化大生产要求、有利于促进我国生产力发展的，都可以大胆运用。同时，对于资本主义中好的因素，例如符合现代化社会生产规律的生产经营方式，我们不应该一味地排斥，而是应该接受其合理的部分，结合我国具体情况，对其有所扬弃、有所创新。比如加快所有制改革,对混合所有制经济发展更近一步,发挥公有制经济作为非公有制经济的示范作用,从制度层面确保社会的公平正义。公平正义是社会和谐的基本条件,制度是社会公平正义的根本保证。

公平正义自古以来就是人类追求的普遍价值,是社会主义的本质要求,也是我国现阶段所要实现的重要目标之一。但假设我国按照西方资本主义市场经济来发展,那么我国人民之间的阶层将会越来越固化,群体之间的贫富差距也会越来越大,没有办法实现公平正义。这样,政府就会面临一种困境:如果任由市场发展,那么一定会出现"富者越富,穷者越穷"的现象,没有办法实现共同富裕的目标;但是,政府也不能采取简单粗暴的方法,回到改革开放前,实行平均主义。这就要求我国要坚定不移地走社会主义市场经济的道路,一方面对利益均等不能过于强求,要注重经济规律,另一方面应该采取有效手段尽量解决我国贫富差距问题,并且将这种差距控制在一定的合理范围之内。要努力推进公平正义,实现公平与效率的统一。从总体看,公平不仅是一种社会状态,更是一种价值观,用来从宏观的角度看待和评价社会收入分配与发展的合理性。效率和公平是社会追求的两大目标,效率关系着社会的经济发展水平,公平影响着社会的稳定。因此,在个人收入分配方面,要将效率与公平做到统一。在我国具体的个人收入分配实践中,也经历了从"效率优先,兼顾公平"到"初次分配和再分配都要注重公平"的转换。我国不仅存在按劳分配,还存在多种分配方式,我国多种所有制形式决定了我国存在上述分配制度。值得注意的是,无论是按劳分配还是其他分配方式,都不能只局限于追求效率,而是更应该追求效率与公平的统一,特别是这两者的关系。但是,由于我国现阶段无论是初次分配还是再分配都存在着不足,因此,首先需要进一步完善我国社会主义市场经济,在此基础上,将机会与过程公平作为手段和追求来促进收入平等,尝试将我国中等收入者的收入水平与居民收入在国民收入中的占比进一步提高,将初次分配中的劳动报酬占比进一步扩大,并且根据实际情况进行调整,这样才能更好地实现经济发展与社会公平相统一。

第二节　我国社会主义市场经济公共善实现的解决方案

面对上述问题,社会主义市场经济要想更好地实现公共善,就需要克服市场经济固有缺陷,为市场设限,正确对待个人善与公共善的关系,推进合作共赢的开放体系建设。

一、克服市场经济固有缺陷,为市场设限

经济危机的存在让人们认识到需要为市场设限。20 世纪 30 年代是大萧条,20 世纪 70 年代是大滞胀,20 世纪 90 年代是大缓和,而 2007 年的这次金融危机是大崩溃。在 2007 年 9 月之前,世界经济整体还是很强劲的,人们对经济发展的前景也是充满期望。同时,经济管理技术改进,社会环境稳定,似乎在这样的情况下不可能出现经济危机。因此,这次危机给人们当头棒喝,让越来越多的人处于危险之中。那么,我们为什么会陷入如此糟糕的境地呢?经济学家曾经一度将理性预期学说作为指导现实经济运行的理论,他们不加选择地将其运用于各种模型以及现实的经济市场的分析中,但是,也有人对理性预期学说表示怀疑,诸如实证经济学家和心理学家。有效市场理论认为,市场中的所有信息都是可以被获得的,并在当前资产价格中所蕴藏,市场并不是有意使得市场定价出现偏差,该理论也将人们导向了歧途。有效市场理论的支持者认为,对于市场,要顺其自然,不要干预。因为有效市场理论坚持信息的完全可获得性,认为市场是无所不能的,那么一些投资者和监管者就不会认真且谨慎地思考、分析和调查,并以该学说作为借口。对于人本性的认知是经济学建立的基础之一,而理性经济人是经济学的核心,即人们都会由于思考自身的利益做出符合理性的决策。虽然理性经济人所倡导的人是理性的,具有长远考虑,但是,现实世界中的人并非像经济学中的理性经济人那样具有理性和远见。比如,人们在实际生活中可能就算预期到了事件未来的不良结果,也不会提前采取行动,人们也会在生活中犯各种迷糊。越来

越多的事实表明,市场不是万能的,市场的麻烦并不是因为自由的缺失,而是管制的失败。因此,政府有必要用"看得见的手"来为市场设限,限制市场自由自发地任意发展,以某种手段来弥补市场固有的缺陷。

市场并不是万能的,其也会存在缺陷与失灵,因此,政府必须积极主动地调控市场运行。市场缺陷与失灵主要表现在:

第一,市场本身具有产生垄断的倾向。市场是一切商品交换的场所,各种竞争在市场中的呈现是市场运行最为主要的特征。有市场就有竞争,也只有保持竞争,市场才能健康运行。但是,某些企业或主体并没有将公平竞争作为企业信条,而是通过诸如合并、兼并、联合等手段进行垄断,以求获得更大的规模经济,获得更多的自身利益。

第二,公正的收入分配在市场中也很难完全达到。人们一直都期望社会是公正的,社会能够使全体人民共同富裕。但是,市场竞争机制使得人们在市场中优胜劣汰,使得"富者越富,穷者越穷",不会自动带来收入水平的平等和社会的公正。虽然市场运行从理论上来说参与交易活动的个体所秉持的是等价交换原则,但是,由于每个人的先天禀赋不同,每个人的资源、能力不同,因此收入水平也是有差别的。

第三,市场调节并不具有及时性和准确性,甚至具有滞后性和盲目性。市场调节依据价值规律起作用,并自发实现,无论是从价格形成到信息反馈,还是从信息反馈到产品生产,都需要一段时间来进行缓冲,市场主体的决策也会因为信息不对称而具有一定的盲目性。

第四,有些外部性影响市场是没有办法解决的,比如一些"搭便车"现象的存在会使得部分市场主体自己不付出成本也能获得好处,再如有些市场主体的活动会给社会其他成员带来负外部效应,诸如废气污染、水污染等现象,这类外部性影响一般来说是不会通过市场价格表现出来的,因此也很难通过市场来解决。尤其是在公共物品这一块,市场机制无法调节公共物品的供给,如国防、义务教育、基础设施等领域公共物品的供给,还有些领域不能让市场调节,如枪支弹药等,市场更不能解决由于自然灾害带给人民的损失。

第五，本来有些东西是用金钱买不到的，但是现如今，随着市场经济对非市场领域的侵犯，用金钱买不到的东西不多了。市场价值观已经渗透到人们生活的各个方面，我们已经从"拥有市场经济"滑入"一个市场社会"，市场经济从嵌入社会到脱嵌社会发生了演变，这也让我们需要重新思考市场的角色，如果我们的"良善生活"的理念将被市场经济排挤出去，这样的市场社会真的是人们想要的吗？当市场不断侵入公共善领域以及那些不归属于市场的领域时，我们必须考虑的不仅仅是公平和效率，还必须追问：市场经济无限制地排挤非市场规范是不是代表了一种得不偿失？市场调节具有微观性，很难在宏观上对整个社会的总供给和总需求进行平衡；市场调节也具有近视性和短期性，一些市场主体只看见自己的短期利益，容易忽视整个社会的长远利益；市场调节还具有自发性、盲目性等弊端。总的来说，市场不是万能的，我们在看见市场经济为人们生活带来便利的同时，也要看见市场经济的盲目性及其固有的弊端，不能盲目相信市场经济，任由市场经济发展，否则全球经济危机可能又会再一次到来。因此，市场经济盲目性、自发性等不足需要通过国家的力量来为市场设限，克服市场的诸多弊端。

任何控制活动都需要内外部因素的结合。政府对市场运行的宏观调控也是市场"自我调控"与政府"他者调控"的结合。市场的"自控"主要是通过价值规律自动运行的。在价值规律作用下，市场是社会经济活动的"晴雨表"，传递着市场经济的信号。市场主体之间受到利益的驱动，积极投入竞争，并通过优胜劣汰，实现资源的优化配置。政府的"他控"是在遵循市场规律的前提下，为市场设限。首先，政府通过对市场运行进行法律调控，促使企业合理竞争，反对市场垄断。传统的计划经济体制的不足之一就是忽视甚至否定市场经济的"自控"作用，一开始总是把市场当作异己的东西。在这种思想的指导下，由于市场的"自控"被削弱，导致政府的调控也失去了赖以发挥的基础和媒介。但是如上所述，市场不是万能的，市场也会存在失灵的现象，单纯靠市场"自控"是无法保障市场有序运行的，资本主义经济危机的实践证明，一个强有力的、高效率的政府是保障市场运行良好的必不可少的条件。其次，政府要对市场设限，作为人民的政府，应当顺应建立社会主义市场经济的要求，体现人民的意志，不能打着"加强宏观调控"的幌子对市场任意干涉，要做到依法行政、依法调控市场运行，更好地促进经济结构优化，促进经济持续、快速、健康发展，充分做到公平、公正、公开。最后，政府在做到合法调控的同时，也要做到适度调控，政府对市场设限的行为，必须重视市场整体的"权利本位"。也就是说，政府在对市场进行宏观调控的时候，需要保障市场主体的权利。但是，当市场主体为实现自己的权利而损害社会利益的时候，政府就需要进行干预。政府应该为市场提供合理的政策环境和必要的法规，充分运用灵活性与适度性相结合的原则。政府必须秉持宏观调控的目标：促进经济增长、增加就业、稳定物价、保持国际收支平衡。政府代表的是公共利益和社会利益，政府的介入在市场失灵达到一定程度的时候才是最有效的，政府要在充分发挥市场调节作用的基础上，按照公平公正的原则，协调市场不能协调的部分。只有这样，才能更好地避免"寻租"现象的产生，市场与政府、自控与他控也才能很好地结合，把"无形的手"与"有形的手"有机结合，最终促进我国社会主义市场经济可持续发展。

二、正确对待个人善与公共善的关系

在中国特色社会主义理论的旗帜下，我国经济建设取得了相当大的成就，但是也应该客观认识到，道德状况在经济领域不太令人满意。在经济领域，有些经济主体为了个人善不惜破坏别人的善甚至是公共善，而经济领域中的道德示范行为在种类上和数量上都有扩大的趋势，其影响不仅限于经济领域，其他领域也有波及。市场经济的等价交换、利润最大化原则容易滋生全社会一种急功近利的浮躁情绪，这种情绪非常容易使得市场主体为了个人利益而不顾社会和他人的利益，也容易产生道德滑坡。再加上改革开放以来，西方一些腐朽思想的渗透，一些人拜金主义思想严重，个人利益至上的价值观占据主导地位。比如，一些市场主体生产不考虑环境问题。环境问题不是自古就有的，是随着人类的诞生而产生并随着人类社会发展的变化而变化的。对于环境来说,其承载力和容量都不是无限的,如果在生产过程中只考虑利润最大化,而不考虑环境条件的制约作用,这样只会使得环境受到破坏,并且对人类的长期发展也是有损害的。虽然财富增加了,但是也面临着废水、废气等各种污染的困境。从道德的角度来看,环境污染的产生实质是生产者忽视社会和他人的利益,索取资源的速度超过了资源本身及其替代品的再生速度。另外,在社会的转型时期,发展过程中也存在一些显著的问题。比如,人们之间贫富差距的日益增大、企业失信等,这些问题的产生不仅使得交易成本大大增加,也使得人与人之间的信任变得缺失,最终影响企业甚至整个社会经济的发展。无论是经济生活还是社会生活,每个人都与他人建立了一定的联系,特别是在经济领域,如果没有处理好个人善与公共善的关系,不仅会加剧企业的诚信危机,使市场经济发展受到一定的阻碍,更有可能使整个经济社会的效率降低。尤其是一些市场主体在生产过程中所带来的负外部性的问题,会使得企业的负外部性传导至无关的第三者,最终给国家和人民群众带来负面影响,因此,要正确处理好个人善与公共善的关系。

要想处理好个人善与公共善的关系,我国公共管理活动必须在"为人民服务"核心价值的指导下,正确处理好以下几种关系:

第一,正确处理好社会公正与个人公正的关系。社会公正主要是从国家有效的制度供给的角度来阐释,它是一种道德评价和伦理认定,主要针对一定的社会结构和社会关系而言。个人公正主要表现为个人在为人处世方面能够遵循社会法律法规、惯例习俗等,严格规范自己的行为,即个人品行的正直性。社会公正是个人公正赖以生存的土壤,罗尔斯认为,一个人友爱、信任、同情、正义感的形成,都要"诉诸一种公正制度背景"。[①] 而作为人格美德的公正也是社会公正美德的前提和条件,当个人德行的公正美德与社会公正美德达成一致且和谐统一的时候,个人善与公共善也才能达成一致统一。因此,要想实现个人善与公共善的统一,我

---

① 罗尔斯:《正义论》,中国社会科学出版社1988年版,第493页。

们既要重视社会制度的建设,增强制度的道德合理性,也要重视个人的公共道德建设,这样有利于共同发展公正的社会风尚和个人品格。

第二,正确处理好目的公正与手段公正的关系。手段公正是阶段的目的公正,手段公正更加注重短期效率的提升,而目的公正更加注重长远利益,追求公共利益的完全实现。但是,手段公正与目的公正具有统一性,后者无法脱离前者而存在。倘若只是单纯地追求手段公正,那么或许会造成目的不公正,最终走向功利主义和实用主义,使得公共善成为空中楼阁;但是如果目的公正离开手段公正,也只会使得目的公正在不知不觉中变成一种空想的理论和价值,没有办法实现目的公正。因此,只有将目的公正与手段公正进行结合,这样才能从真正意义上实现个人善与公共善的统一。

第三,正确处理好实质公正与形式公正的关系。马克思认为,形式公正与实质公正的区别是严守规则的公正与规则本身的公正的区别,形式公正追求片面的公正,对于形式平等、坚持原则更为关注,即同等情况同等对待,而实质平等是公正的"内容",适用于对规则的评价,关注的是差别与后果。我国当前正在建设现代民主制度,要想正确对待个人善与公共善的关系,就应该抛弃形式公正中的不合理成分,真正地做到坚持以公共利益和公共目的为管理旨归,克服以特殊利益为服务对象的缺陷,把为人民服务作为价值追求,实现真正意义上的实质公正。我国社会主义市场经济维护的是全体人民的利益和共同发展的愿景,极力维护公共利益也是全社会的共同期望。中国共产党的性质和宗旨决定了自它诞生之日起,就把实现社会公正作为一项政治主张和奋斗目标,特别是在发展社会主义市场经济的过程中,正确、妥善处理个人善与公共善的关系,是推动科学发展与社会和谐进程中制度安排和制度创新的重要基础,同样也是增强社会向心力和号召力的重要旗帜。

公共善与个人善的关系是辩证关系,个人善是不能脱离集体的纯粹的个人善,个人善也应该包括在集体中形成集体的个人善。因此,对于个人善而言,公共善不是虚拟的,不是单纯地置于个人善之上的某种利益的实体；相反，公共善是个人的集体利益。这种特殊的集体利益与个体利益相结合，尽可能体现了最大多数成员的意愿。公共善与个人善不仅是一致的，在实现公共善的同时，还要积极通过相应措施使个人善也得到充分的保障。当公共善与个人善发生冲突时，社会整体利益具有更高优先级，个人应该能够有意识地放弃自己的利益，因为任何时候个人善的实现都离不开公共善的实现。如果片面地追求个人善，那么必然会破坏公共善的实现，即便一时满足个人善，最终还是会受到社会的遣责。追求个人善而忽视公共善的个体无法真正获得心灵上的平和与宁静，也无法实现道德人格。

目前我国社会在大力发展市场经济的过程中，当市场主体秉持着个人经济利益至上的观念时，个人利益与社会利益必然会存在失衡的现象，而这种价值观念的形成容易造成人情冷漠，每个人都从个人本位出发，认为任何人不过是不同利益主体，自己是自己的上帝，自己靠自己来拯救。极端的个人主义把人与人之间的关系单一化了，认为人们之间的关系只是不同利益主体的对立关系，反映到具体行为就是为了自己的利益会不惜损害他人的利益，这种价值观把人与人之间的关系物化为金钱关系，公共善、社会道德等在他们看来成为不必要的摆设。这一价值观与我国社会主义核心价值观是相违背的，与我国优秀传统文化也是相违背的。尽管传统文化中的有些内容由于时代的局限性可能与现代社会不相吻合，但是，其中一些优秀传统文化能够不受时间与空间的限制，被现代人所遵从，包括但不限于诸如爱国、克己、奉公、尊老、节俭等美德。上述美德没有明确的时间限制，可以说是永恒的人类社会所共有的美德，并不会随着经济发展的好坏、快慢而改变。但是要解决这一现象，也不能仅仅停留在意识形态层面，还要政府从制度安排上体现社会公正，充分发挥政府作用，习惯和道德也要同时发挥自己的作用，把市场、政府、道德三者进行有机结合。

三、推进合作共赢的开放体系建设

推进合作共赢的开放体系建设是经济发展的趋势。2001年12月11日,中国正式成为WTO成员。此后,我国必须遵守WTO的贸易自由化原则,遵守承诺,开放国内市场,发展开放型经济。党的十九届四中全会指出,要推进合作共赢的开放体系建设,这展示了我国作为世界和平建设者、全球发展贡献者和国际秩序维护者的负责任大国形象,更展现出我国反对保护主义的坚定意志。事实也证明,贸易保护主义的政策不仅很难成功,而且代价很大。贸易保护主义总是打着国家利益的旗号,实际上贸易保护主义只能实现少数人的利益,从长远来看,对国家经济的发展并不会起到促进作用。有些人持有以下的传统观点,即以英国和美国为代表的西方发达国家实行自由贸易,而无贸易保护主义。美国学者保罗·贝罗奇指出:"在历史上,自由贸易属于例外,而贸易保护才是常规。"[1]西方国家经常指责发展中国家对经济干涉过多,并提出发展中国家需要实行自由贸易,但是它们自己在与外国进行贸易往来时实行自由贸易,对内却与对外完全不同,对内实行的是保护主义。美国可以说是该种做法的代表,弗里德曼对美国这种做法给予了批评。他说:"我们声称我们信仰自由竞争和自由市场,但我们却设立贸易壁垒,以'保护'国内生产者免受竞争的威胁;我们声称我们信仰政府最少地干预经济活动,但我们的政府却制定了进口配额,并实行政府支持农产品的价格政策而向国外进行出口倾销……世界上的其他国家把我们看作伪君子,它们至少在一定程度上是正确的。"[2]

事实证明,这种双重标准的贸易保护主义也是没有办法真正促进经济发展的。现如今,贸易自由化已经无法被遏制。现在已经不再是单边自由贸易时代,而是一个公平贸易时代。任何一个国家,要想实现长期可持续的发展,都不能在得到他国自由贸易的好处之后,在本国实行与他国

---

[1] 许宝强:《反市场的资本主义》,中央编译出版社2001年版,第101页。
[2] 弗里德曼:《弗里德曼文萃》,首都经贸大学出版社1991年版,第79—80页。

不同的贸易保护主义政策。加入 WTO 以后，中国认真履行承诺，积极开放国内市场，得到了世界其他国家的认可和 WTO 的积极评价。在市场经济条件下，知识产权的保护是创新和发展的前提，在切实保护知识产权的同时积极对外开放。我国在积极遵守 WTO 规则的同时，也会考虑在发展中国家承受的范围内完善 WTO 的中性规则，完善约束发达国家的规则等。我国推动对外贸易健康发展，维护世界和平，促进合作共赢的开放体系建设，而不只是形式上的公平贸易。

我国在任何一个国家和地区的投资，都是站在"合作、互利、共赢"的出发点。我国的对外开放一直秉持互惠互利原则，在实践中，从长期的闭关自守到对外开放，是一个从量变向质变转变的过程，也是循序渐进、从部分开放推进到全面开放的过程。随着我国改革开放的逐步深入，一个开放的、实行社会主义市场经济的、和平的新中国将会重新登上世界经济的舞台。"两个一百年"奋斗目标的确立，也是为了更好地实现中国梦：到 2020 年实现国内生产总值和城乡居民人均收入比 2010 年翻一番；到 21 世纪中叶建成富强民主文明和谐美丽的社会主义现代化强国。[①] 但要想实现中国梦并不是那么简单，需要全国人民的共同努力，这是一个漫长的过程，就像拼图一样，每一个空缺都是一个社会问题，每次填补一个空缺就是解决一个问题，我们就离目标更近一步。坚持到最后，当最后的空缺被填满的时候，中国就成为睡醒的狮子，老百姓的幸福生活将会到来，中国梦也会实现。中国梦首先是中华民族伟大复兴的梦，中国梦是追求和平的梦，是追求幸福的梦，中国梦也是奉献世界的梦。这是中华民族始终崇尚的品德和胸怀。

改革开放 40 多年来，我国的经济实力和社会发展都有了长足的进步，我国的发展成果惠及越来越多的国家与人民，在国际社会受到了广泛的关注，国际影响力日益扩大。但是，我国始终坚持独立自主的和平外交政策，不称霸，不结盟。在努力发展自己经济的同时，顺应世界经济全球

[①] 《【中国稳健前行】实现中华民族伟大复兴的关键一步》，中国网，http://www.china.com.cn/opinion/theory/2020－09/27/content_76757209.htm。

化,积极参与世界经济的合作与交流,加入世界贸易组织、G20等一系列为加强世界经济发展的区域性组织。然而,在次贷危机后世界经济的发展出现很多问题,比如恐怖主义盛行、欧洲债务危机、英国脱欧等事件,导致世界经济动荡不安。尤其是近年来,随着我国综合国力的增强,一些以美国为主的发达国家为抵制我国经济发展,大力宣扬"修昔底德陷阱"和"大国威胁论",认为中国经济的快速发展将会对美国的未来发展构成威胁,特别是中国高新技术的快速发展,将会威胁到美国制造业和高新技术产业的世界份额,中美贸易逆差还会对美国的就业率和产业发展产生巨大影响。而这种"中国威胁论"必然会产生"对华遏制论",这些错误的价值观和言论为我国的发展和世界经济的发展都带来了不稳定的因素。

当今世界各国之间的关系日益密切,也面临着很多挑战。但是,无论外界形势如何变化,我国始终坚持走和平崛起的道路,走可持续发展的道路,走合作共赢开放体系的道路,积极谋求稳定的国际环境,加强与周边国家的合作,共同应对挑战,多方位地开放包容,最终实现合作共赢。我国坚持合作共赢的方向、和谐世界的目标,以相互信任为合作前提,以共同利益为合作动力,以构建人类命运共同体为合作目标,从平等合作、共赢合作、整体性合作三个维度超越西方传统合作理论的权力思维、零和思维、线性思维。第一,西方传统国际合作理论下的合作更多的是一种霸权合作理论,这种合作是从大国利益出发,追求大国自身利益的增长,而不会顾及小国和弱国在合作中的收益和损失,合作利益不会公平分享,这种合作只会使得国家之间分裂,产生边缘化国家。在这种大国强权下的合作是一种牺牲小国利益的合作,是一种强制性的合作,而我国坚持的合作共赢的道路则与霸权合作的道路不一样,超越了霸权国的霸权属性,强调的是平等合作,不同社会政治制度、不同文明的国家都可以参与,共同分享发展成果。第二,在西方传统国际合作的进程中,秉持的是零和思维。尤其是对于具有先发优势的国家来说,它们追求的是最大化自己的利益,而合作对象是不是获利,或者这种合作对于整个人类社会的利益有没有造成损害,均不在其考虑范围之内。这种零和博弈的思维,造成了很多弱小的国家在长期充当发达国家的原料产地后,依然陷入自身制造业落后和生态环境问题严重的尴尬境地。我国所走的合作道路不同于西方的零和思维,我国追求的是合作共享,追求的是构建人类命运共同体,用正确的义利观作为价值引领,实现持续的合作行为和公平的利益分配,最终实现合作主体的共同发展。第三,西方传统国际合作理论是一种线性思维,也就是寻找一个核心变量,并以这个核心变量为支点构建其国际合作理论体系,但实际上国际关系是复杂的,线性思维是不完善的,面对复杂的国际形势,需要一种整体性合作理论体系,而合作共赢就是一种整体性思维模式,合作共赢的达成是由共同利益、共同价值、主体间互信、国际社会环境等多种因素整体作用的结果,并不是单边的、线性的思维。

  经济全球化的发展使得地球成为一个整体,党的十八大明确提出要倡导"人类命运共同体"意识。2013 年,习近平主席指出,为了使得亚、欧各国经济联系密切,相互合作更加深入,共同建设"丝绸之路经济带"。① 同年 10 月,习近平主席在印尼国会演讲时提出中国愿意与东盟等相关国家共建"21 世纪海上丝绸之路"的宏伟倡议。② 大力推进建设"丝绸之路经济带"和"21 世纪海上丝绸之路",加快全方位开放新格局的形成,对于我国在全球化建设中扮演重要角色、扩大同各国的经济与贸易合作、实现我国与各国之间的互利共赢具有长远意义。"一带一路"是和平之路、繁荣之路、开放之路、绿色之路、创新之路、文明之路、廉洁之路。随着经济全球一体化的加深,我国提出共建"一带一路"倡议,合作、共赢、互利、开放的理念是我国所秉持的,并不会被随意更改。推进共建"一带一路"走深走实,行稳致远。采取用点带面、点面结合、区域联动的策略,我国将会积极同周边和沿线国家开展多方会谈,致力于打造一个符合共同利益并且彼此信任的区域经济合作平台,带动沿线诸多国家经济的发展,共享

---

  ① 《弘扬人民友谊 共同建设"丝绸之路经济带" 习近平在哈萨克斯坦纳扎尔巴耶夫大学发表重要演讲》,中国共产党新闻网,http://cpc.people.com.cn/n/2013/0908/c64094-22843681.html。
  ② 《习近平主席在印尼国会发表重要演讲》,新华网,http://www.xinhuanet.com/world/xjpynghyj/index.htm。

"一带一路"的发展成果。"一带一路"涵盖的国家多,接近世界 1/4 的国家和几乎世界 1/3 的总人口,这些地区的经济发展潜力都是非常大的,自然资源也很丰富。构建当今世界最大的经济走廊,而这些地区的融合必然会催化出经济利益共同体以及政治互信、文化包容的模式,多方面的合作必然会使得我国在促进自身发展的同时,将沿线国家的经济也真正地带动起来,实现我国与其他国家的互利共赢。我国将会与其他国家一起携手直面复杂的全球经济形势,共同努力,积极促进世界朝着更加和平的方向发展。现在,很多国家也意识到单纯依靠自身发展变得不太现实,人类社会已经脱离了国家层面,变成了全球相互依存的命运共同体,这已经得到了共识。尤其是在新冠疫情时期,在 2021 年世界经济论坛达沃斯议程中,与会各国认为,面对疫情,要想解决当前世界各国面临的困难,实现经济复苏,多边合作才是最佳选项,加强国际合作成为广泛共识。习近平总书记也强调,世界是各国人民的世界,世界面临的困难和挑战需要各国人民同舟共济、携手应对,和平发展、合作共赢才是人间正道。因此,我国将会积极投入新型国际关系的构建过程中,并持续不断地将全球合作伙伴关系做更进一步的拓宽。例如,互利互惠的周边外交、真诚的对非工作方针、共建"一带一路"倡议等都表明,我国不仅一贯坚持合作共赢的开放道路,还将会敞开胸怀诚恳邀请世界各国搭乘中国发展的"快车",做到共享发展的真正实现,通过自身的实际行动,向世人表明中国决心,贡献中国力量,与世界各国合作共赢。

参考文献

中文文献

著作类

[1]马克思、恩格斯:《马克思恩格斯全集》,人民出版社2016年版。

[2]马克思、恩格斯:《马克思恩格斯文集》第1卷,人民出版社2009年版。

[3]马克思、恩格斯:《马克思恩格斯全集》第3卷,人民出版社2002年版。

[4]马克思、恩格斯:《资本论》第二版第1卷,人民出版社2004年版。

[5]马克思:《关于林木盗窃法的辩论》,《马克思恩格斯全集》第1卷,人民出版社1956年版。

[6]马克思、恩格斯:《共产党宣言》,人民出版社2014年版。

[7]习近平:《习近平谈治国理政》,外文出版社2018年版。

[8]中共中央宣传部:《习近平新时代中国特色社会主义思想三十讲》,学习出版社2018年版。

[9]《邓小平文选》第三卷,人民出版社1993年版。

[10]江泽民:《全面建设小康社会,开创中国特色社会主义事业新局面》,人民出版社2002年版。

[11]胡锦涛:《高举中国特色社会主义伟大旗帜,为夺取全面建设小康社会新胜利而奋斗》,人民出版社2007年版。

[12]《中国共产党第十四次全国代表大会文件汇编》,人民出版社

1992 年版。

[13]《中国共产党第十六次全国代表大会文件汇编》,人民出版社 1992 年版。

[14]以赛亚·伯林:《卡尔·马克思》,李寅译,译林出版社 2018 年版。

[15]亚当·斯密:《国民财富的性质和原因的研究》下卷,郭大力、王亚南译,商务印书馆 1981 年版。

[16]亚当·斯密:《国富论》上卷,郭大力、王亚南译,商务印书馆 1972 年版。

[17]亚当·斯密:《道德情操论》,蒋自强、钦北愚译,商务印书馆 1997 年版。

[18]亚当·斯密:《道德情操论》,余涌译,中国社会科学出版社 2003 年版。

[19]亚里士多德:《政治学》,吴寿彭译,商务印书馆 1965 年版。

[20]亚里士多德:《政治学》,颜一、秦典华译,中国人民大学出版社 2003 年版。

[21]亚里士多德:《尼各马可伦理学》,廖申白译,商务印书馆 2003 年版。

[22]柏拉图:《理想国》,郭斌和、张竹明译,商务印书馆 1986 年版。

[23]边沁:《政府片论》,沈叔平译,商务印书馆 1995 年版。

[24]边沁:《道德与立法原理导论》,时殷弘译,商务印书馆 2003 年版。

[25]约翰·斯图亚特·穆勒:《政治经济学原理》下卷,赵荣潜等译,商务印书馆 1991 年版。

[26]约翰·斯图亚特·穆勒:《功利主义》,徐大建译,商务印书馆 2019 年版。

[27]约翰·斯图亚特·穆勒:《政治经济学原理》,金镝、金熠译,华夏出版社 2017 年版。

[28]卢梭:《社会契约论》,何兆武译,商务印书馆1982年版。

[29]卢梭:《论人与人之间不平等的起因和基础》,李平沤译,商务印书馆2015年版。

[30]斯宾诺莎:《伦理学》,贺麟译,商务印书馆1991年版。

[31]霍布斯:《利维坦》,黎思复、黎廷弼译,商务印书馆1985年版。

[32]孟德斯鸠:《论法的精神》上、下卷,许明龙译,商务印书馆2012年版。

[33]约翰·罗尔斯:《正义论》,何怀宏译,中国社会科学出版社1998年版。

[34]约翰·罗尔斯:《作为公平的正义》,姚大志译,上海三联书店2002年版。

[35]约翰·罗尔斯:《政治自由主义》,万俊人译,译林出版社2011年版。

[36]诺齐克:《无政府主义、国家与乌托邦》,姚大志译,中国社会科学出版社2008年版。

[37]罗纳德·德沃金:《认真对待权利》,信春鹰、吴玉章译,上海三联书店2008年版。

[38]B.曼德维尔:《蜜蜂的寓言》全两卷,肖聿译,商务印书馆2019年版。

[39]李强:《自由主义》,吉林出版集团有限责任公司2007年版。

[40]哈耶克:《自由秩序原理》,邓正来译,生活·读书·新知三联书店1997年版。

[41]哈耶克:《致命的自负》,冯克利、胡晋华译,中国社会科学出版社2000年版。

[42]哈耶克:《通往奴役之路》,王明毅、冯兴元译,中国社会科学出版社1997年版。

[43]康德:《法的形而上学原理》,沈叔平译,商务印书馆1991年版。

[44]迈克尔·桑德尔:《自由主义与正义的局限》,万俊人译,译林出

版社 2011 年版。

[45]迈克尔·桑德尔:《公正:该如何做是好》,朱慧玲译,中信出版社 2012 年版。

[46]迈克尔·桑德尔:《民主的不满:美国在寻求一种公共哲学》,曾纪茂译,江苏人民出版社 2008 年版。

[47]迈克尔·桑德尔:《反对完美:科技与人性的正义之战》,黄慧慧译,中信出版社 2013 年版。

[48]迈克尔·桑德尔:《公共哲学:政治中的道德问题》,朱东华、陈文娟、朱慧玲译,中国人民大学出版社 2013 年版。

[49]迈克尔·桑德尔:《金钱不能买什么:金钱与公正的正面交锋》,邓正来译,中信出版社 2013 年版。

[50]迈克尔·沃尔泽:《正义诸领域:为多元主义与平等一辩》,褚松燕译,译林出版社 2002 年版。

[51]迈克尔·桑德尔:《正义:一场思辨之旅》,乐为良译,雅言文化出版股份有限公司 2011 年版。

[52]阿拉斯戴尔·麦金泰尔:《追寻美德:道德理论研究》,宋继杰译,译林出版社 2011 年版。

[53]阿拉斯戴尔·麦金泰尔:《德性之后》,龚群译,中国社会科学出版社 1995 年版。

[54]阿拉斯戴尔·麦金泰尔:《伦理学简史》,龚群译,商务印书馆 2003 年版。

[55]阿拉斯戴尔·麦金泰尔:《谁之正义?何种合理性?》,万俊人、吴海针、王今一译,中国社会科学出版社 1996 年版。

[56]俞可平:《社群主义》,中国社会科学出版社 1998 年版。

[57]菲利普·赛尔兹尼克:《社群主义的说服力》,李清伟、马洪译,上海人民出版社 2009 年版。

[58]刘化军:《社群主义方法论的批判性分析:兼论唯物史观的当代价值》,科学出版社 2013 年版。

[59]夏庆波:《正义之思:自由主义与社群主义的对峙及出路》,中国社会科学出版社2019年版。

[60]龚群:《自由主义与社群主义的比较研究》,人民出版社2014年版。

[61]姚大志:《正义与善》,人民出版社2014年版。

[62]路德维希·冯·米塞斯:《自由与繁荣的国度》,韩光明译,中国社会科学出版社1995年版。

[63]史蒂芬·缪哈尔、亚当·斯威夫特:《自由主义者与社群主义者》,孙晓春译,吉林人民出版社2007年版。

[64]查尔斯·泰勒:《自我的根源》,韩震译,译林出版社2012年版。

[65]威尔·金里卡:《自由主义、社群与文化》,应奇、葛水林译,上海译文出版社2005年版。

[66]威尔·金里卡:《当代政治哲学》,刘莘译,上海译文出版社2011年版。

[67]张方华:《共同善的镜像叙事——公共利益的西方政治哲学考量》,南京师范大学出版社2016年版。

[68]丹尼尔·贝尔:《社群主义及其批评者》,李琨译,生活·读书·新知三联书店2002年版。

[69]G. A. 柯亨:《马克思与诺齐克之间——G. A. 柯亨文选》,吕增奎译,江苏人民出版社2007年版。

[70]阿马蒂亚·森:《集体选择与社会福利》,胡的的、胡毓达译,上海科学出版社2004年版。

[71]阿马蒂亚·森:《论经济不平等》,王利文、于占杰译,中国人民大学出版社2015年版。

[72]阿马蒂亚·森:《以自由看待发展》,任赜、于真译,中国人民大学出版社2012年版。

[73]阿马蒂亚·森:《伦理学与经济学》,王宇、王文玉译,商务印书馆2018年版。

[74]大卫·休谟:《人性论》,关文运译,商务印书馆1997年版。

[75]大卫·休谟:《道德原则研究》,曾晓平译,商务印书馆2001年版。

[76]大卫·休谟:《人类理解研究》,关文运译,商务印书馆1957年版。

[77]大卫·休谟:《休谟政治论文选》,张若衡译,商务印书馆1993年版。

[78]大卫·休谟:《休谟经济论文选》,陈玮译,商务印书馆2009年版。

[79]弗兰西斯·哈奇森:《论美与德性观念的根源》,高乐田、黄文红、杨海军译,浙江大学出版社2009年版。

[80]高全喜:《休谟的政治哲学》,北京大学出版社2004年版。

[81]阿奎那:《阿奎那政治著作选》,马清槐译,商务印书馆1982年版。

[82]乔·B.史蒂文斯:《集体选择经济学》,杨晓维译,上海三联书店1999年版。

[83]曼瑟尔·奥尔森:《集体行动的逻辑》,陈郁、郭宇峰、李崇新译,上海人民出版社2014年版。

[84]詹姆斯·布坎南、戈登·塔洛克:《同意的计算》,陈光金译,中国社会科学出版社2000年版。

[85]卡尔·波兰尼:《大转型:我们时代的政治与经济起源》,刘阳、冯钢译,当代世界出版社2020年版。

[86]郝云:《利益理论比较研究》,复旦大学出版社2007年版。

[87]徐大建:《企业伦理学》,北京大学出版社2009年版。

[88]徐大建:《西方经济伦理思想史》,上海人民出版社2020年版。

[89]布坎南:《自由、市场与国家》,吴良健、桑伍、曾获译,北京经济学院出版社1988年版。

[90]约瑟夫·熊彼特:《经济分析史》全三卷,朱泱译,商务印书馆

1994年版。

[91]胡寄窗:《中国经济思想史》上、中、下,上海财经大学出版社1998年版。

[92]哈里·兰德雷斯:《经济思想史》,周文译,人民邮电出版社2014年版。

[93]乔洪武:《西方经济伦理思想研究》,商务印书馆2016年版。

[94]罗素:《西方哲学史》,何兆武、李约瑟译,商务印书馆1963年版。

[95]周辅成:《西方伦理学名著选辑》,商务印书馆1987年版。

[96]马克斯·韦伯:《新教伦理与资本主义精神》,刘作宾译,作家出版社2017年版。

[97]约瑟夫·拉兹:《自由的道德》,孙晓春、曹海军译,吉林人民出版社2006年版。

[98]安德鲁·肖特:《自由市场经济学》,叶柱政、莫远君译,中国人民大学出版社2012年版。

[99]李皓:《市场经济与道德建设》,山东人民出版社1997年版。

[100]刘益:《市场经济的逻辑》,经济科学出版社2017年版。

[101]米歇尔·鲍曼:《道德的市场》,肖君译,中国社会科学出版社2003年版。

[102]理查德·布隆克:《质疑市场经济》,林季红译,江苏人民出版社2000年版。

[103]加雷斯·戴尔:《市场的限度》,焦兵译,中国社会科学出版社2016年版。

[104]戴维·施韦卡特:《反对资本主义》,李智译,中国人民大学出版社2008年版。

[105]保罗·克雷格·罗伯茨:《自由放任资本主义的失败》,秦伟译,生活·读书·新知三联书店2014年版。

[106]梅德玛:《捆住市场的手:如何驯服利己主义》,启蒙编译所译,中央编译出版社2014年版。

[107]赵修义:《社会主义市场经济的伦理辩护问题》,上海人民出版社 2021 年版。

[108]诺姆·乔姆斯基:《新自由主义和全球秩序》,徐海铭、季海宏译,江苏人民出版社 2000 年版。

[109]安东尼·阿巴拉斯特:《西方自由主义的兴衰》,曹海军译,吉林人民出版社 2004 年版。

[110]科斯洛夫斯基:《资本主义伦理学》,王彤译,中国社会科学出版社 1996 年版。

[111]爱德华·卢卡斯:《西方自由主义的衰落》,张舒译,山西人民出版社 2019 年版。

[112]约瑟夫·E. 斯蒂格利茨:《自由市场的坠落》,李俊青、杨玲玲译,机械工业出版社 2016 年版。

[113]斯蒂芬·霍尔姆斯:《反自由主义剖析》,曦中译,中国社会科学出版社 2002 年版。

[114]慈继伟:《正义的两面》,生活·读书·新知三联书店 2014 年版。

[115]陈宜中:《何为正义》,中央编译出版社 2016 年版。

[116]杨谦:《公平与正义问题研究》,广西人民出版社 2018 年版。

[117]阿瑟·奥肯:《平等与效率——重大的抉择》,王奔洲译,华夏出版社 1991 年版。

[118]陈雨军:《从计划到市场:中国经济体制改革道路的选择》,福建人民出版社 1999 年版。

[119]沈云锁:《中国模式论》,人民出版社 2007 年版。

[120]曾昭宁:《公平与效率:中国走向现代化的抉择》,石油大学出版社 1994 年版。

[121]胡代光、周安军:《当代国外学者论市场经济》,商务印书馆 1996 年版。

[122]保罗·萨缪尔森、威廉·诺德豪斯:《经济学》,杜月升等译,中

国发展出版社 1992 年版。

[123]晏辉:《市场经济的伦理基础》,山西教育出版社 1999 年版。

[124]韩民青:《新工业化发展战略研究》上卷,山东人民出版社 2008 年版。

[125]乔治·阿克洛夫、罗伯特·席勒:《动物精神》,黄志强、徐卫宇、金岚译,中信出版社 2016 年版。

[126]崔宜明、强以华、任重道:《中国现代经济伦理建设研究》,上海书店出版社 2013 年版。

[127]费孝通:《乡土中国》,人民出版社 2010 年版。

[128]马克斯·韦伯:《经济与社会》,林荣远译,商务印书馆 1997 年版。

[129]唐士其:《西方政治思想史》,北京大学出版社 2002 年版。

[130]顾肃:《西方政治法律思想史》,中国人民大学出版社 2005 年版。

[131]摩尔:《伦理学原理》,长河译,商务印书馆 1983 年版。

[132]黑格尔:《法哲学原理》,范扬、张企泰译,商务印书馆 1961 年版。

[133]亨利·勒帕日:《美国新自由主义经济学》,李燕生、王文融译,北京大学出版社 1985 年版。

[134]布坎南:《自由、市场与国家》,平新乔、莫扶民译,上海三联书店 1989 年版。

[135]迈克尔·H. 莱斯诺夫:《二十世纪的政治哲学家》,冯克利译,商务印书馆 2001 年版。

[136]吴易风:《经济全球化与新自由主义思潮》,中国经济出版社 2005 年版。

[137]徐大同:《现代西方政治思想》,人民出版社 2003 年版。

[138]罗伯特·斯基德尔斯基:《凯恩斯传》,相蓝欣、储英译,生活·读书·新知三联书店 2006 年版。

[139]凯恩斯:《劝说集》,蔡受百译,商务印书馆 1962 年版。

[140]李仙飞:《马克思主义视域之西方公共服务有效供给理论》,社会科学文献出版社 2012 年版。

[141]乔治·弗雷德里克森:《公共行政的精神》,张成福译,中国人民大学出版社 2003 年版。

[142]罗伯特·A.达尔:《现代政治分析》,王沪宁、陈峰译,上海译文出版社 1987 年版。

[143]浦兴祖、洪涛:《西方政治学说史》,复旦大学出版社 1999 年版。

[144]黑格尔:《小逻辑》,贺麟译,商务印书馆 2007 年版。

[145]席恒:《公与私:公共事业运行机制研究》,商务印书馆 2003 年版。

[146]齐格蒙特·鲍曼:《共同体》,欧阳景根译,江苏人民出版社 2003 年版。

[147]奥伊泽尔曼:《马克思主义哲学的形成》,潘培新译,生活·读书·新知三联书店 1964 年版。

[148]杨之刚:《公共财政学:理论与实践》,上海人民出版社 1999 年版。

[149]列奥·施特劳斯:《自然权利与历史》,彭刚译,生活·读书·新知三联书店 2006 年版。

[150]查尔斯·林德布罗姆:《政治与市场:世界的政治—经济制度》,王逸舟译,上海人民出版社 1994 年版。

[151]汤姆·斯利:《共享经济没有告诉你的事》,涂颀译,江西人民出版社 2017 年版。

[152]杰里米·里夫金:《零边际成本社会》,赛迪研究院专家组译,中信出版社 2017 年版。

[153]许宝强:《反市场的资本主义》,中央编译出版社 2001 年版。

[154]拉本德拉·贾:《现代公共经济学》,王浦劬、方敏译,中国青年出版社 2004 年版。

[155]弗里德曼:《资本主义与自由》,张瑞玉译,商务印书馆 2004 年版。

[156]哈耶克:《个人主义与经济秩序》,邓正来译,生活·读书·新知三联书店 2003 年版。

[157]罗伯特·诺齐克:《无政府、国家和乌托邦》,姚大志译,中国社会科学出版社 2008 年版。

[158]伯纳德·施瓦茨:《美国法律史》,王军译,中国政法大学出版社 1989 年版。

[159]约翰·米德克罗夫特:《市场的伦理》,王首贞译,复旦大学出版社 2012 年版。

[160]艾伦·布坎南:《伦理学、效率与市场》,廖申白、谢大京译,中国社会科学出版社 1991 年版。

[161]埃莉诺·奥斯特罗姆:《公共事物的治理之道:集体行动制度的演进》,余逊达、陈旭东译,上海译文出版社 2012 年版。

[162]凯恩斯:《就业、利息和货币通论》,高鸿业译,商务印书馆 1999 年版。

[163]史蒂文·希尔:《经济奇点》,苏京春译,中信出版社 2017 年版。

期刊类

[1]敖素:《权利是否优先于善:桑德尔与罗尔斯之争的焦点及其意义》,《哲学研究》2011 年第 3 期。

[2]曹刚:《论共同善》,《伦理学研究》2016 年第 5 期。

[3]曾楠、杨煌辉:《涵养以公共利益为导向的公共精神》,《理论周刊》2019 年第 5 期。

[4]陈刚:《波兰尼对自由主义市场乌托邦的批判》,《江海学刊》2009 年第 3 期。

[5]陈刚:《市场经济再认识——重温马克思市场经济理论的时代意义》,《徐州师范大学学报(哲学社会科学版)》2008 年第 2 期。

[6]陈宏霞:《对权利个人主义图景的一种祛魅——以个人权利与政府权力之间的关系为分析视角》,《学术评论》2019年第2期。

[7]陈建中:《新自由主义与西方社会信用体系危机》,《中国流通经济》2010年第3期。

[8]陈江进:《论西季威克对穆勒功利主义的批评》,《学术论坛》2005年第11期。

[9]陈鹏:《市场经济与伦理道德的几个理论问题》,《首都师范大学学报(社会科学版)》1996年第4期。

[10]陈学明:《马克思的公平观与社会主义市场经济》,《马克思主义研究》2011年第1期。

[11]陈晏清、王新生:《市场经济社会中的个人权利与公共伦理》,《伦理学研究》2002年第2期。

[12]陈怡馨:《社会主义市场经济中的中国特色:国家为资本划界》,《环渤海经济瞭望》2019年第3期。

[13]陈玉玲:《社群主义公民教育思想探析》,《现代教育论丛》2011年第9期。

[14]程恩富、王中保:《现代政治经济学研究进展述评》,《山东社会科学》2007年第6期。

[15]程恩富:《公平与效率交互同向论》,《经济纵横》2005年第12期。

[16]程雪军:《论自由市场经济的自由困境》,《知识经济》2013年第18期。

[17]崔宜明:《市场经济及其伦理原则——论亚当·斯密的"合宜感"》,《上海师范大学学报(哲学社会科学版)》2001年第2期。

[18]邓久根:《市场是如何脱嵌的?——对新自由主义市场观的批判》,《经济社会体制比较》2018年第5期。

[19]翟杰全、陈君:《资本逻辑支配下的资本主义及其工业化和全球化》,《北京理工大学学报(社会科学版)》2019年第5期。

[20]丁春福:《社会主义市场经济:公平与效率有机结合的中国方案》,《广西社会科学》2019 年第 4 期。

[21]董敬畏:《从"嵌入"到"脱嵌"的"市场社会"——对〈巨变:当代政治、经济的起源〉质疑和反思》,《学术界》2016 年第 12 期。

[22]董振华:《共享发展理念的马克思主义世界观方法探析》,《哲学研究》2016 年第 6 期。

[23]杜磊:《市场"第三方"与更好发挥政府作用》,《现代交际》2019 年第 24 期。

[24]段虹、徐苗苗:《迈克尔·桑德尔的公共哲学理论与现代性反思》,《国外理论动态》2017 年第 5 期。

[25]范萍:《社群之和谐》,《湘潮》2012 年第 11 期。

[26]冯根福:《中国特色基本经济制度:攻克人类"公平与效率"难题的中国贡献》,《当代经济科学》2017 年第 6 期。

[27]付文军:《〈资本论〉与资本主义"秘密"的破解》,《当代经济研究》2018 年第 9 期。

[28]高惠珠:《论中国特色社会主义视阈中的公平与效率》,《上海师范大学学报(哲学社会科学版)》2008 年第 1 期。

[29]高静文、王睿欣:《市场经济伦理的本质及其价值功能》,《道德与文明》2004 年第 2 期。

[30]葛红梅:《桑德尔公共哲学思想及启示》,《中国矿业大学学报(社会科学版)》2012 年第 3 期。

[31]郭威、应星:《道德感与自然权利》,《求是》2016 年第 1 期。

[32]郝园园:《"善治"视域下我国公共精神的问题与调适》,《深圳大学学报(人文社会科学版)》2015 年第 3 期。

[33]郝云:《财富的分配正义与共享性增长研究》,《伦理学研究》2013 年第 3 期。

[34]郝云:《对西方政治经济学分配正义逻辑的批判》,《哲学动态》2015 年第 5 期。

[35]郝云:《经济理性与道德理性的困境与反思》,《上海财经大学学报》2005年第2期。

[36]郝云:《论社会主义市场经济的分配正义》,《云梦学刊》2016年第1期。

[37]郝云:《论我国基本经济制度建设的效率与公平》,《云梦学刊》2020年第5期。

[38]黄显中:《亚里士多德论公正》,《玉溪师范学院学报》2003年第3期。

[39]江莹:《试析资本主义精神及自我否定——读马克斯·韦伯〈新教伦理与资本主义精神〉》,《安徽大学学报》2003年第5期。

[40]江泽民:《高举邓小平理论的伟大旗帜,把建设有中国特色的社会主义全面推向二十一世纪》,《求是》1997年第18期。

[41]靳卫东:《"公平与效率之争"的根源、分歧和总结》,《当代财经》2008年第12期。

[42]李炳炎、孙占:《对社会主义市场经济本质的辨析与再理解》,《经济纵横》2009年第4期。

[43]李伟:《正义与公共善孰为优先——论桑德尔与罗尔斯政治观的分歧》,《苏州大学学报(哲学社会科学版)》2008年第3期。

[44]李文:《美国人为什么生活在"两个不同的美国"》,《人民论坛》2012年第11期。

[45]李征、王明杰:《协调与相容:公平与效率的关系尺度》,《经济问题探索》2006年第6期。

[46]厉以宁:《世界经济危机和资本主义制度调整》,《社会科学研究》2009年第2期。

[47]郦平:《柏拉图政治管理思想合理性的哲学追问》,《河南大学学报(社会科学版)》2013年第4期。

[48]廖申白:《市场经济与伦理道德讨论中的几个问题》,《哲学研究》1995年第6期。

[49]刘富胜:《公共理性的理论抱负及其现实局限》,《重庆理工大学学报(社会科学)》2018年第2期。

[50]刘继同:《个人主义与市场经济:自由主义社会福利理论综合评介》,《福建论坛(人文社会科学版)》2005年第12期。

[51]刘倩:《论市场经济的原动力》,《商业经济》2011年第14期。

[52]刘文忻、龚欣、张元鹏:《社会偏好的异质性、个人理性与合作捐献行为——基于公共品自愿捐献机制的实验研究》,《经济评论》2010年第5期。

[53]刘雪梅、顾肃:《功利主义的理论优势及其在当代的新发展》,《学术月刊》2007年第8期。

[54]吕鹏:《社会大于市场的政治经济学》,《社会学研究》2005年第4期。

[55]马坤:《和谐社会正义建构的价值超越》,《政治文明》2013年第3期。

[56]马梦菲:《超越个体性与共同性对立的理论构想——西方协商民主的政治哲学分析》,《理论与现代化》2016年第5期。

[57]苗贵山:《批判与超越:马克思恩格斯对正义的追问》,《河南大学学报(社会科学版)》2006年第3期。

[58]聂文军:《亚当·斯密的个人自利及其道德性》,《吉首大学学报(社会科学版)》2004年第1期。

[59]彭斌:《社会和解何以可能》,《政治学研究》2019年第9期。

[60]彭宏伟:《马克思市场理论及其当代价值》,《贵州师范大学学报(社会科学版)》2018年第4期。

[61]彭琪瑞:《社群主义经济公正观的内在正义导向》,《经济师》2019年第4期。

[62]齐秀强:《国内学术界关于"共享发展"研究述评》,《社会主义研究》2017年第6期。

[63]钱继磊:《论公共善与个人权利的正当性边界——由郑州"电梯

劝阻吸烟案"切入》,《人权研究》2019 年第 21 期。

[64]钱智猷、沈铭:《团队合作中"搭便车"现象的分析与对策建议——基于管理心理学的视角》,《中国管理信息化》2013 年第 15 期。

[65]乔洪武、葛四友:《自由的善——哈耶克的经济伦理思想评介》,《华中师范大学学报》2002 年第 1 期。

[66]乔榛:《"中国模式"对西方主流经济学的挑战》,《政治经济学评论》2011 年第 3 期。

[67]秦彪生、伍胜蓝:《政治权力运行的公共善原则》,《商业文化·学术探讨》2007 年第 9 期。

[68]任勇:《改革开放以来政府与市场关系研究主题的理论脉络》,《山西师大学报(社会科学版)》2020 年第 5 期。

[69]邵晓光、刘岩:《共同体的衰变及其重构路径》,《党政干部学刊》2017 年第 11 期。

[70]申雨芊:《对社会主义市场的文化思考——读〈金钱不能买什么〉有感》,《汉字文化》2019 年第 12 期。

[71]孙春晨:《哈耶克为什么反对"社会正义"》,《伦理学研究》2013 年第 5 期。

[72]孙晓春:《个体理性与公共生活的关系》,《学术研究》2008 年第 4 期。

[73]唐昌黎:《论市场经济的弊端及克服的途径》,《社会科学辑刊》1993 年第 5 期。

[74]王碧峰:《公平与效率问题讨论综述》,《经济理论与经济管理》2006 年第 3 期。

[75]王冰、陈纲:《论斯密对市场经济理论的贡献》,《嘉应学院学报》2007 年第 1 期。

[76]王彩波、杨勇:《政治的市场与道德的市场——基于中国市场体制建设的政治面向和道德维度的分析》,《吉林大学社会科学学报》2009 年第 3 期。

[77]王国银:《现代德性治理视域中的和谐社会》,《马克思主义与现实》2006年第4期。

[78]王海峰、张忆寒:《公平与效率关系新论》,《求索》2010年第7期。

[79]王结发:《论公共善的制度化》,《甘肃理论学刊》2014年第2期。

[80]王乐夫、陈干全:《公共性:公共管理研究的基础与核心》,《社会科学》2003年第4期。

[81]王丽娟:《分配不均问题的经济效应研究》,《学习与探索》2008年第6期。

[82]王堇、吴玉军、刘丹:《权利与德性之争:现代西方公民观反思》,《北京师范大学学报(社会科学版)》2012年第5期。

[83]王千陌:《自由主义自我观念的虚无主义悖论——以桑德尔对罗尔斯的批评为例》,《海南大学学报(人文社会科学版)》2019年第4期。

[84]王庆丰:《商品的界限》,《山东社会科学》2017年第7期。

[85]王绍光:《大转型:1980年代以来中国的双向运动》,《中国社会科学》2008年第1期。

[86]王淑芹:《亚当·斯密论市场经济与道德的关系》,《学术交流》1999年第3期。

[87]王维佳:《重建非市场价值观——专访哈佛大学政治哲学教授迈克尔·桑德尔》,《南风窗》2013年第1期。

[88]王艳:《公平与效率的政治经济学分析》,《北方论丛》2012年第3期。

[89]王勇:《新中国成立70周年政府与市场关系研究》,《财政与金融》2020年第4期。

[90]王雨辰:《从"支配自然"向"敬畏自然"回归》,《江汉论坛》2020年第9期。

[91]王贞力、林建宇:《以波兰尼的自由市场化路径审视中国市场经济改革》,《社会政策研究》2017年第12期。

[92]乌尔苏拉·舒姆—加尔林:《新自由主义市场经济的道德危机》,《现代哲学》2003 年第 3 期。

[93]吴威威:《追求公共善:当代西方对公民责任的研究》,《伦理学研究》2007 年第 1 期。

[94]习近平:《社会主义市场经济和马克思主义经济学的发展与完善》,《经济学动态》1998 年第 3 期。

[95]夏明月、李伟:《共享经济和"一带一路"的伦理学解读》,《伦理学研究》2018 年第 1 期。

[96]肖仲华:《效率与公平关系再认识》,《江汉论坛》2009 年第 2 期。

[97]谢超林:《当代自由主义与社群主义公民身份认同观比较》,《重庆科技学院学报(社会科学版)》2013 年第 8 期。

[98]辛彩霞:《市场经济条件下政府管理对经济发展的促进作用思考》,《中外企业家》2020 年第 12 期。

[99]徐大建:《功利主义道德标准的实质及其缺陷》,《上海财经大学学报》2009 年第 2 期。

[100]徐大建:《经济学家如何讲道德》,《道德与文明》2002 年第 5 期。

[101]徐大建:《社会主义市场经济的财富分配原则》,《伦理学研究》2013 年第 3 期。

[102]徐大建:《西方公平正义思想的演变及启示》,《上海财经大学学报》2012 年第 3 期。

[103]徐国超:《黑格尔论私利和公共善的统一及其意义》,《集美大学学报(哲学社会科学版)》2016 年第 4 期。

[104]许尔兵:《人类进步的代价:读〈质疑自由市场经济〉》,《学海》2000 年第 3 期。

[105]闫莉、邹顺宏:《新自由主义思潮的经济哲学批判》,《铜陵学院学报》2013 年第 3 期。

[106]颜鹏飞:《以政府主导改革来弥补市场失灵》,《社会科学报》

2020 年第 2 期。

[107]晏辉:《从权力社会到政治社会:可能性及其限度》,《东北师大学报(哲学社会科学版)》2019 年第 4 期。

[108]杨灿明:《关于政府与市场关系的再思考》,《中南财经政法大学学报》2019 年第 6 期。

[109]杨秀婷:《浅论对市场弊端的解决措施及启示》,《市场论坛》2015 年第 8 期。

[110]姚大志:《当代功利主义哲学》,《世界哲学》2012 年第 2 期。

[111]姚大志:《罗尔斯的"基本善":问题及修正》,《中国人民大学学报》2011 年第 4 期。

[112]姚大志:《什么是社群主义》,《江海学刊》2017 年第 5 期。

[113]姚琪:《对自由市场与宏观调控边界的思考》,《知识经济》2009 年第 9 期。

[114]晔枫:《外部不经济——市场经济控制系统的最大弊端》,《技术经济与管理研究》2001 年第 6 期。

[115]俞可平:《何谓"搭便车"——奥尔逊的利益与团体理论介绍》,《经济社会体制比较》1990 年第 3 期。

[116]郁姣娇:《波兰尼:寻找自由之路》,《重庆社会科学》2017 年第 10 期。

[117]袁祖社:《社群共同体之"公共善"何以具有优先性》,《厦门大学学报》2011 年第 4 期。

[118]张萃婷:《经济法视野中的公平与效率》,《学术论坛》2015 年第 9 期。

[119]张方华:《公共利益阐释困境的突围与达成》,《教学与研究》2019 年第 3 期。

[120]张洪新:《权利、公共善与实践理性》,《法律与伦理》2019 年第 1 期。

[121]张述冠:《对"搭便车"问题的理论思考与现实剖析》,《湖北商专

学报》1997年第2期。

[122]张薛梅:《中国特色社会主义经济制度的选择、演变与发展趋势》,《无锡商业职业技术学院学报》2018年第6期。

[123]张友国:《公平、效率与绿色发展》,《求索》2018年第1期。

[124]章海山、颜卫青:《经济效率与公平的道德参数》,《道德与文明》2003年第4期。

[125]赵君:《"神话"的自由市场:从波兰尼的〈大转型〉说起》,《郑州大学学报(哲学社会科学版)》2009年第5期。

[126]赵琦:《友谊与共同体:论亚里士多德友谊理论中的共同体观念》,《社会科学》2020年第2期。

[127]周枫:《个人主义:当代政治哲学争论的焦点之一》,《中国人民大学学报》2012年第5期。

[128]周国文:《公共善、宽容与平等:和谐社会的伦理基础》,《社会科学辑刊》2010年第5期。

[129]周建明:《认识和解决好市场经济在社会主义社会中的两重性问题》,《毛泽东邓小平理论研究》2016年第4期。

[130]周燕、张麒麟:《基于经济学实验的搭便车问题研究》,《哈尔滨工业大学学报(社会科学版)》2011年第5期。

[131]朱富强:《新自由主义经济学为何如此迷恋市场:奥地利学派的分析思维批判》,《经济社会体制比较》2019年第1期。

[132]朱姣:《关于市场经济条件下政府经济管理职能定位探析》,《现代营销(信息版)》2020年第3期。

[133]朱丽莉、郝云:《西方分配正义思想解读》,《学术论坛》2016年第11期。

[134]庄琦:《市场经济下的道德选择——读〈经济学的伦理问题〉》,《道德与文明》1996年第5期。

[135]庄虔友、德力格尔玛:《波兰尼〈大转型〉的当下价值——再谈国家、市场与社会的关系》,《鲁东大学学报(哲学社会科学版)》2011年第3

期。

[136]紫石:《"共赢市场体制"敲响"自由市场体制"丧钟——〈中国的市场地位:超越自由市场,迈向共赢市场〉正式出版发行》,《商业经济研究》2017年第1期。

学位论文

[1]陈玳:《唯物史观视域下的市场与社会》,吉林大学,2019年。

[2]邓振军:《共同善中的自由:托马斯·希尔·格林自由民主思想研究》,华东师范大学,2017年。

[3]冯静:《马克思对资本主义经济自由及经济自由主义的批判》,中共中央党校,2018年。

[4]姜英华:《中国社会主义市场经济思想发展研究》,兰州大学,2016年。

[5]汪思敏:《社群主义公民美德思想研究》,扬州大学,2019年。

[6]杨帆:《公共善问题研究》,湖北大学,2015年。

[7]朱培杰:《桑德尔共同善的政治哲学研究》,上海师范大学,2012年。

报纸

[1]江泽民:《全面建设小康社会,开创中国特色社会主义事业新局面》,《人民日报》2002年11月18日。

[2]江德斌:《对电商平台"大数据杀熟"就应立法禁止》,《民主与法制时报》2018年7月7日。

[3]姚大志:《什么是政治哲学》,《光明日报》2013年9月24日。

报告

[1]国家信息中心信息化研究部、中国互联网协会分享经济工作委员会:《中国分享经济发展报告》,2016年。

［2］国家信息中心信息化研究部、中国互联网协会分享经济工作委员会：《中国分享经济发展报告》，2018 年。

网络文献

［1］《【中国稳健前行】实现中华民族伟大复兴的关键一步》，中国网，http：//www.china.com.cn/opinion/theory/2020-09/27/content_76757209.htm。

［2］《庆祝中国共产党成立 95 周年大会上的讲话》，新华网，http://www.xinhuanet.com/politics/2016-07/01/c_1119150660.htm。

［3］《习近平共享发展理念的法治内涵、法治源流及法治实现》，中国共产党新闻网，http：//theory.people.com.cn/n1/2018/0116/c40531-29767551.html。

［4］《从权利政治学到公益政治学：新自由主义之后的社群主义》，论文网，https：//www.lunwendata.com/thesis/2003/8505.html。

［5］《弘扬人民友谊 共同建设"丝绸之路经济带" 习近平在哈萨克斯坦纳扎尔巴耶夫大学发表重要演讲》，中国共产党新闻网，http：//cpc.people.com.cn/n/2013/0908/c64094-22843681.html。

［6］《切实把思想统一到党的十八届三中全会精神上来》，求是网，http：//www.qstheory.cn/dukan/2020-06/04/c_1126073318.htm。

［7］《习近平主席在印尼国会发表重要演讲》，新华网，http：//www.xinhuanet.com/world/xjpynghyj/index.htm。

［8］《这些数字帮你读懂中国脱贫攻坚》，澎湃网，https：//www.thepaper.cn/newsDetail_forward_11496384。

［9］《中国共产党第十九届中央委员会第四次全体会议公报》，求是网，http：//www.qstheory.cn/yaowen/2019-10/31/c_1125178191.htm。

［10］《中国共产党第十九届中央委员会第五次全体会议公报》，共产党员网，https：//www.12371.cn/2020/10/29/VIDE1603974120804388.shtml。

外文文献

著作类

[1]Brian Lee Crowley,*The Self,the Individual,and the Community:Liberalism in the Political Thought of F. A. Hayek and Sidney and Beatrice Webb*,Clarendon Press,1987.

[2]Charles L. ,*Patterns of Moral Complexity*,Cambridge University Press,1987.

[3]Charles Taylor,Atomism,in *Philosophy and the Human Sciences:Philosophical Papers 2*,Cambridge University Press,1985.

[4]Frank R. H. ,*Passions within Reason:The Strategic Role of the Economics*,W. W. Norton & Company,1988.

[5] Fred Hirsch,*Social Limits to Growth*,Harvard University Press,1976.

[6]Milton Friedman,Rose Friedman,*Free to Choose:A Personal Statement*,Harcourt Brace Janovich,1980.

[7]George A. Akerlof,Robert J. Shiller,*Animal Spirits:How Human Psychology Drives the Economy,and Why It Matters for Global Capitalism*,Princeton University Press,2009.

[8] John Finnis, *Natural Law and Natural Rights*, Clarendon Press, 1999.

[9]John Lauritz Larson,*The Market Revolution in America Liberty,Ambition,and the Eclipse of the Common Good*,Cambridge University Press,2009.

[10]John Rawles,*A Theory of Justice*,Harvard University Press,1971.

[11]Joseph E. Stiglitz,*The Price of Inequality:How Today's Di-

vided Society Endangers Our Future, W. W. Norton & Company, 2012.

[12] Karl Polanyi, *Great Transformation: The Political and Economic Origins of Our Time*, Beacon Press, 1957.

[13] Kymlica W., *Contemporary Political Philosophy*, Oxford University Press, 2002.

[14] Manchor Olson, *The Logic of Collective Action*, Harvard University Press, 1971.

[15] Michael Brie, Claus Thomasberger, *Karl Polanyi's Vision of a Socialist Transformation*, University of Chicago Press, 2018.

[16] Noam Chomsky, *What Kind of Creatures Are We?*, Columbia University Press, 1893.

[17] Phillppa Foot, *Natural Goodness*, Clarendon Press, 2001.

[18] Sandel, *Liberalism and the Limit of Justice*, Cambridge University Press, 1982.

[19] Sharon Zukin, Paul DiMaggio(eds.), *Structures of Capital: The Social Organization of the Economy*, Cambridge University Press, 1990.

[20] Thomas Piketty, *Capital in the Twenty-First Century*, Belknap Press of Harvard University Press, 2014.

[21] Tommas Friedman, *The Lexus and the Olive Tree*, Farrar, Straus and Giroux, 1999.

期刊类

[1] Albert O. Hirschman, Rival Views of Market Society, *Journal of Economic Literature*(October 2013).

[2] Allen E. Buchanan, Assessing the Communitarian Critique of Liberalism, *Ethics*(July 1989).

[3] Amitai Etzioni, Rights and the Common Good: The Communi-

tarian Perspective, *The Journal of Sociology & Social Welfare* (June 1996).

[4] Amy Gutmann, Communitarian Critics of Liberalism, *Philosophy and Public Affairs* (July 1985).

[5] Laura Abareda, Alejo Jose C. Offe, Whose Good Is the Common Good?, *Philosophy and Social Criticism* (September 2012).

[6] Daniel Sage, A Challenge to Liberalism? The Communitarianism of the Big Society and Blue Labour, *Critical Social Policy* (August 2012).

[7] Domènec Melé, Integrating Personalism into Virtue-Based Business Ethics: The Personalist and the Common Good Principle, *Journal of Business Ethics* (October 2009).

[8] Elizabeth S. Anderson, Is Women's Labor a Commodity?, *Philosophy and Public Affairs* (February 1990).

[9] Erik Olin Wright, Transforming Capitalism through Real Utopias, *American Sociological Review* (February 2013).

[10] Hodgson, Geoffrey M., Karl Polanyi on Economy and Society: A Critical Analysis of Core Concepts, *Review of Social Economy* (January 2017).

[11] John Bellamy Foster, Capitalism Has Failed—What Next?, *Monthly Review* (February 2019).

[12] Jon Elster, Rationality, Morality, and Collective Action, *Ethics* (October 1985).

[13] Joseph C. Bertolini, The Darwin Economy: Liberty, Competition, and the Common Good, *The European Legacy* (September 2014).

[14] Juliet Schor, Debating the Sharing Economy, *Journal of Self-Governance and Management Economics* (October 2014).

[15] Kai Gehring, Who Benefits from Economic Freedom? Unrave-

ling the Effect of Economic Freedom on Subjective Well-Being, *World Development* (November 2003).

[16] Kishor Thanawala, Can Market Economy Promote the Common Good?, *Journal for Peace and Justice Studies* (January 2003).

[17] Linda C. Raeder, Liberalism and the Common Good: A Hayekian Perspective on Communitarianism, *The Independent Review* (March 1998).

[18] Luís Francisco Carvalho, João Rodrigues, On Markets and Morality: Revisiting Fred Hirsch, *Review of Social Economy* (September 2006).

[19] Mark Granovetter, Economic Action and Social Structure: The Problem of Embeddedness, *American Journal of Sociology* (November 1985).

[20] Michael J. Sandel, The Procedural Republic and the Unencumbered Self, *Political Theory* (February 1984).

[21] Michael Walzer, The Communitarian Critique of Liberalism, *Political Theory* (February 1990).

[22] Robert D. Auerbach, The Benefits of Capitalism and Freedom Will Survive the Financial Crisis and This Seminar, *Forum for Social Economics* (November 2013).

[23] Ronen Shamir, The Age of Responsibilization: On Market-embedded Morality, *Economy and Society* (January 2008).

[24] Sandrine Frémeaux, Grant Michelson, The Common Good of the Firm and Humanistic Management: Conscious Capitalism and Economy of Communion, *Journal of Business Ethics* (November 2017).

[25] Snyder Belousek, Darrin W., Market Exchange, Self-Interest, and the Common Good: Financial Crisis and Moral Economy, *Journal of Markets and Morality* (Spring 2010).

[26]Stephen Driver, Luke Martell, New Labour's Communitarianisms, *Critical Social Policy* (August 1997).

[27]Surendra Arjoon, Alvaro Turriago-Hoyos, Ulf Thoene, Virtuousness and the Common Good as a Conceptual Framework for Harmonizing the Goals of the Individual, Organizations, and the Economy, *Journal of Business Ethics* (January 2018).

[28]Surendra Arjoon, Virtue Theory as a Dynamic Theory of Business, *Journal of Business Ethics* (November 2000).

[29]Xiaohe Lu, Business Ethics and Karl Marx's Theory of Capital—Reflections on Making Use of Capital for Developing China's Socialist Market Economy, *Journal of Business Ethics* (January 2010).

网络文献

[1]George Monbiot, The Earth Is in a Death Spiral. It Will Take Radical Action to Save Us, https://braveneweurope.com/george-monbiot-the-earth-is-in-a-death-spiral-it-will-take-radical-action-to-save-us.

[2]Gideon Calder, Communitarianism and New Labour, http://www.whb.co.uk/socialissues/vol2gc.htm.

[3]*The Guardian*, Bill Gates, Jeff Bezos and Warren Buffett are wealthier than poorest half of US, https://www.theguardian.com/business/2017/nov/08/bill-gates-jeff-bezos-warren-buffett-wealthier-than-poorest-half-of-us.

[4]*The Guardian*, Inequality gap widens as 42 people hold same wealth as 3.7bn poorest, https://www.theguardian.com/inequality/2018/jan/22/inequality-gap-widens-as-42-people-hold-same-wealth-as-37bn-poorest.